U0670278

中国心理学会环境心理学专业委员会
苏州科技大学心理与行为科学研究中心 主办

ENVIRONMENTAL PSYCHOLOGY STUDIES

环境心理学研究

（第一辑）

主编 田晓明

中国社会科学出版社

图书在版编目（CIP）数据

环境心理学研究. 第一辑 / 田晓明主编. -- 北京 : 中国社会科学出版社, 2025. 7. -- ISBN 978-7-5227-5388-1

Ⅰ. B845. 6

中国国家版本馆 CIP 数据核字第 2025YM2451 号

出 版 人　季为民
责任编辑　涂世斌　李嘉荣
责任校对　胡新芳
责任印制　李寡寡

出　　版　中国社会科学出版社
社　　址　北京鼓楼西大街甲 158 号
邮　　编　100720
网　　址　http://www.csspw.cn
发 行 部　010-84083685
门 市 部　010-84029450
经　　销　新华书店及其他书店

印　　刷　北京明恒达印务有限公司
装　　订　廊坊市广阳区广增装订厂
版　　次　2025 年 7 月第 1 版
印　　次　2025 年 7 月第 1 次印刷

开　　本　787×1092　1/16
印　　张　22
字　　数　352 千字
定　　价　116.00 元

凡购买中国社会科学出版社图书，如有质量问题请与本社营销中心联系调换
电话：010-84083683
版权所有　侵权必究

集 刊 名 称：环境心理学研究

主 办 单 位：中国心理学会环境心理学专业委员会

苏州科技大学心理与行为科学研究中心

编辑委员会

顾　　问　苏彦捷

主　　任　田晓明

副 主 任　张　明　孙　彦　耿柳娜　邹广天

委　　员（按姓氏笔画排序）

马海林（西藏大学）

王大伟（山东师范大学）

王笃明（浙江理工大学）

尹　杰（同济大学）

田晓明（苏州科技大学）

朱海东（石河子大学）

伍　麟（武汉大学）

任欣欣（大连理工大学）

汝涛涛（华南师范大学）

孙　彦（中国科学院心理研究所）

李　晶（南京师范大学）

李　黎（上海纽约大学）

李侃侃（西北农林科技大学）

连　菲（哈尔滨工业大学）

吴　波（天津财经大学）
吴晓靓（东北师范大学）
邹广天（哈尔滨工业大学）
张　力（首都师范大学）
张　兴（苏州科技大学）
张　明（苏州科技大学、东北师范大学）
张子琪（上海交通大学）
张　媛（陕西师范大学）
陈　巍（绍兴文理学院）
林　琳（天津师范大学）
周　楚（复旦大学）
胡　莹（苏州科技大学）
耿柳娜（南京大学）
高玉林（吉林大学）
唐晓雨（辽宁师范大学）
陶　沙（北京师范大学）
黄昌兵（中国科学院心理研究所）
梅冬梅（贵州师范大学）
董　波（苏州科技大学）
蒋　奖（北京师范大学）
潘　静（中山大学）
薛少华（北京理工大学）

编辑部主任　董　波（苏州科技大学）

解压人类：环境心理与星尘居所的诗学（代序）

苏彦捷*

在这个被钢筋混凝土与数字代码重构的时代，人类正经历着前所未有的环境认知困境。当智能手机屏幕的蓝光取代了晨曦的温柔，当空调恒定温度消解了四季的更迭，当导航系统抹去了寻路时的空间感知，……我们与环境之间那层天然、古老而神秘的联结正在悄然断裂。环境心理学恰如一面棱镜，将这种断裂折射为斑斓的研究光谱：从办公室绿植对创造力的微妙唤醒，到地铁站台设计引发的群体焦虑；从荒漠化进程中的集体记忆消逝，到碳中和社区营造的心理补偿机制；……每个命题似乎都在无情、有力且迫切地叩问着我们该如何重建人与环境的共生智慧。

北京大学心理系从 1993 年起便在为期一年的应用心理学课程中，开设了一个月时段的环境心理学专题，至 1995 年正式成为每年一次的选修课，且于 2001 年成为北京大学全校性通选课。值得记忆与回味的是，我一直是这门课程的主讲教师！考虑到当时我们所使用的教材多是英文教科书和参考文献，在主讲这门课 8 年之后，我便将讲义进行了系统整理，并编著出版了《环境心理学》。应该说，这是国内较早出版的环境心理学教材之一！尽管后来我的研究兴趣发生了转变，但环境心理学之情结却始终深埋于本人心田！有趣的是，一件有意义或有价值的事情总是不乏后来者或追梦人！苏州科技大学田晓明教授与环境心理学结缘，尽管是情理之中的事，但刚知晓时还是有些意外。因为他原先主攻的是管理心理学，这也许暗合了人生一句箴言：因缘际会！

---

* 苏彦捷，北京大学心理学院教授、中国心理学会理事长。

我与田晓明教授早年相识于苏州大学。在李纾老师看来，晓明是一位“有诗和远方的鬼才”。在我的交往记忆中，晓明是一位“总想着折腾”且“挺能折腾”的大学领导，还是一位善于将一些“不可能”变成“现实”的“折腾者”！鉴于苏州科技大学心理学科近年来的迅速发展，曾有学者这样评价他——“中国心理学界‘苏州科技大学现象’的见证人与践行者”（周晓林，2024）。确实，我们心理学界很多人也正是通过他才知道了苏州科技大学。晓明与张明教授携手，将心理学科与其所在学校传统优势学科（如城乡规划学、设计学、人工智能等）深度交叉、有机融合，发起并创建了中国心理学会环境心理学专业委员会，这便是“学科交叉”和“跨界研究”的最好例证。记得，在 2013 年于成都召开的中国心理学会常务理事会上，游旭群教授曾经这样评价：“环境心理学专委会的成立，突破了既往以知识分野为主要特征的传统思维，它秉持‘以解决现实问题为导向、以学科交叉为抓手、以服务国家战略和区域经济社会发展为主旨’这一建设理念，这无疑是一种范式性的变革，对学会组织建设和高校学科建设无疑具有重要的指导意义和借鉴价值。”我认为，这一评价恰如其分！

在环境心理学专委会筹建过程中，晓明与张明两位教授就曾设想编著一本辑刊作为该专委会会刊。今天，我手捧的《环境心理学研究（第一辑）》便是两位老师及其团队成员辛勤付出的回报与成果！该辑收录的十多篇研究论文构成了一幅动态的全息图谱：从孙彦研究员关于气候变化心理对气候治理实践价值的政策研究，到王笃明教授关于宣传方式对受众环保意识的实证研究；从李黎教授关于目标导向的自身运动控制的实验研究，到潘静教授关于吉布森（Gibson）知觉 - 动作理论的理论阐述；从蒋奖教授关于亲环境态度及行为的实证研究，到芈凌云教授关于群体用户节能行为的干预研究；从张兴教授关于植物群落对情绪恢复的实证研究，到李侃侃老师关于室内盆栽植物叶片和色彩的研究；从李畅老师关于历史园林与城市公园视觉吸引力的研究，到任欣欣老师关于城市开放空间的声舒适性的研究；……这些呈现在读者面前或即将呈现的实证或理论研究成果，看似离散，实则编织成理解环境心理机制的经纬网络。读者借助刊中作者之研究，将会发现环境心理学绝非实验室里的抽象模型，而是根植于文化肌理与生命体验的在地性知识。

该专辑刻意保留了不同学术流派的争鸣痕迹。将这种多元性给予有意识呈现，恰恰映射出环境心理学的学科本质——它始终在实证科学与人文关怀的交叉地带生长，用定量研究丈量情感的深度，以质性分析解码空间的诗学。

此刻，窗外春雨淅淅沥沥，湿润的泥土芬芳气息渗入书房。这个充分诱发人的触觉、嗅觉与听觉的情境，恰是环境心理学的最佳注脚：所有关于空间的科学终将指向那个永恒的命题——我们如何在星尘构筑的居所中，安放易朽的肉身与不灭的诗意。愿这本辑刊能成为一柄多棱镜，让每个读者从中观照出自己与环境对话的独特光谱。

是为序。

2025 年 3 月 19 日

目　　录

气候变化心理学研究进展及发展建议①

孙 彦[1,2] 陈雪峰[1,2] 龚园超[1,2] 田健池[1,2] 纪泽宇[1,2]

李 杨[3] 郭红燕[4] 韩 锦[5] 张林秀[6,7]

1 中国科学院心理研究所认知科学与心理健康全国重点实验室 北京 100101

2 中国科学院大学心理学系 北京 101408

3 北京工商大学商学院 北京 100048

4 生态环境部环境与经济政策研究中心 北京 100029

5 中国气象局气象干部培训学院 北京 100081

6 中国科学院地理科学与资源研究所生态系统网络观测与模拟实验室 北京 100101

7 联合国环境规划署国际生态系统管理伙伴计划 北京 100101

摘 要：公众对气候变化的认知、态度、情绪情感等心理反应是其参与气候变化减缓与适应的重要先决因素。追踪并监测公众的气候变化心理对气候变化教育、大众传媒宣传沟通、气候政策制定与实施具有至关重要的作用。文章系统论述气候变化与公众心理反应的相互影响，梳理影响气候变化心理的多维度因素，从气候变化心理对气候治理实践价值的角度提出发展建议，以期提高我国心理学、气候相关学科和政府有关部门对公众气候变化心理的关注和应用，助力全民参与的气候适应型社会构建。

关键词：气候变化 心理学 心理健康 减缓与适应 气候政策

---

① 本文原载于《中国科学院院刊》2023 年第 38 卷第 8 期，第 1197—1211 页。

当前气候变化对全球经济社会发展造成巨大损失。据估算，由气候变化导致的极端高温在 1992—2013 年使全球经济损失约 16 万亿美元（Callahan & Mankin，2022）。联合国政府间气候变化专门委员会（IPCC）第六次评估报告指出，中国是受气候变化威胁最严重的地区之一，高热高湿环境、海平面上升、河流泛滥等气候变化灾害对中国农业和基础设施造成严重破坏，粮食和经济安全面临冲击（IPCC，2022）。各国政府、非政府组织、企业、社会团体等机构与部门已积极行动，共同应对气候危机（IPCC，2022）。政策效果的实现离不开与公众心理的适配。心理学研究发现，公众对气候变化的心理反应显著影响对气候变化的减缓与适应行为（Goldberg et al.，2021；van & Steg，2019）。探索气候变化对公众心理的影响、气候变化心理反应如何反作用于公众的气候行动实践，对于全民共建气候适应型社会具有重要意义。

近年来，中国政府对公众气候变化意识和应对能力的重视日益加强。党的二十大报告提出，要"推动绿色发展，促进人与自然和谐共生"。2022 年 6 月，生态环境部、国家发展和改革委员会、科学技术部、财政部等 17 个部门联合印发《国家适应气候变化战略 2035》（以下简称《适应战略 2035》），将自然生态系统和社会经济系统同时纳入气候变化减缓与适应工作的重点领域，并强调了公众在构建气候适应型社会中的重要性。此外，《适应战略 2035》还提出要识别气候变化健康风险的脆弱人群、建立针对极端天气气候事件的心理健康和精神卫生服务体系。

国际上，气候变化心理学研究与政策实践正在快速发展。科学研究层面，气候变化心理专家不断积累和总结公众对气候变化的心理反应规律，据此提出气候应对行动干预措施，并通过国际权威期刊广泛传播（Nielsen et al.，2021；Steg，2023）；实践应用层面，美国耶鲁气候变化沟通项目、美国皮尤研究中心、欧盟"欧洲晴雨表"等多国调研机构连续多年进行公众气候变化心理追踪，并据此为相关政策的实施提供指导。中国的气候变化心理学研究尚处于起步阶段，与国际前沿水平有较大差距，这与中国应对气候变化的大国定位和构建人类命运共同体的使命不相匹配。气候变化心理学研究需要长期积累，当前亟待加强公众气候变化心理研究与应用，更好地服务国家实现"双碳"（碳达峰、碳中和）目标、构建人类命运共同体等战略目标。

据此，本文旨在通过综述气候变化心理学的相关研究进展，系统总结气候变化对公众心理健康和行为反应的影响，分析阐述该影响产生的原因，并对如何将心理学研究纳入气候变化宏观减缓与适应行为提出相关建议，以期推动中国气候变化心理学研究与应用与时俱进、适应中国基本国情与可持续发展。

1 气候变化对心理健康和应对行为的影响

1.1 气候变化影响心理健康

近 20 年来，气候变化对心理健康的影响日益受到研究者高度关注。气候变化致灾的形式包括：（1）持续几天的急性极端天气事件，如飓风、洪水、野火、短期热浪；（2）持续数月或数年的亚急性天气事件，如长期的高温（或热浪）和干旱；（3）持续到 21 世纪末甚至更长时间尺度的环境变化，如高温、海平面上升。每种形式的气候变化都可能造成不同程度的损失，如损失财产、减少收入和就业机会、降低经济生产力、加剧媒介传播疾病和呼吸道疾病的发生、破坏人们对自然环境的依恋和联结、诱发社会冲突和群体间暴力冲突，最终对心理健康产生重大影响（Palinkas & Wong，2020）。

第一，经历急性极端天气事件会导致心理与精神障碍。焦虑和情绪障碍发生率会随着极端天气频率升高，继而引发急性应激反应和创伤后应激障碍，降低睡眠质量，提高自杀意念，以及由于失去生存家园带来的自我意识和认同感缺失（Doherty & Clayton，2011）。急性极端天气事件导致的灾害程度越严重、女性（相对于男性）、年龄较小、社会经济地位较低、受教育程度较低、少数族裔、有过往精神病史、家庭不稳定及社会支持不足等因素都会加剧经历急性极端天气事件后的心理与精神障碍危机风险（Berry et al.，2010）。低收入和中等收入国家的居民尤其容易受到这些因素的影响，因为他们更多地暴露于极端天气事件之中，并且高度贫困使得获得援助服务更加困难（Rataj et al.，2016）。

第二，持续数月或数年的亚急性天气事件会对心理健康造成威胁。研究发现，热浪持续时间越长，对人们心理健康的破坏性越显著（Obradovich et al.，2018）。高温热浪会抑制甲状腺激素的分泌（Norloei et al.，2017）、刺激生长激素和催乳素升高（Pranskunas et al.，2015）、造成身体脱水（Piil et al.，2018），从而损害认知功能，对于患有痴呆、精神分裂症等严重精神障碍的群体更甚（Schmeltz & Gamble，2017）。长期干旱会导致食品供应中断和阻碍经济发展，以及破坏社区社会结构，进而导致心理压力、广泛性焦虑和抑郁（Berry et al.，2010），对于原住民和发展中国家居民尤甚（Bourque & Willox，2014）。儿童则由于生理脆弱性、与环境互动的独特性、有限的适应能力等原因，更容易受到长期气候变化威胁的不良心理健康影响（Burke et al.，2018）。

第三，更长时间尺度的气候变化相关事件所带来的生存威胁使得人类的应对显得微不足道，从而带来最严重的心理健康后果（Palinkas & Wong，2020）。这些对未来气候变化威胁的忧虑表现为“气候焦虑”（climate anxiety）（Clayton，2020），也被称为“生态焦虑”（eco-anxiety）。大规模跨国人群队列研究表明，公众气候焦虑对其主观幸福感有显著负向影响（Ogunbode et al.，2022），与抑郁和焦虑障碍显著相关（Clayton & Karazsia，2020），严重情况下会引发惊恐发作、食欲不振、易怒、虚弱和失眠等问题（Doherty & Clayton，2011）。作为慢性压力源，气候焦虑在儿童和年轻人中尤其突出（Wu et al.，2020）；气候变化，以及认为“政府对此不作为”，可能会对儿童和年轻人产生长期、渐进且深度的心理健康损害（Hickman et al.，2021）。

1.2 气候变化心理反应影响个体相应的减缓与适应行为

气候变化引发一系列心理反应，进而影响个体对气候变化的应对行为。例如，直接经历洪水、野火、干旱等与气候变化相关的极端天气事件提高了人们对气候变化的信念（Rudman et al.，2013）、风险感知（Akerlof et al.，2013；Bradley et al.，2020；Menny et al.，2011；van der Linden，2015）与担忧（Taylor et al.，2014），而这些气候变化认知和气候变化情绪反应将进一步影响个体的气候变化适应性行为反应（Sisco，2021）。

气候变化认知指对气候变化客观现状的主观感知与评价。一般包括：（1）气候变化信念（belief in climate change），指个体对气候变化是否正在发生的认知（Hornsey et al.，2016）；（2）气候变化归因（cause of climate change)，指个体认为气候变化主要是由自然原因还是由人为原因引起（Leiserowitz et al.，2022）；（3）感知气候变化影响（perceived impacts of climate change），指个体认为气候变化造成的影响是积极的还是消极的（Poortinga et al.，2019），或者从影响程度大小来进行评价，将气候变化对人类生存与发展造成威胁作为基本共识，询问人们对气候变化在特定区域（如全球、本国或本地区）、特定人群（如自己、家人、外国人）、特定时间点（如现在、未来）可能造成的消极后果程度（Wang et al.，2019）；（4）气候变化风险感知（risk perception of climate change），指个体对气候变化风险的态度和感知（Weber，2006），主要衡量其对气候变化风险的形象性、灾难性和可控性的认知表征，用以构建气候变化风险认知地图。

在气候变化情绪反应研究中，目前受关注最多的是气候变化担忧（climate change worry）（Leiserowitz et al.，2022）和气候变化焦虑（climate change anxiety）（Clayton，2020）。气候变化担忧源于个体持久、重复且难以控制的对气候系统潜在灾难性变化的认知加工（Stewart，2021），是气候变化引起的最常见的情绪反应之一（Leiserowitz et al.，2022）。不同于气候变化担心（climate change concern），气候变化担忧是高度个人化的，与积极采取行动减少气候变化威胁密切相关。气候变化焦虑则与气候变化感知相关，即便未直接经历气候变化的消极影响，个体也可能产生气候变化焦虑，而且由于气候变化的不确定性，焦虑可能比对气候变化的恐惧更为普遍（Clayton，2020）。此外，希望、愤怒、内疚、悲伤、感兴趣、厌恶等各类情绪反应也日益受到研究者关注（Leiserowitz et al.，2022）。

减缓与适应是国际社会公认的应对气候变化的两大策略。（1）宏观层面。减缓需要在能源、工业等经济系统和自然生态系统中减少温室气体排放、增加碳汇，而适应则需要在气候治理中对这两个系统在风险管理与识别的基础上采取调整措施，利用有利因素、防范不利因素，以减轻气候变化的潜在风险。（2）个体微观层面。减缓和适应离不开公众的广泛参与，公众既需要积极参与低碳生活方式转型，通过节约能源、绿色消费、垃圾分类、绿色出行等行动减缓气候变化进程；也需要通过支持气候适应政策、知识学习、购买保险、获取物质与心理援助等行动主动适应气候变化，提升自身物质与心理韧性，减少消极影响、增加积极影响（Carman & Zint，2020）。大量研究表明，公众对气候变化的认知与情绪反应对其个人参与减缓与适应行为具有重要影响。

气候变化心理反应影响公众的减缓行为（如低碳生活方式转型）。（1）气候变化心理影响个体的责任意识和道德感（Qiao & Gao，2017）。如果个体认为气候变化主要由人类活动导致并由此产生内疚感和责任感（Ferguson & Branscombe，2010），则更愿意接受低碳的生活方式，如乘坐公共交通工具、选用高能效家电、节约能源（Punzo et al.，2019）。（2）气候变化心理影响个体的规范意识。对气候变化风险的感知有助于提升集体应对气候变化的社会规范认同，将气候变化应对转化为一种社会风尚（Lo，2013），从而使得公众更愿意参与到气候行动中。（3）气候变化心理还会影响个体对气候信息的关注。对气候信息关注方向的改变，会进而带来态度改变，以及促成行为改变。研究显示对气候变化的消极情感（van Valkengoed & Steg，2019；Whitman et al.，2018）和高风险感知（Mead et al.，2012）是公众关注气候变化信息行为的重要影响因素，这些获取的信息反过来又能进一步提高公众对气候变化的认识和应对紧迫性感知，继而鼓励公众践行更加低碳的生活模式。

气候变化心理反应影响公众的适应行为（如提升物质与心理韧性）。大量研究表明，气候变化的人为原因归因（van der Linden et al.，2015）及风险感知（Drews & van Den Bergh，2016）能够有效提高公众对气候政策的支持度，如碳税政策（Smith & Mayer，2018）、化石燃料增税政策（Fairbrother et al.，2019）。中国科学院心理研究所研究团队通过2020—2021年全国大样本纵向调研，分析公众对碳普惠政策支持度的影响因素，发现气候变化的感知对碳普惠支持度具有重要解释力（Ji et al.，2023）。由气候变化引起的担忧（van der Linden et al.，2015；Bouman et al.，2020；Levi，2021；Tschötschel et al.，2021）、兴趣、希望（Drews & van Den Bergh，2016；Nabi et al.，2018；Smith & Leiserowitz，2014）等情绪反应会影响公众对气候公共行动和政策的支持度。公众对环境与气候相关话题的关注和参与也能够提高气候政策支持度（Ogunbode et al.，2022）。中国科学院心理研究所研究团队在2020年底对全国31个省级行政区的大范围调研显示，公众对气候变化的信念、气候变化归因、影响程度感知与担忧显著提高了其对气候与环境话题的关注度，从而更积极地参与到气候变化议题讨论，如从线上线下各种渠道获得气候变化相关信息并将其在人际网络中扩散，这使得人们对出台的气候政策或展开的公共气候行动具有更好的理解力和执行力（Tian et al.，2022）。

2 气候变化影响个体心理及行为的内外部因素

气候变化对个体心理健康及减缓和适应行为产生影响，这一过程受到多层面内外部因素的作用，从而使得个体对气候变化的心理反应呈现出差异性和规律性。以下从四个层面进行阐释。

2.1 个体特征

整体来看，女性、年轻人（Milfont et al.，2014；Ziegler，2017）、高学历人群（van der Linden，2015；Poortinga et al.，2019；Malka et al.，2009；Sundblad et al.，2007；Guy et al.，2014；Mccright et al.，2016）和低收入者（Akerlof et al.，2013；Bradley et al.，2020）气候变化认知水平更高、情绪反应更强烈。值得注意的是，有关性别和年龄如何影响气候变化认知的研究结论并不一致（Poortinga et al.，2019），甚至有的研究发现收入对气候变化认知的影响相对较小甚至无关（Mccright et al.，2016）。

个体的世界观和价值观影响气候变化心理反应。生态世界观反映了个体关于自然的价值以及人与自然关系的基本信念，会影响到个体对更具体环境问题的信念和态度（Dunlap et al.，2000），如气候变化风险感知（Mumpower et al.，2016）。自我增强价值观激励人们关注自我利益，自我超越价值观则激励人们超越对自我利益的关注，后者能提高个体的气候变化信念、人为归因、风险感知和担忧（Wang et al.，2017）。世界观和价值观对气候变化风险的影响甚至高于个人的综合科学素养（Kahan et al.，2012），因此在气候变化心理的研究中受到较高重视。

个体的认知能力影响气候变化心理反应。一方面，对人类社会、经济和自然界之间系统关联的认知称为系统思维，直接影响人们对气候变化的信念、人为归因、风险感知和担忧程度（Ballew et al.，2019）；另一方面，自我评价为关心环境（Bradley et al.，2020）、有能力应对气候变化的个体，更能感知到气候变化对国家发展和个人福祉的威胁（Brody et al.，2008），从而引起更高水平的担忧（Bostrom et al.，2019）。此外，越信任气候科学家、确信学界对气候变化问题具有高度共识、相信气候科学能够有效应对气候变化，个体的气候变化认知水平越高、情绪反应越强（Goldberg et al.，2019）。

2.2 人际与社会互动

亲密关系的社交圈影响气候变化心理反应。亲朋好友间更高的信任程度有助于气候变化知识在夫妻（Hung & Bayrak，2019）、亲子（Lawson et al.，2019）及朋友（Stevenson et al.，2016）之间的传递，从众的压力也会促使人们改变自身对气候变化的态度和看法，从而促进气候变化心理趋同化（van der Linden，2015）。

教育活动影响气候变化认知。气候变化教育能够直接使受教育者认识到气候变化对地方、国家和全球范围内的社会、经济、生态等方面造成的严重影响（Rousell & Cutter-Mackenzie-Knowles，2020）。实证研究也发现，儿童在参与气候变化主题的教育活动之后，对气候变化的担忧（Lawson et al.，2019）和相关知识水平（Karpudewan & Mohd Ali Khan，2017）显著提升；气候变化教育对成人气候认知塑造同样有效（Rousell & Cutter-Mackenzie-Knowles，2020）。

媒体宣传影响气候变化心理反应。一般而言，科研机构出版的科学评估报告、政府或社会组织发布的新闻都会影响人们对气候变化的认识（Weber，2016；Carmichael & Brulle，2017）。中国媒体的新闻报道对气候变化通常保持积极应对的科学态度，这些信息有助于增强人们对气候变化的风险意识（Brody et al.，2008）。在美国，有研究发现，非保守党派的媒体报道有助于增加公众对科学家的信任从而增强他们的气候变化信念（Hmielowski et al.，2014）；然而，这些媒体报道发挥影响在很大程度上是因为政治和经济因素的作用，科学信息的作用反而微乎其微（Brulle et al.，2012）。

2.3 区域自然与文化特征

全球不同区域的生态系统和人群的气候脆弱性均存在显著差异，导致不同区域人群的气候变化心理反应存在差异（IPCC，2022）。各地普遍表现出对气候变化事实的高确定性，但对气候灾害风险的担忧在气候脆弱性程度高的沿海（如日本、菲律宾）、生态破坏地区（如巴西）和经济落后地区（如巴布亚新几内亚）尤为强烈（Leiserowitz et al.，2022）。美国非白人所处自然环境更恶劣、经济发展水平更低，比白人面临更多的气候变化风险，因此对气候变化的担忧水平更高（Macias，2016）。

各地文化信仰体系差异会塑造出不同的世界观与价值观，进而产生气候变化心理的区域化差异。相比个体主义和等级主义文化，集体主义和平等主义文化下的人群会更加考虑自己的后代或关注气候公正，从而感知到更高的气候变化风险（Wang et al.，2017；Leiserowitz，2006）。从文化传统与传承来看，中国文化受儒释道思想深远影响，强调“人与自然共生”的价值信念，而犹太教和基督教影响下的西方文化认为自然应该臣服于人类（Deng et al.，2006），这可能导致中国人对气候变化威胁感知更敏锐。跨国调研显示，中国感知到气候变化已经产生威胁的人群占比是美国的2倍以上（Brechin & Bhandari，2011）。

2.4 国家气候变化治理模式与制度化程度

国家气候变化治理模式与制度化程度会对气候变化问题的社会关注度和气候变化实际应对能力产生影响，因而也会对民众如何认识气候变化、如何对此做出反应产生重要影响。（1）有的国家或地区气候变化制度化程度较高，强调法律框架、经济增长和脱碳的协同作用，如英国设立了独立的专家机构来指导和评估气候变化，并将气候政策主管部门并入商业和产业战略部（Guy et al.，2023），能够自上而下充分调动公众对气候变化问题的重视，因此公众普遍确定气候变化正在发生，并表现出较高水平的担忧（Leiserowitz et al.，2022）。（2）有的国家或地区气候变化政策的制度化程度较低、缺乏对气候知识的重视、没有将气候变化与经济增长相联系（如沙特阿拉伯）（Guy et al.，2023），公众缺乏足够的资源与渠道获取气候变化相关信息，对气候变化的人为归因程度低、风险认知不足（Leiserowitz et al.，2022）。

西方政治制度带来的公众政治意识形态分化导致公众对气候变化的态度分化明显，由于差异化竞争、利益集团差异和意识形态极化，西方不同政治派别对气候变化问题重视程度不同。出于对归属党派的身份认同感，政治左翼分子（如美国的民主党、英国和澳大利亚的工党支持者）比右翼分子（如美国共和党、英国和澳大利亚的保守党）对气候变化现状及气候变化的人为成因更为确信（Unsworth & Fielding, 2014）。在政治意识形态两极分化普遍存在的西方国家中，尤其是北美（美国与加拿大）、澳大利亚和欧洲（德国、英国最明显，其次是意大利、法国和西班牙）（Lewis et al.，2019），气候变化心理的两极分化也十分显著，美国尤为突出，且分化趋势日益扩大（Capstick et al.，2015；Mccright et al.，2016）；发达的亚洲资本主义国家中，意识形态差异也会影响气候变化担忧，如以色列和日本（Lewis et al.，2019）。但是对世界上绝大多数国家来说，党派意识形态分歧并不会影响公众对气候变化问题的看法（Lewis et al.，2019）。在中国，并不存在多党制下的个体左、右翼政治意识形态差异，公众几乎不存在对气候变化事实的怀疑（不到0.5%），而对比研究中的德国和美国公众对气候变化持怀疑论者均占较高比例（德国大约10%，美国超过21%）（Ziegler，2017）。

3 加强气候变化心理学研究与应用，提升气候变化应对能力

个体与气候变化的直接和间接心理互动不仅对自身福祉具有重要影响（Clayton et al.，2015），还会进一步影响个人与社会气候应对行为，并作为气候变化治理体系的一个重要环节，加剧或减缓气候变化进程。因此，无论是直接通过教育与宣传提高公众气候变化认知能力和低碳生活方式转型意识，还是通过完善气候政策设计从而减少公众碳足迹，都必须立足于对公众与气候系统互动过程规律的科学把握。针对当前我国构建气候适应型社会的现实需求，提出如下五点建议。

3.1 加强公众气候变化心理的数据库建设

建议有关部门和科研资源部署机构设立专门项目，支持开展系统的公众气候变化心理调研，为气候变化心理学研究和社会实践提供基础数据，建立和完善本领域基础数据库。

目前，国际上各类研究团队已经对公众气候变化认知水平进行了长期系统调研。欧美国家依据公众气候变化认知的心理特征，将人群划分为不同类型，如“4 类印度人”（Leiserowitz & Jagadish，2023）、“6 类美国人”（Leiserowitz et al.，2022）、“5 类德国人”（Metag et al.，2017）等，并对政策制定、宣传教育、气候传播提供有针对性的指导。例如，中国气候传播项目中心于2017 年发布了《2017 年中国公众气候变化与气候传播认知状况调研报告》，报告内容覆盖中国 332 个地级行政单位和 4 个直辖市，样本量为 4025 人；广东省千禾社区公益基金会于 2021 年对广州、深圳和佛山不同类型的社区进行调研，发布了《珠三角地区社区居民气候变化认知调研分析》，报告具有一定的区域代表性，但调研的深度和广度还需进一步提升。

3.2 建立极端天气气候事件应急心理服务体系

建议负责气候变化、心理健康和灾害管理等相关工作的政府部门，将公众气候变化心理纳入气候变化监测全局部署，建立覆盖应急心理准备、应急心理响应、应急心理处置、事后评估与改进全过程的极端天气气候事件应急心理服务体系。

对气候变化心理进行监测，有助于把握气候变化心理的区域特征，识别不同经济社会发展水平和地理环境条件下的气候变化心理典型特征，判断气候变化潜在灾害的风险区划，加强相关人力、物力、财力应急资源的前期储备。基于追踪数据，可以纵向揭示气候变化心理随时间的变化规律，掌握地区发展、人口迁移、自然地理环境改变等外部因素对气候变化心理的影响，考察不同条件下公众心理因素对气候变化适应能力的作用程度，依据气候变化心理动态变化规律，适时调整政策和公共行动。当前，我国针对气候变化客观风险以及重点群体的监测已建成综合气象观测和预警系统，若将不同区域公众气候变化心理纳入追踪监测体系，可以依据气候变化心理识别哪些地区人群具有高度的气候变化心理适应性（如气候变化认知程度高、风险意识强、负面情绪反应能够有效驱动气候变化应对行动但不会引发精神障碍），结合客观气候变化致灾可能性（如地理环境复杂、经济与基础设施落后、政策保障不完备等），有针对性地提前部署相应设备与应急心理服务资源，做好应急心理准备；能够在极端天气气候事件发生后及时启动应急心理响应和面向直接受影响人群的应急心理处置；在应急心理处置结束后进行评估和改进，完善应急心理服务体系。

3.3 优化气候变化全民行动

建议有关政府部门和社会机构加大气候变化教育和宣传力度，优化气候沟通内容和模式，全面提升公众对气候变化相关问题的关注度和意识素养，引导公众积极参与应对气候变化行动。

气候变化教育可以在各种正式和非正式环境中进行，包括教室、实验室、诊所、博物馆、互联网等，同时应确保教育内容与受教育者的认知水平相适应。各种类型的教育项目应侧重于提高受教育者对人类如何与自然互动、气候变化如何从一系列复杂的物理与人类社会互动的过程中产生，以及气候变化如何与环境污染、生物多样性损失、滥伐森林等其他环境问题相互作用的认识（American Psychological Association, 2022）。此外，气候变化教育需要注意对受教育者心理健康的关注，指导人们如何识别自己对气候变化的感受，并以积极的方式表达和采取行动（如寻求社会支持），避免教育过程给受教育者带来替代性创伤，导致抑郁、创伤后压力、焦虑等心理问题（Nielsen et al., 2021）。

气候变化的大众宣传目前主要体现为“小、散、杂”等特点。虽然在政府积极引导下，“全国节能宣传周”“全国低碳日”“世界环境日”等特定时间内会有计划地组织环境与气候宣教，但是活动规模往往较小，各地水平参差不齐，公众参与度和对气候变化关注的持久度难以得到保障。

从长远看，气候变化教育和宣传应当加强体系化和标准化建设。将气候变化纳入各级正式或非正式教育的过程中，应结合气候变化心理学、发展心理学、教育心理学研究结果，由跨学科专家编制专业的气候变化教育材料（如教科书、视频、户外项目等）。在学历教育体系中，应当为心理学和其他相关领域的本科生、研究生和博士后提供有关气候变化的课程、研究经验分享、实践和实习指导及资助，加大相关领域人才储备。在科学传播体系中，应当通过多元资金筹措等方式加强相关宣教产品研发，提升气候变化大众传播的广度、深度和科学性。

3.4 应用气候变化心理反应客观规律助推国家气候战略实施

建议生态环境、气候谈判等政府相关部门充分参考国内外气候变化心理监测体系的情报数据，将气候变化心理因素纳入我国及国际气候变化政策制定；与科研机构及智库合作，及时把握我国及其他缔约方国家民众的气候变化心理动态，进一步增强我国在国际气候博弈谈判中的主动性、在参与国际气候治理中的话语权。

心理学在揭示公众对气候变化的看法与态度、参与缓解与适应行为的动机、设计行为干预方案、缓解心理健康威胁等方面已经显示出重要的作用（American Psychological Association，2022），但其潜力的充分发挥还需要该领域专家学者对气候变化相关问题展开更广泛的参与，包括但不限于科学教育（隆正霞等，2021）、决策制定（李鹏娜等，2017）、组织行为（蔡博峰等，2019）、风险评估（Gong et al.，2022）及灾害应对（车思雨等，2022），并充分融合到这些领域的顶层制度设计、公众层面的制度实施及政策效果综合评估中。

气候变化相关政策的出台，应充分考虑和遵循气候变化心理的客观规律。重要政策出台前应依据区域气候变化心理典型特征选择试点区域，如将气候变化认知水平高的地区作为碳市场试点地区；政策实施时应将气候变化心理纳入政策参与度影响因素的考察中，据此调整政策以促进更广泛的公众参与，如气候变化心理对新能源汽车补贴政策支持度的影响与如何对后续的实际购买意愿产生影响；政策效果评估以及政策改革时，应将气候变化心理纳入政策满意度影响因素的考察中。

3.5 加强心理学与气候变化相关学科的交叉研究

建议有关政府部门、科研机构、高等院校重视气候变化心理学研究，加大相关方向科研投入，尤其是支持气候变化相关学科与心理学的交叉融合研究，提升公众对气候变化相关的信念、态度、认知的科学认识，推动科研成果应用于公众科普宣教、气候实践和社区参与等活动，从宏观气候治理上促进政策制定及国际气候合作。

气候变化心理学是一门交叉学科，我国学者在气候变化心理与公共政策的交叉研究领域已有一定研究积累，聚焦在气候变化心理反应最终如何促成行为改变（Doell et al.，2021）。已有研究包括气候变化风险认知（于清源、谢晓非，2006）、气候变化的外显和内隐认知（Gong et al.，2023）、基于行为决策与社会规范等心理学视角研究家庭节能行为决策过程（王建明、孙彦，2018）、会展节水行为（边江波等，2019）、城市居民能源消费行为低碳化的心理动因（芈凌云等，2016）、公众碳普惠支持度的心理因素（Ji et al.，2023）等，此外，对我国居民生活节能引导政策的效力与效果评估（芈凌云、杨洁，2017）、农村绿色能源消费引导政策研究（梁敏等，2021）、基于政策文本分析（陈凯、李思楠，2022）、绿色消费监管政策模拟实验（王建明、赵婧，2021）、信息框架心理操纵（盛光华等，2020）等方式对绿色消费政策如何落地、基于实验室模拟实验考察优化碳普惠制度设计的方案（Ji et al.，2023）等研究，为有关政策的制定和实施提供了科学依据。中国科学院心理研究所团队关于“我国绿色低碳生活方式”的研究成果为我国《“十四五”生态环境保护规划》《公民生态环境行为规范十条》等文件的制定提供了重要的科学参考。

气候变化心理学还有待与更多学科交叉合作。能源、环境、材料等自然科学领域需要加强对个体行为碳足迹的有效评估以及研制更高能效的日用设施，在此基础上与心理行为干预紧密结合，提高行为干预的实际效益。影响公众低碳行为的因素不仅包括内在心理感知和动机，还包括客观因素评估（Chen et al.，2020），如绿色产品的价格、便利性、使用寿命预期，居民践行垃圾分类所需的社区基础设施等。因此，产品研发、社会治理等学科与心理学合作研究，有助于从内外部条件上共同促进公众践行绿色低碳生活方式。

国家需求和学科发展为气候变化心理学成为一门独立的新兴交叉学科奠定了基础。目前来看，我国在气候变化心理学领域的研究尚未形成完整体系，与国际水平相比在研究深度和广度上均有差距（耿柳娜、卓敏，2018）。随着我国在全球气候治理中影响力的不断提升，加强气候变化心理研究，推动构建中国自主知识体系的气候变化心理学迫在眉睫，而这也将为我们优化全球气候治理体系贡献中国智慧与中国力量。

参考文献

边江波、王帅、王珊等，（2019），《社会规范信息促进会展节水行为研究》，《环境科学与管理》，44（12），1—4。

蔡博峰、庞凌云、曹丽斌等，（2019），《〈二氧化碳捕集、利用与封存环境风险评估技术指南（试行）〉实施 2 年（2016—2018 年）评估》，《环境工程》，37（2），1—7。

车思雨、金晓彤、盛光华，（2022），《环境冲突视角下中国居民环境友好行为形成的理论依据与实证检验》，《中国人口·资源与环境》，32（12），117—126。

陈凯、李思楠，（2022），《基于政策工具和产品全生命周期的绿色消费政策文本分析》，《南京工业大学学报》（社会科学版），21（1），96—110。

耿柳娜、卓敏，（2018），《环境问题研究的反思：环境心理学的视角》，《南京工业大学学报》（社会科学版），17（1），78—96。

李鹏娜、王延伸、杨金花等，（2017），《行为决策理论在能源节约管理中的应用》，《心理科学》，40（3），760—765。

梁敏、王帅、张莹等，（2021），《农村居民幸福感与绿色炊事能源消费选择——基于中国家庭追踪调查数据的实证分析》，《中国农业资源与区划》，42（9），241—250。

隆正霞、田健池、杨金花等，（2021），《青少年环境意识特征研究》，《环境科学与管理》，46（4），5—8。

芈凌云、顾曼、杨洁等，（2016），《城市居民能源消费行为低碳化的心理动因——以江苏省徐州市为例》，《资源科学》，38（4），609—621。

芈凌云、杨洁，（2017），《中国居民生活节能引导政策的效力与效果评估——基于中国 1996—2015 年政策文本的量化分析》，《资源科学》，39（4），651—663。

盛光华、龚思羽、岳蓓蓓等，（2020），《促销信息框架对绿色购买行为的影响机制——基于非绿替代吸引力的调节作用》，《大连理工大学学报》（社会科学版），41（4），38—47。

王建明、孙彦，（2018），《定制化信息对家庭节能行为决策过程影响的追踪研究》，《心理科学进展》，26（4），571—583。

王建明、赵婧，（2021），《消费者对绿色消费监管政策的选择偏好和政策组合效果模拟》，《中国人口·资源与环境》，31（12），104—115。

于清源、谢晓非，（2006），《环境中的风险认知特征》，《心理科学》，（2），362—365。

Akerlof K., Maibach E. W., Fitzgerald D., et al. (2013). Do people "personally experience" global warming, and if so how, and does it matter?. *Global Environmental Change*, 23 (1), 81-91.

American Psychological Association. (2022). Addressing the Climate Crisis: An Action Plan for Psychologists, Report of the APA Task Force on Climate Change. Washington D. C.: APA.

Ballew M. T., Goldberg M. H., Rosenthal S. A., et al. (2019). Systems thinking as a pathway to global warming beliefs and attitudes through an ecological worldview. *Proceedings of the National Academy of Sciences*, 116 (17), 8214-8219.

Berry H. L., Bowen K., Kjellstrom T. (2010). Climate change and mental health: A causal pathways framework. *International Journal of Public Health*, 55 (2), 123-132.

Bostrom A., Hayes A. L., Crosman K. M. (2019). Efficacy, action, and support for reducing climate change risks. *Risk Analysis*, 39 (4), 805-828.

Bouman T., Verschoor M., Albers C. J., et al. (2020). When worry about climate change leads to climate action: How values, worry and personal responsibility relate to various climate actions. *Global Environmental Change*, 62, Article 102061.

Bourque F., Willox A. C. (2014). Climate change: The next challenge for public mental health?. *International Review of Psychiatry*, 26 (4), 415-422.

Bradley G. L., Babutsidze Z., Chai A., et al. (2020). The role of climate change risk perception, response efficacy, and psychological adaptation in pro-environmental behavior: A two nation study. *Journal of Environmental Psychology*, 68, Article 101410.

Brechin S. R., Bhandari M. (2011). Perceptions of climate change worldwide. *Wiley Interdisciplinary Reviews: Climate Change*, 2 (6), 871-885.

Brody S. D., Zahran S., Vedlitz A., et al. (2008). Examining the relationship between physical vulnerability and public perceptions of global climate change in the United States. *Environment and Behavior*, 40 (1), 72-95.

Brulle R. J., Carmichael J., Jenkins J. C. (2012). Shifting public opinion on climate change: An empirical assessment of factors influencing concern over climate change in the U. S., 2002-2010. *Climatic Change*, 114 (2), 169-188.

Burke S. E., Sanson A. V., van Hoorn J. (2018). The psychological effects of climate change on children. *Current Psychiatry Reports*, 20 (5), 35.

Callahan C. W. , Mankin J. S. (2022) . Globally unequal effect of extreme heat on economic growth. *Science Advances*, 8 (43), eadd3726.

Capstick S. , Whitmarsh L. , Poortinga W. , et al. (2015) . International trends in public perceptions of climate change over the past quarter century. *Wiley Interdisciplinary Reviews: Climate Change*, 6 (1), 35 – 61.

Carman J. P. , Zint M. T. (2020) . Defining and classifying personal and household climate change adaptation behaviors. *Global Environmental Change*, 61, Article 102062.

Carmichael J. T. , Brulle R. J. (2017) . Elite cues, media coverage, and public concern: An integrated path analysis of public opinion on climate change, 2001 – 2013. *Environmental Politics*, 26 (2), 232 – 252.

Chen C. F. , de Rubens G. Z. , Noel L. , et al. (2020) . Assessing the socio-demographic, technical, economic and behavioral factors of Nordic electric vehicle adoption and the influence of vehicle-to-grid preferences. *Renewable and Sustainable Energy Reviews*, 121, Article 109692.

Clayton S. , Devine-Wright P. , Stern P. C. , et al. (2015) . Psychological research and global climate change. *Nature Climate Change*, 5 (7), 640 – 646.

Clayton S. , Karazsia B. T. (2020) . Development and validation of a measure of climate change anxiety. *Journal of Environmental Psychology*, 69, 101434.

Clayton S. (2020) . Climate anxiety: Psychological responses to climate change. *Journal of Anxiety Disorders*, 74, Article 102263.

Deng J. Y. , Walker G. J. , Swinnerton G. (2006) . A comparison of environmental values and attitudes between Chinese in Canada and Anglo-Canadians. *Environment and Behavior*, 38 (1), 22 – 47.

Doell K. C. , Pärnamets P. , Harris E. A. , et al. (2021) . Understanding the effects of partisan identity on climate change. *Current Opinion in Behavioral Sciences*, 42, 54 – 59.

Doherty T. J. , Clayton S. (2011) . The psychological impacts of global climate change. *American Psychologist*, 66 (4), 265 – 276.

Drews S. , van Den Bergh J. C. J. M. (2016) . What explains public support for climate policies? A review of empirical and experimental studies. *Climate Policy*, 16 (7), 855 – 876.

Dunlap R. E. , van Liere K. D. , Mertig A. G. , et al. (2000) . New trends in measuring environmental attitudes: Measuring endorsement of the new ecological paradigm: A revised NEP scale. *Journal of Social Issues*, 56 (3), 425 -442.

Fairbrother M., Sevä I. J., Kulin J. (2019). Political trust and the relationship between climate change beliefs and support for fossil fuel taxes: Evidence from a survey of 23 European countries. *Global Environmental Change*, 59, Article 102003.

Ferguson M. A., Branscombe N. R. (2010). Collective guilt mediates the effect of beliefs about global warming on willingness to engage in mitigation behavior. *Journal of Environmental Psychology*, 30 (2), 135 - 142.

Goldberg M. H., Gustafson A., Rosenthal S. A., et al. (2021). Shifting Republican views on climate change through targeted advertising. *Nature Climate Change*, 11 (7), 573 -577.

Goldberg M. H., van der Linden S., Maibach E., et al. (2019). Discussing global warming leads to greater acceptance of climate science. *Proceedings of the National Academy of Sciences*, 116 (30), 14804 - 14805.

Gong Y. C., Li Y., Zhang L. X., et al. (2022). Threats of COVID - 19 arouse public awareness of climate change risks. *iScience*, 25 (11), Article 105350.

Gong Y. C., Wang S., Li Y., et al. (2023). Discrepant implicit and explicit attitudes toward climate change: Implications for climate change communications. *Sustainability Science*, 18, 1367 - 1377.

Guy J., Shears E., Meckling J. (2023). National models of climate governance among major emitters. *Nature Climate Change*, 13 (2), 189 - 195.

Guy S., Kashima Y., Walker I., et al. (2014). Investigating the effects of knowledge and ideology on climate change beliefs. *European Journal of Social Psychology*, 44 (5), 421 -429.

Hickman C., Marks E., Pihkala P., et al. (2021). Climate anxiety in children and young people and their beliefs about government responses to climate change: A global survey. *The Lancet Planetary Health*, 5 (12), e863 - e873.

Hmielowski J. D., Feldman L., Myers T. A., et al. (2014). An attack on science? Media use, trust in scientists, and perceptions of global warming. *Public Understanding of Science*, 23 (7), 866 -883.

Hornsey M. J., Harris E. A., Bain P. G., et al. (2016). Meta-analyses of the determinants and outcomes of belief in climate change. *Nature Climate Change*, 6 (6), 622 - 626.

Hung L. S., Bayrak M. M. (2019). Wives influence climate change mitigation behaviours in married-couple households: Insights from Taiwan. *Environmental Research Letters*, 14 (12), 124034.

IPCC. (2022). Climate Change 2022: Mitigation of Climate Change. Contribution of Working Group III to the Sixth Assessment Report of the Intergovernmental Panel on Climate Change. Cambridge and New York: IPCC.

Ji Z. Y., Gong Y. C., Li Y., et al. (2023). Effects of monetary and nonmonetary incentives in Individual Low-carbon Behavior Rewarding System on recycling behaviors: The role of perceived environmental responsibility. *Sustainable Production and Consumption*, 38, 90-103.

Ji Z. Y., Gong Y. C., Tong Z. P., et al. (2023). Factors influencing public support for the individual low-carbon behavior rewarding system: Evidence from a large-scale longitudinal survey in China. *Journal of Cleaner Production*, 409, 137187.

Kahan D. M., Peters E., Wittlin M., et al. (2012). The polarizing impact of science literacy and numeracy on perceived climate change risks. *Nature Climate Change*, 2 (10), 732-735.

Karpudewan M., Mohd Ali Khan N. S. (2017). Experiential-based climate change education: Fostering students' knowledge and motivation towards the environment. *International Research in Geographical and Environmental Education*, 26 (3), 207-222.

Lawson D. F., Stevenson K. T., Peterson M. N., et al. (2019). Children can foster climate change concern among their parents. *Nature Climate Change*, 9 (6), 458-462.

Leiserowitz A., Carman J., Buttermore N., et al. (2022). International Public Opinion on Climate Change 2022. New Haven, CT: Yale Program on Climate Change Communication and Data for Good at Meta.

Leiserowitz A., Jagadish T. (2023). Global Warming's Four Indias, 2022: An Audience Segmentation Analysis. New Haven: Yale University.

Leiserowitz A., Maibach E., Rosenthal S., et al. (2022). Global Warming's Six Americas, September 2021. New Haven: Yale University and George Mason University.

Leiserowitz A. (2006). Climate change risk perception and policy preferences: The role of affect, imagery, and values. *Climatic Change*, 77 (1-2), 45-72.

Levi S. (2021). Why hate carbon taxes? Machine learning evidence on the roles of personal responsibility, trust, revenue recycling, and other factors across 23 European countries. *Energy Research & Social Science*, 73, Article 101883.

Lewis G. B. , Palm R. , Feng B. （2019）. Cross-national variation in determinants of climate change concern. *Environmental Politics*, 28 (5), 793 - 821.

Lo A. Y. （2013）. The role of social norms in climate adaptation: Mediating risk perception and flood insurance purchase. *Global Environmental Change*, 23 (5), 1249 - 1257.

Macias T. （2016）. Environmental risk perception among race and ethnic groups in the United States. *Ethnicities*, 16 (1), 111 - 129.

Malka A. , Krosnick J. A. , Langer G. （2009）. The association of knowledge with concern about global warming: Trusted information sources shape public thinking. *Risk Analysis*, 29 (5), 633 - 647.

Mccright A. M. , Dunlap R. E. , Marquart-Pyatt S. T. （2016）. Political ideology and views about climate change in the European Union. *Environmental Politics*, 25 (2), 338 - 358.

Mccright A. M. , Marquart-Pyatt S. T. , Shwom R. L. , et al. （2016）. Ideology, capitalism, and climate: Explaining public views about climate change in the United States. *Energy Research & Social Science*, 21, 180 - 189.

Mead E. , Roser-Renouf C. , Rimal R. N. , et al. （2012）. Information seeking about global climate change among adolescents: The role of risk perceptions, efficacy beliefs, and parental influences. *Atlantic Journal of Communication*, 20 (1), 31 - 52.

Menny C. , Osberghaus D. , Pohl M. , et al. （2011）. General knowledge about climate change, factors influencing risk perception and willingness to insure. (2011 - 09 - 01) [2023 - 07 - 20]. https://ftp.zew.de/pub/zew-docs/dp/dp11060.pdf.

Metag J. , Füchslin T. , Schäfer M. S. （2017）. Global warming's five Germanys: A typology of Germans' views on climate change and patterns of media use and information. *Public Understanding of Science*, 26 (4), 434 - 451.

Milfont T. L. , Evans L. , Sibley C. G. , et al. （2014）. Proximity to coast is linked to climate change belief. *PLoS One*, 9 (7), Article e103180.

Mumpower J. L. , Liu X. S. , Vedlitz A. （2016）. Predictors of the perceived risk of climate change and preferred resource levels for climate change management programs. *Journal of Risk Research*, 19 (6), 798 - 809.

Nabi R. L. , Gustafson A. , Jensen R. （2018）. Framing climate change: Exploring the role of emotion in generating advocacy behavior. *Science Communication*, 40 (4), 442 - 468.

Nielsen K. S. , Clayton S. , Stern P. C. , et al. （2021）. How psychology can help limit climate change. *American Psychologist*, 76 (1), 130 - 144.

Norloei S. , Jafari M. J. , Omidi L. , et al. (2017) . The effects of heat stress on a number of hematological parameters and levels of thyroid hormones in foundry workers. *International Journal of Occupational Safety and Ergonomics*, 23 (4), 481 - 490.

Obradovich N. , Migliorini R. , Paulus M. P. , et al. (2018) . Empirical evidence of mental health risks posed by climate change. *Proceedings of the National Academy of Sciences*, 115 (43), 10953 - 10958.

Ogunbode C. A. , Doran R. , Hanss D. , et al. (2022) . Climate anxiety, wellbeing and pro-environmental action: Correlates of negative emotional responses to climate change in 32 countries. *Journal of Environmental Psychology*, 84, Article 101887.

Palinkas L. A. , Wong M. (2020) . Global climate change and mental health. *Current Opinion in Psychology*, 32, 12 - 16.

Piil J. F. , Lundbye-Jensen J. , Christiansen L. , et al. (2018) . High prevalence of hypohydration in occupations with heat stress—Perspectives for performance in combined cognitive and motor tasks. *PLoS One*, 13 (10), Article e0205321.

Poortinga W. , Whitmarsh L. , Steg L. , et al. (2019) . Climate change perceptions and their individual-level determinants: A cross-European analysis. *Global Environmental Change*, 55, 25 - 35.

Pranskunas A. , Pranskuniene Z. , Milieskaite E. , et al. (2015) . Effects of whole body heat stress on sublingual microcirculation in healthy humans. *European Journal of Applied Physiology*, 115 (1), 157 - 165.

Punzo G. , Panarello D. , Pagliuca M. M. , et al. (2019) . Assessing the role of perceived values and felt responsibility on pro-environmental behaviours: A comparison across four EU countries. *Environmental Science & Policy*, 101, 311 - 322.

Qiao G. Q. , Gao J. (2017) . Chinese tourists' perceptions of climate change and mitigation behavior: An application of norm activation theory. *Sustainability*, 9 (8), 1322.

Rataj E. , Kunzweiler K. , Garthus-Niegel S. (2016) . Extreme weather events in developing countries and related injuries and mental health disorders-a systematic review. *BMC Public Health*, 16 (1), 1020.

Rousell D. , Cutter-Mackenzie-Knowles A. (2020) . A systematic review of climate change education: Giving children and young people a "voice" and a "hand" in redressing climate change. *Children's Geographies*, 18 (2), 191 - 208.

Rudman L. A. , Mclean M. C. , Bunzl M. (2013) . When truth is personally inconvenient, attitudes change: The impact of extreme weather on implicit support for green politicians and explicit climate-change beliefs. *Psychological Science*, 24 (11), 2290 – 2296.

Schmeltz M. T., Gamble J. L. (2017). Risk characterization of hospitalizations for mental illness and/or behavioral disorders with concurrent heat-related illness. *PLoS One*, 12 (10), e0186509.

Sisco M. R. (2021). The effects of weather experiences on climate change attitudes and behaviors. *Current Opinion in Environmental Sustainability*, 52, 111 – 117.

Smith E. K., Mayer A. (2018). A social trap for the climate? Collective action, trust and climate change risk perception in 35 countries. *Global Environmental Change*, 49, 140 – 153.

Smith N., Leiserowitz A. (2014). The role of emotion in global warming policy support and opposition. *Risk Analysis*, 34 (5), 937 – 948.

Steg L. (2023). Psychology of climate change. *Annual Review of Psychology*, 74, 391 – 421.

Stevenson K. T., Peterson M. N., Bradshaw A. (2016). How climate change beliefs among US teachers do and do not translate to students. *PLoS One*, 11 (9), Article e0161462.

Stewart A. E. (2021). Psychometric property of the climate change worry scale. *International Journal of Environmental Research and Public Health*, 18 (2), 494.

Sundblad E. L., Biel A., Gärling T. (2007). Cognitive and affective risk judgements related to climate change. *Journal of Environmental Psychology*, 27 (2), 97 – 106.

Taylor A., Bruine De Bruin W., Dessai S. (2014). Climate change beliefs and perceptions of weather-related changes in the United Kingdom. *Risk Analysis*, 34 (11), 1995 – 2004.

Tian J. C., Sun M. X., Gong Y. C., et al. (2022). Chinese residents' attitudes toward consumption-side climate policy: The role of climate change perception and environmental topic involvement. *Resources, Conservation and Recycling*, 182, Article 106294.

Tschötschel R., Schuck A., Schwinges A., et al. (2021). Climate change policy support, intended behaviour change, and their drivers largely unaffected by consensus messages in Germany. *Journal of Environmental Psychology*, 76, Article 101655.

Unsworth K. L., Fielding K. S. (2014). It's political: How the salience of one's political identity changes climate change beliefs and policy support. *Global Environmental Change*, 27, 131 – 137.

van der Linden S. L. , Leiserowitz A. A. , Feinberg G. D. , et al. （2015）. The scientific consensus on climate change as a gateway belief：Experimental evidence. *PLoS One*, 10 (2), Article e0118489.

van der Linden S. （2015）. The social-psychological determinants of climate change risk perceptions：Towards a comprehensive model. *Journal of Environmental Psychology*, 41, 112 –124.

van Valkengoed A. M. , Steg L. （2019）. Meta-analyses of factors motivating climate change adaptation behaviour. *Nature Climate Change*, 9 (2), 158 –163.

Wang B. B. , Shen Y. T. , Jin Y. Y. （2017）. Measurement of public awareness of climate change in China：Based on a national survey with 4, 025 samples. *Chinese Journal of Population Resources and Environment*, 15 (4), 285 –291.

Wang S. , Hurlstone M. J. , Leviston Z. , et al. （2019）. Climate change from a distance：An analysis of construal level and psychological distance from climate change. *Frontiers in Psychology*, 10, 230.

Weber E. U. （2006）. Experience-based and description-based perceptions of long-term risk：Why global warming does not scare us (yet). *Climatic Change*, 77 (1 –2), 103 –120.

Weber E. U. （2016）. What shapes perceptions of climate change? New research since 2010. Wiley Interdisciplinary Reviews：*Climate Change*, 7 (1), 125 –134.

Whitman J. C. , Zhao J. , Roberts K. H. , et al. （2018）. Political orientation and climate concern shape visual attention to climate change. *Climatic Change*, 147, 383 –394.

Wu J. , Snell G. , Samji H. （2020）. Climate anxiety in young people：A call to action. *The Lancet Planetary Health*, 4 (10), e435 –e436.

Ziegler A. （2017）. Political orientation, environmental values, and climate change beliefs and attitudes：An empirical cross country analysis. *Energy Economics*, 63, 144 –153.

通讯作者简介

孙彦，中国科学院心理研究所研究员，联合国环境规划署客座研究员，中国人与生物圈自然教育指导委员会委员。主要研究方向包括绿色消费行为、气候变化心理认知等。电子邮箱：suny@psych.ac.cn。

历史园林与城市公园步行场景视觉吸引力的差异研究*

李　畅　黄晓蕙　杨鸿语

苏州科技大学建筑与城市规划学院风景园林系　江苏苏州　215000

摘　要：本研究基于眼动追踪实验与视觉感知评估，系统比较历史园林与城市公园步行场景的视觉吸引力差异。结果显示：(1) 历史园林中参与者的景观要素注视时长波动较城市公园更平缓，且其在魅力性、连贯性、复杂性和神秘性维度的感知评分显著更高；(2) 历史园林场景诱发更均衡的周边视野探索（上、下、左、右区域），而城市公园呈现显著的中心视野聚集特征；(3) 历史园林视觉吸引力核心关联前景与中景层次，城市公园则依赖中景与背景的协同作用。研究揭示了历史园林特有的空间构型与视觉体验优势，为差异化绿地景观设计及历史园林视觉价值保护提供了量化依据。

关键词：眼动追踪　历史园林　视觉注意　城市公园　空间构型　视觉感知

1　引言

历史园林是呈现地方文化与自然特征关联性的物证（Andrade, 2008），是城市中重要的文化与生态遗产。已有研究揭示了历史园林记录社会生活方式的作用（Meyer-Fong, 2015; Paiva et al., 2021），历史园

---

* 本文原载于 *Land*, Vol. 11, No. 10, 2022。

林中游客的人文环境体验（Connell，2005；Pérez-Martínez et al.，2018），以及调查、修复和维护历史园林的各项技术（Liang et al.，2018；Liang et al.，2020）。然而，很少有学者意识到历史园林也是能为居民提供休闲娱乐的城市绿地。在修建之初，大多数园林是为了装点私人宅邸，而非吸引游客或居民（Connell，2005）。但随着社会的发展，它们中的大多数园林由私家园林转变为公共园林。近几十年来，快速的城市化带来了城市拥挤现象，城市对绿色空间的需求也随之增加，历史园林比以往任何时候都更具价值（Paiva et al.，2021）。为了鼓励更多的城市居民参观历史园林，增加城市绿地体验，我们有必要了解历史园林吸引人的环境特征，尤其是历史园林相对于其他城市绿地的优缺点。

城市绿地的视觉质量是吸引游客的重要因素之一（Li et al.，2020）。从实景照片的应用、照片引谈法和模型景观模拟，发展到对虚拟现实环境的尝试，景观可视化一直是城市绿地视觉质量和视觉影响评估中不可或缺的部分（Gobster et al.，2019）。它还被应用于评估城市森林、公园、墓地、绿色屋顶和开阔水域等特定场景（Al-Akl et al.，2018；Chiang et al.，2014；Eriksson & Nordlund，2013；Herzog & Kropscott，2004），评估景观元素的组织和构成（Gundersen & Frivold，2008；Kuper，2017；Rob Kuper，2020；Wang et al.，2019；Wang et al.，2020），以及评估景观设计和管理的视觉干预（Arnberger et al.，2017；Gobster & Westphal，2004；Ribe，2002）。在这些研究中，环境心理学的经典范式，如生物进化理论（Appleton，1975）、偏好矩阵（Kaplan & Kaplan，1982）、美景度评价法（Daniel & Boster，1976）、心理进化理论（Ulrich et al.，1991）和注意力恢复理论（Kaplan，1995），都有助于在城市绿地的景观特征和视觉偏好之间建立明确的联系。

近年来，眼动追踪技术通过记录观察者眼球运动的相关数据，为测量城市绿地吸引力提供了一种新方法。在景观研究中，研究者运用眼动追踪技术检测并记录观看图像时的眼球运动（如注视时间、扫视幅度、扫描路径长度、眨眼频率），分析可能导致更高视觉注意力的图像成分（Dupont et al.，2014）。受到 De Lucio（1996）等学者在 20 世纪 90 年代后期关于图像景观属性与视觉探索模式之间相关性研究的启发，许多学者探索了景观元素（如树、灌木、草地、花卉、水体、硬质景观和视觉主导元素）、景观特征（如开放性、异质性和分形维数）、季节特征（春、夏、秋、冬）、照片类型（如开放性和异质性）、观察者背景（如专家或非专家、熟悉或不熟悉）和视觉策略风格（如现场和非现场）对城市绿地空间视觉感知的影响（Amati et al.，2018；Elsadek et al.，2019；Li et al.，2020；Nordh et al.，2013；Xiang et al.，2021）。研究发现，观察者的眼睛运动指标（如注视时间、注视次数）与城市绿地景观偏好显著相关（Cottet et al.，2018；Li et al.，2020）。具体而言，人们在观看自然场景时表现出更长的平均注视时间和更少的注视次数，而在观看人工景观和其他异质性元素时，人们对其注视的时间更长（Berto et al.，2008；Franěk et al.，2019；Li et al.，2020；Nordh et al.，2013）。值得注意的是，文化景观（如历史建筑）在城市绿地中的重要性，特别是文化景观元素如何影响视觉感知受到的关注较少。在景观空间特征和人眼球运动模式方面，学者们揭示了景观元素比例、场景的复杂程度或吸引力与人眼运动模式之间存在显著相关性。许多研究已经发现视觉注意力空间分布的重要性（De Lucio et al.，1996）。例如，观察场景中心有助于快速提取重要的视觉信息（Tatler，2007；Tseng et al.，2009），但很少分析吸引人类视觉注意力的不同城市绿地场景的空间分布差异。

以上研究大多将重点放在城市森林和公园等城市绿地的视觉感知和景观元素偏好上（Tatler，2007；Tseng et al.，2009），但关于不同类型城市绿地对游客视觉注意力吸引的眼动比较仍处于起步阶段。在城市公园出现之前，许多历史园林也已开始提供优质的视觉资源来吸引游客，但这方面的研究主要关注其遗产价值，而非讨论历史园林的环境偏好和眼动特征。

事实上，历史园林和城市公园具有不同的空间构型和元素特征。在中国江南地区，历史园林系统地组织地域特色景观元素，例如具有文化内涵的山石、植物、古建筑、石桥等，它们按照中国画的构图原则，在狭小空间内创造一系列丰富的视觉体验（Amati et al.，2018；Elsadek et al.，2019）。已有研究指出，城市公园虽然具有多样的类型与结构，但其通常涉及自然和人工景观元素。自然元素包括树木、灌木、花卉、地形草坪和各种类型的水体，而人工元素则包括广场、小路、平台和现代建筑等铺装表面。

历史园林和现代城市公园分别是居民过去和现在休闲场所的典型代表，这是一个有价值的主题，但很少有研究从视觉体验的角度评估和验证历史园林和现代城市公园之间的差异。本研究旨在通过景观元素、眼动数据和视觉感知的三方互证，比较历史园林与城市公园之间的视觉吸引力差异，为城市绿地步行场景的视觉吸引力提供新的见解。本研究的目的是调查历史园林步行场景和城市公园步行场景在视觉注意力和视觉感知方面是否存在差异，比较历史园林步行场景和城市公园步行场景在景观元素、视觉注意力和视觉感知三个维度上的相关性。

2 方法

2.1 研究地点

苏州地处中国东南地区，拥有2500年的建城历史，以历史园林闻名于世。从10世纪到19世纪，大量文人、退休官员和富商在苏州建造了私家园林。由于大多数园林都建在市中心，园林的规模通常较小（0.86 ± 1.06公顷）（Fung，1998）。在这个有限的空间中，人工环境被精心塑造成小型建筑、连廊、亭台楼阁等，以适应自然元素（如树木、水体、岩石），并创造视觉丰富的景观层次（Li et al.，2019）。目前，苏州共有108座历史园林，其中9座被联合国教科文组织列为“世界文化遗产”。目前，大多数历史园林向公众开放。2020年和2021年，分别有486.04万和600.99万人次游览苏州园林（Bureau，2021）。此外，自20世纪以来，受现代生活方式的影响，苏州又建成了120个公园（13.25 ± 15.09公顷），如综合公园、带状公园、专业公园以及社区公园。

2.2 刺激材料

步行是参观者前往城市绿地的主要交通方式，先前大多数关于视觉吸引力的研究都是基于这个前提展开调查（Amati et al.，2018；Nordh et al.，2013）。因此，本研究的研究人员从17个历史园林和12个城市公园中拍摄了423张照片，尽可能多地涵盖步行场景特征。为了减少天气、季节和设备的影响，所有照片都是用同一台相机（Cannon EOS -

M3）在春季（2021 年 4 月至 5 月）没有阳光直射的阴天拍摄。拍照时，视点高度为视平高度 1.60m，焦距设置相同。五位景观专家根据历史园林和城市公园的代表性内容特征，选取了 46 张照片作为实验性刺激照片，其中历史园林和城市公园分别为 23 张。在此过程中，专家们首先排除了 35 张不完整的步行场景照片，比如将人行道和高速公路混合在一起的照片；其次，排除了其他 75 张不具备历史园林和城市公园步行场景特性的照片，例如历史园林步行场景中含有了现代雕塑的照片，或步行场景中的天空被高层住宅建筑遮挡了的照片；再次，有 46 张照片因为其中的某些元素（如汽车、垃圾桶、人物等）可能会干扰眼动实验而被排除在外。最后，专家们根据所拍摄场景的普遍性，从剩余的 267 张照片中选出 23 张历史园林步行场景和 23 张城市公园步行场景照片，每张照片至少需要获得 4 位专家的同意。最终入选的照片代表了分布在旧城和新城（姑苏区）的 4 个历史园林和 6 个城市公园的一系列步行场景（见图 1、表 1）。所有照片均使用 Adobe Photoshop CS6 自动调整亮度水平和对比度平衡。

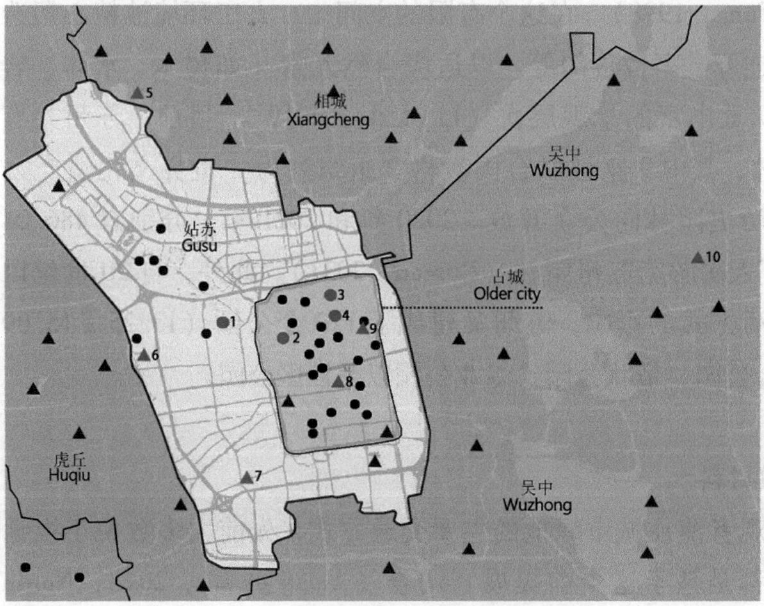

图 1 照片来源地分布

表1　　　　　　历史园林和城市公园典型步行场景的特征

类别	历史园林步行场景示例	城市公园步行场景示例
天空	少部分可见，阴天	大部分可见，阴天
植物	零星的树木，灌木未经修剪	整齐的行道树和树林，修剪整齐的灌木和草坪
道路	卵石、瓦片的装饰性道路和台阶，蜿蜒狭窄的道路	沥青、水泥和铺路石，宽阔的道路
山石	湖石叠山	岩石
水景	自然水景	人工水景
建筑	园林古建筑	简洁的现代建筑
视觉主导元素	木栏杆、装饰石灯等	灯杆、标牌、金属栏杆等

为了区分不同环境中的景观类型，先前的研究都通过建立兴趣区（AOI）来量化实验刺激图片中的景观元素（Li et al.，2020；Nordh et al.，2013）。为了比较每个兴趣区中参与者的视觉注意力，本研究使用Adobe Photoshop CS6 中不同颜色的标记来计算每个景观元素的兴趣区相对于图像总面积的百分比（见图2）。图2c、2d 描述了历史园林步行场景中垂直方向和水平方向的像素标记。图2e、2f 描述了城市公园步行场景中水平方向和垂直方向的像素标记。图2g、2h 显示了历史园林步行场景和城市公园步行场景之间不同景观元素百分比的分布差异。一般来说，与城市公园步行场景相比，历史园林步行场景中的视觉硬质景观（岩石、建筑物和视觉主导元素）和道路的比例更高，而视觉软质景观（天空、乔木和灌木）的比例较低。

2.3　参与者

我们通过社交平台和滚雪球抽样法招募了68 名健康的大学生参与本研究。在排除视觉障碍（N =5）和技术故障（N =2）的参与者后，共收集了61 名受访者的眼动追踪实验数据，其中包括21 名男性和40 名女性，本科生48 名，研究生13 名，年龄为18—25 岁（M =20.86，SD =2.15）。根据先前的研究，性别不会在眼动实验中发挥重要作用（Elsadek et al.，

2019），我们没有考虑男女参与者的性别平衡问题。

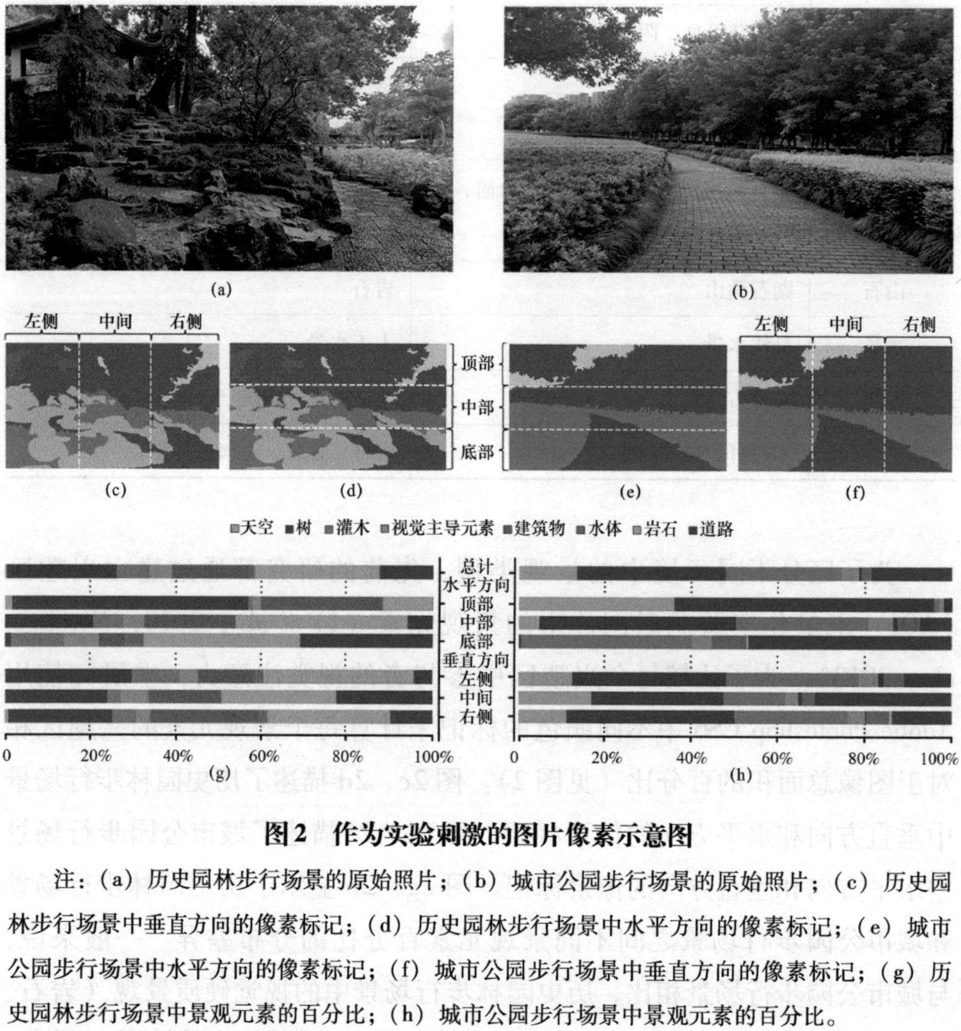

图2 作为实验刺激的图片像素示意图

注：（a）历史园林步行场景的原始照片；（b）城市公园步行场景的原始照片；（c）历史园林步行场景中垂直方向的像素标记；（d）历史园林步行场景中水平方向的像素标记；（e）城市公园步行场景中水平方向的像素标记；（f）城市公园步行场景中垂直方向的像素标记；（g）历史园林步行场景中景观元素的百分比；（h）城市公园步行场景中景观元素的百分比。

2.4 设备

该研究使用 aSee pro 反射式眼动仪（7 Invensun Technology Ltd.）以 256Hz 的采样率测量眼球运动。用于展示实验图像的显示器（DELL OPTIPLEX 760）屏幕为1920×1080 像素分辨率，屏幕对角线长 58.42 厘米。眼动仪安装在 PC 显示器下方，刺激装置的呈现和数据处理由 aSee pro 3.2 软件控制。

2.4.1 视觉吸引力测量

注视时间被用于比较参与者在观看历史园林和城市公园步行场景时的视觉注意力和探索差异。在既往研究中，以毫秒（ms）为单位的所有兴趣区中注视时间总和，被用于检验参与者的视觉注意力（Li et al.，2020；Nordh et al.，2013）。在本研究中，注视时间的兴趣区以两种不同的方式呈现。第一种呈现方式与景观元素相关，用于计算参与者观看不同景观元素（例如天空、岩石）时的注视时间。在第二种呈现方式中，它与场景中注视时间的分布有关。研究人员将图像分为3个水平行和3个垂直列（图2e、2f），用于测量参与者水平（顶部、中部和底部）和垂直（左侧、中间和右侧）观看的注视时间。先前的研究表明，景观照片的水平分层通常与背景、中景和前景的景深有关，而垂直分层通常与视野的广度有关（Liu & Nijhuis，2020；Nielsen et al.，2012）。

本研究使用相对兴趣区来测量注视时间，即兴趣区中的注视时间除以兴趣区面积相对于总图像面积的30%。这种方法旨在帮助我们比较来自不同兴趣区的眼动追踪数据（Amati et al.，2018）。

2.4.2 视觉感知测量

注视时间的兴趣区分析可以区分参与者观看图像时注视的视觉注意分布，但不能解释他们被某个景观要素或某个区域吸引的原因（Lappi，2015）。对城市公园或森林场景的既有研究证实，参与者的视觉感知与环境偏好有关（Chiang et al.，2014；Herzog & Kropscott，2004）。本研究选择了五个预测变量，即魅力性、连贯性、复杂性、易读性和神秘性，以评估参与者对每张照片的视觉感知。每个预测变量都通过七点李克特量表进行评估，范围从“-3=非常不同意”到“3=非常同意”。

2.5 程序

参与者到达实验室后，研究人员简要介绍实验过程并提供同意书。参与者同意参与实验并提供人口统计学信息后，坐在距离显示屏65厘米的地方进行眼动追踪校准，并对两张照片进行观看练习。在展示每张照片之前，参与者需要注视屏幕中心的十字架2秒，以确保探索每张照片的起点相同，然后每张照片显示10秒。参与者被要求在无任务状态下浏览46张历史园林步行场景和城市公园步行场景照片，这些照片被随机展示，每名参与者均不同。眼动实验完成后，参与者使用在线问卷对每张照片的视觉感知进行评分。在眼动实验结束后，参与者花费约30分钟填写关于照片视觉感知的在线问卷，其中包括视觉表现测量的五个预测变量。整个实验过程大约需要50分钟。所有研究程序的开展已获得大学伦理委员会的批准（IRB210520）。

2.6 数据分析

使用aSee pro 3.2分析软件对原始眼动追踪数据进行处理，使用SPSS 24.0对注视时间数据和视觉感知评分进行分析。具体而言，由于注视时间数据的非正态分布，因此采用曼-惠特尼U检验（Mann-Whitney U）来区分历史园林步行场景和城市公园步行场景之间的视觉注意差异；变异系数有助于估计两种步行场景之间景观元素注视时间的相对变异性。此外，使用克隆巴赫α系数（Cronbach's alpha）分析视觉感知得分，并通过单因素方差分析检验两种步行场景之间的视觉偏好得分差异。最后，采用皮尔逊相关系数测量法和相关比较工具评估两种步行场景在景观元素百分比、注视时间和视觉感知方面的相关性差异（Diedenhofen & Musch，2015）。

3 结果

3.1 历史园林步行场景和城市公园步行场景之间视觉注意力的差异

3.1.1 视觉注意力的景观元素

曼-惠特尼U检验显示，历史园林步行场景和城市公园步行场景在注视时间方面存在总体显著差异（$p<0.001$）。历史园林步行场景的总注视时间比城市公园步行场景短，并且两者在六个类别中存在显著差异（见图3）。从统计学上讲，与城市公园步行场景相比，历史园林步行场景在天空、灌木和道路上花费的注视时间更长，而在树木、建筑物和视觉上占主导地位的元素上花费的注视时间较少（$p<0.001$）。对于各种景观元素的注视时间，观测到的变异系数在历史园林步行场景和城市公园步

行场景中分别为21.29%和90.20%，这表明在历史园林步行场景中景观元素的注视时间更稳定，在城市公园步行场景中景观元素的注视时间波动更大。

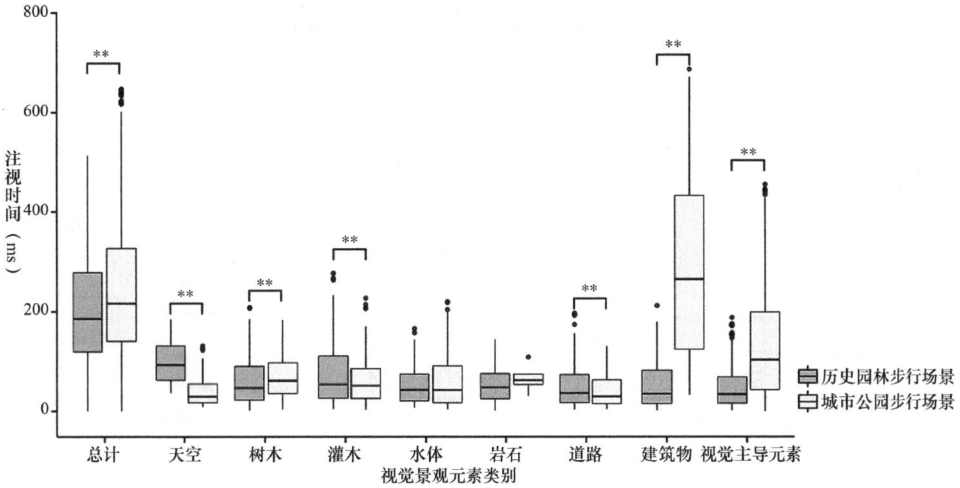

图3　历史园林步行场景和城市公园步行场景注视时间比较的箱线图

（*：$p<0.05$；：$p<0.01$）**

3.1.2　水平和垂直视觉注意区域

分析结果显示，在欣赏历史园林步行场景和城市公园步行场景时，同一类型的景观元素具有不同的视觉吸引力。因此，有必要更深入地了解观看时的视觉注意区域是否有区别。本研究采用一系列曼－惠特尼U检验来比较历史园林步行场景和城市公园步行场景在水平和垂直区域的注视时间差异。如图4所示，在水平和垂直区域，每个场景的注视时间（所有$p<0.001$）都存在显著差异。在水平视觉关注区域，历史园林步行场景的顶部和底部区域比城市公园步行场景吸引了更多的注视时间，而历史园林步行场景的中部区域则相反。在垂直视觉关注区域，历史园林步行场景的左侧和右侧区域比城市公园步行场景吸引了更多的注视时间，而中部区域吸引的注视时间则较短。

3.2　历史园林步行场景和城市公园步行场景之间的视觉感知差异

视觉感知评分的结果在参与者中显示出较高的可靠性（Cronbach's alpha =0.88）。图5揭示了历史园林步行场景和城市公园步行场景之间视觉感知得分的显著差异（所有 $p<0.001$）。具体而言，与城市公园步行场景相比，参与者更喜欢历史园林步行场景，因为他们认为历史园林步行场景更具魅力性、连贯性、复杂性和神秘性。此外，与历史园林步行场景相比，参与者认为城市公园步行场景的易读性更高。

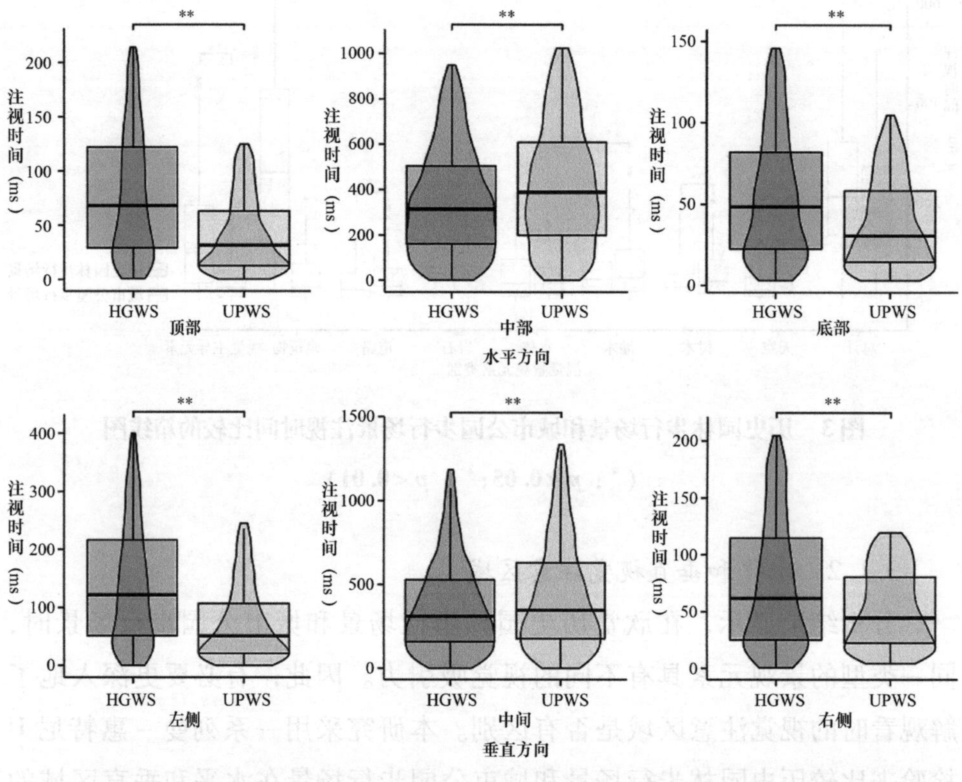

图4　历史园林步行场景和城市公园步行场景注视时间比较的小提琴图
（*：$p<0.05$；：$p<0.01$）**

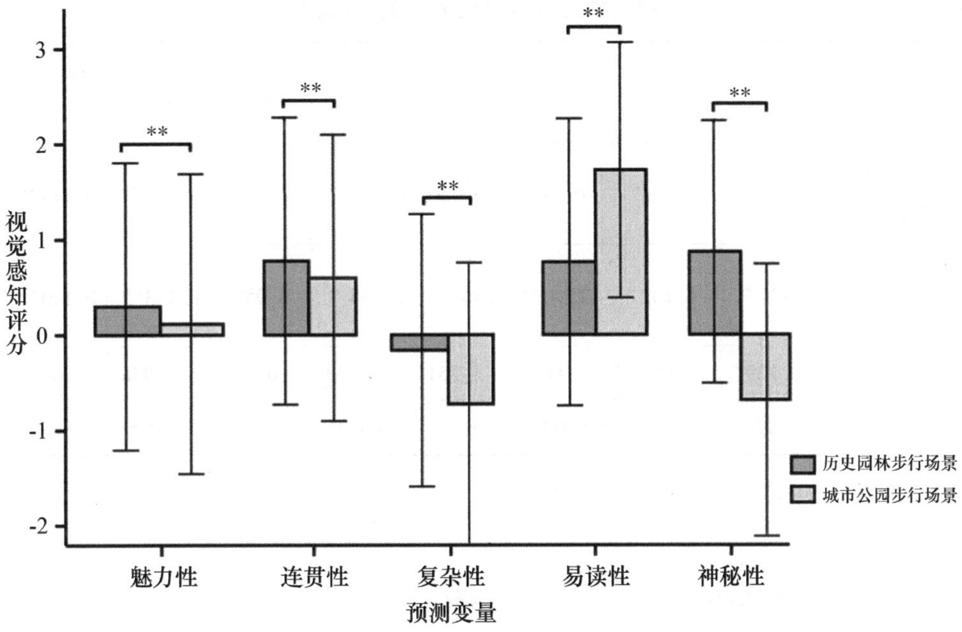

图5 历史园林步行场景和城市公园步行场景之间的视觉感知分数比较

（*：$p<0.05$，：$p<0.01$）**

3.3 历史园林步行场景和城市公园步行场景视觉吸引力的相关性比较

3.3.1 视觉注意力元素的相关性比较

表2显示了总注视时间与景观元素百分比之间的相关性。在历史园林步行场景中，总注视时间与天空、建筑物和视觉主导元素的百分比呈显著正相关（所有 $p<0.01$）；同时，总注视时间与树木、水景和岩石的百分比呈显著负相关（所有 $p<0.01$）。在城市公园步行场景中，总注视时间与水景、岩石、建筑和视觉主导元素的百分比呈显著正相关（所有 $p<0.01$），与乔木和灌木的百分比呈显著负相关（所有 $p<0.05$）。相关比较表明，历史园林步行场景和城市公园步行场景的总注视时间和景观元素（灌木、水景和岩石）的百分比存在显著差异（所有 $p<0.01$）。例如，虽然历史园林步行场景和城市公园步行场景中的总注视时间和岩石百分比显著相关，但在历史园林步行场景中呈现负相关，而在城市公园步行场景中呈现正相关。

表2　历史园林步行场景和城市公园步行场景的总注视时间和景观元素百分比的相关性比较

		天空	树	灌木	水景	山石	道路	建筑	视觉主导元素
历史园林步行场景	r	0.143**	−0.118**	−0.014	−0.108*	−0.285**	0.051	0.196**	0.148**
城市公园步行场景	r	0.137**	−0.102*	−0.290**	0.368**	0.535**	0.058	0.133**	0.120**
	z	0.129	1.145	7.160	−5.251	−9.268	−0.185	−0.938	0.490
	p	0.897	0.252	0.000**	0.000**	0.000**	0.852	0.0348	0.624

注：$N=1403$，*：$p<0.05$；**：$p<0.01$。

3.3.2　视觉注意区域的相关性比较

表3显示了历史园林步行场景中注视时间与视觉感知之间的相关性，数据表明历史园林步行场景中对这些视觉注意区域投入的关注程度越高，视觉感知评估就越高。具体而言，在水平方向上，中部区域的注视时间与魅力性、连贯性、复杂性和神秘性呈显著正相关（所有$p<0.05$），底部区域的注视时间与魅力性、连贯性和神秘性呈显著正相关（所有$p<0.01$）。在垂直方向上，中部的注视时间与魅力性、易读性呈显著正相关（所有$p<0.01$），右侧的注视时间与魅力性、连贯性、复杂性和神秘性呈显著正相关（所有$p<0.01$）。

表3　历史园林步行场景注视时间与视觉感知之间的相关性

	水平			垂直		
	顶部	中部	底部	左侧	中部	右侧
魅力性	0.061	0.116**	0.196**	0.079	0.160**	0.198**
连贯性	0.013	0.106*	0.146**	0.041	0.091	0.134**
复杂性	0.014	0.154**	0.089	−0.042	0.015	0.132**
易读性	0.001	0.036	0.068	0.046	0.194**	0.029
神秘性	−0.005	0.126**	0.140**	0.050	0.081	0.144**

注：N=1403；*：$p<0.05$；**：$p<0.01$。

表4显示了城市公园步行场景中注视时间与视觉感知之间的相关性。具体而言，在水平方向上，顶部的注视时间与所有视觉感知指标均呈显著正相关（所有 $p<0.05$），中部的注视时间与易读性和神秘性呈显著正相关（所有 $p<0.01$），底部注视时间与魅力性、复杂性和易读性呈显著正相关（所有 $p<0.05$）。在垂直方向上，除魅力性外，左侧注视时间与所有视觉感知指标均呈显著正相关或负相关（所有 $p<0.05$）；中部的注视时间与魅力性、易读性和神秘性显著相关（所有 $p<0.05$）；右侧的注视时间与魅力性和连贯性显著相关（所有 $p<0.05$）。

表4　　城市公园步行场景注视时间与视觉感知之间的相关性

	水平			垂直		
	顶部	中部	底部	左侧	中部	右侧
魅力性	-0.108*	0.064	0.090	-0.072	0.106*	0.166**
连贯性	-0.168**	0.094	0.079	-0.136*	0.038	0.130*
复杂性	0.278**	0.054	-0.005	0.226**	0.068	-0.048
易读性	-0.316**	0.176**	-0.023	-0.304**	0.228**	0.048
神秘性	0.244**	-0.184**	0.012	0.242**	-0.172**	0.044

注：N=1403；*：$p<0.05$；**：$p<0.01$。

相关性比较显示，历史园林步行场景和城市公园步行场景在许多区域的水平或垂直区域注视时间和视觉感知存在显著差异（见表5）。例如，在历史园林步行场景中，水平顶部和垂直左侧的注视时间与视觉感知指标完全无关（见表2）。

表5　　历史园林步行场景与城市公园步行场景注视时间与视觉感知的相关性比较

	水平			垂直		
	顶部	中部	底部	左侧	中部	右侧
魅力性	4.485**	1.387	2.866**	4.003**	1.455	0.875
连贯性	-4.831**	-0.321	-1.796	-4.706**	-1.408	-0.108
复杂性	-7.183**	2.677**	2.493*	-7.196**	-2.198*	4.783**

续表

	水平			垂直		
	顶部	中部	底部	左侧	中部	右侧
易读性	8.683 **	-3.752 **	2.410 *	9.523 **	-0.941	-2.038 *
神秘性	-6.721 **	8.275 **	0.752	-5.208 **	6.744 **	2.671 **

注：N=1403；*：$p<0.05$；**：$p<0.01$。表数据是表3和表4之间相关性比较的z值。

但在城市公园步行场景中，两者显著相关（见表3）。这意味着水平顶部和垂直左侧的注视时间几乎无法预测历史园林步行场景中的视觉感知。同样，在另一个区域，关于水平或垂直区域的注视时间与历史园林步行场景和城市公园步行场景的视觉感知之间几乎不相关。

4 讨论

4.1 确认历史园林步行场景和城市公园步行场景之间视觉注意力的差异

Kaplan R. 和 Kaplan S. （1989）发现了可能影响景观视觉体验的两个维度，即空间构型和内容。根据这一理论框架，我们发现参与者在观看历史园林步行场景和城市公园步行场景时视觉注意力存在显著差异。关于吸引视觉注意力的景观元素，数据显示，观看历史园林步行场景照片时的总注视时间和注视时间的变化波动小于观看城市公园步行场景照片（见图3），历史园林步行场景照片中视觉感知的魅力性、连贯性、复杂性和神秘性得分也高于城市公园步行场景照片（见图5）。这些结果表明，园林的景观元素在减少注视时间和增强景观偏好方面发挥了重要作用，也表明历史园林步行场景中的某些景观元素和空间构型可能有助于视觉感知。这可能源于历史园林造园者遵循“虽为人作，宛自天开”的造园理论（Cheng，1988），在边缘和颜色方面试图减少人工元素与自然环境之间的对比。因此，尽管历史园林步行场景中的人工元素面积比城市公园步行场景大，但它仍然比城市公园步行场景更“柔软迷人”。Kaplan R. 和 Kaplan S. （1989）的注意力恢复理论认为，自然环境的某种复杂性和连贯性很容易触发柔性魅力，从而吸引注意力。在城市公园步行场景中，与自然环境形成强烈对比的建筑和视觉主导元素（例如灯杆）可能会增加被动的视觉注意力，但不会增加视觉偏好。先前的研究表明，较长时间注视相关的图像可能意味着观察者在处理和编码信息方面更加困难（Dupont et al.，2015），或者图像不如注视时间较短的图像有意义（Goldberg & Kotval，1999）。本研究的结果证实并深化了先前的发现，例如视觉注意力中对人工物体的视觉关注（Goldberg & Kotval，1999），历史和现代场景之间的注视时间差异（Franěk et al.，2018），以及偏好矩阵（Kaplan & Kaplan，1982）。

本研究还从视觉注意区域的角度证明了历史园林步行场景和城市公园步行场景在空间构型上的差异。虽然历史园林步行场景和城市公园步行场景的视觉偏好都表现出中心效应（见图4），与之前的研究结果一致（Tatler，2007；Tseng et al.，2009），但本研究较之更为深入。两种步行场景在水平和垂直观察中注视时间的显著差异表明景观元素在空间构型方面存在显著差异。根据该偏好矩阵（Kaplan & Kaplan，1982），由于历史园林步行场景在空间构成上更加复杂和神秘，有必要通过对照片进行更多的注视（上、下、左、右）来提取信息。视觉上开放的城市公园步行场景照片的易读性更高，注视照片的中心有助于快速提取信息。这些发现与先前的研究保持一致，研究认为，开放景观难以激发人们进行更多的视觉探索（Dupont et al.，2014；Mackworth & Morandi，1967）。

4.2 预测历史园林步行场景和城市公园步行场景视觉吸引力的相关因素比较

比较发现，历史园林步行场景和城市公园步行场景在总注视时间和一定百分比的景观元素（灌木、水体和岩石）的相关性差异显著。这些结果可以用格式塔理论的“图形 - 背景”原理来解释，即视觉焦点元素是图形，其余元素是背景（Koffka，1935）。以岩石为例，在城市公园步行场景中散布在光滑草地上的少量岩石是图形，而在历史园林步行场景中形成地形的大量岩石是背景。之前的研究也认为，过多的岩石会导致视觉衰减（Amati et al.，2018）。

另一个值得注意的是关于集中在两种步行场景之间水平或垂直视觉

注意区域的注视时间和视觉感知的相关性比较。研究发现，在与景深相关的水平方向上，历史园林步行场景的视觉注意力区域主要集中在中部和底部，而在城市公园步行场景中，视觉注意力区域主要集中在顶部和中部。这是因为园林设计师使用树木和建筑物来遮挡大部分天空，并通过园林中精心设计的蜿蜒小径和庭院景观来吸引参与者。尽管人们通常从上往下地观察遮挡视线的物体（Dupont et al.，2014），但研究发现这些观察行为有时与视觉偏好无关。

同样地，参与者对城市公园步行场景底部道路的注视也难以激发自己的视觉偏好。该研究证实并补充了以往研究的不足，如天空能见度对步行性的影响（Yin & Wang, 2016）、景观开放性对眼动追踪行为的影响（Dupont et al.，2014），以及道路材料与视觉偏好之间的相关性（Amati et al.，2018）。

有趣的是，研究发现，在与视野相关的垂直方向上，历史园林步行场景左侧视觉注意区域的注视时间与视觉感知偏好没有显著相关性。但在历史园林步行场景的右侧视觉注意区域，注视时间与视觉感知偏好显著相关。这一发现揭示了中国历史园林道路两侧景观的视觉不对称特征。我们还发现了右侧区域景观的视觉探索倾向（复杂性和神秘性），这与环境偏好理论相一致，该理论认为复杂性和神秘性为探索提供了机会。这种现象可能是中国园林右行传统下寻路的导航设计造成的，但具体机制有待进一步研究与探讨。

4.3 限制

本研究选取了中国江南私家园林作为历史园林的代表，但世界上还有许多其他类型和风格的历史园林。因此，在未来的研究中，我们将继续探索其他历史园林景观元素（如日本园林、波斯园林、法式园林）和空间构型对视觉吸引力的影响。本研究选择的实验刺激照片取自历史园林和城市公园的步行场景，主要强调参与者经过时路径两侧的视觉吸引力，而省略了对其他场景（如面向水体、草地或森林）的视觉感知，这在一定程度上可能影响本研究结论的完整性。今后的研究可以考虑在实验中加入一系列潜在的场景样本来综合比较历史园林和城市公园的视觉吸引力。本研究没有对参与者的年龄、性别、教育背景和专业的影响进行讨论，未来的研究应该尽可能涵盖其他对比因素。

众所周知，步行场景的视觉刺激是一个随运动而变化的连续场景，参与者的自然观看将面临复杂的干扰因素（Amati et al.，2018；Cottet et al.，2018）。对于以植物为基础的公园和森林场景，学者们通过非照片刺激眼动追踪（如观看视频、虚拟现实观看和现场观看）或环境偏好问卷进行调查（Amati et al.，2018；Xiang et al.，2021），但没有对历史园林进行调查。未来可以探索动态刺激和动态设备的应用，如录制真实场景的全景视频、增强现实场景和带有虚拟现实的眼动追踪移动设备，以此增强视觉体验的沉浸感，避免来自真实环境中的其他干扰与刺激。

5 结论

第一，历史园林通过均衡的景观要素配置与神秘性－复杂性空间构型，显著提升视觉感知质量。

第二，其视觉探索模式呈现周边视野主导的分布式特征，区别于城市公园的中心聚焦模式。

第三，视觉吸引力生成机制存在层级差异：历史园林依赖前景与中景的精细化组织，而城市公园更强调中景与背景的关联性。研究成果为历史园林视觉资源保护提供了科学依据，同时提示城市绿地规划需兼顾不同类型空间的视觉体验特质，避免同质化设计。

参考文献

Al-Akl, N. M., Karaan, E. N., Al-Zein, M. S., & Assaad, S. (2018). The landscape of urban cemeteries in Beirut: Perceptions and preferences. *Urban Forestry & Urban Greening*, 33, 66－74.

Amati, M., Ghanbari Parmehr, E., McCarthy, C., & Sita, J. (2018). How eye-catching are natural features when walking through a park? Eye-tracking responses to videos of walks. *Urban Forestry & Urban Greening*, 31, 67－78.

Andrade, I. E. J. (2008). Construction and deconstruction of the historic garden concept. *Risco: Journal of Architecture and Urbanism*, 8 (8), 138－144.

Appleton, J. (1975). *The experience of landscape*. New York: John Wiley & Sons.

Arnberger, A., Schneider, I. E., Ebenberger, M., Eder, R., Venette, R. C., Snyder, S. A., & Cottrell, S. (2017). Emerald ash borer impacts on visual preferences for urban forest recreation settings. *Urban Forestry & Urban Greening*, 27, 235 - 245.

Berto, R., Massaccesi, S., & Pasini, M. (2008). Do eye movements measured across high and low fascination photographs differ? Addressing Kaplan's fascination hypothesis. *Journal of Environmental Psychology*, 28 (2), 185 - 191.

Bureau, S. L. (2021). Basic profile. Retrieved July 28th, 2021, from http://ylj.suzhou.gov.cn/szsylj/jbgk2/nav_wztt.shtml.

Cheng, J. (1988). *The craft of gardens*. New Haven, London: Yale University Press.

Chiang, Y. C., Nasar, J. L., & Ko, C. C. (2014). Influence of visibility and situational threats on forest trail evaluations. *Landscape and Urban Planning*, 125 (125), 166 - 173.

Connell, J. (2005). Managing gardens for visitors in Great Britain: a story of continuity and change. *Tourism Management*, 26 (2), 185 - 201.

Cottet, M., Vaudor, L., Tronchère, H., Roux-Michollet, D., Augendre, M., & Brault, V. (2018). Using gaze behavior to gain insights into the impacts of naturalness on city dwellers' perceptions and valuation of a landscape. *Journal of Environmental Psychology*, 60, 9 - 20.

Daniel, T. C., & Boster, R. S. (1976). *Measuring Landscape Esthetics: The Scenic Beauty Estimation Method*. Fort Collins, USDA Forest Service: Rocky Mountain Forest and Range Experiment Station.

De Lucio, J. V., Mohamadian, M., Ruiz, J. P., Banayas, J., & Bernaldez, F. G. (1996). Visual landscape exploration as revealed by eye movement tracking. *Landscape and Urban Planning*, 34 (2), 135 - 142.

Diedenhofen, B., & Musch, J. (2015). Correction: cocor: A Comprehensive Solution for the Statistical Comparison of Correlations. *PloS One*, 10 (4), Article e0131499.

Dupont, L., Antrop, M., & van Eetvelde, V. (2014). Eye-tracking Analysis in Landscape Perception Research: Influence of Photograph Properties and Landscape Characteristics. *Landscape Research*, 39 (4), 417 - 432.

Dupont, L., Antrop, M., & van Eetvelde, V. (2015). Does landscape related expertise influence the visual perception of landscape photographs? Implications for participatory landscape planning and management. *Landscape and Urban Planning*, 141, 68 - 77.

Elsadek, M., Sun, M., Sugiyama, R., & Fujii, E. (2019). Cross-cultural comparison of physiological and psychological responses to different garden styles. *Urban Forestry & Urban Greening*, 38, 74 – 83.

Eriksson, L., & Nordlund, A. (2013). How is setting preference related to intention to engage in forest recreation activities? *Urban Forestry & Urban Greening*, 12 (4), 481 – 489.

Franěk, M., Petružálek, J., & Šefara, D. (2019). Eye movements in viewing urban images and natural images in diverse vegetation periods. *Urban Forestry & Urban Greening*, 46, Article 126477.

Franěk, M., Šefara, D., Petružálek, J., Cabal, J., & Myška, K. (2018). Differences in eye movements while viewing images with various levels of restorativeness. *Journal of Environmental Psychology*, 57, 10 – 16.

Fung, S. (1998). The interdisciplinary prospects of reading Yuan ye. *Studies in the History of Gardens & Designed Landscapes*, 18 (3), 211 – 231.

Gobster, P. H., Ribe, R. G., & Palmer, J. F. (2019). Themes and trends in visual assessment research: Introduction to the Landscape and Urban Planning special collection on the visual assessment of landscapes. *Landscape and Urban Planning*, 191, Article 103635.

Gobster, P. H., & Westphal, L. M. (2004). The human dimensions of urban greenways: planning for recreation and related experiences. *Landscape and Urban Planning*, 68 (2), 147 – 165.

Goldberg, J. H., & Kotval, X. P. (1999). Computer interface evaluation using eye movements: methods and constructs. *International Journal of Industrial Ergonomics*, 24 (6), 631 – 645.

Gundersen, V. S., & Frivold, L. H. (2008). Public preferences for forest structures: A review of quantitative surveys from Finland, Norway and Sweden. *Urban Forestry & Urban Greening*, 7 (4), 241 – 258.

Herzog, T. R., & Kropscott, L. S. (2004). Legibility, Mystery, and Visual Access as Predictors of Preference and Perceived Danger in Forest Settings without Pathways. *Environment and Behavior*, 36 (5), 659 – 677.

Kaplan, S. (1995). The restorative benefits of nature: Toward an integrative framework. *Journal of Environmental Psychology*, 15 (3), 169 – 182.

Kaplan, S., & Kaplan, R. (1982). *Humanscape: Environments for People*. North Scituate, US: Duxbury Press.

Koffka, K. (1935). *Principles of Gestalt Psychology.* London: Lund Humphries.

Kuper, R. (2017). Restorative potential, fascination, and extent for designed digital landscape models. *Urban Forestry & Urban Greening*, 28, 118 - 130.

Kuper, R. (2020). Preference and restorative potential for landscape models that depict diverse arrangements of defoliated, foliated, and evergreen plants. *Urban Forestry & Urban Greening*, 48, Article 126570.

Lappi, O. (2015). Eye Tracking in the Wild: the Good, the Bad and the Ugly. *Journal of Eye Movement Research*, 8, 1.

Li, J., Zhang, Z., Jing, F., Gao, J., Ma, J., Shao, G., & Noel, S. (2020). An evaluation of urban green space in Shanghai, China, using eye tracking. *Urban Forestry & Urban Greening*, 56, Article 126903.

Li, X., Xia, B., Lusk, A., Liu, X., & Lu, N. (2019). The Humanmade Paradise: Exploring the Perceived Dimensions and Their Associations with Aesthetic Pleasure for Liu Yuan, a Chinese Classical Garden. *Sustainability*, 11 (5), 1350.

Liang, H., Li, W., Lai, S., Zhu, L., Jiang, W., & Zhang, Q. (2018). The integration of terrestrial laser scanning and terrestrial and unmanned aerial vehicle digital photogrammetry for the documentation of Chinese classical gardens-A case study of Huanxiu Shanzhuang, Suzhou, China. *Journal of Cultural Heritage*, 33, 222 - 230.

Liang, H., Li, W., Lai, S., Jiang, W., Zhu, L., & Zhang, Q. (2020). How to survey, model, and measure rockeries in a Chinese classical garden: a case study for Huanxiu Shanzhuang, Suzhou, China. *Landscape Research*, 45, 377 - 391.

Liu, M., & Nijhuis, S. (2020). Mapping landscape spaces: Methods for understanding spatial-visual characteristics in landscape design. *Environmental Impact Assessment Review*, 82, Article 106376.

Mackworth, N. H., & Morandi, A. J. (1967). The gaze selects informative details within pictures. *Perception & Psychophysics*, 2 (11), 547 - 552.

Meyer-Fong, T. (2015). Civil war, revolutionary heritage, and the Chinese Garden. *Cross-Currents. East Asian History and Culture Review*, 4 (1), 309 - 332.

Nielsen, A. B., Heyman, E., & Richnau, G. (2012). Liked, disliked and unseen forest attributes: Relation to modes of viewing and cognitive constructs. *Journal of Environmental Management*, 113, 456 - 466.

Nordh, H., Hagerhall, C. M., & Holmqvist, K. (2013). Tracking Restorative Components: Patterns in Eye Movements as a Consequence of a Restorative Rating

Task. *Landscape Research*, 38 (1), 101 – 116.

Paiva, P. D. de O., Sousa, R. de B., & Alves, S. F. N. de S. C. (2021). Patchwork quilt: A methodology proposed for the study of historic gardens. *Urban Forestry & Urban Greening*, 62, Article 127169.

Pérez-Martínez, G., Torija, A. J., & Ruiz, D. P. (2018). Soundscape assessment of a monumental place: A methodology based on the perception of dominant sounds. *Landscape and Urban Planning*, 169, 12 – 21.

Ribe, R. G. (2002). Is Scenic Beauty a Proxy for Acceptable Management?: The Influence of Environmental Attitudes on Landscape Perceptions. *Environment and Behavior*, 34 (6), 757 – 780.

Tatler, B. W. (2007). The central fixation bias in scene viewing: selecting an optimal viewing position independently of motor biases and image feature distributions. *Journal of Vision*, 7, 4.

Tseng, P. H., Carmi, R., Cameron, I. G., Munoz, D. P., & Itti, L. (2009). Quantifying center bias of observers in free viewing of dynamic natural scenes. *Journal of Vision*, 9 (7), 4.

Ulrich, R. S., Simons, R. F., Losito, B. D., Fiorito, E., Miles, M. A., & Zelson, M. (1991). Stress recovery during exposure to natural and urban environments. *Journal of Environmental Psychology*, 11 (3), 201 – 230.

Wang, R., Zhao, J., Meitner, M. J., Hu, Y., & Xu, X. (2019). Characteristics of urban green spaces in relation to aesthetic preference and stress recovery. *Urban Forestry & Urban Greening*, 41, 6 – 13.

Wang, Z., Li, M., Zhang, X., & Song, L. (2020). Modeling the scenic beauty of autumnal tree color at the landscape scale: A case study of Purple Mountain, Nanjing, China. *Urban Forestry & Urban Greening*, 47, Article 126526.

Xiang, Y., Liang, H., Fang, X., Chen, Y., Xu, N., Hu, M., Chen, Q., Mu, S., Hedblom, M., Qiu, L., & Gao, T. (2021). The comparisons of on-site and off-site applications in surveys on perception of and preference for urban green spaces: Which approach is more reliable? *Urban Forestry & Urban Greening*, 58, Article 126961.

Yin, L., & Wang, Z. (2016). Measuring visual enclosure for street walkability: Using machine learning algorithms and Google Street View imagery. *Applied Geography*, 76, 147 – 153.

通讯作者简介

李畅，景观建筑学博士，苏州科技大学建筑与城市规划学院副教授。江苏省高校“青蓝工程”中青年学术带头人。主要研究方向为景观环境心理及行为。近年来围绕历史园林、城市绿地、乡村景观、城市街景、宗教景观等不同类型景观对访问者生理、心理和情感效益的影响，主持国家及省级科研项目多项，以第一作者或通讯作者身份在《城市规划》《建筑学报》《中国园林》、*Journal of Environmental Psychology* 等国内外学术期刊发表论文 20 余篇。电子邮箱：lichang@ usts. edu. cn。

黄晓蕙，苏州科技大学建筑与城市规划学院风景园林专业硕士。

杨鸿语，苏州科技大学建筑与城市规划学院风景园林专业硕士研究生。

物欲之蔽：物质主义对亲环境态度及行为的影响*

蒋　奖[1]　古　典[2]　王鲁晓[3]　孙　颖[4]　张　玥[5]

1　北京师范大学心理学部应用实验心理北京市重点实验室　北京　100875

2　重庆师范大学教育科学学院应用心理学重点实验室（重庆师范大学）　重庆　400047

3　中国人民大学心理学系　北京　100872

4　郑州师范学院　河南郑州　450044

5　华北电力大学经济与管理学院　北京　102206

摘　要：综观现有研究，物质主义较稳定地负向预测个体的亲环境态度、公领域亲环境行为以及私领域亲环境行为中的资源回收和节约行为。至于私领域亲环境行为中的绿色消费，研究结果在发达国家和发展中国家间存在不一致。基于环状价值观模型和价值－信念－规范理论，物质主义既可以同时影响亲环境态度及行为，也能通过亲环境态度影响行为。未来研究应当增加对物质主义与亲环境态度、行为间因果关系和内在机制的探讨，以及提升现有研究结果的应用价值。

关键词：物质主义　亲环境态度　公领域亲环境行为　私领域亲环境行为

* 本文原载于《心理科学》2018 年第 41 期。在原文基础上增加了部分内容。

1 引言

随着经济的快速发展和人口的持续增长，气候变化加剧，人类赖以生存的生态环境正面临前所未有的挑战。在全球范围内，环境问题日益凸显，温室效应、空气污染、土地沙漠化、物种减少等环境危机频发，这些环境问题已对人类的生存和发展构成了直接威胁。在此背景下，如何保护生态环境、实现可持续性发展成为全球共同关注的议题。在影响环境行为的诸多因素中，价值观作为个体认知和行为过程的核心要素，不仅是指导个体生活的基本准则，而且在引导态度形成和行为塑造方面起着重要作用，能够较为稳定地预测个体的环境态度和行为倾向，因此受到研究者们的广泛关注。Kasser（2011a）进一步指出，生态危机本质上源于人们价值观的偏差，即环境污染的根源在于社会主流价值观未能有效鼓励亲环境态度（pro-environmental attitudes）与亲环境行为（pro-environmental behaviors），甚至与之相悖。综观当今中国社会，尽管随着经济的快速发展，民众对亲环境价值观的认知与重视程度有所提升，但幅度仍然有限。相比之下，另一种价值观——物质主义价值观（materialism）在社会生活中则更为普遍（Bai，1998；Lee et al.，2011）。

物质主义是一种强调拥有物质财富重要性的个人价值观（Richins & Dawson，1992）。物质主义者具有以下三个特点：一是认为生活的中心在于获取和拥有财物，二是相信生活的满足感和幸福感来源于获取财物，三是评判自己和他人成功的关键在于其所拥有财物的数量和质量（蒋奖等，2016）。这种以物品和金钱为核心的价值观虽然在一定程度上推动了经济的增长，但也给个体和社会带来了许多负面影响，例如持有物质主义价值观的个体往往表现出社会责任意识淡漠，亲社会行为不足等特征（Kasser，2016）。

与此相反，亲环境行为作为一种特殊的亲社会行为，不仅能够促进他人福祉、有利于群体和组织利益，还体现出个体高度的社会责任感。那么，秉持物质主义价值观的个体如何看待环境问题呢？他们在态度和行为上又有何表现呢？为回答这些问题，本文将通过系统梳理国内外已有相关研究成果，总结与分析物质主义与亲环境态度及行为之间的关系，并尝试阐释其中可能存在的作用机制。

2 物质主义与亲环境态度

亲环境态度指个体与环保相关事件的信念、情感和行为倾向（Schultz et al.，2004）。这种态度反映了个体对环境问题的认知深度、情感反应以及采取环保行动的意愿。现有物质主义和亲环境态度的相关研究中对态度的考察可以概括为两方面：一个是亲环境态度的认知成分，即对于环境问题的认识，例如对环境问题严重程度的评估、对环境问题成因的理解、对人与自然关系的看法，以及对环境保护与经济发展之间权衡关系的判断；另一个是行为倾向成分，即个体保护环境的意愿，例如保护环境的责任感、愿意保护环境的程度等。基于这两个方面，一项元分析研究发现，物质主义与亲环境态度呈显著负相关（$r = -0.22$；Hurst et al.，2013），高物质主义者对环境的态度并不友好，这表明物质主义价值观可能在一定程度上抑制了个体亲环境态度的形成。

在认知方面，在澳大利亚和美国等国家的研究中，均发现物质主义与亲环境态度呈显著负相关。具体而言，高物质主义个体不太关注环境问题，缺乏对环境问题的正确认识，如更加否认自然界正在受到人类的滥用和破坏，也更认同人类是自然界的统治者，只要满足自身欲望人类有权改变自然环境（Hirsh & Dolderman，2007；Joung，2013），这种认知偏差可能导致他们在面对环境问题时表现出冷漠或忽视的态度。同样，国内也有相关研究支持这一观点，物质主义水平较低的中国大学生对全球、中国和家乡环境问题的严重性有更正确的认识（李亮、宋璐，2014）。然而，也有一些研究结果与上述发现不一致。智利人群中的物质主义与亲环境态度并未呈现显著相关（Unanue et al.，2016），而土耳其高中生中物质主义高的个体反而越发意识到环境问题的严重性（Ergen et al.，2015）。研究者指出，这两个不一致的结果可能由于被试量较少（Unanue et al.，2016）或测量工具效度较低（Ergen et al.，2015）等方法学因素，需要后续研究加以验证。Gu 等人（2020）的研究弥补了上述方法上的缺陷，其采用两个公开数据库扩大了被试量，结果显示，中国人群中的物质主义与亲环境态度之间呈显著负相关，这一发现进一步支持了物质主义可能抑制个体对环境问题具备正确认识的观点。因此，总体来看，个体的物质主义水平与其对环境问题的正确认识程度之间存在负相关关系。

在环保行为意愿上，物质主义越高的个体，其对于自己保护环境的责任感越低（Saunders & Munro，2000），而具有高环保责任感的个体其物质主义水平也低于低环保责任感的个体，尤其是在成功和中心维度上（Clump et al.，2002）。同时，这一现象在不同文化背景下均已得到验证：物质主义水平越高的沙特阿拉伯消费者购买绿色产品的倾向越低（Al-zubaidi et al.，2021），高物质主义的加拿大大学生较少将保护环境作为未来行为目标（Hirsh & Dolderman，2007）；这个结果在中国和新加坡等地的成年人中也得到了验证（Polonsky et al.，2014），高物质主义个体普遍不愿意在将来购买环保产品和有机食品、减少家庭垃圾和乘坐公共交通等。随着旅游业的兴起，研究者还关注到旅行者对生态旅游的态度，发现意大利、瑞典和中国台湾地区的游客中，物质主义水平越高的个体对生态旅游越不感兴趣，且越不愿意为生态旅游支付额外的费用（Hultman et al.，2015；Lu et al.，2016）。

为了更深入地探讨物质主义对亲环境态度的影响，Kilbourne 和 Pickett（2008）构建了一个整合态度的认知和行为倾向两个方面的模型。该模型认为，物质主义首先负向预测个体对环境问题的认识，进而影响个体的环保责任感。研究者对303名美国成年人进行了问卷调查，研究结果验证了上述路径，即高物质主义者不仅没有意识到环境问题的严重性，而且环保责任感也更低，例如，更不赞同应减少个人消费来保护环境，要保护大自然需要进行政治改革和社会变化，以及应该有力执行反污染的法律等。综上所述，个体的物质主义水平与其从事环保行为的意愿存在负相关。

尽管亲环境态度在一定程度上能够预测个体的亲环境行为，但由于现实情境的错综复杂，态度和行为之间经常不能趋同。据近10多年的中国公众亲环境态度调查数据，虽然人们的环境知识和环境保护意识在逐渐增强，但实际参与的亲环境行为却显现减少趋势（韦庆旺、孙健敏，2013）。鉴于此，有必要单独梳理物质主义与亲环境行为的关系，以更好地厘清两者之间的关系。

3 物质主义与亲环境行为

亲环境行为指能够降低环境伤害、改善环境质量的行为（Scannell & Gifford，2010）。这种行为不仅反映了个体所持有的价值观和态度，还在一定程度上受到这些价值观和态度的影响。然而，由于现实情境的复杂性和多变性，个体的态度与行为之间并不总是保持一致。

根据行为发生场域的不同，亲环境行为可分为公领域（public sphere）和私领域（private sphere）两个方面。公领域亲环境行为是指参与社会公民行为，如加入环保组织、倡导环保议题、签署环保倡议书、环保捐款、支持环保相关税收政策等（Oreg & Katz-Gerro，2006）。由于这些行为无法直接改善环境，对环境的影响较为间接，因此也被称为间接亲环境行为（indirect pro-environmental behavior；Kilbourne & Pickett，2008）。与此相对，私领域亲环境行为是人们在日常生活中所表现出来的与环保有关的生活方式，如减少资源损耗行为（Oreg & Katz-Gerro，2006）、绿色消费行为（green consumption；Peattie，2010）等，这些行为对环境产生直接影响，故也被称为直接亲环境行为（direct pro-environmental behavior；Kilbourne & Pickett，2008）。

元分析研究结果表明，物质主义与亲环境行为之间存在显著负相关（$r = -0.24$；Hurst et al.，2013），即总体而言，物质主义水平越高，个体越少表现出亲环境行为。

3.1 物质主义与公领域亲环境行为

物质主义与公领域亲环境行为呈负相关且关系较为稳定。在早期研究中，Richins 和 Dawson（1992）发现物质主义者更少地为环保组织捐款，这一发现揭示了物质主义价值观可能对个体的社会参与行为产生负面作用，尤其是在涉及环境保护的公益活动中。随后，Kilbourne 和 Pickett（2008）更为全面地调查了美国人的公领域亲环境行为，通过电话调查收集了 337 名美国成人的数据，结果显示，物质主义水平越高，个体自我报告的“参与环保组织”“为环保组织捐款”“为环保杂志撰稿”“与政治代表联络以反映环境问题”等行为的参与度越低。这一发现不仅验证了物质主义与公领域亲环境行为之间的负相关关系，还进一步揭示了这种关系在多种不同公领域亲环境行为上的体现。在上述相关研究的基础上，Ku 和 Zaroff（2014）进一步探讨了物质主义与公领域亲环境行为之间的因果关系，研究者招募了157名中国澳门的学生作为被试，通过让实验组阅读涉及奢侈旅游和国际时尚新品的杂志来启动物质主义价值观，而控制组阅读与物质主义无关的杂志内容。结果发现，与控制组相比，实验组愿意向环保组织捐款的金额更低，这一结果为物质主义价值观对公领域亲环境行为的负面影响提供了因果证据支持。

3.2 物质主义与私领域亲环境行为

相对于公领域亲环境行为，更多的研究集中于物质主义与私领域亲环境行为的关系，主要关注减少资源损耗的行为，如资源回收（recycling）和节约行为（conservation），以及增加绿色消费的行为。由于这些行为能够对环境产生直接影响，因此在研究中受到更多关注。Ku 和 Zaroff（2014）对香港居民的私领域亲环境行为进行了广泛调查，发现高物质主义者在过去一年中“分类回收家庭垃圾”“重复使用物品，如购物袋、塑料瓶等”“购买绿色产品”等行为的频率更低。这说明高物质主义者不太重视私领域的环境保护行为，其日常生活方式可能对环境造成更大的负面影响。下文将逐一梳理物质主义与各类私领域亲环境行为之间的具体关系。

3.2.1 资源回收

资源回收是私领域亲环境行为的重要组成部分，De Young（1986）将其区分为资源回收行为，如“回收玻璃罐和玻璃杯”和资源重复利用行为，如“重复使用纸张未被使用的部分”，并分别探究了其与物质主义的关系。研究得出了一致的结论，即个体的物质主义水平越高，回收和重复利用资源的行为就越少。这一发现得到了后续研究的支持，Tilikidou 和 Delistavrou（2001）调查了希腊民众的家庭日常资源回收行为与物质主义的关系，结果同样显示物质主义水平越高，回收和重复利用资源的行为就越少。此外，来自跨文化的研究进一步验证了这一结论，中美大学生的调查数据表明，在物质主义的快乐维度上得分越高的个体，越没有循环利用旧衣服的习惯（王云仪等，2013）。总之，现有研究结果一致表明，高物质主义个体较少进行资源回收。

3.2.2 节约行为

节约行为是指通过节水、节电、节油、节气等方式，避免因浪费而导致的资源损耗行为（Oreg & Katz-Gerro，2006），这种行为直接反映了个体在日常生活中对资源的使用态度和行为方式。Kasser（2011b）从国家层面探究了物质主义价值观与温室气体排放量的关系，发现在经济发展水平较高的20个国家中，将财富置于优先位置的国家往往会排放更多的二氧化碳，即能源消耗更高。这表明，物质主义价值观可能在宏观层面上推动了资源的过度使用和浪费。

在个体层面也是如此，高物质主义者的日常生活方式容易排放更多的温室气体（Andersson & Nässén，2016）、消耗更多的资源（Hedlund-de Witt et al.，2014），这意味着物质主义价值观可能使个体更倾向于追求物质享受，而忽视资源节约的重要性。例如，在情境实验中，当面临砍伐森林资源和自我营利的两难困境时，持有物质主义价值观的个体表现得更加自私和贪婪，不愿意为保护环境而牺牲自己的利益，倾向于砍伐和消耗更多的森林资源以达到获利的目的（Kasser & Sheldon，2000）。此外，Bauer等人（2012）的研究发现，在遭遇水资源短缺时，启动物质主义会降低个体的节水责任感，但并未发现物质主义与节约行为之间的直接关系。综上所述，物质主义者在日常生活中更注重财物的获得和享受，不常身体力行节约行为。

3.2.3 绿色消费

从广义上来讲，绿色消费指个体在商品购买、使用和处理过程中，努力保护生态环境，对环境负面影响最小化的消费行为（Peattie，2010）。尽管绿色消费的定义较为宽泛，但是现有关于绿色消费的研究大多聚焦于个体的绿色购买行为，因此本文中的绿色消费也主要指绿色购买行为。

然而，综观已有研究，关于物质主义与绿色消费的研究结果并不一致，甚至存在矛盾之处。部分研究发现物质主义与绿色消费呈负相关（Bakirtaş et al.，2014；Hynes & Wilson，2016）。比如一项针对中国和美国大学生的研究表明，个体越认为获取财物是衡量自己和他人成功的关键，在购买服装时就越不重视服装的环保程度，但该研究并未进一步分析上述结果是否存在中美差异（王云仪等，2013）。总的来说，这些研究都表明物质主义者往往更加以自我为中心和自私自利，将自身利益置于环境利益之上。

与上述结果相反，另一些研究则揭示了物质主义对绿色消费的积极影响，尤其是在发展中国家。例如，来自印度尼西亚大学生的调查显示，物质主义水平越高的个体，反而会表现出越多的绿色消费行为（Arli & Tjiptono，2014）。跨文化研究更进一步支持了发展中国家物质主义者的绿色面。Strizhakova 和 Coulter（2013）对中国、巴西、印度和俄罗斯（代表发展中国家）以及美国和澳大利亚（代表发达国家）进行了调查，结果表明在发展中国家，物质主义对绿色消费具有积极影响，物质主义者更关注绿色产品，也更愿意多花钱购买绿色产品；而在发达国家，仅在高全球文化认同（global cultural identity）的个体中，即那些关注全球化而非地区化、关心全人类福祉的个体中，物质主义才对绿色消费产生积极影响（Strizhakova & Coulter，2013）。同样，一项中英对比的研究也发现，对于中国被试，物质主义对绿色消费有积极作用，而对于英国被试，物质主义与绿色消费的相关呈负向且未达到显著水平（Dermody et al.，2015）。这种跨文化差异表明，物质主义对绿色消费的影响并非一成不变，而是受到文化背景和社会发展阶段的影响。

那么，为什么物质主义与绿色消费之间的关系会因国家和地区不同而存在如此显著的差异呢？究其原因，可能与绿色消费具有区别于其他亲环境行为的独有特征有关。绿色消费具有向他人表达和展示自我等炫耀性特质（李静等，2022），这种特质使得绿色消费不仅仅是一种对环境友好的行为，更是一种能够体现个体社会地位和价值观的消费方式。在发展中国家，一方面，绿色产品的开发处于起步阶段，市场上的绿色产品相对匮乏，并且价格相对较高，因此给人高端、稀缺的印象，被认为是高社会地位的象征；另一方面，购买绿色产品能够反映出个体的环境道德价值观，帮助个体获得积极的自我形象（Griskevicius et al.，2010）。因此，绿色消费既能凸显购买者的高社会地位，又能提升其自我形象，这恰好迎合了发展中国家物质主义者的需求，因为相比于西方发达国家，中国等发展中国家的物质主义者具有更高水平的自我形象管理动机（Browne & Kaldenberg，1997）。此外，绿色消费的这种炫耀性特质也使得它在发展中国家的消费文化中具有特殊的意义。在这些国家，随着经济的快速发展和社会地位竞争的加剧，物质消费往往被视为一种展示个人成功和社会地位的重要方式。绿色产品的稀缺性和高价格使其成为一种理想的炫耀性商品，能够满足物质主义者对社会地位和自我形象的追求。因此，尽管绿色消费的本质是亲环境的，但在发展中国家，它也可能被物质主义者作为一种实现个人目标的手段。由此可见，发展中国家的物质主义者可能通过购买绿色产品来提升自身形象和社会地位。

综上所述，绿色消费行为的动机可能因文化背景和社会发展阶段的不同而存在显著差异，使物质主义与绿色消费之间的关系并非简单的负相关或正相关，而是呈现出相对复杂的特征。表 1 总结了物质主义与公领域、私领域亲环境行为的相关研究及其主要发现。

4 理论解释

总的来说，物质主义与亲环境态度和行为之间存在负相关关系，其本质可能在于亲环境态度和行为背后的价值观与物质主义价值观存在对立。在环状价值观模型中（Schwartz，1992；Schwartz et al.，2012），位置越相近的价值观其动机类型也越相似，通常会引导个体产生相同的行为或判断，而存在相对关系的价值观则会引导个体产生相反的行为或判断，这一理论框架为我们理解物质主义与亲环境态度及行为之间的关系提供了重要的基础。Burroughs 和 Rindfleisch（2002）通过多维尺度变换分析发现，物质主义价值观属于自我增强维度，与其中追求权力（power）和成就（achievement）的价值观位置相近，并且类似的结果在美国、土耳其、德国和加拿大等不同国家中都已得到验证（Karabati & Cemalcilar，2010；Kilbourne et al.，2005），表明这一发现具有跨文化的一致性。与之相对，亲环境态度及行为则需要个体超越个人利益，关注他人福祉，与自我超越维度中的博爱 - 大自然（universalism-nature；即强调保护自然环境的价值观）具有相同的内涵（Schwartz et al.，2012）。在环状价值观模型中，自我增强维度与自我超越维度位置相对，对个体行为的作用方向相反。

已有研究结果进一步表明，物质主义与环保主义之间存在对立关系。

表 1　物质主义与亲环境行为相关研究

分类	研究内容	研究方法	研究群体	研究结果	文献来源
公领域	整体公领域亲环境行为	问卷法	美国成年人	物质主义与整体公领域亲环境行为负相关	Kilbourne & Pickett，2008
	为环保组织捐款	问卷法	美国	物质主义与为环保组织捐款数额负相关	Richins & Dawson，1992
		实验室研究	澳门女性大学生	启动物质主义后为环保组织捐款数额更低	Ku & Zaroff，2014
私领域	资源回收	问卷法	希腊成年人 中美大学生	物质主义与资源重复使用与回收行为频率负相关	Tilikidou & Delistavrou，2001；王云仪等，2013
	节约行为	大数据分析	20 个发达国家	物质主义与温室气体排放正相关	Kasser，2011b
		问卷法	美国青少年和成年人、瑞典居民	物质主义者排放更多温室气体、选择造成更多资源消耗的日常生活方式	Hedlund-de Witt et al.，2014；Andersson & Nässén，2016
		情境实验	美国大学生	物质主义与森林砍伐数量正相关	Kasser & Sheldon，2000
		实验室研究	美国成年人	启动物质主义后认为自身对水资源短缺问题的责任更小，并未发现物质主义与自身节约行为的关联	Bauer et al.，2012
	绿色消费	问卷法	希腊居民、土耳其成年人、英国 MBA 学生	物质主义与绿色消费负相关	Bakirtaş et al.，2014；Hynes & Wilson，2016；
			中国、美国大学生	物质主义者在购买、使用和处理衣服时会更亲环境	王云仪等，2013
			印度尼西亚大学生	物质主义与绿色消费正相关	Arli & Tjiptono，2014；
		问卷法（跨文化研究）	中国、巴西、印度、俄罗斯、美国和澳大利亚	在发展中国家，物质主义与绿色消费正相关；在发达国家，仅在高全球文化认同的个体中有类似结果	Strizhakova & Coulter，2013
			中国、英国	在中国物质主义与绿色消费正相关；在英国两者有负相关趋势，但不显著	Dermody et al.，2015

早在1994年，Banerjee和McKeage就关注到了这一问题，并编制了一个包括29个题目的环保主义量表，其中包括“我是一个关心环境的人”“环境问题对我来说非常重要”等题目，收集了309名美国大学生的物质主义和环保主义数据，分析结果显示，物质主义总体水平及其中心、快乐和成功三个维度都与环保主义存在显著负相关。这一发现初步揭示了物质主义与环保主义之间的对立关系。考虑到大学生样本的特殊性，为了增强研究结果的普适性，Segev等人（2015）使用相同的环保主义量表调查了美国569名20岁以上的成年人，得到了基本一致的结果，即物质主义的中心和成功维度与环保主义呈显著负相关，进一步验证了物质主义与环保主义之间的对立关系。

此外，Banerjee和McKeage（1994）推测物质主义与环保主义之间还可能存在着因果关系，也就是说，追求物质主义价值观会抑制环保主义价值观；相反，追求环保主义价值观会抑制物质主义价值观，这一推测可以从Maio等人（2009）的研究中得到一些间接的证据。研究者发现，启动自我超越的价值观（如友善、仁爱）后，个体更不看重自我增强的价值观（如权力、成就），而启动自我增强的价值观后，个体也更不看重自我超越的价值观。与之相近，物质主义强调对物品、权力和金钱等的追求，而环保主义是对保护环境、追求人与自然和谐相处的看重，二者之间可能也存在着类似的因果关系，但这一假设仍有待研究者进一步验证。总的来说，亲环境态度和行为本身与物质主义价值观背后的动机类型不相符，即物质主义价值观强调个人利益的追求和物质财富的积累，而亲环境态度和行为则需要个体对他人福祉的关怀和对个人利益的超越，因此物质主义水平会负向预测个体的亲环境态度及行为。

然而，环状价值观理论只笼统地展现了物质主义与亲环境态度和行为的关系，并未表明物质主义是同时还是依次影响亲环境态度和行为。Hurst等人（2013）的元分析结果显示，物质主义与亲环境态度、行为的相关系数大小没有显著差异，表明物质主义可能同时影响亲环境态度和亲环境行为。然而，基于环状价值观模型提出的价值－信念－规范理论（Value-Belief-Norm，VBN；Stern，2000）则认为，物质主义对亲环境态度及行为的影响是顺序性的。该理论指出，价值观通过影响个体对人与环境关系的信念、环境行为后果的意识和责任归属，进而预测个体的亲环境行为（见图1）。具体而言，个体对环境问题的态度源于内在价值观，当个体持有利他价值观时，就更容易意识到人类的某些行为会威胁环境并给环境带来危害，进而表现出更多亲环境行为；而当个体持有如物质主义等利己价值观时，则难以正确认识环境问题以及自身行为后果对环境影响的严重性，也不认为自己应为环境问题负责，未来进行亲环境行为的意愿也更低，这种更消极的亲环境态度使得个体表现出更少的亲环境行为。该理论的观点也已得到前人研究的证实，Kilbourne 和 Pickett（2008）结合态度和行为两个方面探讨了物质主义与二者的关系，验证了物质主义在 VBN 模型中的路径，即物质主义者没有意识到环境问题的严重性，环保责任感低，进而表现出更少的亲环境行为，并且物质主义的中心、快乐和成功三个维度在其中呈现出一致的效应。

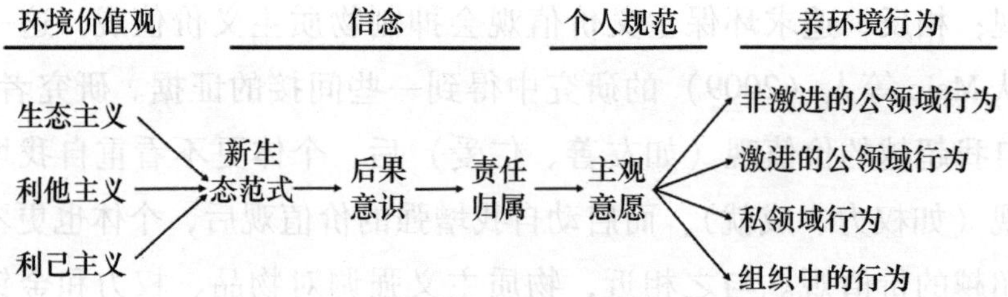

图1 价值－信念－规范理论

综上所述，物质主义与亲环境态度和行为之间的负相关关系可以通过环状价值观模型和 VBN 理论得到解释。环状价值观模型揭示了物质主义价值观与亲环境价值观之间的对立关系，而 VBN 理论则进一步阐释了物质主义如何通过影响个体的信念和责任感来影响亲环境行为的表达。尽管这两种理论提供了不同的视角，但它们都强调了物质主义价值观对亲环境态度和行为的负面影响。

5 未来研究展望

5.1 增强物质主义与亲环境行为的因果研究

综观前人关于物质主义与亲环境态度、亲环境行为关系的研究，可知研究方法较为单一，大部分采用横断的问卷调查法。尽管这种方法操作简便、成本较低，能够快速收集大量数据，但其局限性也显而易见。横断研究仅能揭示变量之间的相关性，无法明确因果关系，难以确定是物质主义导致了亲环境行为的变化，抑或是其他未被测量的变量同时影响着两者。因此，后续研究应当在研究范式和方法方面寻求拓展，加强对二者因果关系的探讨，以便更有效地厘清物质主义与亲环境态度及行为之间的关系。

首先，后续研究可以考虑采用追踪研究设计来探讨因果关系和分析变化规律。追踪研究通过在较长的时间跨度内多次收集同一群体的数据，能够捕捉到变量随时间的变化过程，从而更准确地推断因果关系。例如 Unanue 等人（2016）曾经在 2010—2012 年，每年收集个体价值观、亲环境态度和亲环境行为的数据，并采用交叉滞后分析发现，不仅价值观影响个体的亲环境行为，而且亲环境行为反过来也会影响亲环境态度，这种双向关系的发现为理解物质主义与亲环境行为之间的动态关系提供了新的视角。尽管该研究的被试量较少，且数据采集完全采用自陈量表，其研究结果还需进一步验证，但其研究方法无疑具有重要的借鉴意义。追踪研究能够提供比横断研究更丰富的信息，有助于揭示物质主义与亲环境行为之间复杂的动态变化过程。

其次，实验室研究也是考察变量间因果关系最为常用且有效的方法之一。一方面，研究者可以在实验室中对物质主义进行启动，通过操纵自变量观察因变量的差异来推断因果关系；另一方面，现有大部分研究都采用自我报告的行为倾向或日常行为作为衡量亲环境行为的指标，但这样的测量方式存在诸多问题（张玥等，2025）。一是自我报告的亲环境行为缺乏生态效度，难以推广到真实情境中；二是这种测量方式容易受到社会赞许性效应的影响，即被试可能会因为社会期望而高估自己的亲环境行为。Kormos 和 Gifford（2014）通过元分析指出，自我报告的亲环境行为仅能解释实际行为 21% 的变异，这说明自我报告的亲环境行为测量方式可能存在较大的偏差。因此，后续研究可以考虑在实验室中设置相应的情境来直接观察被试的亲环境行为，例如 Catlin 和 Wang（2012）使用了情境模拟实验来测查被试真实的亲环境行为。研究者给被试提供相同的剪刀和纸张，并告知被试任务是评估一些不同品牌的剪刀。被试需要通过实际使用这些剪刀剪纸来完成评估任务。

最后，研究者将被试使用的纸张数目作为亲环境行为的指标。后续研究进一步改进了方法，将测量指标改为纸张的使用面积（Zhou et al.，2015），这种方法能够更直接地观察到被试在特定情境下的行为表现，从而提高测量的效度。然而，如何在实验室中进一步提高亲环境行为测量的效度，使其更接近真实情境中的行为表现，仍是一个有待后续研究深入探讨的问题。研究者可以尝试开发更多创新的情境模拟实验，例如，设计虚拟现实环境模拟真实生活中的资源使用场景，并结合多种测量手段，以更全面、准确地评估亲环境行为。

5.2 拓展内部机制研究

尽管物质主义与亲环境行为之间的关系已经得到了一定程度的关注，但现有研究中关于二者关系的内部机制仍较为匮乏，这在一定程度上限制了对物质主义与亲环境行为关系的全面理解，也影响了针对物质主义者的有效干预策略的制定。Dermody 等人（2015）对物质主义与亲环境行为之间的中介机制进行了初步探索，发现在中国被试群体中，环境自我认同在物质主义和亲环境行为之间具有中介关系，具体而言，中国的物质主义者更倾向于认为自己是一个保护环境的人，从而表现出更多的亲环境行为。了解作用机制有助于针对性地设计干预策略，从而提高物质主义个体的亲环境行为，改善环境质量。

后续研究可以从认知和情感等方面进行内在机制的探索。在认知方面，物质主义者的自我控制感和环境自我效能感（pro-environment self-efficacy）普遍较低（Kasser，2016），具体而言，物质主义者往往更多地认为自身无法做出环保行为，或者认为自己的环保行为难以达到预期的效果。这种认知偏差使得他们在面对亲环境行为时缺乏信心和动力。同时，物质主义者通常目光短浅，自我控制能力更差，难以抵制即时的物质诱惑，而倾向于忽视长期的环保利益。然而，自我控制感和环境自我效能感是亲环境行为的重要预测指标，因此它们可能是物质主义与亲环境行为关系中的关键作用机制。

在情感方面，与低物质主义者相比，高物质主义者更加冷漠，共情水平较低，更不关心他人所经历的痛苦和困境，也更少信任他人（Kasser，2016），这种情感特征可能导致他们对所在地区、所处人群的依恋水平较低，即表现出更低的居住地依恋（place attachment）。而居住地依恋已被证实是亲环境行为的稳定预测因素（Scannell & Gifford，2013），当个体对一个地方有强烈的依恋，那么他保护该地方的意愿就更加强烈。因此，提高居住地依恋可能也是干预的重要手段之一。

除此之外，对于上文所提到的物质主义与绿色消费的研究结果存在不一致这一有趣的现象，后续研究也需要进一步考察其内在原因。例如，这种差异是否可能由于不同文化下物质主义者的形象管理动机不同造成的。尽管物质主义者普遍重视商品的社会符号价值，以达到自我增强的目的（孙颖等，2020），但在发展中国家，物质主义者可能更倾向于通过购买绿色产品这一特殊商品来提升自己的社会地位和自我形象，而在发达国家，这种动机可能相对较弱。这种文化差异可能源于不同社会经济发展阶段、文化价值观以及社会规范等因素的综合作用。因此，后续研究需要深入考察这种文化差异的内在原因，以及不同文化背景下物质主义与绿色消费关系的心理机制。

5.3 实证研究与应用相结合

近年来，关于亲环境行为的研究已经涌现出了众多相关理论和实证研究，这些研究为我们理解亲环境行为的动机、影响因素及其机制提供了丰富的知识基础。然而，相对而言，这些实证研究结果在实际应用方面的转化则较为缺乏。亲环境行为作为一种典型的责任分散行为，需要社会各界的共同努力才能实现环境的改善。因此，如何将实证研究的成果转化为实际应用，以推动亲环境行为的普及，是当前研究中亟待解决的重要问题。

从长期来看，首先应开展价值观教育。相对于亲环境态度，价值观作为个体的生活指导原则，对亲环境行为的影响更为稳定和深远，因此，引导正确的价值观对于提高公众的亲环境行为就显得尤为重要。例如，在家庭教育中，家长对于孩子的物质需求要给予适度满足，过多或过少的满足都会让孩子高估物质财富的重要性，从而在未来形成过度重视物质的倾向（蒋奖等，2016）。在学校教育中，应加强环保主义教育，为学生提供更多接触和亲近大自然的机会，正如前人研究发现，观看大自然的图片可以削弱个体对物质主义的重视程度（Weinstein et al.，2009），通过这种方式，学生可以在潜移默化中培养对自然的敬畏和保护意识，从而更有可能在未来形成亲环境行为（孙颖等，2020）。此外，学校还可以通过开展环保主题活动、组织学生参与社区环保项目等方式，进一步强化学生的亲环境意识和行为习惯。在社会层面，政府应适当控制对奢靡消费价值观的宣传，同时加强对保护环境、节约资源等方面的倡导。这种宣传策略的调整不仅有助于降低公众的物质主义价值观，增强环保主义价值观，还能在社会中营造一种积极的环保氛围，从而推动亲环境行为的普及。除此之外，对于近年来中国逐渐出现的后物质主义（post-materialism）价值观，政府也应给予鼓励和引导。后物质主义价值观源于个体经济安全感的获得，从而使个体将注意力从物质的追求转移到非物质问题上，比如环境保护问题（Inglehart，1981）。研究表明，与物质主义者相比，后物质主义者会表现出更多的亲环境态度和亲环境行为（Zhou et al.，2015）。

从短期看来，可以从物质主义与亲环境行为关系的边界条件入手，找到干预的切入点，进而提升研究结果的社会应用价值。例如，在个体因素方面，提高民众的全球文化认同能有效抑制物质主义对亲环境态度及行为的消极影响（Strizhakova & Coulter，2013）。全球文化认同是指个体在身份认同时多大程度上关注于全球化而不是地区化，高全球文化认同的个体不仅关注经济发展和自身福利，还同时从整体上关注全世界、全人类的福祉，包括对气候变化和环境问题的关注（Dong et al.，2023）。研究发现，在高全球文化认同的个体中，物质主义水平越高，亲环境行为的参与程度也就越高（Strizhakova & Coulter，2013）。因此，通过提升个体的全球文化认同，可以在一定程度上缓解物质主义对亲环境行为的负面作用。

此外，还可以考虑利用物质主义者看重自身形象地位这一特点，设计干预策略提高其亲环境行为。有研究证实物质主义者在私人情境下表现出较少的亲环境行为，但在行为可被他人觉知的公开情境下，物质主义者表现出了更多的亲环境行为（Wang et al.，2019）。虽然亲环境行为本质上受到内在动机的驱使，但若亲环境行为可以满足物质主义者获得外在目标的需求，是否也能促使物质主义者表现出更多亲环境行为呢？比如通过媒体宣传等手段引导公众意识，倡导成功人士履行社会责任，推选出绿色生活形象大使，利用名人效应鼓励民众效仿，将绿色生活推崇为一种高端时尚的生活方式，等等。

正如前文所述，尽管近年来中国民众的亲环境态度在不断提高，但这一积极变化并没有充分转化为实际的亲环境行为。因此，未来研究应更加注重这些实证研究的应用价值，将研究结果运用到实际生活中，提出切实可行的建议来提高民众的亲环境行为。这不仅需要学术界进一步深化相关研究，更需要政府、社会组织和企业等多方面的共同努力，将理论研究与实际应用紧密结合，共同推动亲环境行为的普及和发展。通过这种多方协作的方式，我们可以更有效地应对当前气候变化带来的环境挑战，为实现全球可持续发展目标做出积极贡献。

参考文献

蒋奖、曾陶然、杨淇越等，（2016），《青少年物质主义的成因、测量与干预》，《心理科学进展》，24（8），1266—1278。

李静、吴旭瑶、岳磊等，（2022），《物质主义对绿色消费的影响：促进还是抑制?》，《心理科学进展》，30（6），1191—1204。

李亮、宋璐，（2014），《大学生群体中价值观、感知环境质量与环境意识的关系研究》，《心理科学》，37（2），363—367。

孙颖、贾东丽、蒋奖等，（2020），《敬畏对亲环境行为意向的影响》，《心理与行为研究》，18（3），383—389。

孙颖、王鲁晓、宋玥等，（2020），《物质主义者眼中的奢侈品：符号还是功能?》，《心理科学》，43（6），1398—1404。

王云仪、冯若愚、李俊，（2013），《中美大学生快速时尚的绿色消费行为研究》，《西南师范大学学报》（自然科学版），38（8），153—159。

韦庆旺、孙健敏，（2013），《对环保行为的心理学解读——规范焦点理论述评》，《心理科学进展》，21（4），751—760。

张玥、董艺佳、蒋奖，（2025），《从领域到属性：亲环境行为测量的问题及建议》，《心理科学进展》，33（1），163—175。

Alzubaidi, H., Slade, E. L., & Dwivedi, Y. K. (2021). Examining antecedents of consumers' pro-environmental behaviours: TPB extended with materialism and innovativeness. *Journal of Business Research*, 122, 685-699.

Andersson, D., & Nässén, J. (2016). Should environmentalists be concerned about materialism? An analysis of attitudes, behaviours and greenhouse gas emissions. *Journal of Environmental Psychology*, 48, 1 – 11.

Arli, D., & Tjiptono, F. (2014). The end of religion? Examining the role of religiousness, materialism, and long-term orientation on consumer ethics in Indonesia. *Journal of Business Ethics*, 123 (3), 385 – 400.

Bai, L. (1998). Monetary reward versus the national ideological agenda: Career choice among Chinese university students. *Journal of Moral Education*, 27 (4), 525 – 540.

Bakirtaş, H., Buluş, G. C., & Bakirtaş, I. (2014). The effects of materialism and consumer ethics on ecological behavior: An empirical study. *European Journal of Sustainable Development*, 3 (4), 125 – 134.

Banerjee, B., & Mckeage, K. (1994). How green is my value: Exploring the relationship between environmentalism and materialism. *Advances in Consumer Research*, 21, 147 – 152.

Bauer, M. A., Wilkie, J. E. B., Kim, J. K., & Bodenhausen, G. V. (2012). Cuing consumerism: Situational materialism undermines personal and social well-being. *Psychological Science*, 23 (5), 517 – 523.

Browne, B. A., & Kaldenberg, D. O. (1997). Conceptualizing self-monitoring: Links to materialism and product involvement. *Journal of Consumer Marketing*, 14 (1), 31 – 44.

Burroughs, J. E., & Rindfleisch, A. (2002). Materialism and well-being: A conflicting values perspective. *Journal of Consumer Research*, 29 (3), 348 – 370.

Catlin, J. R., & Wang, Y. (2012). Recycling gone bad: when the option to recycle increases resource consumption. *Journal of Consumer Psychology*, 23 (1), 122 – 127.

Dermody, J., Hanmer-Lloyd, S., Koenig-Lewis, N., & Zhao, A. L. (2015). Advancing sustainable consumption in the UK and China: The mediating effect of pro-environmental self-identity. *Journal of Marketing Management*, 31 (13 – 14), 1472 – 1502.

De Young, R. (1986). Some psychological aspects of recycling: the structure of conservation-satisfactions. *Environment and behavior*, 18 (4), 435 – 449.

Dong, Y., Liu, Z., Zhang, Y., & Jiang, J. (2023). Perceived descriptive norms strengthen the global human identification—general pro-environmental behavior association: Empirical evidence from survey studies. *Journal of Cleaner Production*, 418, 138134

Ergen, A., Baykan, B. G., & Turan, S. G. (2015). Effect of materialism and environmental knowledge on environmental consciousness among high school students: A study conducted in Istanbul province. *International Journal of Human Sciences*, 12 (1), 511 – 526.

Griskevicius, V., Tybur, J. M., & van den Bergh, B. (2010). Going green to be seen: Status, reputation, and conspicuous conservation. *Journal of Personality and Social Psychology*, 98 (3), 392 – 404.

Gu, D., Gao, S., Wang, R., Jiang, J., & Xu, Y. (2020). The negative associations between materialism and pro-environmental attitudes and behavior: Individual and regional evidence from China. *Environment and Behavior*, 52 (6), 611 – 638.

Hedlund-de Witt, A., de Boer, J., & Boersema, J. J. (2014). Exploring inner and outer worlds: A quantitative study of worldviews, environmental attitudes, and sustainable lifestyles. *Journal of Environmental Psychology*, 37, 40 – 54.

Hirsh, J. B., & Dolderman, D. (2007). Personality predictors of consumerism and environmentalism: A preliminary study. *Personality and Individual Differences*, 43 (6), 1583 – 1593.

Hultman, M., Kazeminia, A., & Ghasemi, V. (2015). Intention to visit and willingness to pay premium for ecotourism: The impact of attitude, materialism, and motivation. *Journal of Business Research*, 68 (9), 1854 – 1861.

Hurst, M., Dittmar, H., Bond, R., & Kasser, T. (2013). The relationship between materialistic values and environmental attitudes and behaviors: A meta-analysis. *Journal of Environmental Psychology*, 36, 257 – 269.

Hynes, N., & Wilson, J. (2016). I do it, but don't tell anyone! Personal values, personal and social norms: Can social media play a role in changing pro-environmental behaviours? *Technological Forecasting and Social Change*, 111, 349 – 359.

Inglehart, R. (1981). Post-materialism in an environment of insecurity. *American political science review*, 75 (4), 880 – 900.

Joung, H. M. (2013). Materialism and clothing post-purchase behaviors. *Journal of Consumer Marketing*, 30 (6), 530 – 537.

Karabati, S., & Cemalcilar, Z. (2010). Values, materialism, and well-being: A study with Turkish university students. *Journal of Economic Psychology*, 31 (4), 624 – 633.

Kasser, T. (2011a). Ecological challenges, materialistic values, and social change. In R. Biswas-Diener (ed.), *Positive psychology as social change* (pp. 89 – 108). The Netherlands: Springer.

Kasser, T. (2011b). Cultural values and the well-being of future generations: A cross-national study. *Journal of Cross-Cultural Psychology*, 42 (2), 206 - 215.

Kasser, T. (2016). Materialistic values and goals. *Annual Review of Psychology*, 67 (1), 489 - 514.

Kasser, T., & Sheldon, K. M. (2000). Of wealth and death: Materialism, mortality salience, and consumption behavior. *Psychological Science*, 11 (4), 348 - 351.

Kilbourne, W., Grünhagen, M., & Foley, J. (2005). A cross-cultural examination of the relationship between materialism and individual values. *Journal of Economic Psychology*, 26 (5), 624 - 641.

Kilbourne, W., & Pickett, G. (2008). How materialism affects environmental beliefs, concern, and environmentally responsible behavior. *Journal of Business Research*, 61 (9), 885 - 893.

Kormos, C., & Gifford, R. (2014). The validity of self-report measures of proenvironmental behavior: A meta-analytic review. *Journal of Environmental Psychology*, 40, 359 - 371.

Ku, L., & Zaroff, C. (2014). How far is your money from your mouth? The effects of intrinsic relative to extrinsic values on willingness to pay and protect the environment. *Journal of Environmental Psychology*, 40, 472 - 483.

Lee, J. A., Soutar, G. N., Daly, T. M., & Louviere, J. J. (2011). Schwartz values clusters in the United States and China. *Journal of Cross-Cultural Psychology*, 42 (2), 234 - 252.

Lu, A. C. C., Gursoy, D., & Del Chiappa, G. (2016). The influence of materialism on ecotourism attitudes and behaviors. *Journal of Travel Research*, 55 (2), 176 - 189.

Maio, G. R., Pakizeh, A., Cheung, W., & Rees, K. J. (2009). Changing, priming, and acting on values: Effects via motivational relations in a circular model. *Journal of Personality & Social Psychology*, 97 (4), 699 - 715.

Oreg, S., & Katz-Gerro, T. (2006). Predicting pro-environmental behavior cross-nationally: Values, the theory of planned behavior, and Value-Belief-Norm theory. *Environment and Behavior*, 38 (4), 462 - 483.

Peattie, K. (2010). Green consumption: Behavior and norms. *Annual Review of Environment and Resources*, 35, 195 - 228.

Polonsky, M., Kilbourne, W., & Vocino, A. (2014). Relationship between the dominant social paradigm, materialism and environmental behaviours in four Asian economies. *European Journal of Marketing*, 48 (3/4), 522 - 551.

Richins, M. L., & Dawson, S. (1992). A consumer values orientation for materialism and its measurement: Scale development and validation. *Journal of Consumer Research*, 19 (3), 303-316.

Saunders, S., & Munro, D. (2000). The construction and validation of a consumer orientation questionnaire (SCOI) designed to measure Fromm's (1955) "marketing character" in Australia. *Social Behavior and Personality: an international journal*, 28 (3), 219-240.

Scannell, L., & Gifford, R. (2010). The relations between natural and civic place attachment and pro-environmental behavior. *Journal of Environmental Psychology*, 30 (3), 289-297.

Scannell, L., & Gifford, R. (2013). Personally relevant climate change: The role of place attachment and local versus global message framing in engagement. *Environment and Behavior*, 45 (1), 60-85.

Schultz, P. W., Shriver, C., Tabanico, J. J., & Khazian, A. M. (2004). Implicit connections with nature. *Journal of Environmental Psychology*, 24 (1), 31-42.

Schwartz, S. H. (1992). Universals in the content and structure of values: Theoretical advances and empirical tests in 20 countries. In M. P. Zanna (Ed.), *Advances in experimental social psychology* (Vol. 25, pp. 1-65). New York: Academic Press.

Schwartz, S. H., Cieciuch, J., Vecchione, M., Davidov, E., Fischer, R., Beierlein, C., Ramos, A., Verkasalo, M., Lönnqvist, J., Demirutku, K., Dirilen-Gumus, O., & Konty, M. (2012). Refining the theory of basic individual values. *Journal of Personality and Social Psychology*, 103 (4), 663-688.

Segev, S., Shoham, A., & Gavish, Y. (2015). A closer look into the materialism construct: The antecedents and consequences of materialism and its three facets. *Journal of Consumer Marketing*, 32 (2), 85-98.

Stern, P. C. (2000). New environmental theories: Toward a coherent theory of environmentally significant behavior. *Journal of Social Issues*, 56 (3), 407-424.

Strizhakova, Y., & Coulter, R. A. (2013). The "green" side of materialism in emerging BRIC and developed markets: The moderating role of global cultural identity. *International Journal of Research in Marketing*, 30 (1), 69-82.

Tilikidou, I., & Delistavrou, A. (2001). Utilization of selected demographics and psychographics in understanding recycling behavior: A focus on materialism. *Greener Management International Journal*, 34, 75-93.

Unanue, W. , Vignoles, V. L. , Dittmar, H. , & Vansteenkiste, M. (2016) . Life goals predict environmental behavior: Cross-cultural and longitudinal evidence. *Journal of Environmental Psychology*, 46, 10 – 22.

Wang, L. , Gu, D. , Jiang, J. , & Sun, Y. (2019) . The not-so-dark side of materialism: Can public versus private contexts make materialists less eco-unfriendly? *Frontiers in Psychology*, 10, 790.

Weinstein, N. , Przybylski, A. K. , & Ryan, R. M. (2009) . Can nature make us more caring? Effects of immersion in nature on intrinsic aspirations and generosity. *Personality and social psychology bulletin*, 35 (10), 1315 – 1329.

Zhou, K. , Ye, L. , Geng, L. , & Xu, Q. (2015) . How do implicit materialism and postmaterialism affect proenvironmental behavior? . *Social Behavior and Personality: an international journal*, 43 (9), 1495 – 1505.

通讯作者简介

蒋奖，北京师范大学心理学部教授、博士生导师。中国社会心理学会常务理事，中国社会心理学会生态与环境心理学专业委员会副主任，中国心理学会社会心理学专业委员会委员，北京心理学会理事。研究方向为人格与社会心理学、环境心理学和健康心理学，主要研究领域包括气候变化与亲环境行为、物质主义价值观与消费行为、自我控制与坚毅人格、创伤后成长与心理健康、幸福感等。主持和参加了多项国家自然科学基金、国家社会科学基金和教育部人文社会科学规划基金项目，在国内外知名心理学学术期刊发表百余篇学术论文。电子邮箱：jjiang@bnu. edu. cn。

中国新生态范式量表的项目表述效应检验：双因子建模方法*

田　浩　唐长江　杨博睿

北京林业大学人文社会科学学院心理学系　北京　100083

摘　要：作为世界范围内最常用的环境态度测量工具，新生态范式（New Ecological Paradigm，NEP）量表长期以来遭受着维度结构混乱的困扰。这一问题在中国已经存在了十余年，而现有的改进方案仍然存在较大问题。从心理测量学的角度来看，混合题目表述方向所产生的项目表述效应被认为是主要原因。基于2010年中国综合社会调查数据，采用新兴的双因子建模方法对NEP量表中的项目表述效应进行检验。结果表明，所有题目都可以负载于一个一般NEP因子，而反向题则需要额外负载于一个方法因子，缺少该方法因子可能会导致有偏差的因子载荷、同质性信度和效标效度估计。总体而言，使用NEP量表的最佳方法是保留所有题目，通过双因子模型控制反向题表述效应，再进行后续分析。

关键词：新生态范式量表　项目表述效应　双因子模型　环境态度

1　引言

环境态度意指人们通过对自然环境进行评估而表达出来的一种心理倾向（Milfont，2007），是环境心理学、环境社会学领域中至关重要的概

* 本文原载于 *Current Psychology*，Vol. 43，No. 7，2024。

念之一（Bohr & Dunlap，2017；McIntyre & Milfont，2016）。作为亲环境行为的重要预测因素，环境态度已成为众多理论和实证模型中最受重视的因素之一（Bamberg & Möser，2007；Casaló et al.，2019；Kollmuss & Agyeman，2002；Wyss et al.，2022）。如今，关于环境态度的测量工具已经非常多样化（Kaiser et al.，2010；Milfont & Duckitt，2010）。尽管如此，由邓拉普（Dunlap）等人（2000）修订的新生态范式（New Ecological Paradigm，NEP）量表仍在全球范围内最为常用（Gifford，2014；Hawcroft & Milfont，2010；Rosa et al.，2021；Somerwill & When，2022；Wang et al.，2021；于亢亢等，2018）。① 该量表由一系列平衡表述的题目组成（包括8道正向题、7道反向题），涵盖了新生态范式的5个面向：自然平衡、人类中心主义、人类例外主义、生态危机、增长极限。所有这些面向共同反映了一套有关自然以及人类在自然中所扮演角色的原始信念。因此，NEP量表被假设为衡量了单一构念，在量表上得分越高，代表人们越倾向于对世界采取亲生态的一般取向（Dunlap et al.，2000；Dunlap，2008）。

NEP量表虽然广为使用，却也因其维度不一致的问题而备受争议（Dunlap，2008）。该量表在邓拉普等人（2000）的原始研究中呈现为与预期一致的单维度，而在后来世界范围内的实证研究中，往往显示出各种不同的维度结构，如二维（Atav et al.，2015；Ji，2004；Reis Neto et al.，2021；van Riper & Kyle，2014）、三维（Halkos & Matsiori，2017；Pienaar et al.，2015）、四维（Erdogan，2009；Khan et al.，2012），甚至五维结构（Amburgey & Thoman，2012；Ntanos et al.，2019；Vikan et al.，2007）。在中国，类似的问题也使得NEP量表的本土化困难重重。造成这种争议的可能原因之一在于NEP量表中数量均衡的正反向题所导致的方法偏差，即项目表述效应（Gu et al.，2017）。然而，目前尚无研究从心理测量学的角度直接对这一潜在原因进行探讨。因此，基于日益

① NEP量表的广泛使用并不意味着研究者们普遍承认其涵盖了环境态度的全部内容域。事实上，它可能只涵盖了其中的一小部分（参见Milfont & Duckitt，2010）。尽管如此，NEP量表在理论上如何与环境态度相匹配并不是本研究的重点。相反，我们将重点放在其长期应用过程中留下的维度争议上。

流行的双因子建模方法（Reise，2012），本研究旨在中国情境下考察 NEP 量表的项目表述效应，并为其未来的应用提供合理化建议。

1.1 NEP 量表在中国的应用：问题、解决方案及其局限性

中文版 NEP 量表最早由环境社会学家洪大用（2006）应用于 2003 年中国综合社会调查（Chinese General Social Survey，CGSS）。然而，基于 2003 CGSS 数据，探索性因子分析（Exploratory Factor Analysis，EFA）显示 NEP 量表中的主因素并不突出。随后的研究逐渐发现了许多不同的维度结构，包括二维（刘贤伟、邹洋，2017；吴建平等，2012）、三维（吴灵琼、朱艳，2017）、四维（罗艳菊等，2009），甚至无序多维结构（Wu，2012）。这种混乱的局面严重阻碍了 NEP 量表在中国的应用。由于长期未能有效解决这一问题，有研究者甚至称其为“水土不服”（范叶超，2017）。

统观各类型维度方案，可以发现一个明显的共同点：正向题倾向于负载同一维度、反向题倾向于负载同一维度。例如，在二维结构中（吴建平等，2012），一个因子影响所有正向题，而另一个因子影响所有反向题；在吴灵琼和朱艳（2017）的三维结构中，第一个因子只包含正向题，第二个因子只包含反向题；在四维结构中（罗艳菊等，2009），两个因子只包含反向题，一个因子只包含正向题。可见，项目的正反向表述在实证上对 NEP 量表的维度结构有很大影响。许多研究者已经意识到，仅包含单一表述方向的因子很可能是由方法偏差和所测特质混合形成的无意义“伪因子”，尤其是当数据呈现出上述二维结构时（Best & Mayerl，2013；Dunlap et al.，2000；Rosa et al.，2021；Zhu & Lu，2017；洪大用等，2014；吴灵琼、朱艳，2017）。事实上，也正是由于表述方向对维度结构的潜在扭曲，使得许多多维方案都存在一个基本但往往被忽视的因子解释问题。例如，在二维结构中，研究者倾向于将包含正向题的因子视为 NEP 因子，而将包含反向题的因子解释为反映了支持利用和改造自然的人类例外范式（Human Exceptionalism Paradigm，HEP；刘贤伟、邹洋，2017；吴建平等，2012）。这一做法显然忽视了使用 NEP 量表的前提，即反向题需要在进一步数据分析之前进行反向编码（McIntyre & Milfont，2016）。如果考虑到这一点，即便忽略可能存在的方法偏差，包含

反向题的因子也应当代表反向的 HEP 因子，而不是 HEP 因子本身。

为了验证 NEP 量表是否能在不受表述方向干扰的情况下捕捉单一、连贯的环境信念体系，洪大用等人（2014）和范叶超（2017）提出了两种具有针对性和代表性的解决方案。首先，洪大用等人直接删除因子载荷异常或过低的 5 道反向题，保留 2 道载荷接近 0.30 的反向题和所有正向题，以此形成了中国新环境范式（Chinese New Environmental Paradigm, CNEP）量表。基于 2010 CGSS 数据，CNEP 量表被验证为单维结构，项目表述方向的干扰不再明显。另外，范叶超则将所有反向题转换为正向题，为大学生开发出一个表述方向统一的版本。在其研究中测试了两个模型，一个是基础单维模型，另一个是包括五个一阶因子（对应五个假设面向）和一个二阶因子的高阶模型。结果显示，这一版本很好地拟合了单维结构，而在高阶结构中出现了不恰当解（两个标准化二阶因子载荷大于 1）。不过，从相对宽松的角度来看，范叶超认为，考虑到一阶因子载荷的良好表现，该量表仍可被拆分为五个子量表。

毋庸置疑，洪大用等人（2014）和范叶超（2017）将 NEP 量表本土化的开创性工作为公众和大学生的环境态度测量提供了重要工具。然而，这两个方案仍存在一定的局限性，可以进一步改进。在洪大用等人的方案中，删减三分之一题目的做法缩减了 NEP 量表的内容效度、不利于其结果的跨国比较（范叶超，2017），并使得原本平衡的表述方向不再平衡。此外，题目的删除是基于仅考虑特质因子的验证性因子分析（Confirmatory Factor Analysis，CFA）模型中因子载荷的表现，未能在统计上明确考虑表述方向的影响。在范叶超的方案中，统一的表述方向可能会形成单一响应集，使受访者以趋同的方式做出反应（余小霞等，2016），或者暗示受访者做出有偏差的记忆检索（Weijters & Baumgartner，2012），从而影响受访者的后续作答。因此，这一方案会导致方法偏差，并且该方法的方差无法在统计上与实质性方差分离（Weijters & Baumgartner，2012）。此外，统一的表述方向也会以不同于删除题目的方式损害内容效度，因为反向题有助于让受访者在回答问卷时检索更多的信念样本，从而覆盖更广的内容域（Weijters et al.，2009）。故而，有必要寻找一种替代方案，在不改变题目的情况下优化 NEP 量表的表现。

1.2 项目表述效应和双因子建模方法

在心理测量学领域，由正反向题引起的维度争议较早受到关注。最典型的例子之一是罗森伯格自尊量表（Rosenberg Self-Esteem Scale，RSES），该量表与 NEP 量表一样，具有数量均衡的正反向题（余小霞等，2016）。RSES 最初用于测量总体自尊，但在随后的实证研究中，单维模型始终难以拟合数据。相反，与正反向题相对应的二维模型表现更好（Huang & Dong，2012；Lindwall et al.，2012）。一些研究人员将这两个因子称为积极自我价值和自我贬低（Owens，1994），或积极自尊和消极自尊（Ang et al.，2006）。与此同时，其他研究人员则注意到了表述方向对测量的可能影响，并发现当同时考虑到与正反向表述相关的方法因子或考虑到这两者之一时，所有题目都可以负载于单一的总体自尊因子上（Lindwall et al.，2012；Marsh，1996；Marsh et al.，2010；Tomas & Oliver，1999；Urbán et al.，2014；Wang et al.，2001）。这一情况与 NEP 量表的单维与二维之争颇为相似。

在编制量表时使用反向题的确有其固有优势，如减少默认偏差，打断非实质性反应行为，以及提高内容效度（Weijters & Baumgartner，2012）。但一些受访者可能会对反向题感到困惑（DeVellis，2016），或在回答过程中无法准确注意到它们（Chyung et al.，2018）。此外，反向题也会给题目的验证和判断带来困难，这就要求受访者使用更多的认知操作来回答它们（Swain et al.，2008）。由于这些原因，当同时使用正反向题时，受访者就可能出现不一致的反应，即面对正反向表述的题目时，在中点的同一侧挑选选项（Steinmann et al.，2022；Swain et al.，2008），从而造成项目表述效应这一系统性方法偏差（Gu et al.，2015；Steinmann et al.，2022）。该效应常常给各量表带来意想不到的后果，包括因子载荷和维度间相关性的改变（Biderman et al.，2011；唐长江等，2021）、理论单维模型对信度和效标效度的低估/高估（Arias & Arias，2017；Gu et al.，2017）以及因子结构的扭曲（Dueber et al.，2022；Zeng et al.，2020）。因此，NEP 量表单维性不明显的问题很可能是由于项目表述效应造成的。[1]

双因子建模起源于80多年前，并在过去10余年间再度复兴（Zhang et al.，2021）。由于能够提取超出主因素以外的系统性变异（Giordano et al.，2020），因此双因子建模为上述问题提供了一个十分有前景的解决方案。双因子模型包括一个一般因子和一个/多个组因子，其中所有题目都负载于一般因子，而具有内容相似性的每个子集的题目都负载于一个组因子，所有因子之间相互正交（Reise，2012；Rios & Wells，2014）。[2]具体而言，在处理项目表述效应时，一般因子通常反映的是目标特质，而组因子反映正向或反向题表述效应（Gnambs & Schroeders，2020；Gu et al.，2015；Michaelides et al.，2016；Zickar，2020）。与表述方向相关的方法因子通常被视为一种类人格特质的反应风格（DiStefano & Motl，2006）或行为一致性（Bentler et al.，1971）。换句话说，这些方法因子代表了实质性构念，这一观点得到了许多实证支持，例如，它们具有遗传性（Alessandri et al.，2010）、纵向不变性（Marsh et al.，2010；Urbán et al.，2014），以及与右侧杏仁核体积（Wang et al.，2016）或某些人格特征相关（DiStefano & Motl，2006；Quilty et al.，2006）。

双因子模型现已成为跨学科、跨领域的流行统计技术，其具有以下两个主要优点：一方面，双因子模型允许将指标方差分解为共同和独特成分（Bornovalova et al.，2020；Markon，2019），使其更清晰、更容易地适配涉及多个过程的心理学现象（Lahey et al.，2021；Lai & Ellefson，2023；Moore et al.，2020）或检测和控制预期之外的方法效应（DeMars，2006；McAbee & Connelly，2016；Ou，2022）；另一方面，

① 同时使用正反向题的基本假设是二者在本质上测量了同一构念（Chyung et al.，2018）。除了源自方法因素的问题外，表述方向的不同也有可能导致所测量的心理构念出现概念差异。然而，从概念的角度来看，NEP量表中的正向题与反向题在实践意义上是相对应的：后者代表非环保的主导社会范式（Dominant Social Paradigm，DSP），而前者代表支持环保的新生态范式（NEP），是对主流社会范式的回应（Dunlap，2008）。因此，正反向题都不太可能引发新的、独特的构念，也就没有两类题目之间对应性很差的情况。

② 双因子模型中的因子间相关性可能会导致模型收敛、识别和理论解释方面的问题（参见Markon，2019）。此外，更为熟知的高阶因子模型是在双因子模型中施加更多约束的变体（Mansolf & Reise，2017）。然而，正如博罗万诺娃（Bornovalova）等人（2020）所言，与高阶因子模型相比，双因子模型通常能提供更简洁、可解释的理论假设评估。

该方法提供了广泛的基于模型的指标，可用于量表的全面评估，指导人们准确可靠地使用量表（Bornovalova et al.，2020；Rodriguez et al.，2016a，2016b）。

1.3 研究目标

本研究旨在：（1）检验 NEP 量表中是否存在项目表述效应，所有题目是否能像最初假设那样负载于一个一般 NEP 因子上；（2）说明项目表述效应如何影响传统单维模型对 NEP 量表的估计；（3）基于双因子模型的指标为 NEP 量表的未来使用提供建议。

2 方法

2.1 数据和样本

本研究所使用的数据来自 2010 年中国综合社会调查（2010 CGSS），该调查采用了多阶段分层抽样方法，覆盖了中国 31 个省份的城乡人口，具有良好的样本代表性。CGSS 是中国人民大学国家调查研究中心（National Survey Research Center，NSRC）的一项全国性、综合性学术调查，现已成为研究中国社会的主要数据来源。我们选择 2010 CGSS 是因为它是唯一完全包含 NEP 量表和测量最常用的两个效标变量（个人环保行为和环境贡献意愿）的题目的调查，而 2010 年后的几轮调查要么缺少 NEP 量表，要么缺少测量这两个效标变量的题目。

为确保结果的可靠性，以下参与者被排除：在 NEP 量表三个以上的题目中有缺失或选择了“无法选择”的选项；或者在效标量表中任何题目上有缺失或选择了“无法选择”的选项。最终有效样本为 2518 人，其中男性 1250 人，女性 1268 人，城市居民 1762 人，农村居民 756 人，平均年龄为 45.11 岁（$SD=15.22$）。在受教育程度方面，没有受过教育的有 174 人，小学水平有 442 人，中学水平有 1354 人，大学水平有 543 人（1 人拒绝回答，4 人选择了“其他”选项；在随后的分析中，这 5 人在受教育程度上的值被视为缺失）。

2.2 测量工具

2.2.1 新生态范式量表

新生态范式量表由邓拉普等人（2000）修订，随后由洪大用（2006）应用于中国。除了一些修辞上的变化外，中文版本在内容上与英文版本完全相同（详见“附录”；洪大用，2006）。NEP 量表包含 15 道题，其中 8 道为正向题（奇数项），7 道为反向题（偶数项）。采用 5 点计分，1 为“完全不同意”，5 为“完全同意”，此外还有一个额外选项 8 为“无法选择”。所有反向题均需反向编码。在本研究中，该量表的克隆巴赫 α 系数为 0.75。

2.2.2 效标问卷

我们采用了先前关于 NEP 量表检验的中国研究中常用的个人环保行为、环境贡献意愿作为效标变量。

个人环保行为通过三个题目进行测量（范叶超，2017；洪大用等，2014）：“您经常会特意为了保护环境而减少居家的油、气、电等能源或燃料的消耗量吗？”“您经常会特意为了保护环境而节约用水或对水进行再利用吗？”“您经常会特意为了环境保护而不去购买某些产品吗？”采用 4 点计分（1 为“总是”，4 为“从不”），所有题目均需反向编码。在本研究中，该量表的克隆巴赫 α 系数为 0.79。在随后的所有模型中，各题目的标准化因子载荷范围为 0.71—0.77。

环境贡献意愿通过三个题目进行测量（范叶超，2017；洪大用等，2014）：“为了保护环境，您在多大程度上愿意支付更高的价格？”“为了保护环境，您在多大程度上愿意缴纳更高的税？”“为了保护环境，您在多大程度上愿意降低生活水平？”采用 5 点计分，1 为“非常愿意”，5 为“非常不愿意”，此外还有一个额外选项 8 为“无法选择”。所有题目均需反向编码。在本研究中，该量表的克隆巴赫 α 系数为 0.84，在所有后续模型中，各题目的标准化因子载荷范围为 0.69—0.87。

2.3 统计分析

为了检验 NEP 量表中是否存在项目表述效应，以及这种效应是仅由正向题或反向题引起，还是由两者同时引起的，我们构建了如图 1 所示

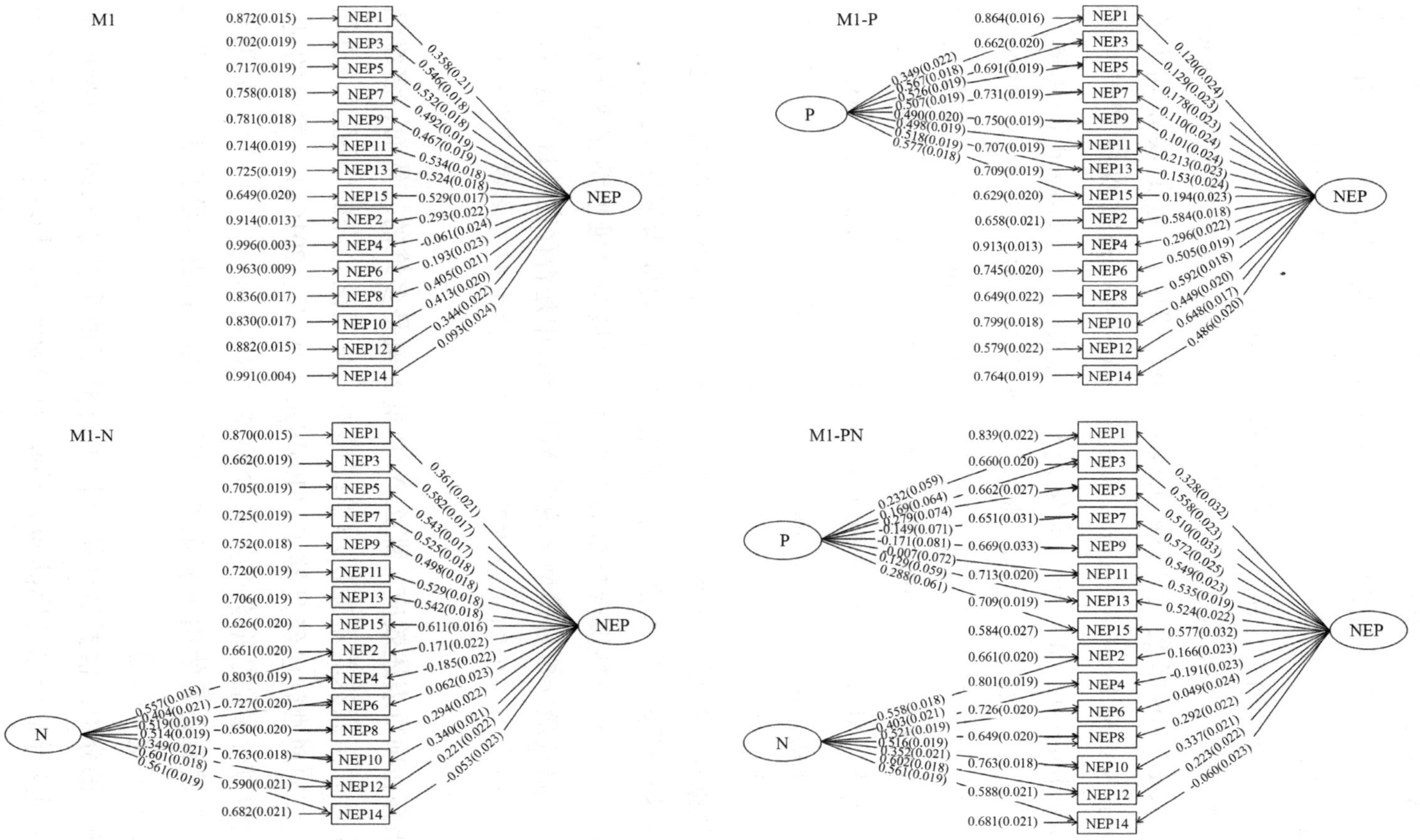

图 1　用于项目表述效应检测的四个竞争模型

注：每个方框代表 NEP 量表中的一个题目，奇数项为正向题，偶数项为反向题；P：正向题方法因子，N：反向题方法因子。

的四个竞争模型，分别为一个基础单维模型（M1）和三个双因子模型（M1 - P、M1 - N、M1 - PN）。相对于 M1，M1 - P 增加了一个只影响正向题的方法因子，M1 - N 增加了一个只影响反向题的方法因子，M1 - PN 则同时增加了两个方法因子。在这些模型中，组因子代表了有关正向或反向题表述的方法因子，而一般因子代表了 NEP 因子。

模型拟合通过卡方值（χ^2）、比较拟合指数（Comparative Fit Index，CFI）、Tucker-Lewis 指数（Tucker-Lewis Index，TLI）、近似误差均方根（Root Mean Square Error of Approximation，RMSEA）及其 90% 置信区间（Confidence Interval，CI）和标准化残差均方根（Standardized Root Mean Square Residual，SRMR）来进行检验。根据马什（Marsh）等人（2004）和温忠麟等人（2004）基于前人研究（Hu & Bentler，1999）提出的建议，CFI 和 TLI 大于等于 0. 90，RMSEA 和 SRMR 小于 0. 08，表明模型拟合良好。此外，Akaike 信息准则（Akaike Information Criterion，AIC）和贝叶斯信息准则（Bayesian Information Criterion，BIC）也被用于最佳模型的选择。具体来说，AIC 或 BIC 值越小，表明模型拟合越好（Lin et al.，2017）。依据拉夫特里（Raftery）（1995）的指南，BIC 的绝对值之差在 0—2 之间为弱证据，2—6 之间为正证据，6—10 之间为强证据，大于 10 为超强证据。基于模型拟合指数以及双因子模型与单维模型在因子载荷上的差异，筛选最佳拟合模型来说明 NEP 量表中是否存在项目表述效应。当最佳拟合模型为一个纳入表述效应的双因子模型时，将继续进行以下步骤。

如果存在项目表述效应，那么 NEP 量表就是多维的。然而，多维结构拟合更佳并不意味着不能使用单维模型。在理论允许的情况下，更简单的单维模型通常就已经足够了（Rodriguez et al.，2016a）。重要的是，用单维模型拟合多维数据会产生多少偏差（Reise et al.，2013）。如果差异很小，就没有必要使用更复杂的双因子模型。因此，我们进一步分三个部分研究了这一问题。

在第一部分中，根据最佳拟合模型计算了两个基于双因子模型的指标，即共同变异解释比（Explained Common Variance，ECV）和未受影响的相关比例（Percentage of Uncontaminated Correlations，PUC）。ECV 是一般因子方差占公共因子方差的比例（Reise，2012；Rodriguez et al.，

2016a，2016b)，反映了测量的单维程度。其值大于0.70或0.80意味着单维模型在用于拟合多维数据时不会对项目参数（载荷）的估计值产生较大偏差（Rodriguez et al.，2016b)。PUC反映了项目间相关性仅受一般因子影响的程度，是ECV的调节因子（顾红磊、温忠麟，2017)。严格来讲，当PUC非常高（>0.90）时，可以直接声明单维模型能无偏拟合数据，而无须计算ECV（Reise，2012；Rios & Wells，2014)。

在第二部分中，比较了单维模型M1在估计合成信度和同质性信度时相对于最佳拟合模型是否存在明显偏差。对于单维模型而言，其合成信度等价于同质性信度（顾红磊、温忠麟，2014)，计算公式为公共因子方差占测验分数方差的比例，其值大于0.70表示信度可接受。然而，对于双因子模型而言，其总量表的合成信度ω是一般因子和所有组因子方差占测验分数方差的比例，反映了所有题目之间的相关性。当ω大于0.70时，表明多维测验的合成分数具有可接受的内部一致性（顾红磊、温忠麟，2017)。双因子模型的同质性信度ω_H是一般因子方差占测验分数方差的比例，反映了所有题目测量同一特质的程度。足够高的ω_H（>0.80）意味着能够有把握地从一般因子而非组因子或测量误差的角度来解释量表总分（Green & Yang，2015；Rodriguez et al.，2016b)。然后，我们计算了这些估计值的相对偏差，即单维模型和双因子模型估计值之差的绝对值除以基于双因子模型的估计值。如果相对偏差小于10%，则可以忽略不计；如果大于15%，则表明存在严重偏差（Reise & Scheines et al.，2013)。

在第三部分中，将两个效标变量作为潜变量和四个人口学变量（年龄、性别、居住地和受教育程度）作为控制变量添加到单维模型M1和最佳拟合模型中，形成扩展模型用于评估效标效度。与前述一致，效标效度差异通过相对偏差进行衡量。

随后，我们进一步研究了使用NEP量表的两种可能方法。第一种方法是保留全部15个题目，在控制项目表述效应后直接通过一般NEP因子进行后续分析。为此，双因子模型提供了一个方便的指标，即构念可复制性H，用于衡量一个潜变量是否可以应用于结构方程建模（Structural Equation Modeling，SEM)。它评估了一组题目反映潜变量的程度，以及SEM中测量模型的质量和跨研究可复制性（Rodriguez et al.，2016a，

2016b）。一个因子的 H 值大于 0.70，意味着该因子的题目能很好地定义它，并且根据它计算出的路径系数是可靠的（Rodriguez et al.，2016a）。第二种方法是保留问卷中的所有题目，但在后续分析前删除受表述效应影响较大的题目（Marsh，1996）。题目层面的 ECV（I-ECV）捕捉了一般因子对某一题目测量的贡献程度。剔除那些 I-ECV 小于 0.80 或 0.85 的题目有助于构建一个更加单维的测量（Rodriguez et al.，2016a）。为了验证这一方法是否有效，我们比较了删除与不删除这些题目时的模型拟合度和效标效度表现。

描述性统计和 Cronbach's α 系数的计算均在 IBM SPSS（版本 25）中进行，上述所有基础单维模型和双因子模型的分析均在 Mplus（版本 7.4）中进行。所有“无法选择”选项均被视为缺失值，所有 SEM 分析均使用 Mplus 在处理缺失值时默认的全信息极大似然法（Full-Information Maximum Likelihood，FIML）进行估计（温忠麟等，2018）。由于控制变量受教育程度有 5 个缺失值，在进行效标效度分析时（在扩展模型中）自动排除了这 5 个受访者。[①] 基于双因子模型的指标通过迪贝尔（Dueber）（2017）编制的计算器进行计算。最后，采用普里彻（Preacher）和科夫曼（Coffman）（2006）编制的网络程序，使用 MacCallum-Browne-Sugawara 法评估统计检验力，结果显示所有模型的统计检验力均达到了 0.8。

3 结果

3.1 NEP 量表中项目表述效应的建模：单维 vs 多维

首先，比较四个竞争模型，以测试 NEP 量表中是否存在项目表述效应。表 1 显示了模型拟合度的结果。单维模型 M1 拟合不佳，而当纳入关于正反向题表述的方法因子时，模型拟合得到了显著改善。对于 M1 - P（仅包含正向题方法因子），RMSEA 和 SRMR 表现良好，但 CFI 和 TLI 仍低于 0.90 的标准。对于 M1 - N（仅包含反向题方法因子）和 M1 - PN

① 将这些被试排除在外并不影响结果的呈现和解释，因为扩展模型不会与非扩展模型进行比较。

（同时包含两种方法因子），所有模型拟合指标都表现良好。AIC 和 BIC 值的相对大小表明，拟合最好的为 M1 - PN，其次是 M1 - N，然后是 M1 - P，最差的是 M1，均为超强证据。这些结果初步表明了同时存在正反向题方法因子的可能性。

表 1　　各个模型的拟合度指标

模型	χ^2	df	χ^2/df	CFI	TLI	RMSEA [90% CI]	SRMR	AIC	BIC
M1	2525.84	90	28.06	0.606	0.540	0.104 [0.100, 0.107]	0.097	104007.055	104269.460
M1 - P	892.30	82	10.88	0.869	0.832	0.063 [0.059, 0.066]	0.061	102389.511	102698.566
M1 - N	476.15	83	5.74	0.936	0.920	0.043 [0.040, 0.047]	0.030	101971.357	102274.581
M1 - PN	377.38	75	5.03	0.951	0.932	0.040 [0.036, 0.044]	0.028	101888.590	102238.463

为进一步确定项目表述效应的来源，还需要考虑因子载荷的表现。表 2 显示了标准化因子载荷的结果。各模型中的所有题目都显著地负载于一般 NEP 因子。比较 M1 与 M1 - P、M1 - N 在一般 NEP 因子上的载荷显示，任一方法因子的纳入都会明显降低相应题目在 NEP 因子上的载荷。在 M1 - P 和 M1 - N 中，各题目在方法因子上的载荷都普遍大于在一般 NEP 因子上的载荷。这一现象似乎再次表明了两种方法因子的存在，所有题目都能更好地反映相应的方法因子而不是 NEP 因子。

然而，当同时考虑两个方法因子时（在 M1 - PN 中），相对于 M1 - P，正向题方法因子的载荷普遍低于一般 NEP 因子的载荷，其中两个为负，一个不显著。此时，所有正向题在一般 NEP 因子上的载荷与 M1 相似。相比之下，反向题在方法因子上仍像 M1 - N 那样保持较高的载荷。这表明在两个方法因子都存在的情况下，正向题方法因子是无法解释的，也是不必要的。换句话讲，在 NEP 量表上只存在反向题方法因子。因此，最佳拟合模型是 M1 - N，NEP 量表是多维的。此外，值得注意的是，尽管在 M1 - N 中，一些反向题在一般 NEP 因子上的载荷小于 0.30 或为负，但为了尽可能维持内容效度，保留这些反向题可能是更好的选择（我们将在“讨论”部分对此进行分析）。

表 2　　四个竞争模型的标准化因子载荷

题目	M1	M1 - P		M1 - N		M1 - PN		
		NEP	P	NEP	N	NEP	P	N
NEP1	0.36	0.12	0.35	0.36		0.33	0.23	
NEP3	0.55	0.13	0.57	0.58		0.56	0.17	
NEP5	0.53	0.18	0.53	0.54		0.51	0.28	
NEP7	0.49	0.11	0.51	0.53		0.57	-0.15	
NEP9	0.47	0.10	0.49	0.50		0.55	-0.17	
NEP11	0.53	0.21	0.50	0.53		0.54	-0.01[a]	
NEP13	0.52	0.15	0.52	0.54		0.52	0.13	
NEP15	0.59	0.19	0.58	0.61		0.58	0.29	
NEP2	0.29	0.58		0.17	0.56	0.17		0.56
NEP4	-0.06	0.30		-0.19	0.40	-0.19		0.40
NEP6	0.19	0.51		0.06	0.52	0.05		0.52
NEP8	0.41	0.59		0.29	0.51	0.29		0.52
NEP10	0.41	0.45		0.34	0.35	0.34		0.35
NEP12	0.34	0.65		0.22	0.60	0.22		0.60
NEP14	0.09	0.49		-0.05	0.56	-0.06		0.56

注：[a]表示载荷不显著（$p = 0.917$）。

3.2　项目表述效应对 NEP 量表的三方面影响

基于最佳拟合模型 M1 - N，计算出 PUC 为 0.80，低于 0.90，中等偏高。因此，进一步计算出 ECV 作为参考，为 0.59。一般 NEP 因子只解释了所提取的公共因子方差的 59%，而反向题方法因子解释了 41%，表明一般因子强度较低、量表单维性较差。由于项目表述效应，用单维模型对 NEP 量表的数据进行拟合可能会导致有偏差的因子载荷估计（例如，NEP14 在 NEP 因子上的载荷在 M1 中为正，而在 M1 - N 中为负）。

随后，我们评估了项目表述效应如何影响 NEP 量表的信度估计。在

M1 中，合成信度和同质性信度均为0.71。在 M1 - N 中，合成信度 ω 为 0.78，相对偏差为8.97%；同质性信度 ω_H为0.53，相对偏差为33.96%。因此，虽然项目表述效应不会导致合成信度估计出现较大偏差，但它会使单维模型严重高估同质性信度，导致错误地得出该量表具有可接受同质性的结论。事实上，在控制了项目表述效应之后，NEP 量表的同质性很差，意味着量表总分不能反映一个人的环境态度水平。

最后，在控制四个人口统计学变量的基础上，将两个效标变量纳入 M1 和 M1 - N，形成两个扩展模型，即 M1b 和 M1 - Nb。模型拟合结果与前述结果相似，M1b 拟合较差（χ^2 = 3099.72，df = 258，χ^2/df = 12.01，CFI = 0.779，TLI = 0.749，RMSEA = 0.066 [0.064，0.068]，SRMR = 0.068），M1 - Nb 拟合良好（χ^2 = 921.02，df = 245，χ^2/df = 3.76，CFI = 0.948，TLI = 0.937，RMSEA = 0.033 [0.031，0.035]，SRMR = 0.028）。

表 3 显示了 NEP 因子与效标变量之间的相关性，即效标效度的常见指标（DeVellis，2016；Gu et al.，2017）。在两个扩展模型中，NEP 因子与两个效标变量以及两个效标变量之间的相关性均显著。在控制了项目表述效应后，NEP 因子与个人环保行为之间的相关性略有增加（Δr = 0.03），相对偏差为 9.68%，表明偏差可以忽略不计。然而，尽管 NEP 因子与环境贡献意愿之间的相关性也只是略有增加（Δr = 0.03），但其相对偏差达到了 17.65%，表明存在严重偏差。因此，项目表述效应存在着低估 NEP 量表效标效度的可能。

表 3　　NEP 因子与效标变量之间的因子间相关性

变量	NEP 因子	个人环保行为	环境贡献意愿
NEP 因子	—	0.31 ***	0.17 ***
个人环保行为	0.28 ***	—	0.34 ***
环境贡献意愿	0.14 ***	0.34 ***	—

注：矩阵下半部分为 M1b 的结果，上半部分为 M1 - Nb 的结果；***：p < 0.001。

3.3　使用 NEP 量表的两种选择

如上所述，忽略项目表述效应可能会导致有偏差的估计。那么，我们是否可以在测量模型中加入反向题方法因子直接进行后续分析呢？为了回答这个问题，我们计算了构念可复制性 H。根据最佳拟合模型 M1 - N，计算出一般 NEP 因子的 H 系数为 0.78，大于 0.70 的临界值，意味着该因子定义明确，可以在 SEM 中用于探索其与其他变量的关系。因此，一个方便的方法是加入一个反向题方法因子来构建双因子模型，然后通过一般 NEP 因子进行后续 SEM 分析。

另一个简单的方法是在进一步分析前删除不能很好反映 NEP 因子的题目。由于所有正向题只反映一般 NEP 因子，因此它们的 I - ECV 都是 1。对于反向题，各个题目的 I - ECV 分别是 0.08（NEP2）、0.18（NEP4）、0.01（NEP6）、0.24（NEP8）、0.49（NEP10）、0.12（NEP12）和 0.01（NEP14），大部分都远低于 0.80 或 0.85 的临界值，这表明它们的共同方差大部分来自反向题方法因子而非 NEP 因子。这与朱晓文和卢春天（2017）基于项目反应理论的研究结果相似，即反向题的测量精度普遍比正向题差。那么，正如朱晓文和卢春天所言，如果想构建一个更单维、更可靠的测量，一个可行的选择就是剔除所有反向题。

为了验证这一推测，我们进一步使用八个正向题，形成了一个基础单维模型 M2，以及一个添加了两个效标变量和四个人口统计学变量的扩展模型 M2b。结果显示，两个模型的拟合度都很好（M2：$\chi^2 = 155.56$，$df = 20$，$\chi^2/df = 7.78$，CFI = 0.957，TLI = 0.939，RMSEA = 0.052 [0.044，0.060]，SRMR = 0.029；M2b：$\chi^2 = 488.94$，$df = 118$，$\chi^2/df = 4.14$，CFI = 0.961，TLI = 0.952，RMSEA = 0.035 [0.032，0.039]，SRMR = 0.026）。从模型拟合的角度来看，M2 的表现确实比 M1 好得多。然而，此时 NEP 因子与个人环保行为之间的相关系数为 0.29（$p < 0.001$），NEP 因子与环境贡献意愿之间的相关系数为 0.15（$p < 0.001$）。在不控制项目表述效应的情况下，它们更接近于 M1b 的结果，而不是 M1 - Nb 的结果。因此，只保留正向题仍有可能低估 NEP 量表的效标效度。

4 讨论

本研究采用双因子模型考察了 NEP 量表中的项目表述效应。正如许多研究者所推测的那样（Zhu & Lu，2017；吴灵琼、朱艳，2017），我们的研究结果表明，NEP 量表中存在强烈的、仅由反向题引起的项目表述效应。项目表述效应使得 NEP 量表由单维变为多维，因此之前许多研究无法通过基本 EFA 或 CFA 方法证实 NEP 量表的单维结构并不奇怪。正如邓拉普等人（2000）最初所假设的那样，在加入了反向题方法因子后，NEP 量表中确实存在一个同时影响所有题目的一般 NEP 因子。

4.1 NEP 量表中的项目表述效应及未来 NEP 量表的使用建议

虽然项目表述效应对合成信度的影响不大，但它会导致单维模型难以准确估计 NEP 量表的因子载荷、同质性信度和效标效度。最佳拟合模型 M1 - N 中的 ω_H值较低，也意味着表述效应会导致量表总分不能代表 NEP 因子。所有这些都表明，在进行数据分析时有必要考虑这一方法效应。由于一般 NEP 因子具有足够高的构念可复制性，因此最佳的方法是加入一个反向题方法因子来构建双因子模型，然后通过其一般因子（NEP 因子）进行后续的 SEM 分析。该结果反过来也提示了使用 NEP 量表的两个关键点。首先，使用 NEP 量表的总分来代表受访者的环境态度（刘静佳，2020；吴建平等，2012）是不可信的。其次，将所有 NEP 题目打包进行 SEM 分析是不可行的（刘贤伟、吴建平，2013），因为该量表不符合题目打包所需的单维和良好同质性的先决条件（Matsunaga，2008）。

另一个有趣的现象是，尽管 I - ECV 值表明所有反向题都不能很好地代表 NEP 因子，但将其从数据分析中剔除仍然会损害效标效度，因此是不可行的。这与最近在巴西进行的一项研究（Rosa et al.，2021）相似。对因子载荷的进一步分析表明，尽管大多数反向题在 NEP 因子上的载荷小于 0.30，但仍然显著。这意味着，虽然它们提供的信息在统计上可以忽略不计，但在丰富 NEP 构念的内涵方面可能具有独特的价值。从另一个角度来看，这一结果也证明了魏伊特斯（Weijters）等人（2009）基于认知访谈的研究结果，即受访者通常会将反向题视为一种提示，并依此提供与测量特质有关的新信念。

此外，NEP4 和 NEP14 的负载荷可能具有额外的启发性意义。当测量同一构念的正反向题相互接近时，反向题往往会导致检索到相反的证据（Weijters et al.，2009）。NEP 量表中的两类题目交叉排列，反向题可能会让人联想到反 NEP 信念。如果在回答某些题目时这些反 NEP 信念完全抵消了亲 NEP 信念，那么人们在这些题目上就会表现得不那么环保，NEP4 和 NEP14 就是很好的例子。另外值得注意的是，这两个题目都与人类例外主义有关，回答它们需要考虑人类科学技术是否足以应对环境危机（详见“附录”）。这里的负载荷意味着人们对人类科技的未来持有某种乐观和信任的观点（另一个与人类例外主义相关的项目是 NEP9，其载荷也低于其他大多数正向题）。鉴于过去40 年来从第三次工业革命过渡到绿色能源和可持续发展的第四次工业革命，发生这种现象并不奇怪（Dogaru，2020；Prisecaru，2016）。因此，在环境信念体系研究中，考虑人们对人类技术发展前景的看法与生态危机之间的相互作用是非常重要的。

综合来看，NEP 量表中的反向题是有益的，邓拉普等人（2000）为平衡表述方向所做的努力也是富有成效的。在这方面，与朱晓文和卢春天（Zhu & Lu，2017）相反，我们采取与魏伊特斯和鲍姆加特纳（Weijters & Baumgartner，2012）类似的观点，即无须为无关紧要的心理测量属性而牺牲测量的内容效度，并建议保留它们。

4.2 如何理解反向题方法因子

一般而言，这里的反向题方法因子可以解释为反映了一种与反向表述方向相关的实质性反应风格。然而，由于与项目表述效应相关的方法因子与特定量表有关（Kam，2016），我们不能将以往在其他量表中的研究结果用于 NEP 量表中反向题方法因子的解释。因此，今后可以通过两种互补的方式来探讨 NEP 量表中的方法因子：（1）继续采用传统的方法来研究它与其他构念之间的关系①（Quilty et al.，2006）；（2）采用认知访谈的方法来探索它可能具有的量表特定的特征。

4.3 局限性和未来研究方向

目前的研究存在两点不足。首先，我们的工作是在中国进行的，其

① 根据最佳拟合模型 M1 – N，反向题方法因子的构念可复制性 H 为 0.72，表明该因子定义明确，可用于进一步分析。

结果不一定适用于其他国家。然而，正如本文开头提到的，NEP 量表在中国的应用与其在世界范围内的应用有很多相似之处。例如，许多其他国家都曾报告过从二维到五维不等的结构。基本上，这些结构中的大多数都有一个或多个因子只包含一组正向或反向题，尤其是那些二维结构（Atav et al.，2015；Ji，2004；Reis Neto et al.，2021；van Riper & Kyle，2014）。根据我们在中国的研究结果，NEP 量表的维度并不像目前呈现的那样高度多样化。在控制了项目表述效应后，NEP 量表的一般因子确实存在。因此，那些不考虑项目表述效应而将 NEP 量表视为多维的研究结果可能不准确，并会产生误导。我们建议，今后在全球范围内应用 NEP 量表时，审慎的做法仍然是首先通过双因子模型来检验一般 NEP 因子是否能够充分影响所有 15 个题目。此外，在考虑了方法学干扰后，对常用的量表总分也应谨慎解释（Dueber et al.，2022）。

其次，本研究中使用的双因子建模方法所隐含的人口同质性假设也受到批评（Ponce et al.，2021；Steinmann et al.，2022）。从个体中心的角度来看，导致项目表述效应的不一致反应风格只应在一部分人口中观察到。在最近的一些研究中，通过使用潜剖面分析（Latent Profile Analysis，LPA）或有约束的因子混合分析（Factor Mixture Analysis，FMA），只有大约 7% 到 20% 的人口被发现在正反向题之间存在不一致反应（Garcia-Batista et al.，2021；Ponce et al.，2021；Steinmann et al.，2022）。如果将具有不一致反应的受访者移除，数据就可以很好地拟合原始理论结构，并表现出良好的心理测量学属性（Garcia-Batista et al.，2021）。尽管个体中心的方法仍不成熟，也违背反向题有助于丰富内容效度的观点，但这种方法为研究项目表述效应的来源提供了一个新视角。它使我们能够通过比较一致作答者和不一致作答者在其他变量上的差异来探索表述效应的原因，从而有针对性地改进 NEP 量表，使其适用于更广泛的人群。

5 结论

第一，在控制影响反向题的方法因子后，确实可以像邓拉普等人（2000）所假设的那样，从 NEP 量表中提取出一个一般 NEP 因子。

第二，在没有方法因子的传统单维模型中，项目表述效应可能会导致因子载荷、同质性信度和效标效度的估计出现偏差。

第三，今后在应用 NEP 量表时，最好的选择是在双因子模型中控制反向题表述效应（同时保留所有 15 个项目），然后通过一般 NEP 因子进行后续分析。

参考文献

范叶超，(2017)，《项目措辞方向与 NEP 量表在中国应用的再评估》，《南京工业大学学报》(社会科学版)，16（2），62—69。

顾红磊、温忠麟，(2014)，《项目表述效应对自陈量表信效度的影响——以核心自我评价量表为例》，《心理科学》，37（5），1245—1252。

顾红磊、温忠麟，(2017)，《多维测验分数的报告与解释：基于双因子模型的视角》，《心理发展与教育》，33（4），504—512。

洪大用，(2006)，《环境关心的测量：NEP 量表在中国的应用评估》，《社会》，(5)，71—92。

洪大用、范叶超、肖晨阳，(2014)，《检验环境关心量表的中国版（CNEP）——基于 CGSS2010 数据的再分析》，《社会学研究》，29（4），49—72。

刘静佳，(2020)，《基于 NEP 量表的国家公园环境教育需求研究——以普达措国家公园为例》，《林业与生态科学》，35（3），343—352。

刘贤伟、吴建平，(2013)，《大学生环境价值观与亲环境行为：环境关心的中介作用》，《心理与行为研究》，11（6），780—785。

刘贤伟、邹洋，(2017)，《青年群体生态价值观的结构、现状与特点——基于我国 10 个城市的实证研究》，《干旱区资源与环境》，31（9），7—13。

罗艳菊、吴楚材、邓金阳等，(2009)，《基于环境态度的游客游憩冲击感知差异分析》，《旅游学刊》，24（10），45—51。

唐长江、林彤、孙世月等，(2021)，《项目表述效应对句子式大五人格量表的影响》，《心理学进展》，11（9），2026—2037。

温忠麟、侯杰泰、马什赫伯特，(2004)，《结构方程模型检验：拟合指数与卡方准则》，《心理学报》，(2)，186—194。

温忠麟、黄彬彬、汤丹丹，(2018)，《问卷数据建模前传》，《心理科学》，41（1），204—210。

吴建平、訾非、刘贤伟等，(2012)，《新生态范式的测量：NEP 量表在中国的修订及应用》，《北京林业大学学报》(社会科学版)，11（4），8—13。

吴灵琼、朱艳，（2017），《新生态范式（NEP）量表在我国城市学生群体中的修订及信度、效度检验》，《南京工业大学学报》（社会科学版），16（2），53—61。

于亢亢、赵华、钱程等，（2018），《环境态度及其与环境行为关系的文献评述与元分析》，《环境科学研究》，31（6），1000—1009。

余小霞、辛自强、苑媛，（2016），《量表中的措辞效应：类型、机制及控制方法》，《心理技术与应用》，4（9），561—573。

Alessandri, G., Vecchione, M., Fagnani, C., Bentler, P. M., Barbaranelli, C., Medda, E., Nisticò, L., Stazi, M. A., & Caprara, G. V. (2010). Much more than model fitting? Evidence for the heritability of method effect associated with positively worded items of the Life Orientation Test revised. *Structural Equation Modeling: A Multidisciplinary Journal*, 17 (4), 642-653.

Amburgey, J. W., & Thoman, D. B. (2012). Dimensionality of the New Ecological Paradigm: Issues of factor structure and measurement. *Environment and Behavior*, 44 (2), 235-256.

Ang, R. P., Neubronner, M., Oh, S., & Leong, V. (2006). Dimensionality of Rosenberg's Self-Esteem Scale among normal-technical stream students in Singapore. *Current Psychology*, 25 (2), 120-131.

Arias, V. B., & Arias, B. (2017). The negative wording factor of Core Self-Evaluations Scale (CSES): Methodological artifact, or substantive specific variance? *Personality and Individual Differences*, 109, 28-34.

Atav, E., Altunoğlu, B. D., & Sönmez, S. (2015). The determination of the environmental attitudes of secondary education students. *Procedia-Social and Behavioral Sciences*, 174, 1391-1396.

Bamberg, S., & Möser, G. (2007). Twenty years after Hines, Hungerford, and Tomera: A new meta-analysis of psycho-social determinants of pro-environmental behaviour. *Journal of Environmental Psychology*, 27 (1), 14-25.

Bentler, P. M., Jackson, D. N., & Messick, S. (1971). Identification of content and style: A two-dimensional interpretation of acquiescence. *Psychological Bulletin*, 76 (3), 186-204.

Best, H., & Mayerl, J. (2013). Values, beliefs, attitudes: An empirical study on the structure of environmental concern and recycling participation. *Social Science Quarterly*, 94 (3), 691-714.

Biderman, M. D., Nguyen, N. T., Cunningham, C. J. L., & Ghorbani, N.

(2011). The ubiquity of common method variance: The case of the big five. *Journal of Research in Personality*, 45 (5), 417-429.

Bohr, J., & Dunlap, R. E. (2017). Key topics in environmental sociology, 1990-2014: Results from a computational text analysis. *Environmental Sociology*, 4 (2), 181-195.

Bornovalova, M. A., Choate, A. M., Fatimah, H., Petersen, K. J., & Wiernik, B. M. (2020). Appropriate use of bifactor analysis in psychopathology research: Appreciating benefits and limitations. *Biological Psychiatry*, 88 (1), 18-27.

Casaló, L. V., Escario, J., & Rodriguez-Sanchez, C. (2019). Analyzing differences between different types of pro-environmental behaviors: Do attitude intensity and type of knowledge matter? *Resources, Conservation and Recycling*, 149, 56-64.

Chyung, S. Y. Y., Barkin, J. R., & Shamsy, J. A. (2018). Evidence-based survey design: The use of negatively worded items in surveys. *Performance Improvement*, 57 (3), 16-25.

DeMars, C. E. (2006). Application of the bi-factor multidimensional item response theory model to testlet-based tests. *Journal of Educational Measurement*, 43 (2), 145-168.

DeVellis, R. F. (2016). *Scale development: Theory and applications* (4th ed.). SAGE Publications.

DiStefano, C., & Motl, R. W. (2006). Further investigating method effects associated with negatively worded items on self-report surveys. *Structural Equation Modeling: A Multidisciplinary Journal*, 13 (3), 440-464.

Dogaru, L. (2020). The main goals of the fourth industrial revolution. Renewable energy perspectives. *Procedia Manufacturing*, 46, 397-401.

Dueber, D. M. (2017). Bifactor indices calculator: A Microsoft Excel-based tool to calculate various indices relevant to bifactor CFA models [Computer software].

Dueber, D. M., Toland, M. D., Lingat, J. E., Love, A. M. A., Qiu, C., Wu, R., & Brown, A. V. (2022). To reverse item orientation or not to reverse item orientation, that is the question. *Assessment*, 29 (7), 1422-1440.

Dunlap, R. E. (2008). The New Environmental Paradigm scale: From marginality to worldwide use. *The Journal of Environmental Education*, 40 (1), 3-18.

Dunlap, R. E., van Liere, K. D., Mertig, A. G., & Jones, R. E. (2000). Measuring endorsement of the New Ecological Paradigm: A revised NEP scale. *Journal of So-*

cial Issues, 56 (3), 425 –442.

Erdogan, N. (2009). Testing the New Ecological Paradigm scale: Turkish case. *African Journal of Agricultural Research*, 4 (10), 1023 –1031.

García-Batista, Z. E., Guerra-Peña, K., Garrido, L. E., Cantisano-Guzmán, L. M., Moretti, L., Cano-Vindel, A., Arias, V. B., & Medrano, L. A. (2021). Using constrained factor mixture analysis to validate mixed-worded psychological scales: The case of the Rosenberg Self-Esteem Scale in the Dominican Republic. *Frontiers in Psychology*, 12, Article 636693.

Gifford, R. (2014). Environmental psychology matters. *Annual Review of Psychology*, 65, 541 –579.

Giordano, C., Ones, D. S., Waller, N. G., & Stanek, K. C. (2020). Exploratory bifactor measurement models in vocational behavior research. *Journal of Vocational Behavior*, 120, Article 103430.

Gnambs, T., & Schroeders, U. (2020). Cognitive abilities explain wording effects in the Rosenberg Self-Esteem Scale. *Assessment*, 27 (2), 404 –418.

Green, S. B., & Yang, Y. (2015). Evaluation of dimensionality in the assessment of internal consistency reliability: Coefficient alpha and omega coefficients. *Educational Measurement, Issues and Practice*, 34 (4), 14 –20.

Gu, H., Wen, Z., & Fan, X. (2015). The impact of wording effect on reliability and validity of the Core Self-Evaluation Scale (CSES): A bi-factor perspective. *Personality and Individual Differences*, 83, 142 –147.

Gu, H., Wen, Z., & Fan, X. (2017). Examining and controlling for wording effect in a self-report measure: A Monte Carlo simulation study. *Structural Equation Modeling: A Multidisciplinary Journal*, 24 (4), 545 –555.

Halkos, G., & Matsiori, S. (2017). Environmental attitude, motivations and values for marine biodiversity protection. *Journal of Behavioral and Experimental Economics*, 69, 61 –70.

Hawcroft, L. J., & Milfont, T. L. (2010). The use (and abuse) of the New Environmental Paradigm scale over the last 30 years: A meta-analysis. *Journal of Environmental Psychology*, 30 (2), 143 –158.

Hu, L., & Bentler, P. M. (1999). Cutoff criteria for fit indexes in covariance structure analysis: Conventional criteria versus new alternatives. *Structural Equation Modeling: A Multidisciplinary Journal*, 6 (1), 1 –55.

Huang, C., & Dong, N. (2012). Factor structures of the Rosenberg Self-Esteem Scale. *European Journal of Psychological Assessment*, 28 (2), 132 - 138.

Ji, C. H. (2004). Factor structure of the New Environmental Paradigm scale: Evidence from an urban sample in southern California. *Psychological Reports*, 94 (1), 125 - 130.

Kaiser, F., Byrka, K., & Hartig, T. (2010). Reviving Campbell's paradigm for attitude research. *Personality and Social Psychology Review*, 14 (4), 351 - 367.

Kam, C. C. S. (2016). Why do we still have an impoverished understanding of the item wording effect? An empirical examination. *Sociological Methods & Research*, 47 (3), 574 - 597.

Khan, A., Khan, M. N., & Adil, M. (2012). Exploring the New Ecological Paradigm (NEP) scale in India: Item analysis, factor structure and refinement. *Asia-Pacific Journal of Management Research and Innovation*, 8 (4), 389 - 397.

Kollmuss, A., & Agyeman, J. (2002). Mind the gap: Why do people act environmentally and what are the barriers to pro-environmental behavior? *Environmental Education Research*, 8 (3), 239 - 260.

Lahey, B. B., Moore, T. M., Kaczkurkin, A. N., & Zald, D. H. (2021). Hierarchical models of psychopathology: Empirical support, implications, and remaining issues. *World Psychiatry*, 20 (1), 57 - 63.

Lai, R. P., & Ellefson, M. R. (2023). How multidimensional is computational thinking competency? A bi-factor model of the computational thinking challenge. *Journal of Educational Computing Research*, 61 (2), 259 - 282.

Lin, L., Huang, P., & Weng, L. (2017). Selecting path models in SEM: A comparison of model selection criteria. *Structural Equation Modeling: A Multidisciplinary Journal*, 24 (6), 855 - 869.

Lindwall, M., Barkoukis, V., Grano, C., Lucidi, F., Raudsepp, L., Liukkonen, J., & Thøgersen-Ntoumani, C. (2012). Method effects: The problem with negatively versus positively keyed items. *Journal of Personality Assessment*, 94 (2), 196 - 204.

Mansolf, M., & Reise, S. P. (2017). When and why the second-order and bifactor models are distinguishable. *Intelligence*, 61, 120 - 129.

Markon, K. E. (2019). Bifactor and hierarchical models: Specification, inference, and interpretation. *Annual Review of Clinical Psychology*, 15, 51 - 69.

Marsh, H. W. (1996). Positive and negative global self-esteem: A substantively meaningful distinction or artifactors? *Journal of Personality and Social Psychology*, 70 (4), 810－819.

Marsh, H. W., Hau, K., & Wen, Z. (2004). In search of golden rules: Comment on hypothesis-testing approaches to setting cutoff values for fit indexes and dangers in overgeneralizing Hu and Bentler's (1999) findings. *Structural Equation Modeling: A Multidisciplinary Journal*, 11 (3), 320－341.

Marsh, H. W., Scalas, L. F., & Nagengast, B. (2010). Longitudinal tests of competing factor structures for the Rosenberg Self-Esteem Scale: Traits, ephemeral artifacts, and stable response styles. *Psychological Assessment*, 22 (2), 366－381.

Matsunaga, M. (2008). Item parceling in structural equation modeling: A primer. *Communication Methods and Measures*, 2 (4), 260－293.

McAbee, S. T., & Connelly, B. S. (2016). A multi-rater framework for studying personality: The trait-reputation-identity model. *Psychological Review*, 123 (5), 569－591.

McIntyre, A., & Milfont, T. L. (2016). Who cares? Measuring environmental attitudes. In R. Gifford (ed.). *Research Methods for Environmental Psychology* (pp. 93－114). Wiley.

Michaelides, M. P., Koutsogiorgi, C., & Panayiotou, G. (2016). Method effects on an adaptation of the Rosenberg Self-Esteem Scale in Greek and the role of personality traits. *Journal of Personality Assessment*, 98 (2), 178－188.

Milfont, T. L. (2007). *Psychology of environmental attitudes: A cross-cultural study of their content and structure* [Doctoral dissertation, University of Auckland]. The University of Auckland Library.

Milfont, T. L., & Duckitt, J. (2010). The Environmental Attitudes Inventory: A valid and reliable measure to assess the structure of environmental attitudes. *Journal of Environmental Psychology*, 30 (1), 80－94.

Moore, T. M., Kaczkurkin, A. N., Durham, E. L., Jeong, H. J., McDowell, M. G., Dupont, R. M., Applegate, B., Tackett, J. L., Cardenas-Iniguez, C., Kardan, O., Akcelik, G. N., Stier, A. J., Rosenberg, M. D., Hedeker, D., Berman, M. G., & Lahey, B. B. (2020). Criterion validity and relationships between alternative hierarchical dimensional models of general and specific psychopathology. *Journal of Abnormal Psychology*, 129 (7), 677－688.

Ntanos, S., Kyriakopoulos, G., Skordoulis, M., Chalikias, M., & Arabatzis,

G. （2019）. An application of the New Environmental Paradigm (NEP) scale in a Greek context. *Energies*, 12 (2), 239.

Ou, X. （2022）. Multidimensional structure or wording effect? Reexamination of the factor structure of the Chinese General Self-Efficacy Scale. *Journal of Personality Assessment*, 104 (1), 64 – 73.

Owens, T. J. （1994）. Two dimensions of self-esteem: Reciprocal effects of positive self-worth and self-deprecation on adolescent problems. *American Sociological Review*, 59 (3), 391 – 407.

Pienaar, E. F., Lew, D. K., & Wallmo, K. (2015). The importance of survey content: Testing for the context dependency of the New Ecological Paradigm scale. *Social Science Research*, 51, 338 – 349.

Ponce, F. P., Irribarra, D. T., Vergés, A., & Arias, V. B. (2021). Wording effects in assessment: Missing the trees for the forest. *Multivariate Behavioral Research*, 1 – 17.

Preacher, K. J., & Coffman, D. L. (2006). Computing power and minimum sample size for RMSEA [Computer software].

Prisecaru, P. (2016). Challenges of the fourth industrial revolution. *Knowledge Horizons-Economics*, 8 (1), 57 – 62.

Quilty, L. C., Oakman, J. M., & Risko, E. (2006). Correlates of the Rosenberg Self-Esteem Scale method effects. *Structural Equation Modeling: A Multidisciplinary Journal*, 13 (1), 99 – 117.

Raftery, A. E. (1995). Bayesian model selection in social research. *Sociological Methodology*, 25, 111 – 163.

Reis Neto, J. F. D., Souza, C. C. D., Bitencourt, T. D. A., Cupertino, C. M., Melo Neto, P. L. D., Soares, D. G., & Rodrigues, I. D. O. (2021). Validating the scale of the New Ecological Paradigm (NEP) in Brazilian university students. *Research, Society and Development*, 10 (4), Article e16410413947.

Reise, S. P. (2012). The rediscovery of bifactor measurement models. *Multivariate Behavioral Research*, 47 (5), 667 – 696.

Reise, S. P., Bonifay, W. E., & Haviland, M. G. (2013). Scoring and modeling psychological measures in the presence of multidimensionality. *Journal of Personality Assessment*, 95 (2), 129 – 140.

Reise, S. P., Scheines, R., Widaman, K. F., & Haviland, M. G. (2013).

Multidimensionality and structural coefficient bias in structural equation modeling. *Educational and Psychological Measurement*, 73 (1), 5 – 26.

Rios, J., & Wells, C. (2014). Validity evidence based on internal structure. *Psicothema*, 26 (1), 108 – 116.

Rodriguez, A., Reise, S. P., & Haviland, M. G. (2016a). Evaluating bifactor models: Calculating and interpreting statistical indices. *Psychological Methods*, 21 (2), 137 – 150.

Rodriguez, A., Reise, S. P., & Haviland, M. G. (2016b). Applying bifactor statistical indices in the evaluation of psychological measures. *Journal of Personality Assessment*, 98 (3), 223 – 237.

Rosa, C. D., Collado, S., & Profice, C. C. (2021). Measuring Brazilians' environmental attitudes: A systematic review and empirical analysis of the NEP scale. *Current Psychology*, 40 (3), 1298 – 1309.

Somerwill, L., & Wehn, U. (2022). How to measure the impact of citizen science on environmental attitudes, behaviour and knowledge? A review of state-of-the-art approaches. *Environmental Sciences Europe*, 34 (1), Article 18.

Steinmann, I., Strietholt, R., & Braeken, J. (2022). A constrained factor mixture analysis model for consistent and inconsistent respondents to mixed-worded scales. *Psychological Methods*, 27 (4), 667 – 702.

Swain, S. D., Weathers, D., & Niedrich, R. W. (2008). Assessing three sources of misresponse to reversed Likert items. *Journal of Marketing Research*, 45 (1), 116 – 131.

Tomas, J. M., & Oliver, A. (1999). Rosenberg's Self-Esteem Scale: Two factors or method effects. *Structural Equation Modeling: A Multidisciplinary Journal*, 6 (1), 84 – 98.

Urbán, R., Szigeti, R., Kökönyei, G., & Demetrovics, Z. (2014). Global self-esteem and method effects: Competing factor structures, longitudinal invariance, and response styles in adolescents. *Behavior Research Methods*, 46 (2), 488 – 498.

Van Riper, C. J., & Kyle, G. T. (2014). Capturing multiple values of ecosystem services shaped by environmental worldviews: A spatial analysis. *Journal of Environmental Management*, 145, 374 – 384.

Vikan, A., Camino, C., Biaggio, A., & Nordvik, H. (2007). Endorsement of the New Ecological Paradigm. *Environment and Behavior*, 39 (2), 217 – 228.

Wang, J. , Siegal, H. A. , Falck, R. S. , & Carlson, R. G. (2001) . Factorial structure of Rosenberg's Self-Esteem Scale among crack-cocaine drug users. *Structural Equation Modeling: A Multidisciplinary Journal*, 8 (2), 275 – 286.

Wang, X. , Berman, E. , Chen, D. , & Xu, J. (2021) . Shaping pro-environmental attitudes among public service trainees: An experimental study. *Environmental Education Research*, 27 (2), 295 – 311.

Wang, Y. , Kong, F. , Huang, L. , & Liu, J. (2016) . Neural correlates of biased responses: The negative method effect in the Rosenberg Self-Esteem Scale is associated with right amygdala volume. *Journal of Personality*, 84 (5), 623 – 632.

Weijters, B. , & Baumgartner, H. (2012) . Misresponse to reversed and negated items in surveys: A review. *Journal of Marketing Research*, 49 (5), 737 – 747.

Weijters, B. , Geuens, M. , & Schillewaert, N. (2009) . The proximity effect: The role of inter-item distance on reverse-item bias. *International Journal of Research in Marketing*, 26 (1), 2 – 12.

Wu, L. (2012) . Exploring the New Ecological Paradigm scale for gauging children's environmental attitudes in China. *The Journal of Environmental Education*, 43 (2), 107 – 120.

Wyss, A. M. , Knoch, D. , & Berger, S. (2022) . When and how pro-environmental attitudes turn into behavior: The role of costs, benefits, and self-control. *Journal of Environmental Psychology*, 79, Article 101748.

Zeng, B. , Wen, H. , & Zhang, J. (2020) . How does the valence of wording affect features of a scale? The method effects in the Undergraduate Learning Burnout scale. *Frontiers in Psychology*, 11, Article 585179.

Zhang, B. , Sun, T. , Cao, M. , & Drasgow, F. (2021) . Using bifactor models to examine the predictive validity of hierarchical constructs: Pros, cons, and solutions. *Organizational Research Methods*, 24 (3), 530 – 571.

Zhu, X. , & Lu, C. (2017) . Re-evaluation of the New Ecological Paradigm scale using item response theory. *Journal of Environmental Psychology*, 54, 79 – 90.

Zickar, M. J. (2020) . Measurement development and evaluation. *Annual Review of Organizational Psychology and Organizational Behavior*, 7 (1), 213 – 232.

附录：

中英文版 NEP 量表

题目（面向）	英文版	中文版
NEP1（增长极限）	We are approaching the limit of the number of people the earth can support.	目前的人口总量正在接近地球能够承受的极限。
NEP2（人类中心主义）	Humans have the right to modify the natural environment to suit their needs.	人是最重要的，可以为了满足自身的需要而改变自然环境。
NEP3（自然平衡）	When humans interfere with nature it often produces disastrous consequences.	人类对于自然的破坏常常导致灾难性后果。
NEP4（人类例外主义）	Human ingenuity will insure that we do NOT make the earth unlivable.	由于人类的智慧，地球环境状况的改善是完全可能的。
NEP5（生态危机）	Humans are severely abusing the environment.	目前人类正在滥用和破坏环境。
NEP6（增长极限）	The earth has plenty of natural resources if we just learn how to develop them.	只要我们知道如何开发，地球上的自然资源是很充足的。
NEP7（人类中心主义）	Plants and animals have as much right as humans to exist.	动植物与人类有着一样的生存权。
NEP8（自然平衡）	The balance of nature is strong enough to cope with the impacts of modern industrial nations.	自然界的自我平衡能力足够强，完全可以应对现代工业社会的冲击。
NEP9（人类例外主义）	Despite our special abilities humans are still subject to the laws of nature.	尽管人类有着特殊能力，但是仍然受自然规律的支配。
NEP10（生态危机）	The so-called "ecological crisis" facing humankind has been greatly exaggerated.	所谓人类正在面临"环境危机"，是一种过分夸大的说法。
NEP11（增长极限）	The earth is like a spaceship with very limited room and resources.	地球就像宇宙飞船，只有很有限的空间和资源。
NEP12（人类中心主义）	Humans were meant to rule over the rest of nature.	人类生来就是主人，是要统治自然界的其他部分的。
NEP13（自然平衡）	The balance of nature is very delicate and easily upset.	自然界的平衡是很脆弱的，很容易被打乱。

续表

题目（面向）	英文版	中文版
NEP14（人类例外主义）	Humans will eventually learn enough about how nature works to be able to control it.	人类终将知道更多的自然规律，从而有能力控制自然。
NEP15（生态危机）	If things continue on their present course, we will soon experience a major ecological catastrophe.	如果一切按照目前的样子继续，我们很快将遭受严重的环境灾难。

资料来源：Dunlap, R. E., van Liere, K. D., Mertig, A. G., & Jones, R. E. (2000). Measuring endorsement of the New Ecological Paradigm: A revised NEP scale. *Journal of Social Issues*, 56 (3), 425 -442；洪大用，(2006),《环境关心的测量：NEP 量表在中国的应用评估》,《社会》, (5), 71—92。

通讯作者简介：

田浩，博士，北京林业大学人文学院副教授，硕士生导师。主要从事生态与环境心理学、文化心理学领域的研究，担任中国社会心理学会生态与环境心理学专委会委员，中国心理学会文化心理学专委会委员。在《心理科学》、*Journal of Environmental Psychology* 等期刊发表学术论文 30 余篇。电子邮箱：tianhaoxx@ bjfu. edu. cn。

唐长江，北京林业大学人文学院硕士研究生，主要研究方向为环境态度与亲环境行为，在 *Journal of Environmental Psychology*, *Environment, Development and Sustainability* 等期刊发表多篇学术论文。电子邮箱：tangchangjiangpsy@ bjfu. edu. cn。

基于视听感知的植物群落对情绪恢复的影响

张　兴[1]　高　飞[1,2]　符文君[1]　徐宇桐[1]

1　苏州科技大学　江苏苏州　215129

2　黑龙江省科学院自然生态研究所　黑龙江哈尔滨　150040

摘　要：在人们的心理健康逐渐受到关注的社会背景下，探究在视听感知不同植物群落类型对情绪恢复效果的差异，以此提供针对绿地感知的规划设计建议。本文从视听感知和视觉感知角度入手，选取四种植物群落（单层草地、单层林地、乔－草复合林地、乔－灌木－草复合林地）与自然混合声景（鸟叫、虫鸣和树叶声）；采用脑电图技术与情绪量表的双结合方法，研究植物群落对情绪恢复的影响。在单一视觉感知下，不同植物群落皆有情绪恢复效果，其中乔－灌木－草复合林地对消极情绪降低的程度都显著高于其他三组植物群落。在视听感知的协同作用下，单层林地对情绪恢复的效果最为显著，其他三组植物群落亦展现出不同程度的恢复作用。对比视觉与视听交互感知条件下的数据，视听交互感知在促进情绪恢复方面更有优势。为城市公园的植物景观设计提供了科学依据，也为情绪恢复性环境的构建提供了新视角与思路。

关键词：植物群落　植物配置　恢复景观　脑电图　积极情绪

1　引言

城市高速发展给人们带来便利的同时，也带来了诸多问题，例如，绿地空间的减少，导致人们与自然环境接触机会变少、时间变短；随着社会竞争激烈，就业形势严峻，人们心理健康问题呈上升趋势。而在城市环境中，人们身心健康状态与自然环境紧密相连；现代人更喜欢通过与自然环境接触达到心理恢复，降低现代社会带来的压力负荷。通过增加社会互动和提供安全的户外活动场所，开放的绿色空间在人们的日常生活中发挥着关键作用。因此，人们对于植物群落的要求，不再满足于植物群落的生态功能与观赏功能，更多开始关注植物群落能否给人们带来心理与身体上的健康效益。

环境心理学的研究表明，人类在自然环境中比在城市环境中的状态更为积极向上。在植物群落景观中进行活动，可以有效缓解压力与焦虑情况，促进人类积极的生理效应（Jeong & Park，2021）。其中，开阔的草坪、多样的植被、鲜艳的花朵都被证实具有恢复性（He et al.，2022）。良好的植物群落景观与自然声景有利于调动人的感知能力，以此达到身心健康恢复。感知是通过已有相关知识去解释感觉器官所记录的刺激。在人的五种感知中，83%的感官刺激来自视觉感知；11%来自听觉感知；3.5%来自嗅觉感知；1%来自味觉感知。视觉与听觉是人主要的两种感知方式，共占94%（陈贵萍等，2011）；而视觉感知与自然声景对积极情绪恢复具有一定作用。当下，生理技术在探究人与自然之间关系的研究中，已成为不可或缺的关键路径。目前，研究者主要采用的生理技术包括皮肤电导水平（SCLs）技术（Braithwaite，2013）、心电图检测技术（Knaust et al.，2022）、眼动追踪技术（Li et al.，2022），以及脑电图（EEG）等。特别值得一提的是，脑电图作为一种新兴的技术手段，在风景园林领域的研究中展现出显著的应用潜力。相较于传统的主观问卷测量方式及其他生理技术手段，脑电图技术能够精准地识别个体的情绪状态，并有效地提取大脑中与情绪相关的深层次信息。这使得我们能够以更为客观、准确的方式描述和解读人类情绪，进而为相关研究提供更为可靠、直观的数据支持。因此，脑电图技术在研究人类情绪方面具备独特的优势，有望在未来推动相关领域的进一步发展。

当前研究在情绪恢复性领域对植物群落的探讨尚显片面，尤其是在规划与设计多感官维度的植物群落景观时，缺乏深入的全面分析。植物群落能够为个体带来丰富的情绪恢复体验，如视觉、嗅觉、触觉及听觉等多种感官体验。鉴于此，从植物群落对情绪恢复性的视角出发，对植物群落景观的设计进行重新审视与规划显得尤为必要，以期在提升环境美学价值的同时，有效促进个体的情绪恢复与心理健康。

为进一步探讨在不同植物群落景观中，植物群落对人们情绪恢复的影响程度，并对比视听感知与单一视觉感知在情绪恢复上的差异，同时明确有利于情绪恢复的视觉和听觉因素，建立情绪恢复性植物群落，为未来公园绿地规划建设提供恢复性植物群落的科学依据。因此，本研究结合主观问卷，并利用 EEG 客观验证不同植物群落景观对人们情绪恢复的效果是否存在差异，以确定和设计具有更好恢复效果的自然植物群落景观，从而增强健康景观的作用，为未来城市公园植物群落设计提供科学方法指导。

2 实验方法与数据处理分析

2.1 研究区概况

虎丘湿地公园位于江苏省苏州市核心城区的西北部，地理上横跨姑苏区与相城区，毗邻西侧的金阊新城及东侧的相城中心区，同时与南侧的虎丘风景名胜区相接。该公园规划总面积约为 $12.04km^2$，其中相城区与姑苏区分别占据 $6.43km^2$ 和 $5.61km^2$。作为苏州市城市绿化规划中的“四角山水”构成要素之一，虎丘湿地公园不仅是城市绿地系统中的关键“绿楔”，还是承担生态文明建设使命的“生态绿肺”。该公园具有广阔的占地面积和较高的人流量，因此具备地理位置优势。该公园内部的植物群落呈现出丰富多样的生物多样性，同时维持着良好的生态环境。基于这些特点，本研究选取虎丘湿地公园作为研究样地，旨在通过视觉与听觉感知的综合评估，探究不同植物群落对于缓解人们的心理压力和焦虑等负面情绪的作用。研究同时致力于在确保植物群落生态健康的基础上，使得公园的植物群落景观进一步满足人们对于心理健康的需求（见图 1）。

图1 虎丘湿地公园研究样地分布图

2.2 实验方法与步骤

2.2.1 实验材料

初步调查结果指出，在江苏省苏州市虎丘湿地公园中，单层草地、单层林地、乔木与草本复合林地以及乔木－灌木－草本复合林地等植物群落形式较为普遍，并且被人们广泛运用于植物设计中。相比之下，灌木与草本复合群落的使用频率相对较低。据此，本实验研究的植物群落类型最终为单层草地、单层林地、乔－草复合林地和乔－灌木－草复合林地。

以拍摄的照片作为视觉感知工具，可以实现对研究变量的精确控制，从而深入剖析视觉刺激对个体心理与生理健康的潜在影响机制（Igarashi et al.，2015）。鉴于此，采用不同植物群落的照片作为脑电实验的视觉刺激材料是合理的。在多次对虎丘湿地公园进行实地考察与调研基础上，为降低实验偏差，实验中所用照片均采用数码相机（Nikon D7100）拍摄，相机设置自动模式以自动调整光圈、快门速度和 ISO 感光度。所有照片均在2022年10月1日至10月23日的上午10点至下午1点拍摄，以确保光线条件一致，且在晴朗无风的天气条件下，从多个角度拍摄四种植物群落，共获得超过600张照片。筛选照片时，确保照片整体色调以绿色为主，植物生长状态良好。每种植物群落选取10张不同角度的照片，共计40张（见图2）。最终，选定的照片通过PS CC2018软件进行细节处理，以便于本实验使用。

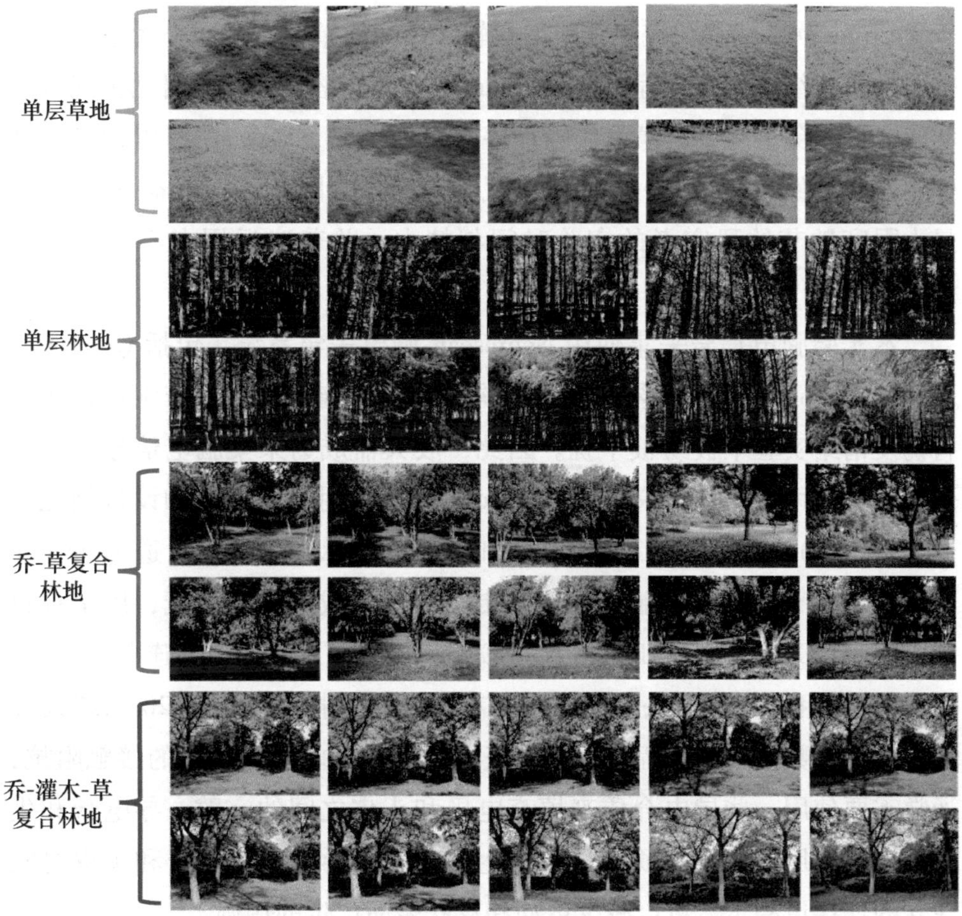

图2 四组植物群落照片

听觉刺激方面，根据现有文献，城市公园中的自然声音，如鸟鸣、音乐、树叶沙沙声和风声，常被访客感知（Liu et al.，2013）。因此，在照片拍摄完成后，在天气晴朗的条件下，于2022年10月10日至14日的上午9点、中午12点和下午3点，在公园内录制鸟叫、虫鸣、树叶沙沙声等自然声音样本。录音过程中，由于现场环境噪声干扰以及录音设备的限制，录制的音频可能存在失真，本实验最终选择相关音频网站提供的高质量音效资源。这些音频与实地录制的自然声音相比较，能够更准确地再现鸟叫、流水声、虫鸣和树叶沙沙声等听觉刺激。

2.2.2 实验仪器

本实验采用 E-prime 软件呈现视觉刺激材料。E-prime 软件作为各个国家都承认的心理实验程序专业设计软件，它的计时精确度为毫秒。由于 E-prime 软件编程相较于其他编程软件最为简单，因此研究者通常可以轻轻松松地结合官方教程、演示 Demo 等教学内容采用拖控件的方式设计实验流程，免去复杂难懂的代码程序编写；同时，E-prime 可以记录被试使用这些控件时的行为，比如键盘鼠标等操作。因此，E-prime 软件可以最大限度地节约研究者的实验时间与精力，并普遍运用在心理实验程序中。

本实验脑电信号采集使用 Neuroscan 脑电采集系统，包括 Quick-Cap 电极帽、SynAmps2 放大器与 Curry 软件。由于脑电图信号非常弱，在进行诱发情绪实验中极易被干扰。因此，放大器成为采集脑电信号的实验过程中必不可少的实验仪器。Neuroscan 具有很明显的技术和设备领先优势（见图 3）；用于 SynAmps2/RT 和 Neuvo 放大器的 64 通道 Quik-Cap NeoNet 是一个高密度的脑电图帽，带有 4 个集成的双极导线，用于垂直和水平 EOG（VEOG、HEOG）、ECG 和 EMG。该帽直接连接到 SynAmps2/RT 和 Neuvo 的头箱。该帽的布局是根据扩展的 10－20 系统设计的。在脑电数据采集过程中，为了获得良好的导电性和较低的接触阻抗，通常需要使用一些导电介质来填充电极和头皮之间的空隙。导电膏和生理盐水是常用的导电介质。相较于生理盐水，导电膏在电极和头皮之间建立的连接更稳定，可以减少运动和皮肤表面产生的伪迹。

本实验照片尺寸为 6000×4000 像素，所有照片采用 DELL 电脑显示器（XPS8930）展示，电脑显示器（G2722HS）尺寸为 27 英寸(68.58cm)，分辨率为 1920 ×1080 像素。在视听感知实验的音频内容为鸟叫、虫鸣和树叶沙沙的混合自然声；使用惠普（HP）NS1 电脑小音箱进行播放，音箱参数为 2.0 声道扬声系统，左右双音箱，音频播放分贝为 30—40dB。

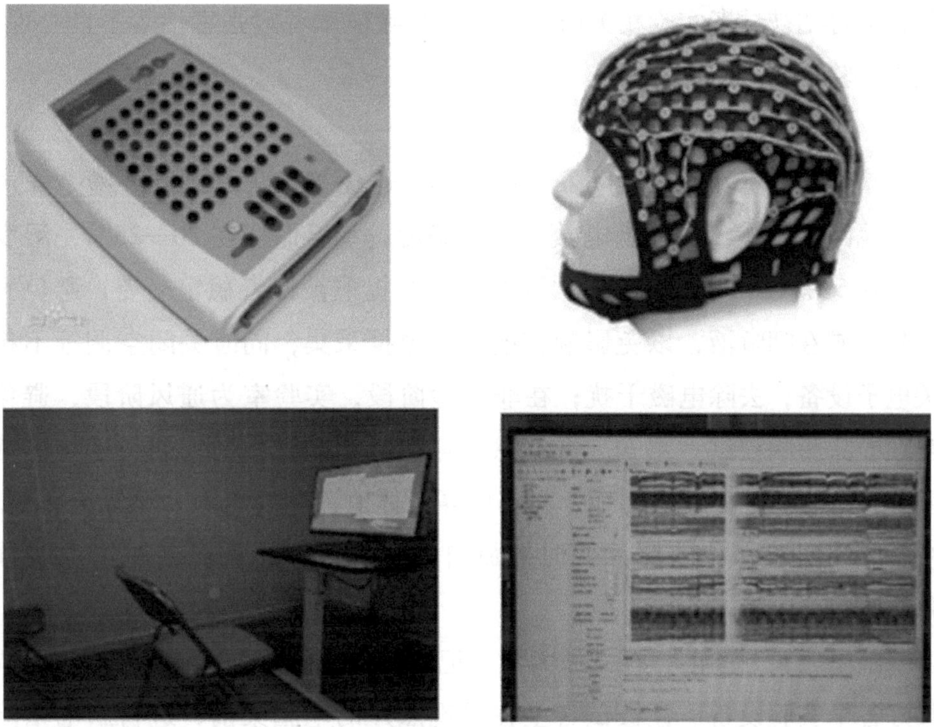

图3 脑电仪器

2.2.3 实验被试概况

结合 G * Power3.1 软件对样本量进行计算。设置 I 类错误的概率 α error prob 为 0.05，检验效能 Power（1 - β err prob）为 0.8，效应量为中等水平（f = 0.25），计算视觉感知、视听感知每组实验被试者样本各需要样本量为 24，共计被试者样本量为 48 人。招募在校大学生 48 名，不限专业，被试者随机被分为两组，年龄 18—25 岁。本实验共获取 48 位数据，其中视觉感知组与视听感知组分别有 4 名被试者因脑电信号数据异常的原因而被剔除，最终每组有效实验数据为 20 份，共计 40 份。脑电实验时间为 2022 年 11 月 29 日—2023 年 3 月 20 日。

所有被试者均为右利手，听力、视力或矫正视力正常，无神经或精神疾病史，无脑部损伤史。同时要求被试者在实验前 24 小时内禁止喝咖啡、酒类等刺激性饮品，以消除咖啡因、酒精等刺激，且需保证良好睡眠，避免脑电信号异常。此外，要求被试者在实验前洗净头发，避免因为油脂和污渍导致头部电阻增加（魏景汉、罗跃嘉，2010）。实验开始前，会告知被试者实验相关研究说明，消除被试者紧张害怕等不良心理，减少实验误差。

2.2.4 实验步骤

脑电实验室环境为密闭安静的空间，避免被试者受到外界嘈杂噪声等其他因素打扰，保证脑电数据的准确度；室温保持在20—25℃，湿度保持在52%—68%。在脑电实验开始前会提醒被试者稳定坐姿，避免头部晃动或吞咽唾液，以免影响脑电信号数据采集；同时关闭空调等不相关电子设备，去除电磁干扰；在非实验阶段，实验室为通风阶段，避免存在异味影响被试者感知。视觉感知与视听感知为相同的四组植物群落照片：单层草地、单层林地、乔－草复合林地、乔－灌木－草复合林地。视听感知实验在放映照片同时播放自然混合音频，被试者距离电脑屏幕90cm。

脑电实验开始前，打开放大器、记录脑电波软件与E-prime软件，调整好各个实验设备。让被试者坐在呈现照片的电脑桌前，进行脑电帽佩戴，注射导电膏（打导电膏的同时，避免打入过多，否则会导致两个电极点之间串联），打开电源进行调试，查看电脑显示的各个电极点是在5kΩ以下，由于过高的抗阻会影响脑电信号的记录，因此，当电极不在该范围内时，需找到对应电极进行调试；同时注意调试力度，避免让被试者感到难受，影响后续实验；在每次脑电测量完成后［如完成一个区组（block）的实验］检查并控制所有电极的阻抗。在向被试者佩戴相关仪器时，为被试者讲解相关仪器作用、整个实验流程与要求，消除被试者实验顾虑。

实验正式开始前，再一次检查被试者佩戴仪器情况，查看相关软件是否能正常用于记录脑电信号。同时，向被试者说明在实验开始后禁止摇晃头部、吞咽唾液与身体大幅度晃动的行为。被试者调整好状态后，查看记录软件的脑电波形是否正常。打开实验刺激呈现在电脑上，运行程序并检查被试者能否在实验室中看到相关实验画面，一切设备与程序正常后，开始正式实验记录。

每组脑电实验共进行两个阶段：恢复前（P_1）与恢复后（P_2）。其中恢复前（P_1）阶段，主要包括以数学计算题（段艺凡、李树华，2022）与刺耳音频（de Kort et al.，2006）为主要形式的三分钟压力刺激，其中计算题难度随着实验次数的增加而逐渐上升。恢复后（P_2）阶段分别为视觉感知与视听感知。

（1）视觉感知实验流程

第一组被试者共24人，被试者进入实验室做好各项实验前准备：佩戴脑电帽、打导电膏、调试电阻；在该过程中与被试进行交谈，使被试者精神处于放松状态。

打开实验照片刺激呈现，开始第一轮照片视觉感知，在第一阶段结束后，让被试者填写PANAS情绪状态量表；随后进行第二阶段，该过程持续记录脑电信号直至第二阶段结束，被试者第二次填写PANAS情绪状态量表；被试者在第一轮视觉感知结束后，需要休息5分钟以消除上一轮实验造成的影响，待情绪平复后进行下一轮实验，整个实验持续时间约为60分钟。

第一阶段，即恢复前（P_1）：被试者根据电脑屏幕展示内容进行相关行为：被试者被要求在3分钟内快速、准确无误、按题目排列顺序计算出30道数学计算题答案；在计算数学题的过程中被试者不可以发出声音，只能心算；同时，在被试者计算数学题的过程中播放40—50 dB的刺耳音频，该过程可以有效地诱导压力（Markus et al.，2000），3分钟过后，被试者第一次填写PANAS情绪问卷量表（数学计算题共有四组不同计算内容）。

第二阶段，即恢复后（P_2）：被试者根据屏幕要求保持稳定舒适坐姿，随后，被试者将随机观看一组无声植物群落照片（6000×4000像素），以随机顺序播放照片，每张照片播放30秒，共10张照片，播放时长为5分钟；被试者在观看照片时无任务，观看结束后，被试者第二次填写PANAS情绪问卷量表。

实验结束后，先去查看脑电信号数据是否记录完整，随后点击关闭脑电记录软件，关闭实验刺激程序；取掉脑电帽，带被试者到实验准备室清洗头发上残留的导电膏；浸泡脑电帽后进行清洗、晾晒；整理实验用具与实验桌面；备份保存实验数据（见图4）。

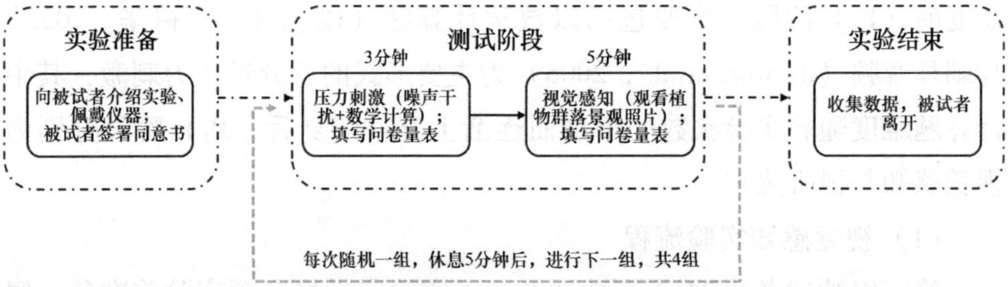

图4　植物群落视觉感知实验流程

（2）视听感知实验流程

第二组被试者共24人，被试者进入实验室做好各项实验前准备：佩戴脑电帽、打导电膏、调试电阻；在该过程中与被试进行交谈，使被试者精神处于放松状态。

打开实验照片刺激呈现，开始第一轮照片视觉感知，在第一阶段结束后，让被试者填写 PANAS 情绪状态量表；随后进行第二阶段，该过程持续记录脑电信号直至第二阶段结束，被试第二次填写 PANAS 情绪状态量表；被试者在第一轮视觉感知结束后，需要休息 5 分钟以消除上一轮实验造成的影响，待情绪平复后进行下一轮实验，整个实验持续时间约为 60 分钟。

第一阶段，即恢复前（P_1）：被试者根据电脑屏幕展示内容进行相关行为：被试者被要求在 3 分钟内快速、准确无误、按题目排列顺序计算出 30 道数学计算题答案；在计算数学题的过程中被试者不可以发出声音，只能心算；同时，在被试者计算数学题的过程中播放 40—50 dB 的刺耳音频，该过程可以有效地诱导压力，3 分钟过后，被试者第一次填写 PANAS 情绪问卷量表（数学计算题共有四组不同计算内容）。

第二阶段，即恢复后（P_2）：被试者根据屏幕要求保持稳定舒适坐姿，随后，被试者将随机观看一组无声植物群落照片（6000 × 4000 像素），以随机顺序播放照片，每张照片播放 30 秒，共 10 张照片，播放时长为 5 分钟，播放照片同时播放自然混合声音频；被试者在观看照片时无任务，观看结束后，被试者第二次填写 PANAS 情绪问卷量表。

实验结束后，先查看脑电信号数据是否记录完整，随后点击关闭脑电记录软件，关闭实验刺激程序；取掉脑电帽，带被试者到实验准备室清洗头发上残留的导电膏；浸泡脑电帽后进行清洗、晾晒；整理实验用具与实验桌面；备份保存实验数据（见图5）。

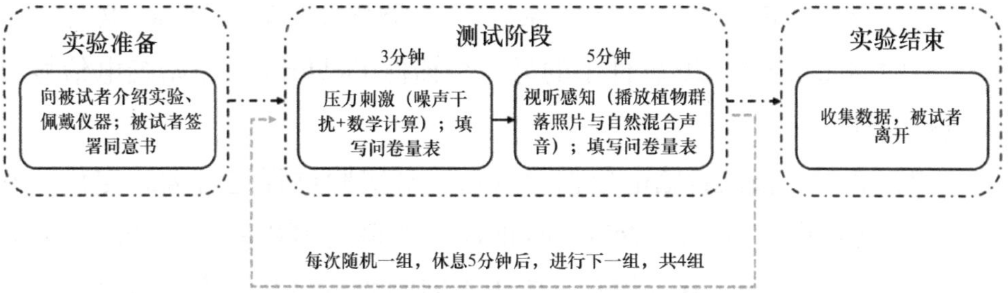

图5　植物群落视听感知实验步骤

2.3　数据处理与分析

2.3.1　脑电信号数据处理

脑电生理信号是反映受试者情绪状态的客观指标。大脑皮层的功能区域划分对于理解这些信号至关重要，它包括额叶、枕叶、颞叶和顶叶。额叶的功能复杂多样，涉及运动控制、语言生成、抽象逻辑推理和情绪认知等认知功能。颞叶的主要功能是处理听觉信息、形成和维持记忆以及调节情绪反应。顶叶皮层则负责协调视觉、触觉、温度感应以及身体定位感和空间认知的感觉输入。枕叶专门负责视觉信息的处理。在脑电波领域的研究中，α 波（alpha 波）主要显现在额叶和枕叶区域的神经活动中。

在本实验中，分析 α 波来评估在视觉感知条件下人们对四种植物群落情绪恢复的效果。通过 E-prime 软件编程设计脑电刺激材料，EEG 数据的收集采用 NeuroScan SynAmps2 系统的 62Ag/AgCl 电极，数据采集时电阻小于 7 kΩ，采样率为 500 Hz，在线参考为左侧乳突。脑电信号通过 Matlab R2022b 软件和基于 Matlab R2022b 的 FieldTrip 工具包分析在视觉感知过程中的脑电信号数据，比较客观状态下不同植物群落之间情绪恢复效果差异。

由于脑电信号具有敏感性，在采集脑电信号的过程中非常容易受到外界环境或身体等相关生理信号的影响。所以，在分析脑电信号之前需要对原始脑电信号进行预处理，去除眼电伪迹、噪声等所形成的干扰信号，得到干净可分析的脑电信号数据，这个过程包含了以下内容。

（1）将采集到的 EEG 信号用 Matlab R2022b 软件中的插件 EEGLAB 工具包进行文件格式转换，并将原始 CDT 类型文件转换成 set 文件。随后，借助 Matlab R2022b 软件中的另一个插件 Fieldtrip 对原始脑电信号数据进行处理。

（2）将单个被试者脑电数据导入后，对实验过程进行大致定位，例如，将选定脑电信号分成 29000 ms 的段（刺激前 100 ms 到刺激后 28000 ms），并根据 E-prime 软件设置，给予不同刺激时会在相应的植物群落照片播放位置打上标点，通过设置好的标点对脑电信号进行数据分段，以便进行下一步数据分析。

（3）根据（2）中的设置进行实验定义过程（defining trials），脑电信号分段的时间不可以过短，否则数据会有问题，并确认为定义过程使用一个输出变量，随后保存该步骤与数据。

（4）进行脑电信号预处理与重参考（pre-processing and re-referencing），选择良好的实验与电极通道。筛选选项中，选择所有通道进行1—40Hz 的高低通滤波（高通滤波应当大于 0），随后，进行 -1—0Hz 的基线修正，再去除线性趋势，保存该步骤与数据。

（5）进行独立成分分析（Independent Component Analysis，ICA），进行人工识别并去除，对数据集进行可视化检查，标记出包含明显运动、系统尖峰或肌肉伪影的部分，保留仅含极端眼动伪影的片段，并剔除包含伪影的试验数据。在使用 ICA 过程中，数据越干净 ICA 的结果越好。这个过程要找到与眨眼和扫视明显对应的成分，在没有组件的情况下重新组合数据，最后再次可视地浏览数据并手动选择仍然显示任何残留的伪影，从眨眼、运动，删除坏通道和试验，保存该步骤与数据。

（6）进行条件平均值（condition mean）过程，属于同一个条件的试验现在将被平均，刺激时间的开始时间与零时间点对齐，保存该步骤与数据。

（7）最后进行频谱分析（frequency analysis）。选取 1—40Hz 进行功率谱换算，利用 Morlet 小波计算 TFRs，保存该步骤与数据。

将所有被试数据分析完成后，分别把视觉感知与视听感知两组脑电实验进行群组分析。从频率中分析所有数据，得出 sbjs 的平均值；根据所分析数据选取可用通道，绘制感知实验中每个植物群落组级的 EPRs 和拓扑图，并绘制 plot 组级 tf 图像，最后进行数据统计。

2.3.2 问卷量表数据处理

为测量被试者主观情绪变化，本实验通过 PANAS 量表记录被试者恢复前与恢复后两阶段情绪变化。其中包含了 10 组积极情绪词汇：感兴趣的、舒适的、兴奋的、热情的、自豪的、机敏的、活跃的、心情稳定的、专心的、愉悦的；与 10 组消极情绪词汇：不安的、痛苦的、羞愧的、心烦的、难过的、敌意的、急躁的、紧张的、害怕的、疲惫的。同时，PANAS 量表采用 5 分制的李克特量表评分法（1 表示非常少或没有，2 表示有一点，3 表示中等程度，4 表示比较多，5 表示非常多）。通过 IBM SPSS Statistics 26.0 软件对各个问卷量表数据进行相关计算公式分析与处理，同时，所有图表采用 Origin Pro 2019b 和 Photoshop CC2018 进行绘制。最终结果的积极情绪得分越高、消极情绪得分越低，则表明被试者情绪恢复状况越好。

2.3.3 数据分析

本研究 PANAS 情绪量表问卷的数据采用 IBM SPSS Statistics 26.0 进行处理，有关情绪变化值计算公式如下：

消极情绪变化值（ΔP_{NA}）：$P_{NA} = (P_{1-NA} - P_{2-NA}) / P_{1-NA}$，

积极情绪变化值（ΔP_{PA}）：$P_{NA} = (P_{1-PA} - P_{2-PA}) / P_{1-PA}$。

公式中，P 为情绪词汇均值，P_{1-NA}为恢复前消极情绪词汇均值，P_{NA}为恢复后消极情绪词汇均值，P_{1-PA}为恢复前积极情绪词汇均值，P_{2-PA}为恢复后积极情绪词汇均值，ΔP 为情绪词汇变化值。当 ΔP 为正值时，表明恢复前的情绪词汇均值大于恢复后均值，反之则表明恢复后的情绪词汇均值大于恢复前均值。

各组恢复前（P_1）阶段的积极分值（PA）和消极分值（NA），预计与恢复后（P_2）阶段分值存在显著差异。为确定每种类型的植物群落是否影响心理变化，使用配对样本 *t* 检验来比较恢复前（P_1）和恢复后（P_2）两阶段的 PA 值和 NA 值得分，检验压力源的有效性。随后，在一般线性模型中使用重复测量方差分析（REMANOVAS），比较不同植物群落之间情绪恢复效果差异。

3 结果与分析

3.1 单一视觉感知下植物群落情绪影响特征及分析

3.1.1 问卷量表数据分析结果

由于被试者随机观看不同植物群落的照片，因此在恢复前（P_1）阶段，默认被试者之间的消极分值（NA）和积极分值（PA）不存在显著差异。将恢复前（P_1）阶段单层草地 NA 分值、乔－草复合林地 NA 分值、乔－灌木－草复合林地 NA 分值与单层林地 NA 分值进行 NA 分值方差分析，其结果表明，F（3，57）=1.69，$p>0.05$，说明在四种植物群落恢复前（P_1）阶段，NA 分值不存在显著差异；将恢复前（P_1）阶段单层草地 PA 分值、乔－草复合林地 PA 分值、乔－灌木－草复合林地 PA 分值和单层林地 PA 分值进行方差分析，其结果表明，F（3，57）=0.63，$p>0.05$，表明在四种植物群落恢复前（P_1）阶段，PA 分值不存在显著差异（见表1）。综上所述，被试者在每组植物群落恢复前（P_1）阶段，压力程度不存在显著差异。因此，后期分析生理与心理状态之间的差异，归因于不同植物群落的视觉感知。

表1　被试暴露应激源后 PA、NA 分析结果

P_1 阶段 PA、NA 分值	植物群落景观	平均值	标准误差	F	p	偏 η2
NA 值	单层草地 NA 值	21.200	2.001	1.69	0.179	0.082
	乔－草复合林地 NA 值	22.100	2.038			
	乔－灌木－草复合林地 NA 值	24.750	1.513			
	单层林地 NA 值	22.900	2.179			
PA 值	单层草地 PA 值	21.900	1.899	0.63	0.597	0.032
	乔－草复合林地 PA 值	20.750	1.673			
	乔－灌木－草复合林地 PA 值	22.450	1.934			
	单层林地 PA 值	20.800	1.443			

将四组植物群落照片恢复前（P_1）阶段和恢复后（P_2）阶段的 PA、NA 分值，进行配对样本 t 检验。结果表明，所有被试者在观看四组照片后，

NA 分值均有所下降，说明在恢复后（P_2）阶段，被试的消极情绪有所缓解；同时他们的 PA 分值均有所上升，表明被试的积极情绪有所提高（见图6）。

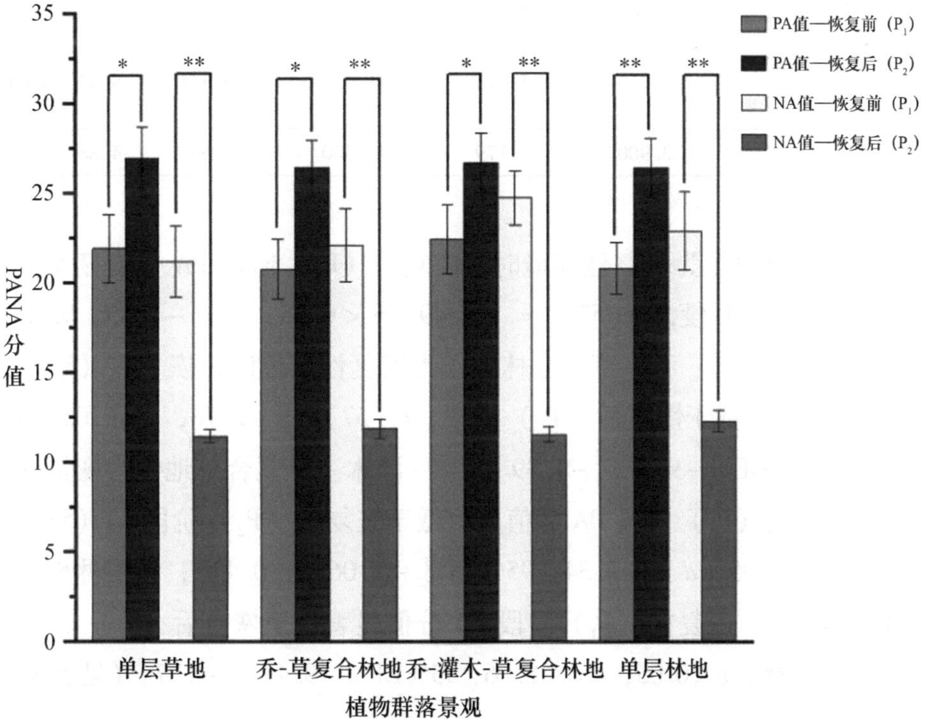

图6　四组植物群落景观 PANA 恢复前（P_1）与恢复后（P_2）得分差值比较

注：$^{*}p<0.05$；$^{**}p<0.01$；$^{***}p<0.001$；下同。数据以均数（M）表示，errorbar 以 SE 表示，每组 N = 20。

当单层草地作为恢复性环境时，恢复前（P_1）阶段 NA 分值显著高于恢复后（P_2）阶段，t（57） = 4.91，$p<0.01$，$d=1.10$，95% CI [5.60, 13.90]；乔－草复合林地作为恢复性环境时，恢复前（P_1）阶段 NA 分值显著高于恢复后（P_2）阶段，t（57） = 4.96，$p<0.01$，$d=1.09$，95% CI [5.92, 14.58]；乔－灌木－草复合林地作为恢复性环境时，恢复前（P_1）阶段 NA 分值显著高于恢复后（P_2）阶段，t（57） = 8.48，$p<0.01$，$d=1.90$，95% CI [9.94, 16.46]；单层林地作为恢复性环境时，恢复前（P_1）阶段 NA 分值显著高于恢复后（P_2）阶段，t（57） = 4.88，$p<0.01$，$d=1.09$，95% CI [6.05, 15.15]（见表2）。上述结果表明，被试者分别在观看四组植物群落照片后，NA 分值有显著下降。

表2　配对样本 t 检验分析结果及两阶段（P_1 与 P_2）被试 NA 平均值

植物群落	M（P_1 - NA）	SE（P_1 - NA）	M（P_2 - NA）	SE（P_2 - NA）	t	p
单层草地	21.200	2.001	11.450	0.366	4.91	0.001
乔 - 草复合林地	22.100	2.038	11.850	0.563	4.96	0.001
乔 - 灌木 - 草复合林地	24.750	1.513	11.550	0.444	8.48	0.001
单层林地	22.900	2.179	12.300	0.567	4.88	0.001

当单层草地作为恢复性环境时，恢复前（P_1）阶段 PA 分值显著低于恢复后（P_2）阶段，$t(57) = -2.49$，$p < 0.05$，$d = -2.49$，95% CI [-9.29， -0.81]；乔 - 草复合林地作为恢复性环境时，恢复前（P_1）阶段 PA 分值显著低于恢复后（P_2）阶段，$t(57) = -2.78$，$p < 0.05$，$d = -2.78$，95% CI [-9.91， -1.39]；乔 - 灌木 - 草复合林地作为恢复性环境时，恢复前（P_1）阶段 PA 分值显著低于恢复后（P_2）阶段，$t(57) = -2.34$，$p < 0.05$，$d = -2.34$，95% CI [-8.06， -0.44]；单层林地作为恢复性环境时，恢复前（P_1）阶段 PA 分值显著低于恢复后（P_2）阶段，$t(57) = -3.06$，$p < 0.05$，$d = -3.06$，95% CI [-9.43， -1.77]（见表3）。

表3　配对样本 t 检验分析结果及两阶段（P_1 与 P_2）被试 PA 平均值

植物群落	M（P_1 - PA）	SE（P_1 - PA）	M（P_2 - PA）	SE（P_2 - PA）	t	p
单层草地	21.900	1.899	26.950	1.724	-2.49	0.022
乔 - 草复合林地	20.750	1.673	26.400	1.560	-2.78	0.012
乔 - 灌木 - 草复合林地	22.450	1.934	26.700	1.659	-2.34	0.031
单层林地	20.800	1.443	26.400	1.649	-3.06	0.006

由表3可知，被试者分别在观看四组植物群落照片后，PA 分值显著上升。综上所述，观看四组植物群落照片对情绪恢复有显著效果，每组植物群落对消极情绪恢复具有显著效果，对积极情绪恢复具有显著效果。

上述结果表明，每组植物群落都能促进被试者的消极情绪恢复。为进一步确认四组植物群落之间的情绪恢复效果是否存在差异，首先依照公式计算出消极和积极情绪变化值（ΔP_{NA}、ΔP_{PA}）作为情绪恢复效果的指标。

随后对情绪恢复效果进行重复方差检验。从重复方差检验结果得知，四组植物群落景观之间对消极情绪恢复的影响存在显著差异（见图7），对积极情绪恢复的影响不存在显著差异。乔－灌木－草复合林地的消极情绪分值恢复效果显著高于单层草地（$p=0.008$）、乔－草复合林地（$p=0.016$）和单层林地（$p=0.023$）三组植物群落。综上可得，在四组植物群落中，乔－灌木－草复合林地对被试的消极情绪缓解效果最为明显。

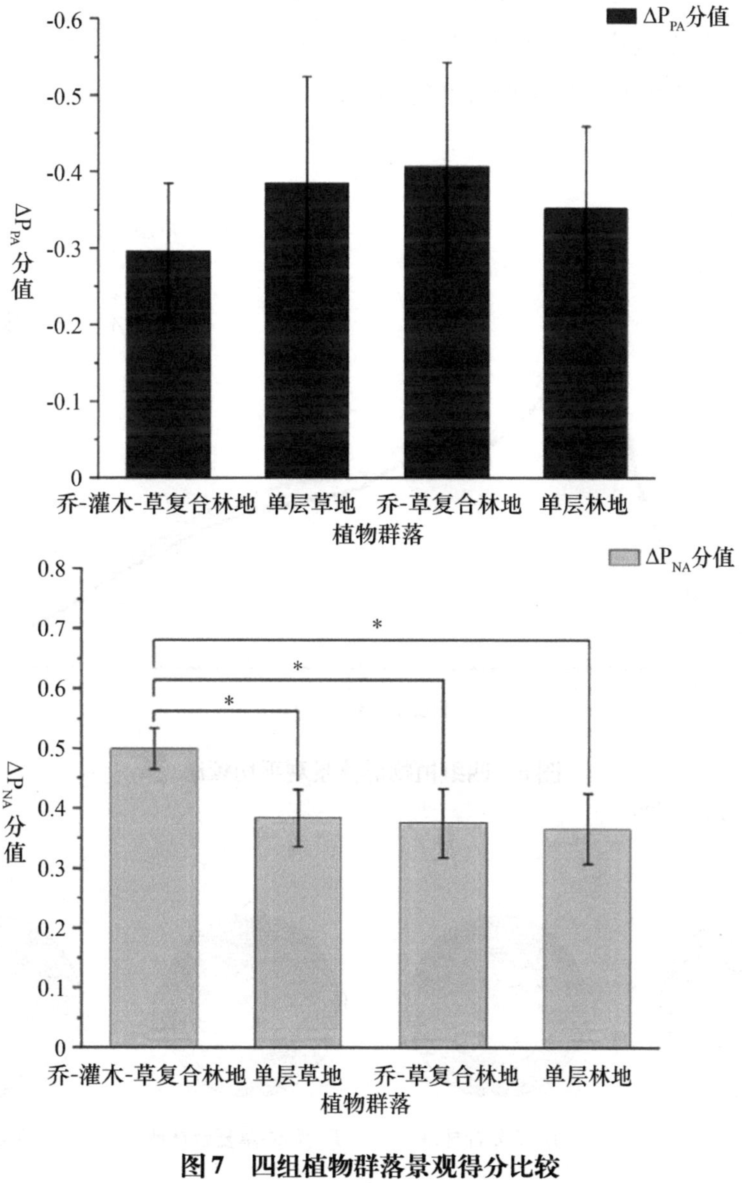

图7　四组植物群落景观得分比较

注：数据以均数（M）表示，N＝20。

3.1.2 脑电数据分析结果

在所有被试者的脑电信号分析工作完成后，汇总了20位被试者的数据，并针对四组不同的植物群落进行了深入的分析。通过处理这些数据，我们绘制出了四组植物群落的平均频谱图（见图8）以及专门展示α波的脑电地形图（见图9）。从平均频谱图中，我们可以清晰地观察到一个显著的现象：四组植物群落的α波能量值相比其他三种脑电波都要高。特别值得一提的是，乔－灌木－草复合林地的α波能量值，尤其是在8—13Hz这个频率范围内，显著超过了单层草地、乔－草复合林地以及单层林地这三种植物群落景观的α波能量值。

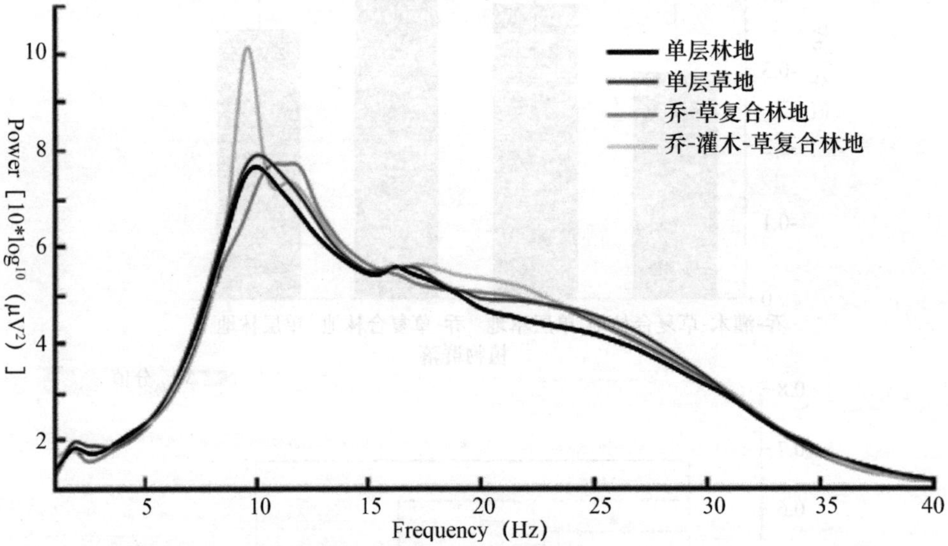

图8 四组植物群落景观平均频谱

注：每组N=20。

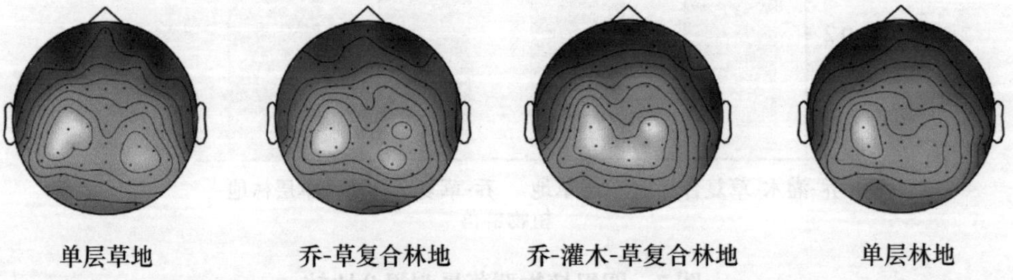

图9 四组植物群落景观α波脑电地形图

将四组α波能量值数据进行重复方差分析发现，四组植物群落的α波能量值之间存在显著差异（见表4）。分析结果表明，乔－灌木－草复合林地的α波能量值显著高于乔－草复合林地［t（57）=9.50，$p<0.01$，$d=0.46$］、单层林地［t（57）=16.75，$p<0.01$，$d=0.03$］和单层草地［t（57）=9.50，$p<0.01$，$d=0.31$］三组植物群落。

表4　　　　四组植物群落α波能量值分析结果

植物群落景观	平均值	标准误差	F	p	偏η2
单层草地	7.126	0.028	139.05	0.001	0.218
乔－草复合林地	6.935	0.035			
乔－灌木－草复合林地	7.504	0.055			
单层林地	6.839	0.028			

在脑电地形图中，黄色表明α波活跃，蓝色则表示α波不活跃，颜色越亮表明α波越活跃；反之，颜色越暗α波越不活跃。图9显示位于顶部位置的脑电活跃，表明在视觉感知中，被试者是处于清醒、放松的状态；而乔－灌木－草复合林地的亮黄色区域面积大于其他三组植物群落。这说明被试者在观看四组植物群落照片时，确实感觉到愉悦与放松，并且紧张感、压力和焦虑等负面情绪有所减少。

3.1.3　小结

综上所述，在单一视觉感知下，观看植物群落照片可以提高积极情绪、降低消极情绪，不同植物群落对情绪恢复效果具有显著效果，而乔－灌木－草复合林地对消极情绪恢复效果最好。其次，EEG客观结果与问卷主观结果相一致，表明在该研究中，无论是主观感受还是客观描述，乔－灌木－草复合林地对情绪恢复的程度都显著高于单层草地、乔－草复合林地和单层林地。

在探讨不同植物群落结构对情绪恢复效果的影响时，研究表明，乔－灌木－草复合林地可能因其在视觉上提供的物种丰富性和多样性而具有较好的情绪恢复效果。这种多样性能够激发人们的好奇心，促进人们对环境的探索（Ulrich，1986），同时，复杂的植被结构也满足了人们对私密空间的需求。特别是在城市环境中，由于长时间与自然环境隔绝和较大的环境压力，人们对于远离喧嚣、追求宁静的环境有着强烈的渴望。乔－灌木－草复合林地提供了复杂和隐秘的空间结构，且有丰富的植被支持，这有助于人们达到与自然环境之间的最佳舒适状态，并从压力和疲劳中更快恢复（Hartig et al.，1991）。

相比之下，乔－草复合林地虽然在视觉上丰富并提供一定程度的开放空间，但由于缺乏灌木层的遮挡，它未能充分满足人们对私密性的心理需求。没有灌木层的限制可能降低了人们在这种环境中的安全感和心理放松程度，因此其恢复效果低于乔－灌木－草复合林地。在单层林地中，尽管乔木提供了垂直空间和相对开放的视野，但视觉感受上较为单一。乔木的高度和密度可能导致视线受阻，从而引起一定程度的不安或紧张情绪。因此，虽然单层林地能够有效地缓解压力，其恢复效果还是显著低于乔－灌木－草复合林地。最后，单层草地由于仅有草本植物构成空间基面，其视觉感知单调，空间结构单一。这种简单的景观环境缺乏足够的前景和背景元素，不足以满足人们对避难所的心理需求和对周围环境的好奇心。因此，单层草地的情绪恢复效果远不如乔－灌木－草复合林地。

3.2 视听感知共同作用下的植物群落情绪影响特征及分析

3.2.1 问卷量表数据分析结果

通过对20位被试者的积极情绪与消极情绪量表分值进行分析。将恢复前（P_1）阶段单层草地NA分值、乔－草复合林地NA分值、乔－灌木－草复合林地NA分值与单层林地NA分值进行方差分析，其结果表明，$F(2.67, 50.64) = 2.31$，$p > 0.05$，偏 $\eta 2 = 0.108$，说明在四种植物群落恢复前（P_1）阶段，均诱发了相同的消极情绪；将恢复前（P_1）阶段单层草地PA分值、乔－草复合林地PA分值、乔－灌木－草复合林地PA分值和单层林地PA分值进行方差分析，其结果表明，$F(2.59, 49.24) = 1.10$，$p > 0.05$，偏 $\eta 2 = 0.055$，表明在四种植物群落恢复前（P_1）阶段，均诱发了相同的积极情绪（见表5）。综上所述，被试者在每组植物群落恢复前（P_1）阶段，压力程度不存在显著差异。因此，后期分析生理与心理状态之间的差异，归因于不同植物群落的视听感知。

表5　　被试暴露应激源后PA、NA分析结果

P_1 阶段 PA、NA 分值	植物群落景观	平均值	标准误差	F	p	偏 η2
NA 值	单层草地 NA 值	22.100	2.170	2.31	0.086	0.108
	乔－草复合林地 NA 值	24.350	1.648			
	乔－灌木－草复合林地 NA 值	23.250	2.025			
	单层林地 NA 值	26.750	1.805			
PA 值	单层草地 PA 值	19.100	1.102	1.10	0.351	0.055
	乔－草复合林地 PA 值	19.800	1.356			
	乔－灌木－草复合林地 PA 值	20.250	1.363			
	单层林地 PA 值	17.900	1.054			

将四组植物群落照片恢复前（P_1）阶段和恢复后（P_2）阶段的PA、NA分值，进行配对样本 t 检验。结果表明，所有被试者在观看四组照片后，NA分值均有所下降，说明在恢复后（P_2）阶段，被试者的消极情绪有所缓解；同时他们的PA分值均有所上升，表明被试者的积极情绪有所提高（见图10）。

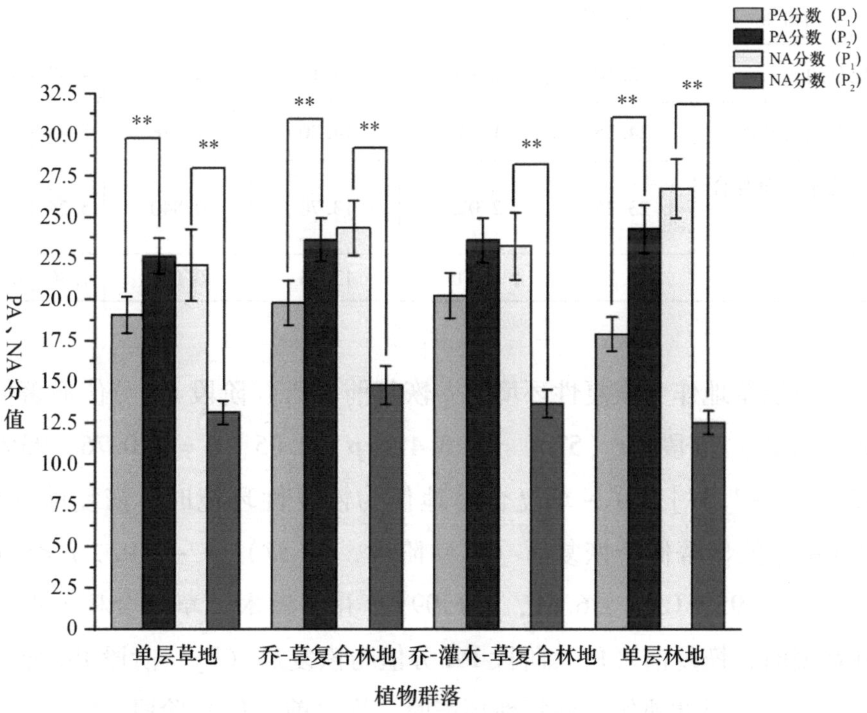

图10　四组植物群落景观恢复前（P_1）与恢复后（P_2）的PA、NA得分差值比较

注：数据以均数（M）表示，errorbar以SE表示，每组N＝20。

当单层草地作为恢复性环境时，恢复前（P_1）阶段 NA 分值显著高于恢复后（P_2）阶段，t（57）$= 4.30$，$p < 0.01$，$d = 0.96$，95% CI [4.59，13.31]；乔－草复合林地作为恢复性环境时，恢复前（P_1）阶段 NA 分值显著高于恢复后（P_2）阶段，t（57）$=5.45$，$p<0.01$，$d=1.22$，95% CI [5.88，13.22]；乔－灌木－草复合林地作为恢复性环境时，恢复前（P_1）阶段 NA 分值显著高于恢复后（P_2）阶段，t（57）$=5.24$，$p<0.01$，$d=1.17$，95% CI [5.73，13.37]；单层林地作为恢复性环境时，恢复前（P_1）阶段 NA 分值显著高于恢复后（P_2）阶段，t（57）$=7.30$，$p<0.01$，$d=1.63$，95% CI [10.13，18.27]（见表 6）。上述结果表明，被试者分别在观看四组植物群落照片后，NA 分值有显著下降。

表 6　配对样本 t 检验分析结果及两阶段（P_1 与 P_2）被试 NA 平均值

植物群落	M（P_1-PA）	SE（P_1-PA）	M（P_2-PA）	SE（P_2-PA）	t	p
单层草地	22.10	2.170	13.15	0.719	4.30	0.001
乔－草复合林地	24.35	1.648	14.80	1.178	5.45	0.001
乔－灌木－草复合林地	23.25	2.025	13.70	0.840	5.24	0.001
单层林地	26.75	1.805	12.55	0.690	7.30	0.001

当单层草地作为恢复性环境时，恢复前（P_1）阶段 PA 分值显著低于恢复后（P_2）阶段，t（57）$= -3.41$，$p<0.05$，$d = -0.76$，95% CI [−5.73，−1.37]；乔－草复合林地作为恢复性环境时，恢复前（P_1）阶段 PA 分值显著低于恢复后（P_2）阶段，t（57）$= -2.92$，$p<0.05$，$d= -0.65$，95% CI [−6.61，−1.09]；乔－灌木－草复合林地作为恢复性环境时，恢复前（P_1）阶段 PA 分值与恢复后（P_2）阶段 PA 分值不存在差异；单层林地作为恢复性环境时，恢复前（P_1）阶段 PA 分值显著低于恢复后（P_2）阶段，t（57）$= -4.51$，$p<0.01$，$d = -1.01$，95% CI [−9.37，−3.43]（见表 7）。由此可知，被试者分别在观看四组植

物群落照片后，乔－灌木－草复合林地的PA分值有提高但无显著上升，其他三组PA分值显著上升。综上所述，观看四组植物群落照片对情绪恢复有显著效果，每组植物群落对消极情绪恢复具有显著效果，对积极情绪具有恢复效果。

表7　配对样本 *t* 检验分析结果及两阶段（P_1与P_2）被试PA平均值

植物群落	M（P_1－PA）	SE（P_1－PA）	M（P_2－PA）	SE（P_2－PA）	*t*	*p*
单层草地	19.10	1.102	22.65	1.069	－3.41	0.003
乔－草复合林地	19.80	1.356	23.65	1.316	－2.92	0.009
乔－灌木－草复合林地	20.25	1.363	23.60	1.354	－2.01	0.059
单层林地	17.90	1.054	24.30	1.457	－4.51	0.001

上述结果表明，每组植物群落都能促进被试的消极情绪恢复。为进一步确认四组植物群落之间的情绪恢复效果是否存在差异，首先借助公式计算出消极和积极情绪变化值（ΔP_{NA}、ΔP_{PA}）作为情绪恢复效果的指标。随后对情绪恢复效果进行重复方差检验。从重复方差检验结果得知，四组植物群落之间对消极情绪恢复的影响存在显著差异（见图11），对积极情绪恢复的影响不存在显著差异。单层林地的消极情绪分值恢复效果显著高于单层草地（$p=0.005$）、乔－草复合林地（$p=0.003$）和乔－灌木－草复合林地（$p=0.020$）三组植物群落。综上可得，在四组植物群落中，乔－灌木－草复合林地对被试的消极情绪缓解效果最为显著。

3.2.2　脑电数据分析结果

在所有被试者脑电信号分析完成后，将20位被试者的脑电信号数据进行整体分析，得到四组植物群落的平均频谱图（见图12）与α波的脑电地形图（见图13）。

通过图12可以得知，四组植物群落的α波的频谱峰值点均高于其他三种脑电波的频谱峰值，其中，单层林地的α波的能量值略高于单层草地、乔－草复合林地和乔－灌木－草复合林地三种植物群落景观。将四组α波能量值数据进行重复方差分析发现，四组植物群落的α波能量值之间存在显著差异（见表8）。分析结果表明，单层林地的 α 波能量值高于乔－草复合林地［t（57）＝6.64，$p<0.01$，$d=0.81$］、乔－灌木－草复合林地［t（57）＝5.02，$p<0.01$，$d=0.42$］，与单层草地不存在显著差异。

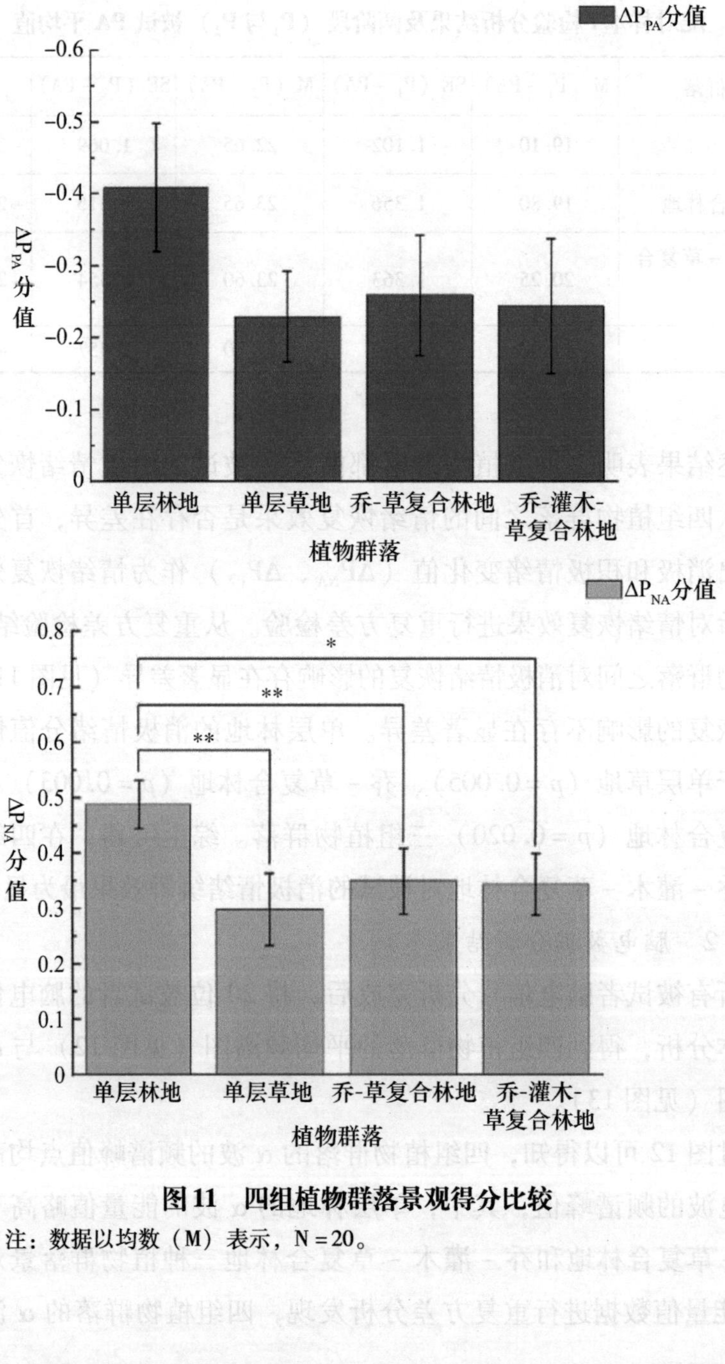

图11 四组植物群落景观得分比较

注：数据以均数（M）表示，N＝20。

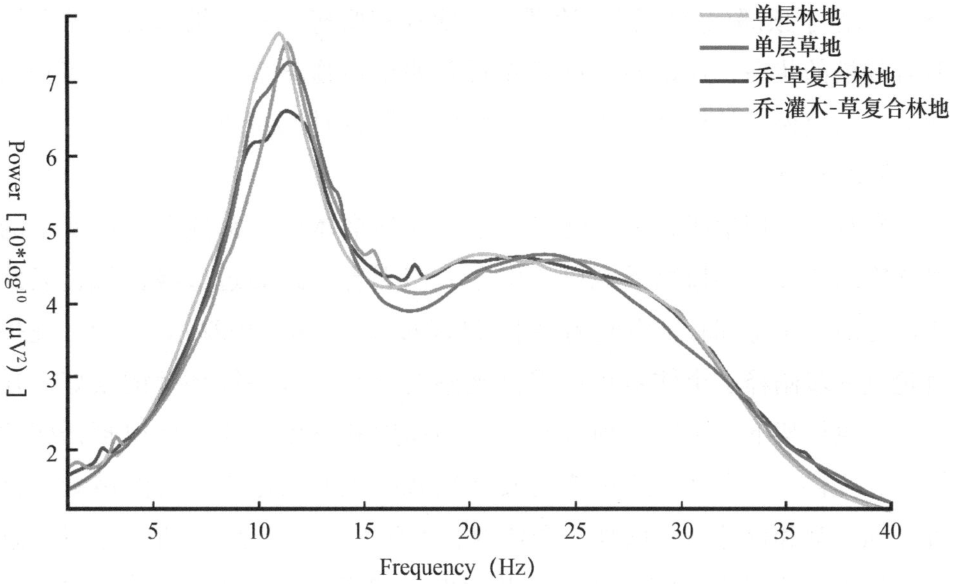

图 12　四组植物群落平均频谱

注：每组 N = 20。

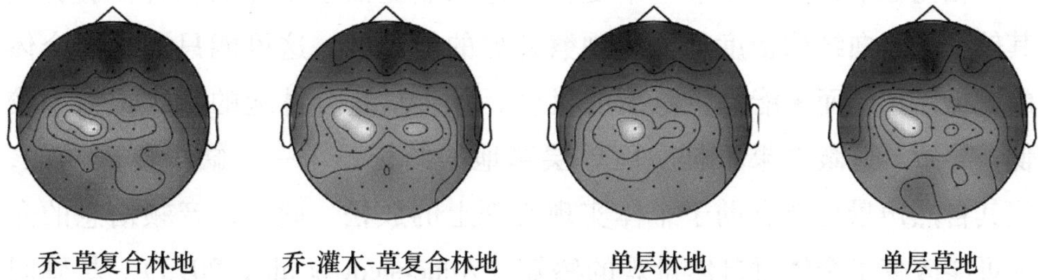

图 13　四组植物群落景观 α 波脑电地形图

注：每组 N = 20。

表 8　　四组植物群落 α 波能量值

植物群落景观	平均值	标准误差	*F*	*p*	偏 η2
单层草地	6.381	0.119	25.147	0.001	0.335
乔－草复合林地	6.034	0.079			
乔－灌木－草复合林地	6.065	0.141			
单层林地	6.492	0.124			

在脑电地形图中，黄色表明 α 波活跃，蓝色则表示 α 波不活跃。图 13 显示位于顶部位置的脑电活跃，表明在视听感知中，被试者是处于清醒且放松的状态，这说明被试者在观看四组植物群落照片时，确实感觉到愉悦与放松，并且紧张感、压力和焦虑等负面情绪有所减少。

3.2.3　小结

在环境心理学研究中，已经广泛认知到个体对私密性和环境安全的基本需求。开阔的植物景观可能引导人们无意识地靠近边缘区域，以此来满足对安全感和私密空间的寻求（Fisher & Nasar，1992）。瞭望－庇护理论进一步阐释了个体对可以提供观察机会和隐蔽特征环境的偏好。在这个理论框架下，单层林地因其乔木的高度和密度，在保持视野开阔的同时，提供了私密性，这可能是其恢复效应较好的原因。自然声景的存在，如鸟鸣和树叶声，增强了个体对自然环境中“宁静”和“空间”感知的深度，这促进了恢复体验，并触发了“远离”“着迷”“兼容性”“一致性”的心理反应，满足了对恢复性环境的需求（Kaplan & Kaplan，1989）。

相比之下，乔－灌木－草复合林地虽然提供了多样的物种体验，但其较少的竖向结构密度降低了观察外界的能见度，这可能只满足了个体的庇护需求，而未能提供瞭望的机会。乔－草复合林地的植物覆盖率较低，导致其遮蔽效果不佳。而单层草地的结构虽单一，缺少遮蔽功能，但其自然声景可能有助于个体实现心理上的放松。此外，音频信息的介入可能改变了个体对自然景观的感知（Annerstedt et al.，2013）。尽管问卷结果指出单层草地的恢复效果较低，但脑电图数据显示它在恢复性方面与单层林地相当，暗示了在恢复体验中视听感知的潜在作用。

4　讨论

4.1　本研究的不足之处

本研究在探讨自然声景与植物群落图像对人情绪恢复的影响方面取得了一定的成果，但也存在一些局限性。在实验设计上，本研究受限于资源和时间约束，并未设立对照组以评估被试在不接触植物群落景观时的情绪恢复水平。相反，研究直接侧重于不同植物群落对情绪恢复的潜在影响。这种设计选择虽然建立在前人研究的基础上，但缺乏对照组意味着，我们无法确定情绪恢复是仅由观看植物群落引起，还是可能受到其他因素的影响。因此，这可能影响了实验结果的可靠性和泛化性，未来的研究应考虑包含对照组，以便更准确地判定植物群落景观对情绪恢复的具体效应。

在材料选择方面，尽管本研究尽力减少了植物群落间的差异，但植物种类和群落结构的固有差异可能仍对结果产生了一定影响。此外，尽管 EEG 提供了定量的生理学指标，但受限于分析技术，我们可能未能捕捉到所有与情绪恢复相关的脑电活动。因此，未来研究应当探索更先进的 EEG 数据分析技术，以更全面地揭示情绪恢复的神经基础。

此外，本研究受限于样本规模及特定人群——在校大学生，选择该群体作为样本源于其年轻、受教育程度高、自我报告能力强，以及处于生活转变期所面临的多重压力，使得其情绪状态反馈更为清晰且需求迫切。同时，作为未来社会的重要力量，其生活方式和习惯预示了城市居民的发展趋势。然而，大学生群体的同质性限制了研究的普遍性，未能全面反映城市居民的多样性。未来研究应拓宽样本范围，涵盖更广泛的社会群体，以深入探究视觉感知的客观与主观变化，并验证本研究的成果。

本实验的设计仅允许测量短期内的情绪变化，未能评估长期的认知效应。因此，未来研究应当考虑长期追踪研究设计，以评估情绪恢复的持久性和稳定性。同时，本研究仅考虑了视觉感知与视听感知的影响，未能涉及多感官综合作用下的情绪恢复效果。随着科学技术的发展，未来研究应当延长视觉感知的持续时间，并探讨多感官输入如何共同作用于情绪恢复过程。研究也应当扩展到实地景观或虚拟环境中，探讨在更加真实的多感官环境中，不同植物群落对情绪恢复的影响。研究还可以探讨植物声景对人类情绪、注意力和认知过程的作用，以及不同季节条件下植物群落对情绪恢复的影响，以便更全面地了解自然环境对人类心理健康的益处。

4.2 未来研究展望

为了深入解析恢复性景观对心理健康的作用机制，必须采取跨学科的研究方法，整合心理学、景观设计学、生态学等领域的专家知识。此类合作不仅促进理论架构的发展，而且为实践应用提供了坚实的科学基础。据此，我们应当致力于优化植物景观设计，确保其在心理恢复方面的效能最大化。这一过程涉及对不同植物物种及其配置对心理健康影响的系统性研究，并据此向城市公园等提出具体的设计建议。进一步地，未来研究还应当考虑如何在景观建设过程中维持生物多样性、提升空气质量等生态功能，促进身心健康与城市的可持续发展。

为达成上述目标，跨学科研究的体系和范式至关重要。将心理学的理论知识与景观设计的应用原则相融合，可以创造出满足人们心理健康需求的恢复性环境。这要求我们基于跨学科合作的平台，深入研究景观设计在促进心理健康方面的具体实施策略。鉴于本研究的初步成果有局限性，未来在公园植物群落规划中，应当采纳更为科学的研究方法。未来研究可设置对照组，并借助先进的数据分析技术，深入探究多感官感知对情绪恢复的影响，以进一步完善公园植物群落景观规划的理论与实践。

5 结论

在城市公园景观规划中，植物群落除传统美化环境功能外，更在调节人类情绪、促进情绪恢复方面发挥着关键作用，成为规划布局中不可忽视的重要因素。尽管植物群落在构建和谐的公园景观中起着中心作用，以往研究往往未能充分认识到其在心理健康领域的巨大潜力。本研究旨在深入探讨植物群落如何有效地缓解人们的负面情绪，并评估不同类型的植物群落在这一过程中的差异性。本研究采用了一种多模态方法，结合心理感受评价（PANAS）与脑电图（EEG）数据，全面评估植物群落对情绪调节的影响。选取了四种代表性的植物群落，并在单一视觉感知以及视听交互感知的条件下，对它们的情绪恢复潜力进行了综合评估，为未来公园植物群落设计提供科学的依据。

综上所述，通过系统考量人们的活动需求、自然声景及植物群落特性，可以科学地规划促进情绪恢复的植物群落配置。这样不仅可以提升城市公园的美学价值与功能实用性，更对促进人类身心健康及实现人与自然和谐共生具有深远意义。

参考文献

陈贵萍、胡阿旭、李永宏等，(2011)，《基于眼动仪的言语理解研究概述》，《西北民族大学学报》(自然科学版)，32 (2)，49—55。

段艺凡、李树华，(2022)，《植物群落景观的观赏形式对人体生理反应的影响》，《风景园林》，29 (3)，105—111。

魏景汉、罗跃嘉，(2010)，《事件相关电位原理与技术》，科学出版社。

Annerstedt, M., Jönsson, P., Wallergård, M., Johansson, G., Karlson, B., Grahn, P., Hansen, Å. M., & Währborg, P. (2013). Inducing physiological stress recovery with sounds of nature in a virtual reality forest—Results from a pilot study. *Physiology & Behavior*, 118, 240 - 250.

Braithwaite, J., Watson, D., Robert, J., & Mickey, R. (2013). A guide for analysing electrodermal activity & skin conductance responses for psychological experiments, CTIT technical reports series.

de Kort, Y. A., Meijnders, A. L., Sponselee, A. A., & IJsselsteijn, W. A. (2006). What's wrong with virtual trees? Restoring from stress in a mediated environment. *Journal of Environmental Psychology*, 26 (4), 309 - 320.

Fisher, B. S., & Nasar, J. L. (1992). Fear of crime in relation to three exterior site features: Prospect, refuge, and escape. *Environment and Behavior*, 24 (1), 35 - 65.

Hartig, T., Mang, M., & Evans, G. W. (1991). Restorative effects of natural environment experiences. *Environment and Behavior*, 23 (1), 3 - 26.

He, M., Wang, Y., Wang, W. J., & Xie, Z. (2022). Therapeutic plant landscape design of urban forest parks based on the Five Senses Theory: A case study of Stanley Park in Canada. *International Journal of Geoheritage and Parks*, 10 (1), 97 - 112.

Igarashi, M., Aga, M., Ikei, H., Namekawa, T., & Miyazaki, Y. (2015). Physiological and psychological effects on high school students of viewing real and artificial pansies. *International Journal of Environmental Research and Public Health*, 12 (3), 2521 - 2531.

Jeong, J. - E., & Park, S. - A. (2021). Physiological and psychological effects of visual stimulation with green plant types. *International Journal of Environmental Research and Public Health*, 18 (24), 12932.

Kaplan, R., & Kaplan, S. (1989). *The Experience of Nature: A Psychological Per-*

spective. Cambridge University Press.

Knaust, T., Felnhofer, A., Kothgassner, O. D., Höllmer, H., Gorzka, R. -J., & Schulz, H. (2022). Exposure to virtual nature: the impact of different immersion levels on skin conductance level, heart rate, and perceived relaxation. *Virtual Reality*, 26 (3), 925-938.

Li, C., Ge, S., & Wang, R. (2022). Similarities and Differences in the Outsiders and Insiders' Visual Preferences on Sacred Landscape. *Frontiers in Psychology*, 13, 743933.

Liu, J., Kang, J., Luo, T., & Behm, H. (2013). Landscape effectson soundscape experience in city parks. *Science of the Total Environment*, 454, 474-481.

Markus, C. R., Olivier, B., Panhuysen, G. E., van der Gugten, J., Alles, M. S., Tuiten, A., Westenberg, H. G., Fekkes, D., Koppeschaar, H. F., & de Haan, E. E. (2000). The bovine protein α-lactalbumin increases the plasma ratio of tryptophan to the other large neutral amino acids, and in vulnerable subjects raises brain serotonin activity, reduces cortisol concentration, and improves mood under stress. *The American Journal of Clinical Nutrition*, 71 (6), 1536-1544.

Ulrich, R. S. (1986). Human responses to vegetation and landscapes. *Landscape and Urban Planning*, 13, 29-44.

通讯作者简介

张兴，苏州科技大学建筑与城市规划学院风景园林系二级教授，博士研究生导师，国家一流本科专业建设点专业带头人，享受国务院政府特殊津贴专家，省级领军人才梯队“观赏园艺学”学科带头人。长期从事园林植物育种、栽培及园林生态等方向的教学及科研工作，出版学术著作6部，主持完成国家及省部级科研项目30余项，获得省科技进步二等奖4项、三等奖6项及多项地市级奖励。电子邮箱：2605@ usts. edu. cn。

宣传方式对受众环保意识的影响*

王笃明　姚家宜

浙江理工大学理学院心理学系　浙江杭州　310018

摘　要：为探索有效提升受众环保意识的宣传方式，本次研究邀请98名被试分别参与实验，被试根据自身环保意识，对不同宣传方式的广告的影响程度进行主观评价。首先研究了宣传诉求类型对受众环保意识的影响，继而依次研究了宣传情绪效价、情绪唤醒强度对受众环保意识的影响。结果表明：在两类宣传诉求类型中，感性诉求的宣传方式影响更大；在两类宣传情绪效价中，消极的宣传方式影响更大；在情绪唤醒强度方面，高消极的宣传方式影响最大，中低消极的宣传方式影响无显著差异。因此，侧重于危害后果、高强度、直观感性的宣传方式更有利于促进受众环保意识的提升。

关键词：宣传方式　诉求类型　情绪效价　情绪唤醒强度　环保意识

1　引言

生态环境与人类的生存发展息息相关。从游牧社会到农耕社会再到工业社会，人类对环境的改造力度越来越大，继而引发的环境问题亦随之日益突出：从全球气候变暖到海洋塑料污染，从不断衰退的生物多样性到日趋严峻的“垃圾围城”……环境问题已成为全人类所共同面临的

* 本文原载于《浙江理工大学学报》（社会科学版）2020年第2期。本研究由浙江省哲学社会科学规划课题（15NDJC195YB）提供经费支持。感谢谢秋莹、章泽旦等同学对实验数据及文献进行了采集与整理。

问题，生态文明建设已成为事关国家民族永续发展的根本大计。

海洋塑料污染问题已逐渐引起公众关注。相关数据显示，全球每年有超过800万吨的塑料垃圾进入海洋，对海洋生态系统造成严重破坏。[①]海洋生物误食塑料垃圾，导致死亡率增加，甚至影响到人类的食物链安全。塑料微粒已被发现进入了海洋食物链的各个环节，从浮游生物到鱼类，最终进入人类的食物中。这不仅对海洋生物构成威胁，还对人类健康造成潜在风险。解决海洋塑料污染问题需要全球共同努力，从源头减少塑料生产和使用，提升废弃物管理水平。

随着全球各国城市化进程的不断加速、人口增长和消费水平的提高，垃圾产量急剧增加，而垃圾处理能力却未能同步提升，“垃圾围城”现象在全球范围内不断加剧，已经成为制约城市可持续发展的一大障碍。在面对庞大的垃圾总量以及环境污染问题时，如何提升公众环保意识，促进居民生活垃圾分类，从而最大限度地实现垃圾无害化、减量化和资源化，进而借此改善城市生活环境质量，已成为当前世界各国共同关注的亟待解决的热点问题之一。

自中国共产党第十八次全国代表大会以来，中央和地方政府贯彻执行“大力推进生态文明建设”的战略决策，生态文明建设成为国家发展的重要目标之一。中国政府通过制定和实施一系列政策和措施，致力于改善环境质量和推动可持续发展。例如推进节能减排、推广清洁能源、开展大规模的植树造林活动以及加强污染防治等。这些措施在一定程度上缓解了环境压力，改善了生态环境，为全球生态文明建设树立了榜样。

然而，在当前的生态文明建设关键期，公众广泛而深入地参与就显得尤为至关重要。公众参与环保行为的前提是公众环保意识的提升，但目前中国不同层次民众的环保意识仍有待提高（陈晓景等，2018；刘佳琪、陈春燕，2018）。因此，提升公众环保意识，激发公众参与环保行动的积极性，对于生态文明建设具有重要意义。

宣传教育是影响公众各类意识的主要途径之一。有效的环保宣传教育可以帮助公众认识到环境问题的严重性，理解自身行为对环境的影响，

① 《加强塑料污染治理 共同守护海洋生态（国际视点）》，2020年10月28日，人民网·国际频道，http：//world. people. com. cn/n1/2020/1028/c1002－31908438. html。

从而自觉地采取环保行动。目前，有关环保宣传领域的实践应用多于理论研究，且理论研究多为宏观视角。也有少数微观层面的环保宣传研究，如环保导向型绿色广告方面的研究（刘寅斌等，2010；戴鑫等，2009），主要集中于设计美学、传播学领域，而从心理学领域开展的研究则相对缺乏。

对于环保宣传的促进，借鉴一般产品的广告宣传心理学理论是可能的有效途径。一般的广告宣传理论研究多集中于宣传效果的影响因素研究，其中宣传的诉求类型、情绪效价及其唤醒强度等因素最受关注（刘璐，2016；刘玥灵，2010）。根据 Thayer 的唤醒模型，这三者之间可能存在相互影响（周象贤、金志成，2006）：唤醒强度在情感与思想产生中起关键作用，是个体态度或行为改变的必要条件，感性信息与理性信息可通过引起不同唤醒强度对个体态度行为改变发挥作用。在感性宣传中，不同情绪效价的唤醒强度也各不相同，从而可能产生不同的宣传效果。

综上，本文将从诉求类型、情绪效价及其唤醒强度三个因素出发，探究三者对受众环保意识的宣传影响效果。通过实验验证，我们可以更深入地了解如何通过优化宣传策略，增强环保宣传的效果，从而更有效地提升公众的环保意识和行为意愿，为生态文明建设提供理论支持和实践指导。

2 研究背景与假设

2.1 诉求类型与宣传效果

宣传诉求类型是广告所强调的内容的分类，包括理性诉求和感性诉求。虽然不同研究学者对二者定义有所不同，但基本观点一致，即理性诉求主要呈现客观信息，而感性诉求则强调人的情绪感受。

在不同研究中，理性与感性诉求的宣传效果各有长处（Feng et al.，2022；Nuweihed & Trendel，2023）。在注意与购买意向层面上，有研究表明：对于低卷入度的产品，采用感性诉求类型的广告可以吸引受众更多注意力且购买意愿更强；而对于高卷入度的产品，采用理性诉求类型的广告可以引起受众更多注意且购买意向更强（郭国庆等，2015；吴丽颖，

2010）。相对于感性诉求的广告，理性诉求宣传广告更适合产品卷入程度高、个人卷入程度高的受众（周象贤、金志成，2009）。此外，研究发现，心理距离也会影响广告诉求的效果。在较近心理距离条件下，儿童对情感广告的态度显著高于对理性广告的态度，而在较远心理距离条件下则结果相反（刘宣文、李蕊，2013）。

关于感性诉求和理性诉求对受众产生不同影响的原因及内在机制，Petty 等（1983）提出了精细加工可能性模型（Elaboration Likelihood Model，ELM）予以解释。该模型认为态度改变包含两条基本途径：中枢途径和边缘途径。中枢途径是将态度改变看作认真考虑和综合信息的结果，需要较多认知资源。边缘途径则是根据广告中的积极或消极线索等直接作出反应来改变态度，所需认知资源较少。

模型同时也指出，受众对路径的选择不仅与广告内容有关，还受到自身卷入程度的中介作用。卷入程度高的个体更倾向于选择中枢途径，卷入程度低的个体则更容易选择边缘途径。在这两种诉求类型中，王怀明（1999）认为，理性诉求主要通过中枢途径来影响受众，而感性诉求是通过边缘途径来影响受众的。

环保宣传广告一般投放在公共场所，且并非与受众个人利益直接紧密相关，受众大多处于低卷入的状态下，因而更可能采用边缘途径来判断广告内容，即受直观感性、情绪性的影响会更大。因此，本文提出假设 H_1。

H_1：感性诉求的宣传方式对受众环保意识影响更大。

2.2 情绪效价与宣传效果

宣传的情绪效价是指通过广告诱发受众产生某种情绪的宣传方式，主要分为积极情感诉求和消极情感诉求（恐惧诉求）。积极情感诉求通过诱发受众产生高兴愉悦的情绪，消极情感诉求则通过引发紧张、焦虑、恐惧的情绪来影响和改变受众的态度与行为。

在广告宣传领域，积极和消极情感诉求都较为常见。一般研究认为，消极情感诉求更容易引起受众的注意。李青青等（2015）通过实验发现，在听觉和视觉通道下，情绪对内隐记忆反应时影响显著，被试在负性情绪状态下做出的反应最快，其次是正性情绪，最后才是中性情绪。这表明，恐惧诉求的宣传广告更容易引起受众的注意，并可能产生潜移默化的效果。

消极情感诉求之所以更容易引起受众的注意，可以从进化心理学的角度解释。面对不同的刺激信息，受众会产生两种截然不同的反应方式：一种是对正性刺激（积极信息）做趋近反应，另一种是对负性刺激（消极信息）进行回避（张晓雯等，2012）。研究发现，在人类和动物身上存在“负性偏向”效应，即负性信息比其他信息优先得到注意和加工（朱永泽等，2014）。从进化论的角度看，这与人类的生存发展天性密切相关。对危险或潜在威胁刺激的优先注意与加工反应，有助于个体在恶劣环境中存活与繁衍。因此，负性信息应更容易引起人们的重视。因此，想要引起受众警惕的公益广告，尤其涉及与人类生存相关的信息的广告，采用消极的情绪效价更能达到预期效果。

然而，也有研究表明，积极情感诉求在某些情况下可以有效地改变受众的态度和行为。朱丽萍等（2011）的研究发现，极端正性情绪使得被试对于名词加工的行为反应更为灵敏，这意味着积极情感可以促进信息的处理和记忆。此外，马英和方平（2009）在决策实验中发现，处于积极情绪实验条件下的被试比处于消极情绪实验条件下的被试在最后通牒游戏中的出价更高，即合作性更高。这些研究结果表明，积极情感诉求在促进合作和积极行为方面具有重要作用。

总的来说，积极和消极情感诉求在广告宣传中各有其优势和劣势。在环保宣传中，何种情绪效价方式更容易对受众的环保意识起促进作用尚需进一步实证研究。基于进化心理学的理论，本文提出假设 H_2。

H_2：消极情感诉求（恐惧诉求）的宣传方式对受众环保意识影响更大。

2.3 情绪唤醒强度与宣传效果

情绪唤醒强度在信息传播中的作用尤为重要，它调节着情绪效价对受众的影响。然而，对于不同唤醒强度的宣传效果，迄今尚无定论。以往研究对不同强度恐惧诉求的宣传效果得出的结论并不一致。

在恐惧诉求的研究中，唤醒强度的作用一直是学者们关注的焦点。早期研究如Janis等（1954）的牙齿保健实验证明，低恐惧唤醒强度的宣传效果最佳，而高恐惧唤醒强度的宣传效果最差。与此相反，Insko等（1965）的戒烟研究却发现，高恐惧唤醒强度效果最佳。杨泽璐（2016）将吸烟受众分为吸烟者与非吸烟者，探究不同唤醒程度的平面广告对两类受众群体态度与行为意向的影响，结果发现戒烟广告对非吸烟者的宣传效果更好，且高恐惧戒烟广告产生更好的广告态度，引发吸烟态度和行为意向改变。此外，一项关于驾驶安全态度的研究也发现，广告的恐惧程度对不超速行为意向和系安全带行为态度有正向预测作用，即高强度的恐惧情绪唤起更有助于改善不安全交通行为态度和意向（刁薇等，2010）。然而，刘璐（2016）的戒烟研究却得出相反的结论，发现恐惧诉求强度与被试者的信息接受程度呈负相关关系。

除了广告宣传效果，情绪效价及其强度对记忆过程也有不同的影响。研究发现，积极图片的再认准确率显著高于消极图片，而唤醒程度则影响受众的回想过程。无论是积极图片还是消极图片，在高自信条件下，高唤醒图片的再认准确率均高于低唤醒图片（徐慧芳等，2015）。记忆在广告宣传过程中占有重要作用，只有宣传的内容被受众记住，才能持续发挥广告宣传的效用。

唤醒强度不仅对受众是否采取行动有较大影响，还影响其采取行动时的表现状态。李夏雯等（2018）发现，相比于正性情绪，负性情绪对动作反应时有很大影响，并且不同负性情绪唤醒强度下的被试反应时间也不相同：当负性情绪强度小时，被试呈现加快动作速度的趋势；负性情绪强度大时，则动作速度显著变慢且持续时间增长。这一研究结果表明，通过恐惧诉求引发适当的负性情绪可促使受众采取刻不容缓的态度，但过度的负性情绪却适得其反。

在环保宣传中，宣传材料的情绪强度设定尤为重要。适当的情绪唤醒强度可以提高受众的环保意识和行动意愿，但过强或过弱的情绪唤醒可能达不到预期效果。因此，本文提出假设 H_3。

H_3：中等情绪唤醒强度对受众环保意识影响最大。

总之，无论是关于宣传诉求类型、情绪效价还是情绪唤醒强度，在酒驾、超速等交通安全宣传、不同品牌的产品宣传以及戒烟或性教育等健康宣传领域均已有众多研究，但在环保宣传领域却鲜见相关研究，上述理论观点及研究结论在环保宣传领域是否同样适用尚有待实验验证。

此外，以往的研究多以静态平面图片作为实验材料。但相较于文字、图片、音频等信息传播方式，视频材料包含的信息更为丰富，对人的视觉感官及大脑冲击力也更强，更易为受众所接受。尤其在当今时代，随着互联网及多媒体技术的飞速发展，视频媒体也已成为信息传播的主流媒体。在此背景下，视频材料是否也具有类似结果，即采用何种宣传诉求类型、情绪效价和情绪唤醒度能有效改变受众态度与行为意向，就成为有待于进一步实验研究的问题。

综合上述分析，本文以环保宣传视频广告为实验材料，以环保意识影响程度量表为测试材料，探索可有效提升公众环保意识和态度的广告宣传诉求类型、宣传材料情绪效价和情绪唤醒度，通过三个实验来验证上述三个假设。

本研究不仅有助于填补环保宣传领域对广告诉求类型、宣传材料情绪效价和情绪唤醒强度影响的研究空白，还将为环保宣传策略的制定提供实践指导。通过深入分析和实证研究，本文将探索最有效的环保宣传方法，从而更好地推动公众环保意识的提升和行为改变。

3 实验方法与结果

3.1 实验材料准备

在正式实验之前，本研究邀请了 30 名被试对 67 个环保宣传视频广告进行初步评估。这些视频广告从诉求类型、情绪效价和唤醒强度三个维度进行了评分。评分量表如图 1 所示。依评分结果将视频材料划分为低

（中性）（0—1 分）、中（1—3 分）、高（3—5 分）三类，从中选择后续三个实验所需的实验视频材料。

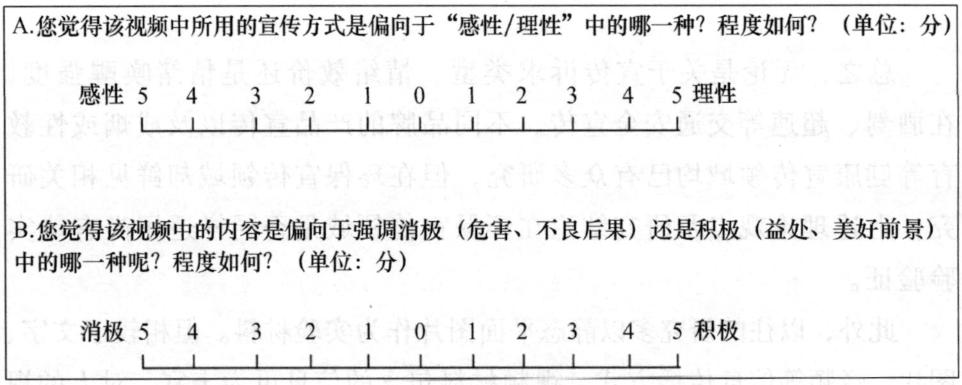
A.您觉得该视频中所用的宣传方式是偏向于“感性/理性”中的哪一种？程度如何？（单位：分）
感性 5 4 3 2 1 0 1 2 3 4 5 理性
B.您觉得该视频中的内容是偏向于强调消极（危害、不良后果）还是积极（益处、美好前景）中的哪一种呢？程度如何？（单位：分）
消极 5 4 3 2 1 0 1 2 3 4 5 积极

图1 评分量表

3.2 实验一：不同宣传诉求类型对受众环保意识的影响

3.2.1 方法

（1）被试

在正式实验阶段，本研究选取了32名在校大学生作为被试。这些被试中，包括18名男性和14名女性，年龄范围在18—21岁（19.13岁±1.07岁）。被试视力或矫正视力正常。

（2）实验材料

实验从视频材料库中选取2个理性程度高的广告视频作为理性诉求类型的实验刺激，而感性程度高的广告视频作为感性诉求类型的刺激。在筛选过程中，为避免情绪效价、视频长度的干扰作用，选取的视频材料的时间长度尽可能接近且情绪效价为中性。

（3）实验设计与流程

该实验为被试内实验设计，自变量为诉求类型（理性诉求、感性诉求），因变量为影响程度评分。每名被试共需观看4段视频广告，广告播放顺序是随机的。被试每看完一个广告，根据广告对其环保意识的影响程度从0—10进行打分。评分越高，说明影响程度越大。

被试来到实验室，填写个人基本信息后坐于电脑前。电脑屏幕呈现指导语："欢迎参加本实验！接下来请你认真观看几个视频。每观看完一个视频，请对该视频进行评价。"被试明确实验任务后，戴上耳机开始正式实验。

（4）数据分析

采用 SPSS 25.0 对同一类别视频所得的环保意识影响程度平均得分（理性 vs 感性）进行配对样本 t 检验。

3.2.2 结果

被试对两类诉求类型广告的影响力的主观评价如图 2 所示，感性诉求类型广告所得的受众环保意识影响得分（5.55 ± 1.58）比理性诉求类型（4.83 ± 1.68）更高，配对样本 t 检验结果表明差异达到显著水平 [$t_{(31)} = -2.31$，$p = 0.028$，$d = 0.45$]。

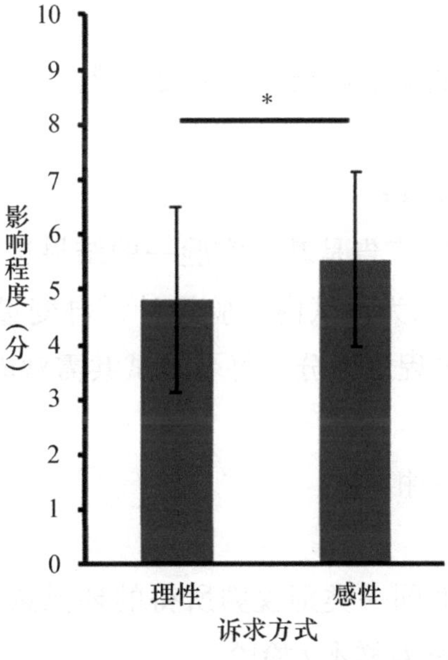

图 2 不同诉求类型广告的影响评分

注：$^{*}p < 0.05$；$^{**}p < 0.01$；下同。

3.2.3 讨论

实验结果表明，感性诉求的广告在提升受众环保意识方面效果显著优于理性诉求的广告。这一发现与理论预期相符，支持了"感性诉求能够通过情感共鸣和故事情节更有效地激发受众的环保意识"。然而，从结果来看，无论是理性诉求还是感性诉求，影响评分的平均值均未达到非常高的水平，这提示我们在未来的实验中可能需要进一步优化视频材料的设计。评分可能与所选视频的情绪效价有关。本实验中选择的视频情绪效价为中性，未能有效引发被试的强烈情感反应。

3.3 实验二：不同宣传情绪效价对受众环保意识的影响

基于实验一的发现，实验二将进一步探讨不同的情绪效价的宣传视频对受众的环保意识影响程度是否存在差异。

3.3.1 方法

（1）被试

被试为在校大学生 36 名，男性被试 8 人，女性被试 28 人。年龄范围是 18—20 岁（18.75 岁 ±0.69 岁）。被试视力或矫正视力正常。

（2）实验材料

从视频材料库中选取高积极、高消极且感性程度相同的广告视频各 6 个作为实验二刺激。

（3）实验设计与流程

本实验使用的视频广告是基于实验一的结果选择的感性诉求视频进行筛选、实验。实验二为被试内实验设计，自变量为情绪效价（积极、消极），因变量为影响程度评分。每名被试共需观看 12 段视频广告，广告播放顺序随机。

实验流程与实验一相同。

（4）数据分析

采用 SPSS 25.0 对同一类别视频所得的环保意识影响程度平均得分（积极 vs 消极）进行配对样本 t 检验。

3.3.2 结果

两种情绪效价广告影响力的被试主观评价如图 3 所示，诱发消极情绪的宣传方式的影响得分（6.58 ±1.32）比诱发积极情绪的宣传方式的（6.06 ±1.38）更高，配对样本 t 检验结果表明，差异达到显著水平 [$t_{(35)} = -2.41$，$p = 0.021$，$d = 0.39$]。

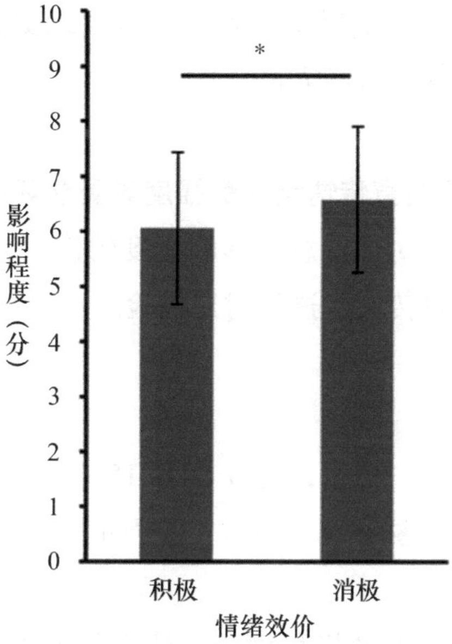

图3　不同情绪效价广告的影响评分

3.3.3　讨论

实验二的结果表明，消极情绪效价的广告在提升环保意识方面的效果明显优于积极情绪效价的广告。这一结果为理解情绪效价在广告效果中的作用提供了重要的实证证据。

消极情绪，如悲伤、焦虑或愤怒，通常具有较强的情感冲击力。这种情感冲击力能够引发观众的高度关注和深度思考，从而使得广告信息更加深入人心。消极情绪可能促使观众更认真地考虑环保问题，进而增强其环保意识。这与以往的研究结果相一致（张晓雯等，2012；朱永泽等，2014），即情绪唤醒水平的提高能够增强个体对信息的加工和记忆，从而提升信息的影响力。

虽然积极情绪有助于营造愉快的观看体验和正面情感，但其对信息的处理方式可能较为表面。积极情绪往往带来轻松愉快的感受，这可能导致观众对环保问题的关注度降低，从而影响广告的实际效果。此外，积极情绪可能减少了对潜在问题的警觉性，使得环保意识的提升效果不如消极情绪显著。

与消极和积极情绪效价广告相比，实验一中的中性情绪效价广告的影响评分相对较低。这表明情绪效价在提升环保意识方面确实发挥了重要作用。尽管实验二表明消极情绪效价广告效果更为显著，但这种效果是否受到情绪唤醒度的调节尚需进一步探讨。

3.4 实验三：不同宣传情绪唤醒强度对受众环保意识的影响

为探究情绪唤醒度对环保意识影响程度的作用，实验三选取高、中、低程度的消极效价的宣传视频进行对比检验。

3.4.1 方法

（1）被试

被试为在校大学生 30 名，男女生各 15 名，年龄范围在 18—22 岁（19.97 岁 +1.16 岁）。被试视力或矫正视力正常。

（2）实验材料

从视频库中分别选取消极程度高、消极程度中等、消极程度低且感性程度相同的广告材料各两个。

（3）实验设计

本实验的广告材料在影响程度更大的诉求类型和情绪效价广告中进行筛选、实验。实验三为被试内实验设计，自变量为情绪唤醒强度（高、中、低），因变量为环保意识影响程度评分。每名被试共需观看 6 段视频广告，广告播放顺序随机。

实验流程与实验一相同。

（4）数据分析

采用 SPSS 25.0 对同一类别视频所得的环保意识影响程度平均得分（高消极 vs 中消极 vs 低消极）进行配对样本 *t* 检验。

3.4.2 结果

被试对三种情绪效价强度的广告的影响力主观评价如图 4 所示。重复测量方差分析结果表明，情绪唤醒强度主效应显著［$F_{(2,58)} = 38.47$，$p < 0.001$，$\eta_p^2 = 0.57$］；消极程度高的广告的影响程度得分（7.63 ± 1.33）显著高于低（5.40 ± 1.76）、中等程度（5.42 ± 1.70）消极广告，而低、中消极广告之间无显著差异。

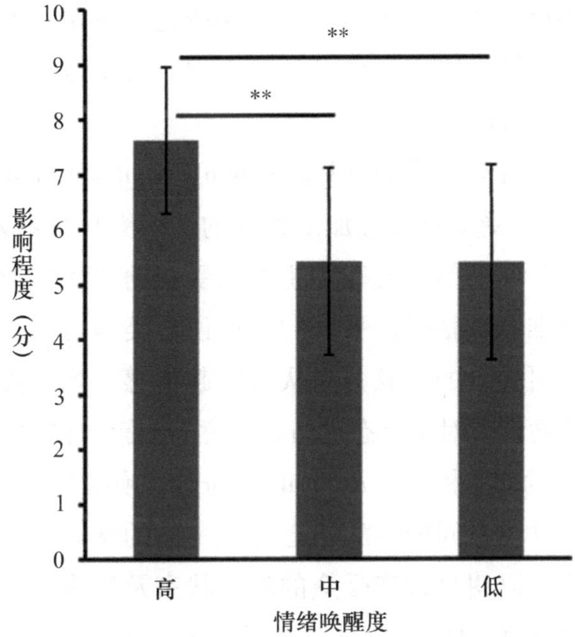

图4　不同情绪唤醒强度广告的影响评分

3.4.3　讨论

实验三的结果表明，广告中的情绪唤醒强度对提升环保意识具有显著影响，高情绪唤醒度的广告在提升环保意识方面效果最为显著。这一发现与之前的实验结果相一致，也进一步验证了情绪唤醒度在宣传效果中的重要作用。高情绪唤醒度的广告通常会引发更强烈的情绪反应，这种情绪反应可能会导致受众对广告内容的深度加工和更强的记忆效果。情绪唤醒度的提升能够使得广告信息在受众心理上产生更深刻的印象，从而更有效地促进其环保意识的提升。

4　总讨论

4.1　诉求类型的效应对比与选择

实验一旨在比较感性诉求和理性诉求两种宣传方式对受众影响程度的差异。研究结果表明，感性诉求宣传的影响程度显著高于理性诉求，这一结果与许多相关研究一致。沈莹（2011）的研究表明，被试者更喜欢感性的广告，并对其给予更多积极评价，如更加生动、更加值得回忆等。徐希玲（2014）和辛冲等（2017）的研究也表明，感性诉求文本信息的吸引力高于理性诉求文本信息的吸引力。对于这一实验结果，可以从不同理论视角进行解释。

根据精细加工可能性模型（Elaboration Likelihood Model，ELM；Shahab et al.，2021），受众对信息加工路径的选择受自身卷入程度的影响。环境保护作为一个典型的公益行为主题，受众的卷入度通常较低。在这种情况下，受众难以被枯燥、平淡的理性说教类信息所吸引，而感性宣传内容则更易吸引受众的注意力，从而引起情感共鸣，激发环保态度与行为。因此，感性诉求对受众态度与行为意向的影响程度更大。

根据 Thayer 的唤醒模型（Arousal Theory），唤醒是个体行为和态度发生改变的必要条件，不同的唤醒状态导致不同的认知或行为反应。单独呈现理性信息不足以明显改变受众的唤醒状态及行为，而感性宣传可以直接激发受众产生不同的唤醒状态（周象贤、肖兵艳，2009；周象贤、金志成，2006）。在实验一中，控制情绪效价及其强度的情况下，感性宣传方式更能引起被试的注意及唤醒状态，因此影响更大。

启发式加工理论（Heuristic Systematic Model，HSM；Khalifa，2022）指出，在时间不充分、知识不足、能力有限的条件下，受众没有充足的认知资源用于仔细和全面地思考、理解和评价广告所提供的理性信息，而会根据广告提供的感性线索（如专家评价、代言人吸引力等）采取启发式加工策略，即根据自身经验进行广告内容判断（许志忠，2007）。在实际情境中，例如地铁、公交站等公共场所，受众更多处于匆忙赶路、无暇顾及其他状态，因此对广告内容的判断评价更可能采用启发式加工策略，更易受到直观感性的情绪性信息的影响。

AIDMA 理论（Attention，Interest，Desire，Memory，Action）主要从认知加工过程角度解释广告效应进程机制，认为广告对受众的影响主要包括以下几个过程：A（Attention）引起注意—I（Interest）产生兴趣—D（Desire）发生行为的欲望—M（Memory）记忆储存—A（Action）采取行动。要使受众产生环保行为，宣传广告需要经过前面的所有步骤（许志忠，2007）。已有众多研究证实感性诉求在这方面的优势：受众对感性诉求广告的好感度更高（刘玥灵，2010），且感性诉求广告的说服效果更好

（郭文汇等，2016）。

综上所述，就环境保护领域的视频宣传而言，感性诉求的宣传方式更适合在实际情境中应用推广。在实际的环保宣传中，感性诉求可以通过多种方式实施。

通过增强视觉和听觉效果，感性诉求的宣传内容能够更加直观地传达信息。例如，使用高质量的图片和视频展示环境破坏的严重后果，可以引发受众的强烈情感共鸣。同时，背景音乐和音效也可以强化情感诉求，使受众更容易记住宣传内容。

在广告中加入真实的案例是另一种有效的感性诉求方式。通过描述个人或社区在环境保护方面的努力和成就，能够激发受众的情感共鸣，使他们更愿意参与环保行动。例如，描述一个家庭如何通过减少塑料使用改善生活环境，可以激励更多家庭采取类似措施。

这些方法不仅可以增强宣传效果，还能增强受众对环保行为的积极态度和行为意愿。例如，公益广告可以通过展示环境污染对人类健康的直接影响，引发受众的情感共鸣，从而激发其环保行动。

4.2 情绪效价的影响对比与选择

实验二比较了两种情绪效价对受众影响程度的差异，结果显示消极情感诉求广告的影响程度更大。这一结果符合进化心理学的理论假设，人类对负性信息更加敏感，优先加工负性事件，以适应生存需求（王琳，2013）。这一发现也与众多已有研究结果相一致（Kaur et al.，2021；Yousef et al.，2021；Zheng，2020）。例如，贺建平（2004）的实验结果证实，负面情感诉求更能引起公众的注意，引发受众对信息对象（如环境污染）的否定态度，进而达到改变目标受众态度与行为的目的；叶晖等（2013）则从广告宣传的有效力、传播力的角度出发，认为恐惧诉求的广告更能引起公众注意，更具震撼力和抗干扰力，能使受众对广告内容的印象更深刻；一项关于戒烟广告的研究也支持上述结果，表明威胁信息相比于无威胁信息，更容易为被试所注意且印象更深刻（王静雅，2012）。

从 AIDMA 理论角度分析，恐惧诉求广告在引起注意、提高环保意识、增强记忆储存等方面优于积极情感诉求的广告，从而使消极宣传广告影响程度更大。这一实验结果还可由恐惧驱动模型来解释：消极信息能使受众感知到危险刺激，并引发情绪反应，进而引发受众内心的紧张状态，而紧张状态会促使受众寻求解决之道直至该恐惧意识的消除（周象贤、肖兵艳，2009）。受限于自身接触范围，一般公众对环保的认识较为抽象，对于环境污染的严重后果缺乏直观感性的认识，因此在视频宣传中，直接呈现环境污染的危害及后果更能对受众情绪和态度造成较强的冲击。

在实际应用中，蒋莉等（2015）在恐惧诉求的基础上进一步提出，广告中除了呈现威胁、恐惧信息之外，还应提供有效的预防措施，这样更能促进受众产生相应的环保行为。这一观点强调了在广告设计中，除了引发负性情感，还需要结合实际的行动指南，以帮助受众从消极情绪中找到应对措施，形成具体的环保行为。

进一步讨论上述实验结果，可以从情绪和认知相互作用的角度出发。情绪在信息处理过程中起着至关重要的作用，尤其是在环保类广告中，情绪效价直接影响信息的接受和处理深度。负性情绪，如恐惧和愤怒，往往能够激活个体的防御机制，使得个体更迅速和深入地处理与生存相关的信息。相比之下，积极情绪虽然能带来愉悦的体验，但在威胁感和紧迫感的传递上，效果不如负性情绪来得直接和强烈。

研究表明，负性情绪在增强记忆和提高信息加工深度方面具有显著优势。Kensinger（2007）指出，负性情绪能够显著增强个体对事件细节的记忆，这是由于负性情绪激活了杏仁核和海马体的活动，这两个大脑区域在情绪和记忆加工中起关键作用。对于环保广告来说，传递负性信息能够使观众更清楚地记住污染的后果和威胁，从而在日常生活中采取更为积极的环保措施。

此外，从社会心理学的视角来看，恐惧诉求的有效性还与社会规范和文化背景密切相关（Lim et al.，2022）。不同社会和文化背景下，公众对负性信息的接受度和反应可能有所不同。例如，在集体主义文化中，个体可能更倾向于响应集体的呼吁和行为规范，因此恐惧诉求能更有效地促进环保行为。而在个人主义文化中，个体更加关注个人自由和自主决策，可能会对恐惧诉求产生抵抗心理。因此，在设计环保广告时，需要考虑文化背景和社会规范的影响，以实现最佳的传播效果。

通过对两种情绪效价对受众影响程度的比较研究，发现消极情感诉求广告在引起受众注意、增强记忆和促进行为改变方面更为有效。这一结果不仅符合进化心理学和情绪认知相互作用理论，还得到了众多实证研究的支持。在实际应用中，通过提供具体的解决方案、结合视觉冲击和故事化宣传，可以进一步增强恐惧诉求广告的效果。此外，还需考虑文化背景和社会规范的影响，以设计出更具针对性和有效性的环保宣传策略。通过不断优化和创新宣传方式，可以更好地推动公众的环保意识和行为，为环境保护事业做出更大的贡献。

4.3 高、中、低情绪唤醒强度的影响程度对比

实验三比较了三种不同消极情绪唤醒强度对受众的影响程度差异。结果发现，高消极宣传方式影响程度最大，中、低消极宣传方式之间没有显著差异。该结果未能验证原实验假设，但与部分已有研究结果相一致（刁薇等，2010；Insko et al.，1965；Pittman et al.，2021），这或许可用 Witte（1991）提出的新平行过程模型（Extended Parallel Process Model，EPPM）理论来解释。根据该理论，广告宣传效果不只与唤醒强度有关，还受个体自身效能感的中介影响。EPPM 模型包含危险控制、恐惧控制、忽视信息三类反应过程。当个体感知到的威胁程度和效能感水平较高时，则进行危险控制（产生适应性行为，即接受信息）；当个体感知到的威胁程度较高，但效能感水平较低时，则进行恐惧控制（产生非适应性行为，即拒绝信息）；当个体感知到的威胁程度较低时，则可能选择忽视信息。因此，对于效能感低的个体而言，中、低等程度的恐惧诉求广告宣传效果更为适宜；而对于效能感高的个体来说，偏高强度的恐惧诉求广告宣传效果带来的影响更大。本实验结果的出现可能是因为被试群体自我效能感水平较高所致。

除此之外，结合不同情绪唤醒强度理论，本实验结果的产生还可能是因为受众本身对不同主体对象的恐惧宣传的接受程度有所不同。比如，针对牙齿保健的宣传广告，其宣传内容与个体更息息相关，牙齿不保健给受众即刻带来的疼痛感更深刻，因此个体更易接受低威胁的广告；而戒烟广告虽也与个体息息相关，但吸烟更多的是带来慢性消极影响，需要时间积累才能凸显肺癌等重大疾病症状，个体容易产生“温水煮青蛙”

的心态，所以高威胁的广告对受众影响更大、效果更震撼；在防艾宣传中，艾滋病本身就易引起受众的焦虑、恐惧心理，此时应给予恐惧强度较低的广告，恐惧诉求强度过大反而使人产生回避行为，宣传效果会适得其反。而对于威胁强度过大的广告可采用删减弱化、借代暗示、幽默夸张的手段调节，降低受众恐惧感。

综上所述，针对不同信息对象，所要采取的广告宣传的恐惧强度也应有所不同。环境保护一方面事关全体民众，但也因此易产生责任分散的现象，甚至是产生“公地悲剧”；另一方面，环境污染的后果对于大众来讲并不是直观具体的，大众缺乏强烈的感性认识与体验。因此，环保领域的低威胁广告不容易引起个体重视，而高威胁的视频广告更能敲响警钟，督促受众采取个人环保行为。

除了上述诉求类型、情绪效价及唤醒强度的影响之外，根据认知反应理论，受众在接受信息的时候并不是被动地被说服的，而是会积极主动地加工信息，根据以往相关经验对广告信息进行分析和评价。因此，要提高环保宣传效果，还应注意受众身处环境对其造成的影响。蒋晓丽等（2009）也认为，在广告宣传教育的同时，还应结合社会风气、硬件设备等环境影响与宣传广告进行呼应，提高宣传可信度，从而更进一步促进受众环保意识的提升。

在进一步探讨环境保护广告的具体策略时，我们可以从多个角度进行细化分析。首先，对于不同受众群体，广告内容和表现形式应有所区别。比如，对于年轻人群体，他们通常对新颖、有创意的广告形式更感兴趣，因此可以采用互动性强、视觉冲击力大的广告形式；而对于年长群体，更适宜采用传统、稳重的广告形式，以保证信息的有效传达。

其次，广告内容的真实性和可信度至关重要。虚假夸大的广告不仅难以产生实际效果，还可能导致受众对广告信息产生怀疑，甚至产生反感心理。因此，在制作环保广告时，应基于真实数据和科学依据，确保信息的准确性和权威性。

再次，应注意广告的频率和渠道选择。过于频繁的广告投放可能引起受众的审美疲劳和心理抵触，因此应控制广告的出现频率，选择合适的时间和渠道进行投放。例如，在环保主题的纪念日、节假日或相关活动期间进行集中宣传，可以起到事半功倍的效果。

最后，广告的效果评估和反馈机制也十分重要。通过对广告投放后的效果进行跟踪和分析，可以及时发现问题，调整策略，增强广告的实际效果。例如，可以通过问卷调查、受众反馈、社会媒体评论等方式，了解受众对广告的接受程度和意见建议，从而不断优化广告内容和形式。

总之，环境保护广告作为提升公众环保意识的重要手段，其宣传效果的好坏直接关系到环境保护事业的成败。通过合理利用恐惧诉求、提高广告内容的真实性和可信度、选择合适的投放渠道和频率、建立有效的反馈机制，可以最大限度地提升环保广告的宣传效果，促进公众环保行为的形成和巩固，从而为环境保护事业贡献力量。

综上所述，在进行环保视频宣传时，选用感性的、高强度的、激发消极情绪的宣传方式呈现在公共场合中更合适，并结合相关策略以达到最佳宣传效果。

4.4 研究不足与展望

本研究选取的被试样本为在校大学生，年龄在18—22岁，因此结果可能不适用于其他年龄群体。根据EPPM模型（Witte，1991），高消极广告可能对老年人和儿童的冲击力更大，但由于他们的自我效能感较低，可能会拒绝信息。因此，未来研究应对不同年龄段的群体进行测试，以验证广告效果的普遍性和适用性。同时，不同的宣传方式效果亦会受到受众教育水平的影响，因而后续尚需增加不同文化教育水平被试适宜宣传方式的探索。

5 结论

为了探讨宣传中的诉求类型、情绪效价、情绪唤醒强度对受众环保意识的影响，本文设计了三组实验，由98名被试对不同宣传方式的影响力进行主观评价。结果表明，侧重于危害后果的、高强度的直观感性广告宣传方式更有利于促进受众环保意识的提升。因此，为了达到环保宣传效果，建议环保宣传相关部门在公共场合采取消极程度高的感性宣传方式，比如广告中呈现垃圾堆积成山、地球家园被毁、身体健康受威胁等画面，以增加广大群众消极情绪效价的唤醒强度。但在对特定人群进行环保知识普及（如校园垃圾分类）时，还应在宣传中提出可行性建议，供其学习应用。除了会受到宣传内容本身的影响，环保宣传效果还可能与被试特质焦虑水平、自我效能感、受教育水平及宣传内容等因素有关，这些有待今后进一步研究。

参考文献

陈晓景、葛旭升、张蒙，(2018)，《大学生环保意识和环保行为的调查及对策研究：以保定地区为例》，《黑龙江科学》，9（6），18—19。

戴鑫、吴丹、荆美星等，(2009)，《西方绿色广告发展和研究综述》，《管理学报》，6（5），704—709。

刁薇、胥遥山、李永娟，(2010)，《恐惧诉求对职业驾驶员安全驾驶态度和行为意向的影响》，《中国安全科学学报》，20（11），36—41。

郭国庆、周健明、邓诗鉴，(2015)，《广告诉求与购买意愿：产品类型、产品涉入的交互作用》，《中国流通经济》，29（11），87—95。

郭文汇、胥遥山、李永娟，(2016)，《何种交通安全广告更有效：认知需要和情感需要的调节作用》，《人类工效学》，20（3），27—31。

贺建平，(2004)，《恐惧诉求在公益广告中的传播效果》，《贵州师范大学学报》（社会科学版），45（2），28—32。

蒋莉、龚婉祺，(2015)，《公益广告的健康传播策略评估——以香港流感广告为例》，《国际新闻界》，37（11），21—32。

蒋晓丽、王莘，(2009)，《2008 年中西媒体对中国健康报道分析——以恐惧诉求为视角》，《西南民族大学学报》（人文社科版），30（7），135—140。

李青青、杨世昌，(2015)，《不同感觉通道与情绪效价对内隐记忆的影响》，《精神医学杂志》，28（3），168—170。

李夏雯、王小春，(2018)，《情绪效价对动作速度影响的行为学研究》，《上海体育学院学报》，42（2），113—118。

刘佳琪、陈春燕，(2018)，《中学生绿色环保意识的问题调查》，《吉林省教育学院学报》，34（5），42—44。

刘璐，(2016)，《恐惧诉求在戒烟广告中的传播效果研究》，《视听》，31（6），173—174。

刘寅斌、肖萍、陈永，(2010)，《网络广告研究综述》，《国际新闻界》，50（11），27—31。

刘宣文、李蕊，(2013)，《不同广告诉求方式对儿童广告态度的影响：一项基于解释水平理论视角的研究》,《新闻与传播研究》, 20 (7), 111—125。

刘玥灵, (2010),《不同诉求方式的手机网页广告效果研究》,《心理科学》, 33 (1), 178—180。

马英、方平, (2009),《情绪效价对决策的影响》,《社会心理科学》, 24 (5), 38—40。

沈莹, (2011),《广告诉求方式、产品卷入度对消费者外显及内隐态度的影响》, 华东师范大学, 硕士学位论文。

王静雅, (2012),《戒烟广告中恐惧诉求的效果研究》, 西南交通大学, 硕士学位论文。

王怀明, (1999),《理性广告和情感广告对消费者品牌态度的影响》,《心理学动态》, 7 (1), 56—59。

王琳, (2013),《情绪负性偏向及负情绪效价强度效应的研究综述》,《科教导刊》(中旬刊), 2 (2), 205。

吴丽颖, (2010),《诉求方式与产品类型对广告心理效果的影响》, 辽宁师范大学, 硕士学位论文。

徐慧芳、张钦、郭春彦, (2015),《情绪效价和唤醒对熟悉性和回想的不同影响》,《心理科学》, 38 (2), 263—269。

辛冲、李蕊、郭鑫, (2017),《网络口碑诉求方式和传播方向对消费者购买意愿的影响》,《技术经济》, 36 (6), 120—126。

孙仁喆, (2015),《浅析恐惧诉求广告及其强度的调节手法》,《大众文艺》, 60 (9), 113。

徐希玲, (2014),《诉求方式、认知需求及网络口碑对微博广告心理效果的影响》, 苏州大学, 硕士学位论文。

许志忠, (2007),《广告诉求方式对消费者产品创新性感知的影响研究》, 中南大学, 硕士学位论文。

杨泽璐, (2016),《吸烟状态、恐惧强度和威胁类型对平面戒烟广告心理效果的影响》, 苏州大学, 硕士学位论文。

叶晖、姚可欣, (2013),《恐惧诉求广告的传播特性及效果》,《青年记者》, 73 (29), 88—89。

张晓雯、禤宇明、傅小兰, (2012),《情绪效价对趋避反应的作用》,《心理科学进展》, 20 (7), 1023—1030。

朱丽萍、袁加锦、李红, (2011),《情绪效价及强度对词汇加工的影响》,《心理科学》, 34 (2), 284—288。

朱永泽、毛伟宾、王蕊，（2014），《负性偏向的神经机制》，《心理科学进展》，22（9），1393—1403。

周象贤、金志成，（2006），《情感广告的传播效果及作用机制》，《心理科学进展》，14（1），126—132。

周象贤、金志成，（2009），《卷入影响广告理性诉求信息加工效果的眼动研究》，《心理学报》，41（4），357—366。

周象贤、肖兵艳，（2009），《恐惧诉求广告传播效果研究及其应用启示》，《新闻界》，25（6），157—158。

Feng, W., Liu, Y., & Li, D. (2022). Emotional or rational? The congruence effect of message appeals and country stereotype on tourists' international travel intentions. *Annals of Tourism Research*, 95, Article 103423.

Insko C. A., Arkoff A., Insko V. M. (1965). Effects of high and low fear-arousing communications upon opinions toward smoking. *Journal of Experimental Social Psychology*, 1 (3), 256-266.

Janis I. L., Feshbach S. (1954). Personality differences associated with responsiveness to fear-arousing communications. *Journal of Personality*, 23 (2), 154-166.

Janssens W., Pelsmacker P. D. (2007). Fear appeal in traffic safety advertising: The moderating role of medium context, trait anxiety, and differences between drivers and non-drivers. *Psychologica Belgica*, 47 (3), 173-193.

Kaur, K., Kumar, V., Syan, A. S., & Parmar, Y. (2021). Role of green advertisement authenticity in determining customers' pro-environmental behavior. *Business and Society Review*, 126 (2), 135-154.

Kensinger, E. A. (2007). Negative emotion enhances memory accuracy: Behavioral and neuroimaging evidence. *Current Directions in Psychological Science*, 16 (4), 213-218.

Khalifa, H. K. H. (2022). A Conceptual Review on Heuristic Systematic Model in Mass Communication Studies. *International Journal of Media and Mass Communication*, 4 (2), 164-175.

Lim, J. R., Liu, B. F., & Atwell Seate, A. (2022). Are you prepared for the next storm? Developing social norms messages to motivate community members to perform disaster risk mitigation behaviors. *Risk Analysis*, 42 (11), 2550-2568.

Nuweihed, W., & Trendel, O. (2023). The role of informational versus transformational ad appeals in building consumer-based brand equity for low involvement products. *Journal of Marketing Theory and Practice*, 32 (3), 1 –20.

Shahab, M. H. , Ghazali, E. , & Mohtar, M. (2021) . The role of elaboration likelihood model in consumer behaviour research and its extension to new technologies: A review and future research agenda. *International Journal of Consumer Studies*, 45 (4), 664 –689.

Yousef, M. , Dietrich, T. , & Rundle-Thiele, S. (2021) . Social Advertising Effectiveness in Driving Action: A Study of Positive, Negative and Coactive Appeals on Social Media. *International Journal of Environmental Research and Public Health*, 18 (11), Article 5954.

Petty R. E. , Cacioppo J. T. , Schumaun D. (1983) . Centural and peripheral routes to advertising effectiveness: The moderating role of involvement. *Journal of Consumer Research*, 10 (2), 135 –146.

Pittman, M. , Read, G. L. , & Chen, J. (2021) . Changing Attitudes on Social Media: Effects of Fear and Information in Green Advertising on Non-Green Consumers. *Journal of Current Issues & Research in Advertising*, 42 (2), 175 –196.

Witte K. (1991) . The role of threat and efficacy in AIDS prevention. *International Quarterly of Community Health Education*, 12 (3), 225 –249.

Zheng, M. (2020) . When and Why Negative Emotional Appeals Work in Advertising: A Review of Research. *Open Journal of Social Sciences*, 8 (3), 7 –16.

通讯作者简介

王笃明，教授，硕士生导师，2006 年博士毕业于浙江大学心理系工程心理学方向，现任浙江理工大学理学院副院长、浙江省心理学会常务理事、中国心理学会工程心理学专委会委员、中国人类工效学会认知工效专业委员会委员。主持国防科技 173 计划项目、装备预研重点实验室项目及航空航天军工项目、省自然基金、社会科学规划基金等各类项目 20 余项。主要从事工程心理学、人机环境系统工效学研究。电子邮箱：wduming@ 163. com。

室内盆栽植物叶片肌理特征和色彩丰富度对大学生工作表现影响研究*

李侃侃　徐志曼　尹梦垒

西北农林科技大学风景园林艺术学院　陕西咸阳　712100

摘　要： 在室内环境中的自然元素有益于提升人类身心健康水平和工作表现已被多次证实。为了探究观叶植物外形特征对人们的工作注意力的影响是否存在差异，随机邀请了126名大学生志愿者经工作压力刺激后观察6种不同特征的植物前后工作表现水平。研究结果表明，工作疲劳状态的大学生在植物观察5分钟后，其工作能力和生理放松程度都有显著提升。观赏中等叶片面积的单一绿色植物对工作注意力的恢复（$p_{正确率}=0.029$；$p_{反应时}=0.047$）和脑波活力（$p_{\alpha波值}=0.029$；$p_{\beta波值}=0.001$）恢复更加有效；单色叶植物更能有效促进工作效率的提升；单色叶和彩色叶植物均在脑波活力的复愈方面有积极作用。基于以上研究结果，设计师可以通过特定的室内植物陈设来改善学习空间的品质，帮助学习者提高学习效率。

关键词： 脑电波　桌面操作任务　恢复性景观　学习空间　室内陈设

1　研究背景

全世界范围内的大学生正面临前所未有的压力和挑战（Cunningham et al.，2017）。有证据表明，大学生的学习能力不足和学习成绩不理想的

* 本文原载于*European Journal of Horticultural Science*，Vol. 86，No. 6，2021。

主要原因是精神疲劳产生的注意力不足（Chang & Chen，2005；Mantzicopoulos & Morrison，1994）进而导致大学生的学业表现下降（Cohen & Spacapan，1978；Nuechterlein et al.，1983；Parasuraman，1986）。大量研究证明了接触自然对人的益处（R. Kaplan & Kaplan，1989；R. Kaplan et al.，1998；Stephen Kaplan，1995；R. S. Ulrich & Parsons，1992）。从广义上来说，接触自然被定义为视线范围内存在自然元素，人们受到自然元素的视觉刺激，这样的视觉刺激可以使个体恢复一定程度的身心健康（Jo et al.，2019；R. Kaplan et al.，1998；Li & Sullivan，2016；R. S. Ulrich & Parsons，1992），而人们长时间处于室内，使得建筑物阻碍了人们与自然的接触，会使人产生消极反应（Bringslimark et al.，1992）。基于这样的自然经验，越来越多的研究围绕室内的绿色植物和人的身心健康开展。比如，办公室内的绿色植物可以缓解焦虑情绪（Chang & Chen，2005；Larsen et al.，1998）、恢复工作注意力（Raanaas et al.，2011）、增加满意度和减少病假次数（Bringslimark et al.，2007；Lohr & Pearson-mims，1996）等。同理，大学的学习环境中的绿色植物应该能够帮助学生减少负面情绪、减轻压力、提升工作注意力等（Han K. T.，2009）。因此，本研究进一步探讨了室内植物对大学生的工作注意力的影响。

1.1 与自然接触有益于人类注意力恢复的主要理论

在先前的研究中，自然环境可以对人的身心健康影响主要有两个理论，一个是注意力恢复理论（ART）（R. Kaplan & Kaplan，1989；Kaplan S.，1995），另一个是压力减少理论（SRT）（Ulrich R. S.，1977；Ulrich R. S. & Parsons R.，1992；Ulrich R. S. et al.，1991）。ART 认为，人类的视线与植物接触或通过窗口欣赏自然景色可能会有助于注意力的恢复（Kaplan R.，1993），Kaplan 提出，自然场景中的元素可以为人类提供一种不需要直接注意的刺激，会触发非定向注意，从而使定向注意系统得以修复（Kaplan R. & Kaplan S.，1989）。并且 Kaplan 提出了“微修复”体验，暗示可以在很短的时间内，人们通过观看自然景色激活无意识注意力（Kaplan R.，1993；Kaplan S.，1995）。这样的假设已经被很多研究验证了有效性（Berto R.，2005；Felsten G.，2009；Hartig T. et al.，2003；Laumann et al.，2003；Raanaas et al.，2011）。这一点对于注意力疲劳的大学生也尤为关键（Li & Sullivan，2016），大学生的视觉如果得到自然元素的刺激，他们就可以因此而恢复大脑的执行功能和自我调节的认知资源（Kaplan & Berman，2010）。SRT 观点认为人类的恢复效果是从压力的减少中获得的，而不是由定向注意力疲劳的补充产生的（Hartig T. et al.，1991）。Ulrich 认为，人类与环境的互动会引发人类即时的无意识的情绪反应，这种情绪反应会影响保护福祉和生存的功能或行为（Ulrich，1983；Ulrich，1986）。人类看到自然元素时更容易得到放松的积极反应，这种反应可以帮助个体减少负面情绪（Ulrich，1983）。

这两种观点都符合进化论的观点：人类来源于自然环境，人类在进化的过程中已经建立了对自然的适应性反应的心理机制（Han K. T.，2009）。这两种理论也是本研究的理论基础。总体来说，和自然接触可以帮助人类恢复注意力，但是不同人群有着不同的恢复需求，基于这样的功能差异的室内自然元素的研究还需要进一步深入。

1.2 室内植物与人类的身心健康关系的研究

近些年，有越来越多的室内植物与人类身心健康的关系研究（Bringslimark T. et al.，2009；Doxey et al.，2009；Hassan et al.，2019；Nicole et al.，2018；Raanaas et al.，2011），这些研究几乎都基于前文所提到的注意力恢复理论和压力减少理论。有明确的证据显示，有绿色植物的室内空间会提高人们对室内空间的评价和满意度（Berg et al.，2003；Dopko et al.，2014；Hartig & Staats，2006；Özgüner & Kendle，2006；Purcell et al.，2001；Wilkie & Stavridou，2013）。在教育心理学领域，研究者普遍将学习定义为一个以增加或增强个人技能、影响世界观和价值观变化为目的、可以触发认知、情感和行为的评估过程（Hartley & Ltd，1998；Simonsen，2000）。虽然学习是一个复杂的过程，但是研究者们普遍认为完成学习活动需要具备五个驱动力，分别是学习者、教育者、情感投入、物理环境支持和场所特征，以及信息技术支持（Peker & Ataöv，2019）。其中，物理环境支持和场所特征对学习过程有着积极或消极的影响（Kolb & Kolb，2005）。

Lohr 等人（1996）的实验结果表明，与室内没有植物相比，室内有植物的参与者注意力更加集中。Maofeng H. 等人（2002）在中国台湾的一所幼儿园观察了孩子们的行为，发现教室里的植物提高了孩子们的注意力，减少了他们的注意力分散。长期可见的室内多叶植物增强了学生对专业、舒适和友善的认知，并减少了因行为不当而导致的病假时间和惩罚记录（Raanaas et al.，2011）。

校园物理环境研究多围绕室内学习进行，包括教室、实验室、报告厅、礼堂、计算机机房、设计室和图书馆等。这些研究是对进一步支持学习活动有积极作用的，显而易见，这些物理环境大多支持的是正式的学习活动（Halsband，2005）。确实，物理学习环境对学生的学习和积极参加学术活动的动机有很大的影响（Asiyai，2014）。Scott-Webber 等（2000）发现建筑环境可以有效影响使用者的行为，因此教室是不是一个合格的学习环境对大学生来说尤为重要。大学中大量的课程和自主学习生活的需求使得学生需要更频繁、直接地集中注意力迎接挑战（Wentworth et al.，2014），同时，大学生的生理年龄和他们要面对的升学压力、工作压力等，使得他们的注意力长期处于持续疲劳状态，从而影响他们的学术表现（Tennessen & Cimprich，1995）。大学生在课堂上的学习行为，需要调动定向注意力，定向注意力或直接注意力是指需要个人的精神集中和自我控制认知，以维持自己工作注意力，防止其他事务对自己的工作注意力干扰和分散（Kaplan & Talbot，1983）。这种集中注意力的能力对于大学生有效执行生活中许多必要的、日常生活时刻需要的行为密切相关，如制订学习计划、执行学习计划、自我调节心理状态、自我控制或约束工作行为等，是大学生每天处理多种信息并努力实现大学学业目标所需要的一项重要认知技能。注意力分散会导致压力的增加：当个体无法调动充分的注意力来满足需求时，就会产生更大的压力感和疲劳感。

在室内环境对大学生复愈效应影响的研究中，可以发现研究中往往聚焦于室内的陈设，如盆栽植物、杂志架或者挂画。另外，由于室内的活动主要是学习和工作，大量的研究者会聚焦学生对课堂的评价或工作能力的测量。Shibatas 和 Suzuki（2002）使用单词连线的方式调查房间中的盆栽植物对大学生的情绪、工作能力的影响，研究结果表明，与空房间相比，室内有盆栽植物的情况下大学生的情绪感受更好，工作能力更强。Doxey 等（2009）进一步证明了当教室中摆放绿色植物时，学生能够表现出更多的愉悦感，注意力更容易集中，也更容易对授课教师产生积极的评价。Felsten 等（2009）研究发现，在学生的休息空间设置带有大自然风景的壁画（投影或者背光图像）最能帮助学生缓解注意力疲劳，另外建议学生的休息空间开设一些能够有良好自然风景的窗口帮助其恢复注意力。除了实际的绿色和自然图像，多项研究还认识到，颜色可以影响情感和感觉（Jalil et al.，2012），例如，红色、黄色、绿色、蓝色和紫色与学生的积极情绪反应有关（Kaya & Epps，2004）。Li 和 Sullivan（2016）通过对美国的 5 所学校的研究证明，教室中能看到绿色景观可以显著提高学生在注意力测试中的表现，并能提升学生从压力经历中恢复过来的能力。张靓等（2019）以苏州大学独墅湖校区学生公寓楼为调研对象，采用个体报告法深入挖掘影响大学生情绪的空间环境要素，并提出合理的空间设计和改造策略。

目前关于室内植物对人有益的研究多集中于恢复效果，在设计刺激物时大多选用单一的绿色观叶植物（Hassan et al.，2019）、绿色观叶植物和盆栽花卉（Nakamura & Fujii，1990；Raanaas et al.，2011）、植物种类复杂的植物墙（Stiles，1995）等，大多数人聚焦于植物在室内陈设时所占视野的面积，很少有报告指出植物特征不同时恢复效果的差异。之所以选择观叶植物，是因为好养护、绿色效益高等特点，比起花卉盆栽，不需要经常置换，后期维护成本低等（Han K. T.，2009）。因此，观叶植物经常被用在植物和人类身心健康关联的研究中（Hassan，2019；Han K. T.，2009；Lohr & Pearson-mims，1996）。在 Leng 等人（2013）的研究中发现，植物特征中的气味、颜色、叶形尺寸和数量对于被试者对室内环境的满意度显著相关，但是在他们的研究中所有被试在参与实验时是休息状态，并未做任何脑力活动，可能因此导致了数据不显著。

在先前 Berman 等人（2008）的研究中曾经提到，人类的中枢执行功能最容易遭受精神疲劳，并且这部分功能也最容易从环境中受益。因此，在研究室内植物对认知表现影响方面，很多研究从测量个体中央执行功能方面入手，比如采用了关键响应任务（key response tasks）（Berman et al.，2008；Lohr & Pearson-mims，1996）和数字搜索（reading soan task，RST）任务（Raanaas et al.，2011）等。其中，RST 任务为双重处理任务，需要记忆和信息处理（Raanaas et al.，2011）。越来越多的证据表明，工作记忆表征能够产生注意力引导效应（David et al.，2012；Kumar et al.，2009），采用工作记忆—视觉搜索的双任务范式（working memory-guided visual search task）可以有效引起和测试个体的中枢执行功能的疲劳程度（Kumar S. et al.，2009；Zimengqiu W. et al.，2018；Soto D. et al.，2005）。本研究借鉴了 Cong C. 和 Ying-Hui L. （2011）的彩色数字目标搜索任务。我们用这样的工作记忆 - 目标搜索的双任务引起并评估参与者的工作注意力和记忆力。除此之外，有研究表明，人类在应对压力时，交感神经系统可以动员机体许多器官的潜在功能以适应内外环境；副交感神经系统则在保护机体和修整恢复等方面发挥功能，同时个体在压力状态下心血管系统、骨骼肌肉系统及神经内分泌系统的变化迅速且直接，这些生理上的变化可作为在实验中鉴别复愈性环境的客观指标（Zhao H. & Wu J. P.，2010）。很多年前，Ulrich 便利用了心电图 ECG、脉搏传导间期 PTT、自发性皮肤传导反应 SCR 等指标证实了特定的外部环境的减压效果（1991）。后来，Harting 等人扩展了研究手段，增加了更为全面和敏感的生理指标来证明环境对人的影响，如脑电图、动态血压监测（ABPM）等，研究证明这些方式可以更加直观、迅速地捕捉个体应激和复愈状态（Hartig et al.，2003；Laumann et al.，2003；Yamaguchi et al.，2006）。

在我们的研究中，也引入了脑电波来反映参与者被环境刺激或影响时的生理指标。希望通过实测探索在绿色植物所占空间面积相同时，植物的外形特征（如叶片大小、色彩等）与它们对人的工作注意力和疲劳的恢复效果是否有联系。

2 研究方法

2.1 试验设计

本部分实验旨在探究植物的叶片色彩丰富度和肌理特征差异和其对大学生身心健康恢复效应的影响差异，分成两个阶段进行。在第一阶段中，随机邀请在教学大楼里自习的学生共126 人，邀请他们在精神饱满的状态下参观试验室，并提前完成三次预先安装在电脑中的连续数字判断任务，收集他们的完成时长及正确率，并按三次完成时长和正确率的平均值进行排序并编号，按顺序依次编在 7 个组中，以保证第二阶段的测试中每个试验室内被试者工作注意力能力的同质性（见表 1）。第二阶段为正式试验阶段，邀请被试者进入试验隔间完成一次彩色数字搜索任务作为注意力基线。这次数字搜索任务也起到使被试者的注意力进入疲劳状态的作用。完成第一次数据采集之后，由试验员摘下组内植物前的白色挡布，要求志愿者自我放松并观察植物。在此期间，我们完成第二次数据采集以评估志愿者工作注意力的恢复效果。

表 1　　被试组分配表

	组 1	组 2	组 3	组 4	组 5	组 6	组 7
被试者编号	1、8、15、22……120	2、9、16、23……121	3、10、17、24……122	4、11、18、25……123	5、12、19、26……124	6、13、20、27……125	7、14、21、28……126

2.2　植物材料的选择

本研究旨在探索观叶植物的叶片色彩丰富度和肌理特征对大学生复愈效应的影响。根据杨杰（2021）对常色叶植物的色彩量化分析，将室内植物按照叶片色彩的符合程度划分为单色叶（叶片只有一种颜色）、彩色叶（叶片有两种颜色）、斑色叶（叶片有两种以上颜色或叶片有明显的斑点、花纹）三类；根据张帆（2021）对健康理念下的室内植物分类，将盆栽植物按照肌理分为小叶片植物、中叶片植物和大叶片植物，其中，小叶片植物的观感叶片紧密细碎、中叶片植物叶片观感适中、大叶片植物叶片观感舒展广阔。因此，选用了四种常被用于室内盆栽的植物，分别是绿萝，拉丁学名 Epipremnum aureum，天南星科麒麟叶属植物；络石，拉丁学名 Trachelospermum jasminoides（Lindl.）Lem.，夹竹桃科络石属；如意万年青，拉丁学名 Aglaonema sp，天门冬科万年青属；变叶木，拉丁学名 Codiaeum variegatum（L.）Rumph. ex A. Juss.，大戟科。这些植物的颜色、叶形大小和冠幅见表 2。植物形态见图 1。

表2　　试验材料物理特征描述

试验组	植物	色彩丰富度分类	肌理分类及叶片大小	数量	单株冠幅（mm）
组1	空白对照组				
组2	绿萝	单色叶	中（$S=10—15cm^2$）	4	300
组3	络石	单色叶	小（$S=3—4cm^2$）	6	150
组4	绿叶混合组	单色叶组合	混合	7	
组5	如意万年青	彩色叶	大（$S=20—30cm^2$）	5	
组6	变叶木	斑色叶	大（$S=20—30cm^2$）	3	350
组7	彩色混合组	斑色叶组合	混合	8	

图1　七个组别的刺激物

试验场地为空置的面积大小方位都相同的两间模型室，每间内有四张两米长试验台，用白色KT板将其简单加以改造，分隔成面积相等、形状相同的7个试验隔间。每个试验隔间均为2.5m×4m，内有一张试验台，上面铺白色桌布，一张椅子，距离试验台0.5m。桌子上放置植物材料（见图2）和一台装好Eprime2.0程序的笔记本电脑，电脑屏幕大小一致、屏幕显示比例均为16：9。试验进行时，试验室内能保持统一的物理环境：噪音为30分贝，温度为24℃，空气湿度为45%。

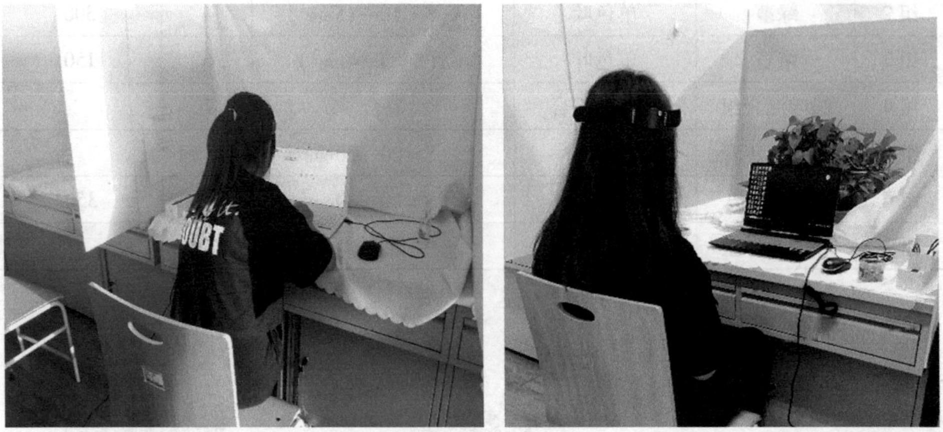

（a）被试者在执行第一次桌面任务　　（b）被试者即将合上电脑进行植物观察

图2　试验场景

2.3　研究对象

志愿者为随机邀请的大学生，他们被邀请加入一个微信群，通知具体试验时间。他们被告知试验的目的、要收集的数据和全部试验流程，并且在试验过程中可以随时随他们的意愿退出。参与者在正式加入试验前，有一次提前参观试验场地的机会，并由引导者介绍试验仪器的使用方法和完成两次连续数字判断任务以便分组。所有参与者被告知在参与试验前48小时内勿饮用可乐、咖啡等功能性饮料或者服用兴奋大脑的药物。试验于2020年4月开始，持续了3周，共有136人参与了试验（经数据初筛，最终有效样本126人）。每次试验均在下午4—6点进行，他们的平均年龄是21.17岁（±0.83岁），7个组每组分别有18位参与者。

2.4　测量指标

本研究希望探索在绿色植物所占空间面积相同时，植物叶片特征与复愈效应的关联。因此，设置了桌面操作任务来模拟被试者的工作状态，同时测量被试者的工作注意力水平，并在整个试验过程中记录被试者的脑电波，作为评估其紧张、放松状态的生理指标。

2.4.1 桌面操作任务——彩色数字搜索任务

本研究希望能够在工作注意力方面得到量化的数据，以达到进一步测量观叶植物和被试者工作注意力方面联系的目的。在先前 Berman 等人的研究中提到，人类的中枢执行功能最容易遭受精神疲劳，并且这部分功能也最容易从环境中受益（Berman et al.，2008）。因此，在研究室内植物对认知表现影响方面，很多研究从测量个体中央执行功能方面入手，比如采用了关键响应任务（Berman et al.，2008；Lohr et al.，1996）、词汇选择任务（Larsen et al.，1998；Shibata & Suzuki，2002）、字母识别任务（Larsen et al.，1998）和数字搜索任务（Reading Soan Task，RST）（Raanaas et al.，2011）等。本研究在此基础上借鉴了陈聪等（2011）的彩色数字目标搜索任务，使用工作记忆—目标搜索的双任务引起并评估参与者的工作注意力。

本研究使用的是彩色数字搜索任务（见图 3）。彩色数字图片（靶刺激）由 1—9（3cm × 4cm）中三个数字组成，这三个数字分别为红、黄、蓝三种颜色。其中数字和颜色都是随机的。被试被要求用三秒钟记住这三个数字及其对应的颜色，然后有五秒钟时间在后续出现的 1—9 的九个

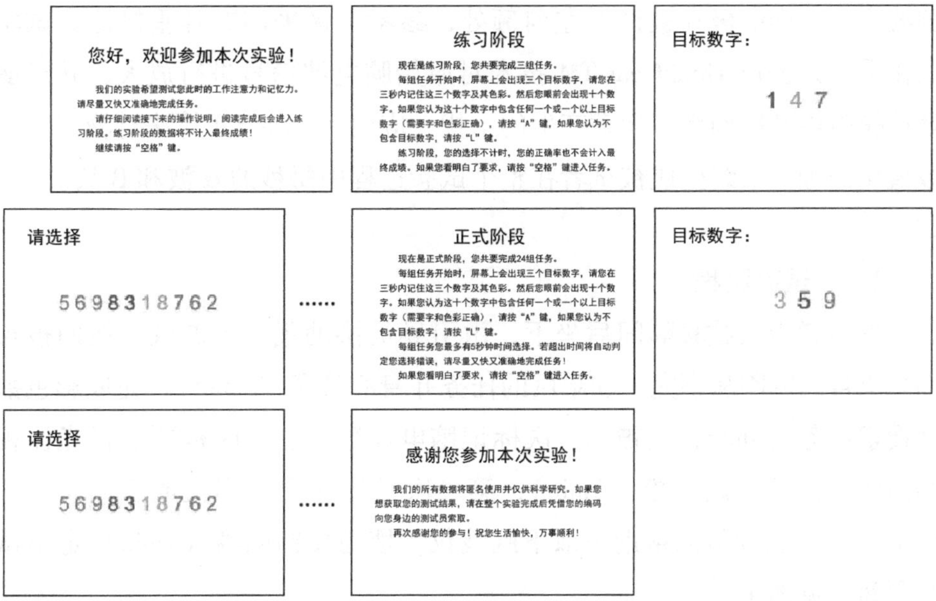

图 3 彩色数字搜索任务流程

数字中挑出目标数字，按 A 键反应，无关刺激按 L 键反应。被试者共要完成 24 道题（每组 8 道题，重复三次，每次任务中的 8 道题出现顺序是随机的）。要求被试又快又好地完成该测试。利用电脑上预先安装好的 E-prime 2.0 软件记录正确率和反应用时。试验程序中的靶刺激是随机出现，以减少练习效应。此任务的目的是通过正确率和反应用时来量化被试的工作注意力和工作记忆力水平。

2.4.2 脑电波

脑电波可以精确地显示人体大脑的活动状态，它可以被用于反映被调查个体的压力和焦虑状态（Angelucci et al.，2014），因此，脑电波也是一种可以有效反映自然元素对人类影响的工具（Hassan，2019；Lee et al.，2015；Nakamura & Fujii，1990）。脑电图频率通常分为 5 组：delta 波（4Hz）、θ 波（4—8Hz）、α 波（8—13Hz）、β 波（13—40Hz）和 γ 波（31—42Hz）（Hassan et al.，2018），通常，α 波与生理唤醒有关（Ulrich 1981），它是人体脑电波的基本节律，有研究表明，人们在清醒、平静和放松的时候该波值最高，而当人们遇到较高的工作压力和较大的任务量时，α 波值会降低，β 波值则会升高（Angelucci et al.，2014）。

在这个研究中，我们使用美国 NeuroSky 公司生产的 NeuroSky 便携式脑波仪，基准电极在被试者左前额处，参考电极采用右耳垂接法。试验操作采用该公司 ThinkGear TM 技术对原始脑电波信号进行放大，并过滤环境噪声以及肌肉组织运动产生的干扰，应用 eSense TM 算法对脑波进行数值化处理，最终生成被试者在整个试验过程中每秒的 α 波和 β 波。

2.5 试验流程

参与者步入试验隔间后坐下，由引导员协助戴上脑波仪，他们被告知想象自己刚刚从事完一项艰巨的任务并身心疲惫（2min），完成彩色数字搜索任务（3min）后被第一次标记脑电波数值。这时被要求目光注视刺激物，自己调试放松（5min），第二次被要求完成彩色数字搜索任务（3min）。在引导员的帮助下取下脑波仪，填写反馈问卷（1min）走出试验隔间，见图 4。

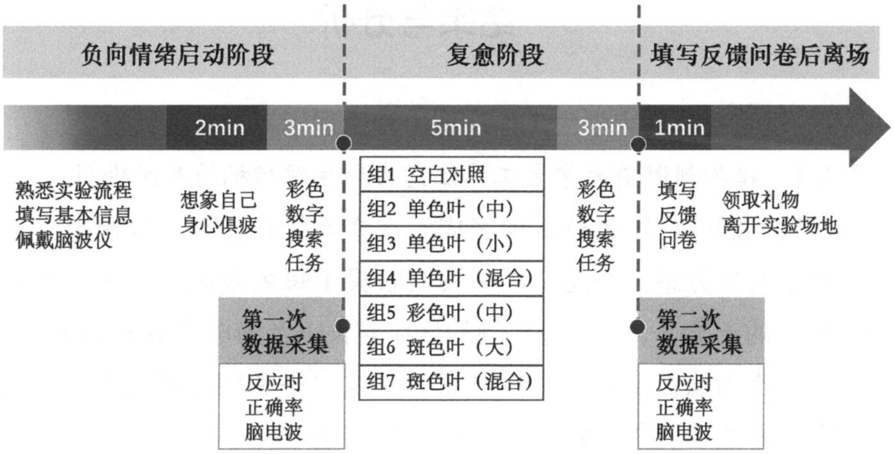

图4 试验流程设计

2.6 数据分析

研究使用 Microsoft Excel 2016 对所得数据进行统计处理，用 SPSS20.0 软件对所得数据进行统计分析。本研究的数据分析分为三个部分。

首先，为了避免各测试组的被试因工作能力基线和脑波基线不同导致的结果偏差，一方面采用预测试的方式，先邀请所有被试者完成 3 次彩色数字搜索任务，收集其正确率和反应时间，取均值后，将测试结果按照从大到小排序，并以此顺序分别编入每个小组以确保各组被试的工作能力水平基线的同质性；另一方面，对所有被试者的脑波数据基线水平进行单因素方差分析，以比较各小组之间心理和生理指标基线的差异。其次，采用独立样本 t 检验的方法，分析各组被试在植物刺激放松后的脑波水平和植物刺激放松前的脑波水平差异及桌面任务操作时的正确率和反应用时差异。采用配对 t 检验的方法，分别分析各试验隔间被试者观察植物后的和空白组自我恢复的生理指标变化情况，用 Cohen's d 来反映 t 检验的效应量（effect size）。最后，采用单因素方差分析比较不同隔间中因植物景观特征不同给被试带来的恢复效果差异。

3 结果与分析

3.1 观察植物对大学生工作注意力和生理指标的恢复影响

3.1.1 植物刺激前大学生工作注意力和生理指标的基线检测

在植物刺激前，每名被试均完成三次桌面操作任务，以模拟其工作状态并唤醒其疲劳感。在此过程中我们收集了每名被试在桌面操作任务中完成题目的正确率、完成每道题的反应时长以及脑电波的α和β波值，取其均值后作为该被试者的工作注意力基线水平和脑波基线水平。研究结果表明，在植物刺激开始前，7组被试者不同指标的基线值：桌面操作任务正确率（$F=1.749$，$p=0.115$），反应时（$F=0.412$，$p=0.87$），脑电波α波值（$F=1.369$，$p=0.233$），脑电波β波值（$F=1.632$，$p=0.144$）均无显著差异，这表明7组被试在受到本测试中的工作压力刺激后，工作能力和脑电波指标无显著差异（见表3），因此本研究可以将后期经由不同的植物刺激后产生的工作能力和脑电波指标差异归于不同植物的差异产生的影响。

表3 植物刺激前7组被试者不同指标的初始基线检测

检测指标	平方和	*df*	平均值平方	*F*	*p*
正确率	3.816	126	0.051	1.749	0.115
反应时	28833574.06	126	28833574.06	0.412	0.87
α波值	2070598135	126	2070598135	1.369	0.233
β波值	2225477534	126	27981144.94	1.632	0.144

3.1.2 植物刺激对大学生工作注意力和生理指标影响变化

为验证植物刺激是否对大学生的工作注意力和生理指标产生影响，我们将被试者在植物刺激前、植物刺激后的工作注意力和生理指标进行了前后配对 *t* 检验，并将结果与空白组进行对比。研究结果表明，经过植物观察后，被试者的工作能力指标和脑电波指标均有极其显著差异（$p=0.000$），空白对照组中的被试者工作反应时和β波无显著差异，虽然空白组中被试工作正确率和α波有显著差异，但是和植物组相比，前后恢复效果差异相对较小。具体数值见表5。

3.2 不同植物景观特征对大学生工作注意力和生理指标的恢复影响

为了探索不同特征的植物对大学生工作注意力和生理指标的影响差异，我们对7个被试组分别做了前后配对 t 检验（见图5）。结果表明，从总体趋势上来看，5分钟的自我放松对工作疲劳感的缓解和工作效率的提升均有改善，但是各组因植物景观特征的差异，也存在恢复效果的差异（见表4），其中反应最明显的是α波值，和对照组相比，经植物刺激后，各组不论植物景观特征如何，在其表现上均有显著差异，可以看到各组被试α波值的显著升高。在工作任务的反应时上，除组2体现出显著差异外，其他各组差异不显著。经比较可以看出，经过5分钟的恢复，从正确率的提升方面，第7组（斑色叶混合组）的恢复效果最好（$t = -4.619$，$p = 0.000$）；在反应时的提升方面，第2组（单色叶－中等叶片）的恢复效果最好（$t = 2.721$，$p = 0.015$）；在脑电波α波值活力的恢复方面，第2组（单色叶－中等叶片）恢复效果最佳（$t = -12.3$，$p = 0.000$）。

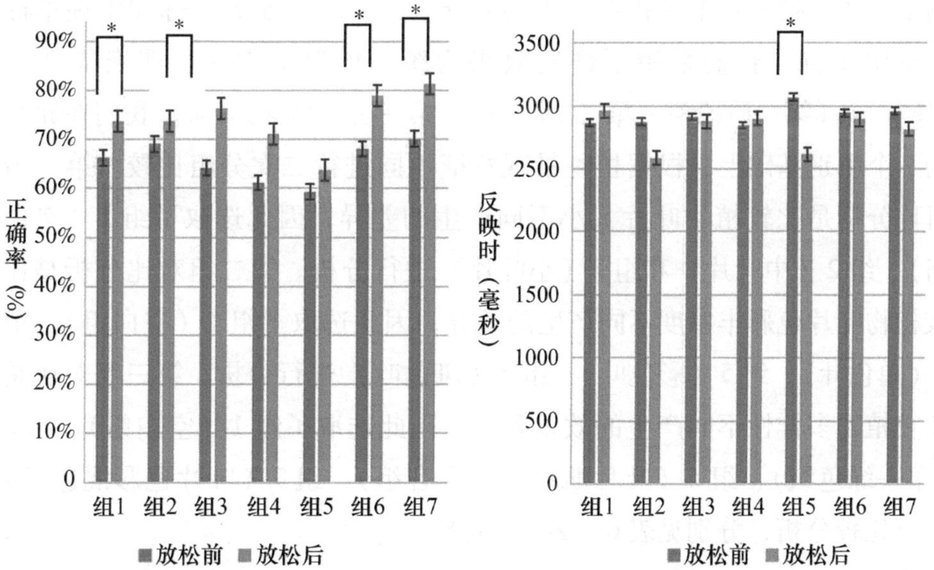

(a) 观察不同植物放松后对正确率的影响　　(b) 观察不同植物放松后对反应时的影响

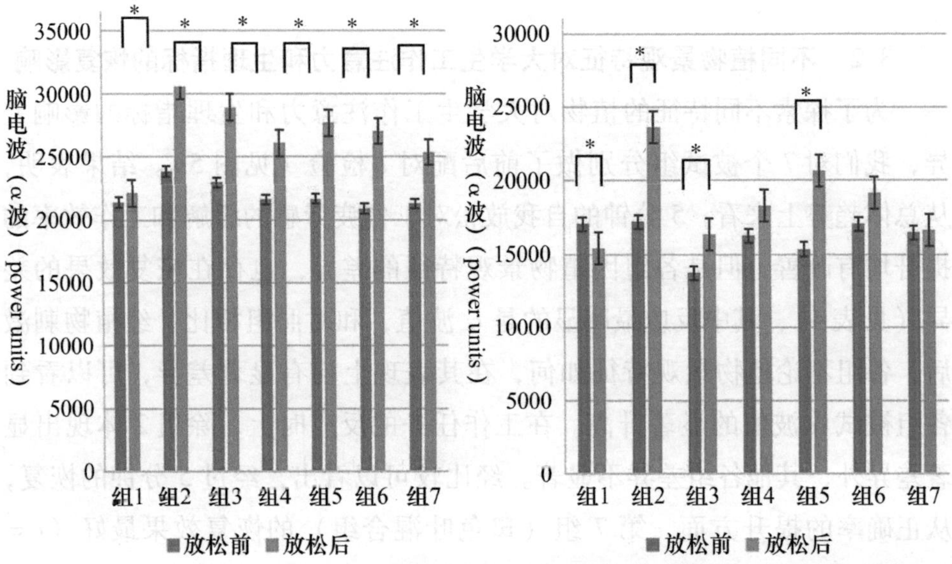

（c）观察不同植物放松后对α波的影响　（d）观察不同植物放松后对β波的影响

图5　7个组别观察植物放松后对测试指标的影响

注：*：$p<0.05$；**：$p<0.01$。

用单因素方差分析进一步多重比较因植物景观特征不同而使被试者的工作能力指标及生理指标产生的差异。由于工作能力指标和生理指标的单位不同，我们采用了恢复效果为统一的判断单位，即恢复效果（%）=（第一阶段值－第二阶段值）/第一阶段值×100%。我们在原有的7个组别基础上，根据植物景观特征不同进行二次分组比较。第一组对比分析是比较植物叶片大小不同产生的差异，因此选取了组1（空白组）、组2（中叶片）和组3（小叶片）进行分析。第二组对比分析是比较植物叶片色彩丰富度不同产生的差异，因此选取了组1（空白组）、组2（单色叶）、组5（彩色叶）、组6（斑色叶）进行分析。第三组对比是比较植物多样性不同产生的效果差异，因此选取了组1（空白组）、组2（单一绿色组）、组4（叶片肌理大小混合组）、组7（叶片色彩混色组）进行比较分析，分别见表6、表7、表8。

表 4　空白组和植物组恢复效果的前后差异

指标	对照组 n = 18					植物养护组 n = 108				
	前测值（M ± SD）	后测值（M ± SD）	t	p	effect size	前测值（M ± SD）	后测值（M ± SD）	t	p	effect size
正确率	0.56 ± 0.18	0.74 ± 0.20	-3.642	0.002	0.94	0.65 ± 0.17	0.74 ± 0.18	-7.26	0.000**	0.51
反应时	2865.96 ± 400.54	2961.09 ± 353.21	-1.194	0.249	0.25	2932.61 ± 491.01	2777.07 ± 509.61	3.79	0.000**	0.31
α 波值	21376.52 ± 3878.27	22114.56 ± 4571.40	-0.651	0.523	0.17	21976.11 ± 4093.07	27690.48 ± 6367.27	-11.096	0.000**	1.07
β 波值	17054.32 ± 4023.99	15435.59 ± 3590.87	2.124	0.049	0.42	15984.78 ± 4230.11	19199.94 ± 5976.68	-5.486	0.000**	0.62

注：*：$p < 0.05$，差异显著；**：$p < 0.01$，差异极其显著。

表 5　七个被试组放松前后任务操作指标及生理变化对比

组别	正确率		反应时		α 波值		β 波值	
	t	p	t	p	t	p	t	p
组 1	-3.642	0.002**	-1.194	0.249	-0.651	0.523	2.124	0.049*
组 2	-2.088	0.051	2.632	0.017*	-12.3	0.000**	-3.519	0.002**
组 3	-3.727	0.002**	0.37	0.716	-4.339	0.000**	-2.411	0.028*
组 4	-1.591	0.13	-0.35	0.731	-2.931	0.009**	-1.38	0.185
组 5	-1.003	0.331	4.556	0.52	-3.887	0.001**	-3.393	0.004**
组 6	-3.48	0.003**	0.475	0.641	-3.861	0.001**	-1.428	0.171
组 7	-4.619	0.000**	2.721	0.015*	-3.846	0.001**	-0.207	0.838

注：*：$p < 0.05$，差异显著；**：$p < 0.01$，差异极其显著。

表6　植物叶片肌理不同和被试者工作能力/生理指标影响差异的多重比较

因变量	(I) 组	(J) 组	平均差异 (I-J)	标准错误	*p*	95%信赖区间	
						下限	上限
正确率	组1	组2	-0.30675	0.11623	0.029*	0.0263	0.5872
		组3	-0.14937	0.11779	0.419	-0.1348	0.4335
反应时	组1	组2	0.12487	0.05111	0.047*	0.0016	0.2482
		组3	0.0479	0.0518	0.627	-0.0771	0.1729
脑波α	组1	组2	-0.22911	0.06481	0.002*	-0.3855	-0.0728
		组3	-0.20178	0.06568	0.009*	-0.3602	-0.0433
脑波β	组1	组2	-0.54120	0.13431	0.001*	-0.8652	-0.2172
		组3	-0.28417	0.13611	0.102	-0.6126	0.0442

注：*：$p<0.05$，差异显著；**：$p<0.01$，差异极其显著。

由表6的分析结果可知，三个组别经过休息后，前后的各项指标均有显著差异。在正确率（$p=0.029$）和反应时（$p=0.047$）方面，中叶片组的恢复效果显著优于对照组；在脑电波反应上，中叶片组的复愈效果>小叶片组>对照组。因此，可以看出，相比空白组，观看单色叶中等叶片面积植物（如绿萝等）有利于工作能力的快速恢复和生理恢复放松状态，同时，小叶片植物也同样能起到复愈作用。

表7　植物叶片色彩丰富度不同和被试者工作能力/生理指标影响差异的多重比较

因变量	(I) 组	(J) 组	平均差异 (I-J)	标准错误	显著性	95%信赖区间	
						下限	上限
正确率	组1	组2	-0.30675	0.11482	0.045*	0.0045	0.609
α波值	组1	组2	-0.28510	0.05241	0.004*	0.0471	0.3231
	组1	组5	-0.26018	0.09663	0.043*	-0.5146	-0.0058
β波值	组1	组2	-0.54120	0.13785	0.001*	-0.9041	-0.1783
	组1	组5	-0.46913	0.1397	0.007*	-0.8369	-0.1013

注：*：$p<0.05$，差异显著；**：$p<0.01$，差异极其显著。

由表7的分析结果可知，各组别经过休息后均有显著差异；其中在正确率的恢复方面，单色叶组的恢复效果优于对照组（$p=0.045$）；在脑电波活力的恢复方面，单色叶组（$p=0.004$）的恢复效果 > 彩色叶组（$p=0.043$） > 对照组，斑色叶组的恢复效果和对照组无显著差异。因此可以看出，相比于空白组，在整体接受植物刺激放松的情况下，观看单色叶植物相比过于复杂的斑色叶植物，有利于工作能力的快速恢复和生理恢复放松状态。

表8　植物多样性和被试者工作能力/生理指标影响差异的多重比较

因变量	(I) 组	(J) 组	平均差异 (I－J)	标准错误	显著性	95%信赖区间	
						下限	上限
正确率	组1	组2	－0.30675	0.09117	0.007*	0.0667	0.5468
α波值	组1	组2	－0.32911	0.07723	0.021*	－0.4324	－0.0258
	组1	组4	－0.22129	0.07827	0.031*	－0.4274	－0.0152
β波值	组1	组2	－0.54120	0.12319	0.000*	－0.8655	－0.2169
	组2	组7	0.41831	0.12319	0.006*	0.094	0.7426

注：*：$p<0.05$，差异显著；**：$p<0.01$，差异极其显著。

由表8的分析结果可以看出，空白组和单一的绿色植物相比，正确率的提升恢复效果呈现显著差异（$p=0.007$），单一的中叶片植物复愈效果优于对照组；脑电波活力的恢复方面，单一的中叶片植物（$p=0.021$）恢复效果 > 混合叶片大小的植物（$p=0.031$） > 对照组；脑电波β波的恢复方面，单一的中叶片植物恢复效果（$p=0.000$） > 斑色叶混合组（$p=0.006$） > 对照组，其他各组无显著差异。

4　结论与讨论

4.1　结论

本研究以大学生为研究对象，探索了不同特征的观叶植物对大学生工作注意力恢复的影响，得到的主要结论如下。

（1）在相同的时间条件下，相比于空白组，被试者通过观察植物放松，能够快速得到工作注意力的恢复、提高工作效率、有效缓解生理上的疲劳感。

（2）在叶片肌理方面，小型叶片植物（叶片面积3—5cm^2）和中等叶片植物（叶片，面积10—15cm^2）同样具有复愈效果，但是相比于观察单一的小型叶片植物，观赏中等叶片的单一绿色植物对工作注意力的恢复（$p_{正确率}=0.029$；$p_{反应时}=0.047$）和脑波活力（$p_{\alpha波值}=0.029$；$p_{\beta波值}=0.001$）恢复更加有效。

（3）在叶片色彩丰富度方面，单色叶植物更能有效促进工作效率的提升；单色叶植物和彩色叶植物均在脑波活力的复愈方面有积极作用，从复愈效果来看，单色叶组（$p=0.004$）的复愈效果>彩色叶组（$p=0.043$）；观赏斑色叶植物的复愈效果和空白对照组无显著差异。

（4）在混合配置方面，观叶植物进行叶片大小和色彩的混合搭配后，脑波活力的恢复方面，单一中等叶片植物（$p=0.021$）恢复效果>混合叶片大小的植物（$p=0.031$）>对照组。

4.2 讨论和设计建议

本研究采用了七个组别的试验，探索不同植物景观特征对大学生工作注意力和生理放松程度的影响。研究结果表明，在受到外在任务的刺激下，产生了工作疲劳的大学生休息五分钟后，其工作能力和生理放松程度都有显著提升。这个结论再次印证了人类本身的自我恢复能力，也就是在平静状态下的自我放松有利于其生理和工作能力的自我恢复。但是，和空白组相比，相同时间条件下，如果被试者在放松的过程中注视着植物，其生理放松的效果和工作能力的提升能达到更高的恢复水平。这个结论和目前已有的大量关于视线接触自然植物有利于人类保持身心健康与平衡的观点是一致的（Berman et al.，2008；Hartig et al.，2003；Kaplan & Kaplan 1989）。不同的是，以往的研究大多是通过自评或标准的问卷进行结果分析，而本研究采取的桌面操作任务和脑电波数值的收集，是用客观量化的数值增加了视线接触植物，可以帮助人们更快地恢复身心平衡的证据。

从工作能力指标的恢复效果上来看，我们从研究的整体分析结果可以看到，植物景观特征确实会对人们疲劳状态下相同时间内恢复的效果产生差异。这个差异在人们工作正确率的提升上有显著的体现。工作任务正确率的提升一方面可能是因为人们的工作疲劳感有较好的恢复，从而使他们能更集中工作注意力去完成任务（陈聪等，2011）；另一方面也可能存在一定的练习效应，尽管我们采取了分别三次随机任务来尽量避免练习效应，但是练习效应在前后对比的任务中，某种程度上是不可避免的（Kumar et al.，2009；Soto et al.，2012）。同时我们可以看到，不管在何种条件下，工作任务完成的反应时长虽然都会有所提升，但是这个结果在组内和组间比较均很少有显著差异。这个结果一方面证明了 5 分钟的休息可以帮助被试者恢复工作注意力，让他们可以更集中注意力去完成任务；另一方面也体现了工作能力的反应时长不是通过视觉放松就能达到显著提升的，而是需要更加长期或专业的训练可能才会有所改善。

在生理状态的恢复方面，虽然空白组被试者的 EEG 的 α 波值也有显著的提升，但是这种恢复在植物组体现得更加明显。这个结论和之前的研究也能够保持一致（Hassan et al.，2020；Hassan et al.，2018；Liisa et al.，2014）。在植物景观特征方面，虽然 Tyrväinen 等人以及 Kurt 的研究团队曾经提出过，不同植物的景观特征不会对恢复效果产生影响（Kurt & Douglas 2013；Tyrväinen et al.，2014），但是这些研究更多是基于室外环境中较为复杂的景观环境，而非室内较为纯粹的、相对单一的植物景观。另外，从某种程度上来说，室内的、相对单一的植物景观与室外自然景观相比，具有控制变量少、研究相对更加直接等特点。

在不同植物景观特征的差异上，植物的叶片大小、色彩和多样性对工作的注意力恢复效果会产生一定影响。相对于观赏小型叶片（叶片面积约为 1—2cm^2），观赏较中等面积的绿色植物叶片（叶片面积约为 15—20cm^2）会更有利于人们的工作注意力恢复。本试验中选取的中等面积叶片的绿色植物为绿萝，是一种被大多数人喜爱的、经常被用于家庭、办公空间、公共场所装饰的常绿植物，具有耐阴、易养护、易繁殖等特点（Hassan，2019）。本研究的结果可以证明，该种植物除了以上优点，还有能够让人更大程度放松、迅速恢复工作注意力的特点，这个结论和 Hassan 团队（2019）以老年人为研究对象的研究结论是近似的。因此，我们鼓励在学习、工作空间放置较大叶片的绿色植物来帮助恢复工作注意力。

除此之外，单纯的、鲜艳的红色叶片的植物在恢复效果上与单纯的绿色植物相似，而当植物的颜色过于繁多或花纹过于复杂，其恢复效果较弱。在早期的景观偏好的研究中，Kaplan 等人（1989）研究发现，相比较于高度刺激，人们更倾向于选择中等强度的刺激来保持身心平衡，除此之外，从植物进化的角度来看，植物的色彩和花纹也是一种长期适应环境自然选择的结果，有研究表明植物复杂的色彩和花纹有着惊吓其他昆虫、动物从而达到自我保护的作用（李合生，2006），因此，放置于室内的观叶植物不宜选择花纹和色彩过于复杂的。

尽管如此，在观叶植物的多样性配置上，本研究有更进一步的发现。当对用于放松的观叶植物进行叶片大小、色彩、高度搭配后，其美感程度增加，而这种美感在某种程度上弥补了单一的复杂花纹植物的恢复效果。和空白组相比，有着多样性植物搭配的组合植物在恢复效果上和单一的绿色植物相似，这点尤其在工作压力强度的脑电波 β 波上体现显著。在前期的研究中，研究者发现较高的室内观赏品质和人们的办公效率有着直接关系（陈聪等，2011；Raanaas et al.，2011）因此室内观叶植物可以选择具有多样性特点的植物进行搭配，用于提升室内空间品质，进而达到缓解工作压力、恢复工作注意力、提高工作效率的目的。研究结果进一步证明了在室内环境中接触自然植物对人们身心健康的益处，并通过更加深入细致的研究帮助设计师和室内陈设师了解工作空间中观叶植物和人们工作效率的关系。

基于这些研究结果，设计师可以通过特定的室内植物陈设来改善学习空间的品质，以达到帮助学习者提高学习效率的目的。因此，本研究提供以下设计建议：（1）增加学习空间的室内植物陈设；（2）学习空间中的植物陈设应为单色叶和彩色叶的植物，叶片肌理可以是中等面积和小型面积的混合搭配；（3）学习空间避免摆放过多的、色彩和花纹过于繁杂的斑色叶植物，以免因高度刺激而分散学习者的工作注意力或造成其工作疲劳感，相反，在学习空间附近的走廊、休息室可以增加斑色叶植物、各种色彩及叶片大小混合搭配的植物，以提升室内环境美感，帮助大学生恢复脑波活力。

本研究也存在一定的局限性。一方面，本研究的设计流程为工作压力唤醒疲劳感—植物放松—再次执行工作压力任务，全程 10—11 分钟，其中植物放松阶段为5分钟，仅为短时间内的身心健康恢复状态的衡量。有研究表明，虽然某些因接触植物产生的放松感能够在短时间内让人们达到身心平衡的目的，但是随着放松时间的延长，因植物刺激产生的放松感和空白组相比并无显著差异（王子梦秋等，2018）。另一方面，本研究对于试验场所中的人们长期与观叶植物环境接触后，因自然因素产生的对人们身心健康的恢复影响也缺乏研究，因此，本研究可能在未来需要设计更长的时间跨度来进一步探讨研究结果的有效性。

参考文献

陈聪、赖颖慧、吴建平，（2011），《不同环境下有意注意恢复及反思的复愈性》，《中国心理卫生杂志》，（9），681—685。

李合生，（2006），《现代植物生理学》，高等教育出版社。

王子梦秋、李侃侃、窦龙、徐钊、刘建军，（2018），《植物色彩对大学生负向情绪的恢复作用》，《西北林学院学报》，（3），290—296。

杨杰，（2021），《常色叶园林植物叶色色彩量化与景观评价》，贵州大学，硕士学位论文。

张靓、刘依芸、杨菁婧，（2019），《高校学生公寓空间环境情绪测度实证及优化设计策略研究》，《建筑与文化》，（6），81—82。

张帆，（2021），《健康建筑理念下室内植物景观设计策略研究》，大连理工大学，硕士学位论文。

Angelucci，F. L.，Silva，V. V.，Pizzol，C. D.，Spir，L. G.，Praes，C. E. O.，& Maibach，H.（2014）. Physiological effect of olfactory stimuli inhalation in humans：an overview. *International Journal of Cosmetic Science*，36（2），117 – 123. https：//doi. org/10. 1111/ics. 12096.

Berg，Den，V.，Koole，S. L.，& Wulp.（2003）. Environmental preference and restoration：(How) are they related? *Journal Environ Psychol*，23（2），135 – 146. https：//doi. org/10. 1016/S0272 – 4944（02）00111 – 1.

Berman，M. G.，Jonides，J.，& Kaplan，S.（2009）. The Cognitive Benefits of Interacting With Nature. *Psychological Science*，19（12），1207 – 1212. https：//doi. org/10. 1111/j. 1467 – 9280. 2008. 02225. x.

Berto，R.（2005）. Exposure to restorative environments helps restore attentional capacity. *Journal of Environmental Psychology*，25（3），249 – 259. https：//doi. org/

10. 1016/j. jenvp. 2005. 07. 001.

Bringslimark, T. , Hartig, T. , & Patil, G. G. (2007) . Psychological Benefits of Indoor Plants in Workplaces: Putting Experimental Results into Context. *Hortscience*, 42 (3), 221 – 227. https: //doi. org/10. 21273/HORTSCI. 42. 3. 581.

Bringslimark, T. , Hartig, T. , & Patil, G. G. (2009) . The psychological benefits of indoor plants: A critical review of the experimental literature. *Journal of Environmental Psychology*, 29 (4), 422 – 433. https: //doi. org/10. 1016/j. jenvp. 2009. 05. 001.

Chang, C. Y. , & Chen, P. K. (2005) . Human Response to Window Views and IndoorPlants in the Workplace. *Hortscience*, 40 (5), 1354 – 1359. https: //doi. org/10. 21273/HORTSCI. 40. 5. 1354.

Cohen, S. , & Spacapan, S. (1978) . The aftereffects of stress: An attentional interpretation. *Environmental Psychology & Nonverbal Behavior*, 3 (1), 43 – 57. https: //doi. org/10. 1007/BF01114531.

Cong, C. , & Ying-Hui, L. (2011) . Restorative affections about directed attention recovery and reflection in different environments. *Chinese Mental Health Journal*, 25 (9), 681 – 685. https: //doi. org/10. 1631/jzus. B1000278.

Cunningham, C. E. , Zipursky, R. B. , Christensen, B. K. , Bieling, P. J. , Madsen, V. , Rimas, H. , Mielko, S. , Wilson, F. , Furimsky, I. , & Jeffs, L. (2017). Modeling the mental health service utilization decisions of university undergraduates: A discrete choice conjoint experiment. *Journal of American College Health*, 65 (6), 389 – 399. https: //doi. org/10. 1080/07448481. 2017. 1322090.

David, Soto, Ciara, M. , Greene, Anum, Chaudhary, Pia, & Rotshtein. (2012). Competition in Working Memory Reduces Frontal Guidance of Visual Selection. *Cerebral Cortex*, 22 (5), 1159 – 1169. https: //doi. org/10. 1093/cercor/bhr190.

Dopko, R. L. , Zelenski, J. M. , & Nisbet, E. K. (2014) . Nature Salience Increases Judgments of Environmental Satisfaction. *Ecopsychology*, 6 (4), 207 – 217. https: // doi. org/10. 1089/eco. 2014. 0042.

Doxey, J. S. , Waliczek, T. M. , & Zajicek, J. M. (2009) . TheImpact of Interior Plants in University Classrooms on Student Course Performance and on Student Perceptions of the Course and Instructor. *Hortscience A Publication of the American Society for Horticultural Science*, 44 (2) . https: //doi. org/10. 1007/s10658 – 008 – 9382 – 2.

Felsten, G. (2009) . Where to take a study break on the college campus: An attention restoration theory perspective. *Journal of Environmental Psychology*, 29 (1), 160 –

167. https://doi.org/10.1016/j.jenvp.2008.11.006.

Halsband, F. (2005). Campuses in Place. *Places Forum of Design for the Public Realm*, 17 (1), 4-11.

Han-Bin, L., Xiao-Jing, Z., Zhou, X., Sun, C.-J., Qin, J., & Lian, Z.-W. (2013). Relationship between dominant feature of indoor plants and indoor environment satisfaction. *Journal of Environmental Health*, 30 (12), 1099-1102. https://doi.org/10.16241/j.cnki.1001-5914.2013.12.011.

Han, K. T. (2009). Influence of Limitedly Visible Leafy Indoor Plants on the Psychology, Behavior, and Health of Students at a Junior High School in Taiwan. *Environment & Behavior*, 41 (5), 658-692. https://doi.org/10.1177/0013916508314476.

Hartig, T., Evans, G. W., Jamner, L. D., Davis, D. S., & Gärling, T. (2003). Tracking restoration in natural and urban field settings. *Journal of Environmental Psychology*, 23 (2), 109-123. https://doi.org/10.1016/S0272-4944(02)00109-3.

Hartig, T., Mang, M., & Evans, G. W. (1991). Restorative Effects of Natural Environment Experiences. *Environ Behav*, 23 (1), 3-26. https://doi.org/10.1177/0013916591231001.

Hartig, T., & Staats, H. (2006). The need for psychological restoration as a determinant of environmental preferences. *Journal of Environmental Psychology*, 26 (3), 215-226. https://doi.org/10.1016/j.jenvp.2006.07.007.

Hartley, J., & Ltd, M. L. (1998). *Learning and studying: A research perspective.* London: Routledge.

Hassan, A., Qibing, C., & Tao, J. (2018). Physiological and psychological effects of gardening activity in older adults. *Geriatrics & Gerontology International*, 18 (8), 1147-1152. https://doi.org/10.1111/ggi.13327.

Hassan, A., Qibing, C., Yinggao, L., Tao, J., Li, G., & Jiang, M. (2019). Psychological and physiological effects of viewing a money plant by older adults. *Brain and Behavior*, 9 (8). https://doi.org/10.1002/brb3.1359.

Hassan, A., Qibing, C., Yinggao, L., Tao, J., Li, G., Jiang, M., Nian, L., Bing-Yang, L., & Shiliang, L. (2020). Do plants affect brainwaves? Effect of indoor plants in work environment on mental stress. *European Journal of Horticultural Science*, 85 (4), 279-283. https://doi.org/10.17660/eJHS.2020/85.4.9.

Hassan, D. (2019). Psychological and physiological effects of viewing a money plant by older adults. *Brain and Behavior*, 9 (8), Article e01359. https://doi.org/10.1002/brb3.1359.

Herzog, & L. (1999). Book Review: With People in Mind: Design and Management of Everyday Nature. *Journal of Environment & Development*, 8 (1), 92 - 95. https://doi.org/10.1177/107049659900800108.

Huan, Z. (2010). Review on Restorative Environment: The Theories and Evaluation. *China Journal of Health Psychology*, 18 (1), 117 - 121. https://doi.org/10.13342/j.cnki.cjhp.2010.01.028.

Jalil, N. A., Yunus, R. M., & Said, N. S. (2012). Environmental Colour Impact upon Human Behaviour: A Review. *Procedia-Social and Behavioral Sciences*, 35 (35), 54 - 62. https://doi.org/10.1016/j.sbspro.2012.02.062.

Jo, H., Song, C., & Miyazaki, Y. (2019). Physiological Benefits of Viewing Nature: A Systematic Review of Indoor Experiments. *International Journal of Environmental Research and Public Health*, 16 (23), 4739. https://doi.org/10.3390/ijerph16234739.

Kaplan, R. (1993) The role of nature in the context of the workplace. *Landscape & Urban Planning*, 26 (1 - 4), 193 - 201. https://doi.org/10.1016/0169 - 2046 (93) 90016 - 7.

Kaplan, R., & Kaplan, S. (1989). *The Experience of Nature: A Psychological Perspective.* Cambridge, U. K.: Cambridge Univ. Press.

Kaplan, R., Kaplan, S., & Ryan, R. L. (1998) *With people in mind: design and management of everyday nature.* Washington DC, U. S. A.: Island Press.

Kaplan, S. (1995). The Restorative Benefits of Nature: Toward an Integrative Framework. *Journal of Environmental Psychology*, 15 (3), 169 - 182. https://doi.org/10.1016/0272 - 4944 (95) 90001 - 2.

Kaplan, S., & Berman, M. G. (2010). Directed Attention as a Common Resource for Executive Functioning and Self-Regulation. *Perspectives on Psychological Science*, 5 (1), 43 - 57. https://doi.org/10.1177/1745691609356784.

Kaplan, S., & Talbot, J. F. (1983). *Psychological benefits of a wilderness experience.* New York: Plenem Press.

Karin, Laumann, and, Tommy, Grling, and, Kjell, Morten, & Stormark. (2003). Selective attention and heart rate responses to natural and urban environments. *Journal of Environmental Psychology*, 23 (2), 125 - 134. https://doi.org/10.1016/S0272 - 4944 (02) 00110 - X.

Kolb, A. Y. , & Kolb, D. A. (2005) . Learning Styles and Learning Spaces: Enhancing Experiential Learning in Higher Education. *Academy of Management Learning and Education, The*, 4 (2), 193 -212. https://doi.org/10.5465/AMLE.2005.17268566.

Kumar, S. , Soto, D. , & Humphreys, G. W. (2010) . Electrophysiological evidence for attentional guidance by the contents of working memory. *European Journal of Neuroscience*, 30 (2), 307 -317. https://doi.org/10.1111/j.1460-9568.2009.06805.x.

Kurt, B. , & Douglas, H. (2013) . The Influence of Urban Natural and Built Environments on Physiological and Psychological Measures of Stress— A Pilot Study. *International Journal of Environmental Research and Public Health*, 10 (4), 1250 - 1267. https://doi.org/10.3390/ijerph10041250.

Larsen, L. , Adams, J. , Deal, B. , Kweon, B. S. , & Tyler, E. (1998) . Plants in the Workplace The Effects of Plant Density on Productivity, Attitudes, and Perceptions. *Environment & Behavior*, 30 (3), 261 - 281. https://doi.org/10.1177/001391659803000301.

Lee, M. S. , Lee, J. , Park, B. J. , & Miyazaki, Y. (2015) . Interaction with indoor plants may reduce psychological and physiological stress by suppressing autonomic nervous system activity in young adults: a randomized crossover study. *Journal of Physiological Anthropology*, 34 (1), 21. https://doi.org/10.1186/s40101-015-0060-8.

Li, D. , & Sullivan, W. C. (2016) . Impact of views to school landscapes on recovery from stress and mental fatigue. *Landscape and Urban Planning*, 148, 149 - 158. https://doi.org/10.1016/j.landurbplan.2015.12.015.

Lohr, V. I. , & Pearson-Mims, C. H. (1996) . Particulate matter accumulation on horizontal surfaces in interiors: influence of foliage plants. *Atmospheric Environment*, 30 (14), 2565 -2568. https://doi.org/10.1016/1352-2310 (95) 00465-3.

Mantzicopoulos, P. Y. , & Morrison, D. (1994) . A comparison of boys and girls with attention problems: kindergarten through second grade. *American Journal of Orthopsychiatry*, 64 (4), 522 -533. https://doi.org/10.1037/h0079560.

Nakamura, R. , & Fujii, E. (1990) . Studies of the characteristics of the electroencephalogram when observing potted plants: Pelargonium hortorum "Spriner Red" and Begonia evansiana. *Technical Bulletin of the Faculty of Horticulture of Chiba University*, 43.

Nicole, V. D. B. , Coosje, D. S. , Seidell, J. C. , Jolanda, M. , & Stephanie, W. (2018) . Greenery in the university environment: Students' preferences and perceived restoration likelihood. *Plos One*, 13 (2), Article e0192429. https://doi.org/10.1371/

journal. pone. 0192429.

Nuechterlein, K. , Parasuraman, R. , & Jiang, Q. (1983) . Visual sustained attention: image degradation produces rapid sensitivity decrement over time. *Science*, 220 (4594), 327 –329. https: //doi. org/10. 1126/science. 6836276.

Parasuraman, R. (1986) . Vigilance, monitoring, and search. *Handbook of Perception and Human Performance.*

Peker, E. , & Ataov, A. (2019) . Exploring the ways in which campus open space design influences students' learning experiences. *Landscape research*, 1 – 17. https: //doi. org/10. 1080/01426397. 2019. 1622661.

Ruth, K. , Raanaas, and, Katinka, Horgen, Evensen, and, Debra, & Rich. (2011) . Benefits of indoor plants on attention capacity in an office setting. *Journal of Environmental Psychology*, 31 (1), 99 – 105. https: //doi. org/10. 1016/j. jenvp. 2010. 11. 005.

Scott-Webber, L. , Jane, A. , & Michele, M. (2000) . Higher Education Classroom Fail to Meet Needs of Faculty and Students. *Journal of Interior Design*, 26 (2), 16 – 34. https: //doi. org/10. 1111/j. 1939 –1668. 2000. tb00356. x.

Shibata, S. , & Suzuki, N. (2002) . Effects of the foliage plant on task performance and mood. *Journal of Environmental Psychology*, 22 (3), 265 – 272. https: //doi. org/10. 1006/jevp. 2002. 0232.

Simonsen, B. (2000) . New young people: new forms of consciousness. new educational methods. In K. Illeris (Ed.), *Adult Education in the Perspective of the Learners.* Copen hagen: Roskilde University Press.

Soto, D. , Heinke, D. , Humphreys, G. W. , & Blanco, M. J. (2005) . Early, involuntary top-down guidance of attention from working memory. *Journal of Experimental Psychology*, 31 (2), 248 –261. https: //doi. org/10. 1037/0096 –1523. 31. 2. 248.

Tennessen, C. M. , & Cimprich, B. (1995) . Views to nature: Effects on attention. *J. environ. psychol*, 15 (1), 77 – 85. https: //doi. org/10. 1016/0272 – 4944 (95) 90016 –0.

Tyrvaeinen, L. , Ojala, A. , Korpela, K. , Lanki, T. , Tsunetsugu, Y. , & Kagawa, T. (2014) . The influence of urban green environments on stress relief measures: A field experiment. *Journal of Environmental Psychology*, 38 (6), 1 – 9. https: //doi. org/10. 1016/j. jenvp. 2013. 12. 005.

Ulrich, R. S. (1977) . Visual landscape preference: A model and application. *Man-*

Environment Systems, 7 (5), 279 - 293.

Ulrich, R. S. (1981). Natural Versus Urban Scenes Some Psychophysiological Effects. *Environment and Behavior*, 13 (5), 523 - 556. https://doi.org/10.1177/0013916581135001.

Ulrich, R. S. (1983). Aesthetic and Affective Response to Natural Environment. *behavior & the natural environment*, 6, 85 - 125. https://doi.org/10.1007/978-1-4613-3539-9_4.

Ulrich, R. S. (1986). Human responses to vegetation and landscapes. *Landscape and Urban Planning*, 13, 29 - 44. https://doi.org/10.1016/0169-2046(86)90005-8.

Ulrich, R. S., & Parsons, R. (1992). Influences of passive experiences with plants on individual well-being and health. *The Role of Horticulture in Human Well-being and Social Development.*

Ulrich, R. S., Simons, R. F., Losito, B. D., Fiorito, E., Miles, M. A., & Zelson, M. (1991). Stress recovery during exposure to natural and urban environments. *Journal of Environmental Psychology*, 11 (3), 201 - 230. https://doi.org/10.1016/S0272-4944(05)80184-7.

Wentworth, D. K., & Middleton, J. H. (2014). Technology use and academic performance. *Computers & Education*, 78 (9), 306 - 311. https://doi.org/10.1016/j.compedu.2014.06.012.

Yamaguchi, M., Deguchi, M., & Miyazaki, Y. (2006). The effects of exercise in forest and urban environments on sympathetic nervous activityof normal young adults. *Journal of International Medical Research*, 34 (2), 152 - 159. https://doi.org/10.1177/147323000603400204.

Zhao, H., & Wu J., P. (2010). Review on Restorative Environment: The Theories and Evaluation. *China Journal of Health Psychology*, 18 (1), 117 - 120.

通讯作者简介

李侃侃，西北农林科技大学风景园林艺术学院副教授，工学博士，硕士生导师。现任中国社会心理学会生态与环境心理学专委会委员、中国风景园林学会园林康养与园艺疗法专委会委员、陕西省康复医学会康复疗养专委会委员、西北农林科技大学秦岭研究院森林康养研究中心秘书。主要承担环境心理学教学和研究工作。近 5 年承担省级以上科研项目 12 项，发表学术论文 20 余篇，其中 SCI 收录论文 8 篇，出版学术专著

2 部。电子邮箱：likankan@ nwafu. edu. cn。

徐志曼，西北农林科技大学风景园林艺术学院硕士研究生，研究方向为休闲农业。

尹梦垒，西北农林科技大学风景园林艺术学院硕士研究生，研究方向为森林康养。

数字化绿色行为溢出的助推策略及其机理

——基于蚂蚁森林情境的研究*

余升翔[1,2]　李事成[3]　侯治平[1]　王建国[4]　廖　夏[1]

1　广州工商学院商学院　广东广州　528138

2　贵州财经大学中国西部绿色发展战略研究院　贵州贵阳　550025

3　贵州财经大学工商管理学院　贵州贵阳　550025

4　浙江财经大学工商管理学院　浙江杭州　310018

摘　要：行为溢出理论对于促进绿色生活方式变革有着重要含义，但是在数字化情境下的研究还处于初步阶段。本研究在蚂蚁森林情境下，采用心理所有权和环境自我感知双重视角，构建了一个数字化绿色行为溢出效应模型，并首次同时检验了溢出过程的三种中介机制：心理所有权、环境自我认同和绿色效能。以蚂蚁森林用户为对象，我们设计了一个行为清单任务，操控实验参与者选择更多或更少的绿色能量收集行为数量。均值比较结果表明，绿色能量收集行为提醒是有效的，即高绿组比低绿组产生了明显更高的心理所有权、环境自我感知以及进一步的亲环境行为意愿。此外，结构方程模型分析表明绿色能量收集行为选择数量与其他不同类型的亲环境行为之间存在积极的影响关系，并验证了心理所有权、环境自我认同和绿色效能在溢出过程中的共同中介作用。研究结论表明，数字化的日常绿色行为可以作为其他亲环境行为的催化剂，通过积极的行为溢出产生更深远的环境效果。

关键词：数字化绿色行为　亲环境行为溢出　心理所有权　环境自我认同　绿色效能

---

* 本文原载于《外国经济与管理》2024 年第 7 期。

1 引言

温室气体过度排放导致的气候变暖已经给人类社会带来了一系列可怕后果。全球各国已经达成共识，努力降低碳排放以应对气候危机。我国也提出了重要的战略目标，即在2030年实现碳达峰、2060年实现碳中和。实现这些目标需要企业和消费者的共同努力，尤其需要公众广泛参与可持续绿色生活方式的实践。然而，关键挑战是如何鼓励人们采取那些能够产生更大环境利益的行为（Stern，2000）。近年来，移动互联网技术和智能手机的普及使得一些平台企业为公众参与绿色低碳行为提供了数字化解决方案。例如，蚂蚁森林作为一款环保功能游戏，不仅突破了环保时空界限，而且正在形成一种线上线下联动的绿色消费新现象（张昆贤等，2022；郭国庆等，2023）。这些新兴的数字化平台为公众参与低碳、减碳提供了技术路径和激励机制，赋予绿色行为更丰富的属性，扩大了日常绿色行为的潜在影响范围。数字化绿色行为是日常绿色行为的一种转化形式，但其实现需要有目的地实施相应的操作，例如收取绿色能量或申请环保证书。绿色能量收集行为作为数字化绿色行为的典型代表之一，记录了个体的绿色低碳努力，促使个体每天仪式化、积少成多地收集绿色能量，从而具有对零散绿色行为的累积和显性化作用。因此，研究怎么利用这些数字化平台，特别是蚂蚁森林等环保游戏，促进公众参与低碳、减碳行为并增强其行为溢出效应，已成为当前研究中的热点问题。

行为溢出是指参与特定亲环境行为影响了个体有意识或无意识的心理过程，从而影响其他亲环境行为的实施（Dolan & Galizzi，2015；Lauren et al.，2019）。利用行为溢出效应来增加环境参与已经成为研究者关注的焦点（Lauren et al.，2019；Galizzi & Whitmarsh，2019；凌卯亮、徐林，2021；Wei et al.，2021）。然而，现有研究集中在线下领域，如家庭节能行为（Steinhorst & Matthies，2016）和绿色消费（Xie et al.，2017；Wang et al.，2020；徐嘉祺等，2020）。虽然自我认同（van der Werff et al.，2014a，2014b）或自我效能（Thøgersen & Crompton，2009）等自我感知机制的作用已经得到强调，但在数字化情境下亲环境行为溢出过程的中介机制需要更多探索。例如，在蚂蚁森林情境下，过去所从事的绿色能量收集行为与真实的蚂蚁森林相关联。当用户意识到自己为种树所做的努力，将在心理上产生对树木更强的所有权，从而使其更加愿意去保护蚂蚁森林和支持相关的活动，因此是一种潜在的行为溢出机制。疫情催化下，数字化生活方式正在成为常态，并为绿色低碳发展提供动力。因此，本研究的目的是在蚂蚁森林情境下探索如何利用数字化的绿色能量收集行为来促进更广泛的亲环境行为。

研究多重溢出机制如何同时影响不同类型的亲环境行为，对于将溢出效应作为有效的行为改变机制非常重要（Lauren et al.，2019）。最近的研究表明，通过提醒个体过去的绿色行为来激发环境自我认同和自我绿色效能，可能会产生积极的溢出效应，从而增加实施其他亲环境行为的可能性（van der Werff et al.，2014a，2014b；Lauren et al.，2016；Truelove et al.，2016）。过去的研究已经考察了从私域亲环境行为对公域亲环境行为的溢出效应（Lanzini & Thøgersen，2014）及其影响机制（Truelove et al.，2016），但是在数字化绿色行为对不同领域的一般亲环境行为的溢出效应的研究仍然有限。特别地，我们关注蚂蚁森林这一数字化游戏情境，它能够记录用户日常的绿色低碳活动，例如步行、公交通勤、共享单车、线下支付和在线缴费等，然后将其转化成虚拟树苗成长所需的绿色能量。用户每天可以去收集产生的绿色能量，同时还可以“窃取”好友的绿色能量。这些发生过的绿色能量收集行为提供了一个行为池，可以用作行为改变的催化剂。因此，我们从心理所有权和自我感知的双重视角出发，通过提醒蚂蚁森林用户过去所做的绿色能量收集行为，试图促进对蚂蚁森林进一步支持行为的直接溢出和对更广泛亲环境行为的跨领域溢出。本研究借鉴并扩展了 Lauren 等（2019）的研究设计，采用一种新颖的行为提醒策略验证了蚂蚁森林绿色能量收集行为的同领域内溢出效应和对一般亲环境行为的跨领域溢出效应。同时，本研究验证了环境自我认同和绿色效能感作为自我感知机制的关键心理因素，共同中介了数字化绿色行为的溢出过程。此外，心理所有权在绿色能量收集行为对蚂蚁森林支持意愿的溢出过程中也发挥了明显的中介作用。本研究为创新使用过去的数字化绿色行为作为溢出效应的切入点提供了依据，为数字化时代全面推进绿色生活方式转型提供了洞察力和新思路。

2 文献综述和理论基础

2.1 数字化绿色行为

数字化绿色行为是通过信息技术手段将人们生活中发生的绿色行为数字化，并以文本、图形、视频等形式记录、呈现、传播于互联网世界，从而赋予其象征性、游戏化、社交性、经济价值等属性。绿色行为的数字化为公众参与环保事业提供了有效路径，其中最具代表性的是阿里巴巴蚂蚁森林游戏（Du et al.，2020；Zhang et al.，2020；杜松华等，2022；Mi et al.，2021）。蚂蚁森林用户通过绿色出行、减少出行、循环利用、减纸减塑、高效节能五个方面的日常绿色行为来获取绿色能量，达到一定数量级后，用户可以申请种树或养护自然保护区，并获得对应的数字环保证书，然后由蚂蚁森林的生态合作伙伴（如中华环境保护基金会、中国绿色基金会等）负责实施。截至2021年8月，参与绿色能量收集活动的用户数已突破6亿，累计减排2000万吨，申请种植的树木超过3.26亿棵，造林面积达397万亩（1亩=666.67m^2），设立了18个公益保护地，面积超2000平方公里。

蚂蚁森林巨大的用户规模和环保效益使其引起了一些学者的关注，例如考察蚂蚁森林用户的满意度（Zhang et al.，2020）、持续参与意愿（Yang et al.，2018；Du et al.，2020）及游戏化驱动电商用户绿色消费的实现路径（杜松华等，2022）。最近的一些研究发现用户参与蚂蚁森林游戏与环保意识有正向关系（颜烨等，2020），能够促进环保行为意愿（秦川申、田园，2021）、促进线下绿色消费（郭国庆等，2023）及更多的环保行为（张昆贤等，2022）。这些研究表明，以蚂蚁森林为代表的数字化平台具有深远的环保意义，但是现有研究尚未从行为溢出的角度来研究绿色能力收集行为对更广泛环保行为的影响机理。亲环境行为溢出效应有望通过少数关键的亲环境行为推动个体自发执行更广泛的亲环境行为，从而避免代价高昂的行政规制措施。虽然亲环境行为溢出已在很多传统的环境情景得到了验证（Thøgersen，1999；Truelove et al.，2014；Lauren et al.，2019；Wei et al.，2021），但是在数字化领域还缺乏研究。在数字化时代，人们的亲环境行为日益呈现出线上线下融合的特征，并对公众的生产生活方式产生了显著影响（王建明、赵婧，2022），因此能够为促进亲环境行为提供新的路径。

2.2 绿色行为溢出的心理所有权机制

心理所有权（psychological ownership）是指个体对所有权目标或其中的一部分所持有的拥有感（Pierce et al.，2003）。Pierce 等（2003）指出，心理所有权强调的是心理占有而非法定所有，体现的是物与自我的“心理结合”。心理所有权的目标对象非常广泛，包含了从组织、产品、品牌到理念、想法、音乐等在内的各种实体或虚拟的事物。近年来，心理所有权在营销领域逐渐受到重视（Peck & Shu，2009；Fuchs et al.，2010；寇燕等，2018）。但是在亲环境行为领域，有关心理所有权的研究还非常有限（Süssenbach et al.，2018；Peck et al.，2021）。

心理所有权能够激发个体对目标物更为主动的个人牺牲和风险承担，以及更多的责任和管理行为（van Dyne & Pierce，2004）。例如，对湖泊、公园拥有心理所有权的游客更愿意采取保护行为，如清理垃圾、捐款等（Peck et al.，2021）；对自然保护区拥有心理所有权的个体更有意愿采取捐赠、志愿服务、环保支持等行为来保护该区域（Preston & Gelman，2020）。

2.3 绿色行为溢出的自我感知机制

Thøgersen 和 Crompton（2009）提出自我感知是驱动行为溢出的底层机制，对自我效能和自我认同的自我感知已经被确认为溢出效应的关键变量（van der Werff et al.，2014a，2014b；Steinhorst et al.，2015；Lacasse，2016；Lauren et al.，2016；Truelove et al.，2016）。

自我感知理论（self-perception theory）认为个体会通过观察自身行为推断自己的态度、信念和其他心理状态（Bem，1972）。因此，如果个体对已经实施的绿色能量收集行为进行反思，他们可能会意识到自己是那种关心环境的人。这种自我感知可能会促使个体采取与其自我感知一致的其他亲环境行为（Thøgersen & Ölander，2003；Lauren et al.，2019）。环境自我认同（environmental self-identity）是指个体将自己视为一个爱护环境的人的程度（van der Werff et al.，2014a）。环境自我认同强烈的人总是会按照亲环境的方式行事（Whitmarsh & O'Neill, 2010），并且该自我感知也能够通过个体选择实施的亲环境行为得到强化（van der Werff et al.，2014a；Lacasse，2016；Lauren et al.，2019）。

同时，个体也可能从过去所作的绿色能量收集行为中感知到自己从事绿色行为的能力和信心。自我效能（self-efficacy）是个体对调动动机、认知资源和行动以应对某种情形的能力的自我评估，能够改变个体的感知、思维方式、行为和动机（Wood & Bandura，1989）。作为自我感知的另一种形式，自我效能可以通过经验、学习和绩效反馈来增强，成功地实施某种行为可以提高人们对自己能力的认识（Silver et al.，1995；Ashford et al.，2010）。在亲环境领域，自我效能被具体化为个体对能否通过自身行动来解决环境问题所持有的信念，即绿色效能（Huang，2016），是激发亲环境行为的内在动机之一（Venhoeven et al.，2013）。个体越相信能够通过自身努力去解决环境问题，就越有可能参与亲环境行为，例如节水（Lam，2006）、回收（Tabernero & Hernández，2011）以及一般性的亲环境行为（Huang，2016）。

综上所述，本研究认为，探讨蚂蚁森林数字化绿色情景下绿色能量收集行为对亲环境行为的影响，需要考虑心理所有权机制和自我感知机制。心理所有权机制主要决定同领域内的绿色能量收集行为溢出，即因对蚂蚁森林的心理拥有感而更愿意支持相关环保活动。而自我感知机制可能产生更广泛的溢出作用，不仅影响蚂蚁森林相关环保活动的支持，还会对一般的亲环境行为意愿产生影响。因此，研究蚂蚁森林数字化绿色情景下的绿色能量收集行为对后续亲环境行为的影响，需要同时考虑这两种机制的作用。

2.4 研究假设和概念模型

尽管过去的研究已经在特定情境下证实了绿色行为溢出效应的存在，但这些结论主要基于传统的绿色行为（Lauren et al.，2019）。本研究将在数字化绿色情境下验证过去的绿色努力与后续亲环境行为之间的关系，为绿色行为溢出效应提供新的证据。将通过行为提醒的方式让蚂蚁森林用户感知过去所做的绿色能力收集行为，进而产生对进一步亲环境行为的溢出效应。相应的研究假设如下。

H_1：提醒用户过去所做的绿色能量收集行为能够正向影响进一步的绿色行为意愿。

个体的自我投入是形成心理所有权的主要路径（Pierce et al.，2003），它是指个体将精力、时间、心智能量等投入到所有权目标物当中后，产生了自我与目标物融为一体的感知，进而形成对该目标物的心理所有权，而自我投入最显著和最有力的方式是“创造”一个物品（Peck & Shu，2009）。在蚂蚁森林情境中，用户需要不断投入时间、精力去产生以及收集绿色能量，到达一定数量级后才能申请种植真实的树木或保护自然区（创造）。因此，用户在此过程中会逐渐形成对树木或保护区的心理所有权。本研究认为，通过提醒蚂蚁森林用户过去做了很多的绿色能量收集行为，能够增强其对树木或保护区的心理所有权，进而正向影响进一步的支持意愿。综上，提出以下假设。

H_2：提醒用户过去所做的绿色能量收集行为能够提升其心理所有权，进而正向影响其蚂蚁森林支持意愿。

实证研究普遍揭示了环境自我认同在溢出过程中的中介作用，例如通过让被试回忆过去的亲环境行为来激发环境自我认同，进而观察到进一步的亲环境行为（van der Werff et al.，2014a；Lacasse，2016）。Lauren 等（2019）通过提醒实验参与者过去实施过的家庭节能行为，激发了其环境自我认同，并验证了环境自我认同的中介作用。按照同样的逻辑，如果提醒蚂蚁森林用户收集绿色能量的行为，就能够暗示其对环境自我认同的自我感知，从而使其不但会对蚂蚁森林产生更强的支持意愿，还会影响其他的亲环境行为意愿，故提出以下假设。

H_{3a}：提醒用户过去所做的绿色能量收集行为能够提升其环境自我认同，进而正向影响蚂蚁森林支持意愿。

H_{3b}：提醒用户过去所做的绿色能量收集行为能够提升其环境自我认同，进而正向影响一般亲环境行为意愿。

绿色效能具有动态性质，使得个体可以从过去的亲环境行为中推断自身胜任力（De Young，2000），进而加强实施未来亲环境行为的信心。因此，绿色效能是绿色行为积极溢出的潜在机制之一（Tabernero & Hernández，2011；Lauren et al.，2019）。基于问卷调查的相关性证据表明，绿色效能中介了过去简单的亲环境行为对未来困难亲环境行为的溢出效应（Lauren et al.，2016）。因此，本研究将在数字化绿色行为情境下验证绿色效能感的中介作用。具体来说，当提醒蚂蚁森林用户过去做了“很多”（相对“很少”）的绿色能量收集行为后，用户将感知到自己更有能力实施绿色低碳行为，进而产生更强的进一步亲环境行为意愿。故提出以下假设。

H_{4a}：提醒用户过去所做的绿色能量收集行为能够提升其绿色效能，进而正向影响蚂蚁森林支持意愿。

H_{4b}：提醒用户过去所做的绿色能量收集行为能够提升其绿色效能，进而正向影响一般亲环境行为意愿。

过去的研究表明，存在多种亲环境行为溢出效应的中介机制（Steinhorst et al.，2015；Truelove et al.，2016；Carrico et al.，2018）。同时，环境自我认同和绿色效能对一般亲环境行为（包含私域和公域）都有影响（Fielding et al.，2008；Rabinovich et al.，2009；Tabernero & Hernández，2011；Johe & Bhullar，2016）。然而，这些中介变量的影响很少被同时检验，它们对不同类型的亲环境行为的影响也缺乏研究。而这些机制如何同时影响不同类型的亲环境行为，对于理解和应用溢出效应作为绿色行为助推机制至关重要。因此，本研究基于蚂蚁森林情境，构建了一个整合心理所有权理论和自我感知理论的溢出效应模型，通过提醒蚂蚁森林用户过去所做的绿色能量收集行为，考察其如何通过心理所有权和自我感知双重机制激发其对蚂蚁森林的支持意愿，以及一般亲环境行为意愿，概念模型如图1所示。

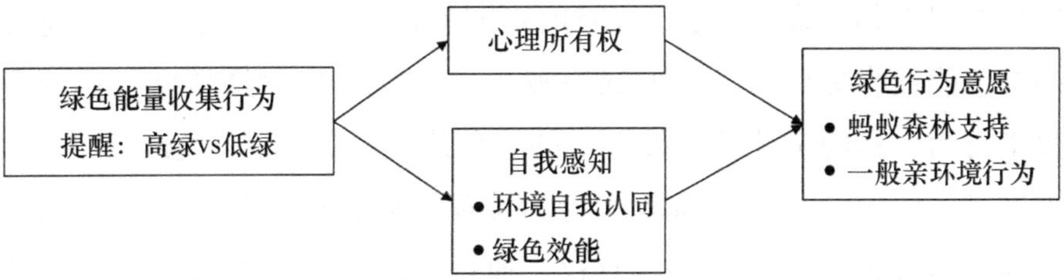

图1 概念模型

3 研究方法

3.1 样本特征

本研究选择某高校学生中的蚂蚁森林用户为实验对象，因为大学生具有易于接触和高配合性的特点，是验证行为机理机制的理想群体之一，也是实验研究常用的研究对象。此外，大学生也是蚂蚁森林的主要用户群体之一，因此研究该群体的数字化绿色行为具有一定的代表性和现实意义。首先使用Credamo见数平台设计好电子问卷，然后在课堂上邀请大学生被试扫描问卷二维码，利用该平台自带的随机分组功能让符合要求的被试随机进入“高绿”和“低绿”两种实验条件。在实验开始之前，研究人员明确了实验的目的和匿名性，并承诺所获数据仅用于学术研究，以防止被试猜测实验的真实目的。实验结束后共回收356份答卷，删除无效问卷共52份，最终获得有效答卷304份，问卷有效率约为85.39%。在样本分布上，男性为92人（30.26%），平均年龄为21.33岁。

3.2 研究设计

在实验设计方面，本研究采取单因素组间设计，将被试随机分配到高绿组和低绿组两个实验条件中。在实验过程中，被试首先完成一项绿色能量收集行为清单选择任务，该清单包含15项绿色能量收集行为，来源于“蚂蚁森林种树攻略”列出的绿色出行、减少出行、循环利用、减纸减塑、高效节能五个方面的行为（如选择步行、采集好友的绿色能量等）。操控任务的设计借鉴了Lacasse（2016）和Lauren等（2019），这种设计方式能够同时为因果性检验和相关性检验提供数据。高绿组被要求选择那些“哪怕只做过一次”的绿色能量收集行为，目的是使其选择更多的绿色能量收集行为，而低绿组被要求选择那些“经常做”的绿色能量收集行为，目的是使其选择更少的绿色能量收集行为。通过这种操控，对被试过去所做的绿色能量收集行为实现不同程度的提醒，以激活不同程度的环境自我感知和心理所有权。通过比较两组被试在后续环境心理变量和亲环境行为之间的差异，可以推断实验效应。

3.3 变量测量

心理所有权的测量采用的是 Peck 和 Shu（2018）编制的题项，共 3 题；环境自我认同的测量采用 van der Werff 等（2014a）编制的题项，共 3 题；绿色效能的测量借鉴 Steinhorst 等（2015）编制的题项，共 4 题。根据研究情境，对量表的题项进行了适当修改。所有题项均采用七点 Likert 量表进行测量。

因变量由蚂蚁森林支持意愿、一般亲环境行为意愿组成。其中，蚂蚁森林支持意愿包含对蚂蚁森林推出的绿色产品的购买意向，共 3 题。一般亲环境行为意愿借鉴孙岩（2006）编制的量表并进行了适当调整，包含了私域和公域两种亲环境行为，分别为 7 题和 6 题。所有题项均采用七点 Likert 量表进行测量。

3.4 信效度检验

3.4.1 信度

由表 1 可知，所有变量的 KMO 值均大于 0.6，Bartlet 显著性 = 0.00，反映了变量较好的因子结构。信度分析表明，所有变量信度均大于 0.7，说明所有量表的测量结果具有较高的信度。

表 1　　变量信度分析

测量变量	KMO 值	Bartlet 系数	Cronbach's 值
PO	0.67	***	0.84
ESI	0.72	***	0.84
GE	0.83	***	0.90

续表

测量变量	KMO值	Bartlet 系数	Cronbach's 值
SI	0. 64	***	0. 75
PrI	0. 89	***	0. 83
PuI	0. 88	***	0. 86

注：*** : $p<0.001$。PO = 心理所有权、ESI = 环境自我认同、GE = 绿色效能、SI = 支持意向、PrI = 私域亲环境行为、PuI = 公域亲环境行为。

3.4.2 效度

测量模型采用 AMOS23.0 进行检验，测量模型拟合良好（$X^2/DF = 1.44$、CFI = 0.968、TLI = 0.964、RMSEA = 0.038、RMR = 0.07）。

由表 2 可知，心理所有权、环境自我认同、绿色效能、支持意向、私域和公域亲环境行为意向各个潜变量对应的各个题目的因子载荷均大于 0.5，说明各个潜变量对应题目具有较高的代表性。另外，各个潜变量的平均方差变异 AVE 值与组合信度均符合要求，说明聚敛效度理想。

表 2　变量测量及描述

构念	题项	M	S. D	载荷	AVE	CR
心理所有权	我感觉这是我的树木或保护地	5. 39	1. 30	0. 71 ***	0. 66	0. 85
	我觉得自己拥有这些树木或保护地	4. 84	1. 61	0. 94 ***		
	我觉得我对这些树木或保护地有非常高的所有权	4. 40	1. 69	0. 77 ***		
环境自我认同	我认为我自己是一个对环境友好的人	5. 83	1. 09	0. 73 ***	0. 65	0. 85
	我认为我是一个以环保方式生活的人	5. 44	1. 13	0. 82 ***		
	我认为我自己是一个环保主义者	5. 26	1. 24	0. 85 ***		
绿色效能	我觉得我有能力参与绿色低碳环保的行动	5. 74	0. 97	0. 73 ***	0. 68	0. 90
	我确信我能够从事绿色低碳环保的行动	5. 64	1. 02	0. 86 ***		
	我有信心参与绿色低碳环保的行动	5. 76	1. 03	0. 88 ***		
	我相信我可以从事绿色低碳环保的行动	5. 83	1. 01	0. 83 ***		

续表

构念	题项	M	S. D	载荷	AVE	CR
支持意向	购买带有“蚂蚁森林”标志的周边产品，如环保购物袋、易降解贺卡等	4.93	1.46	0.82***	0.55	0.78
	购买持有环保证书的林地或保护区出产的绿色农产品，如沙棘汁、红柳筐等	5.14	1.33	0.83***		
	去持有环保证书的林地或保护区进行生态旅游	5.27	1.51	0.54***		
私域亲环境行为	购买无毒、无磷以及可被生物分解的肥皂、洗衣粉或洗涤剂等	5.85	1.11	0.53***	0.42	0.85
	拒绝购买过度包装的物品	6.02	1.06	0.62***		
	优先购买包装标志为可再利用、回收或再生的产品	5.76	1.10	0.76***		
	购物时自备购物袋子或避免向店家拿塑料袋或纸袋	5.84	1.26	0.59***		
	分类可回收的垃圾（如回收废纸、铝罐、塑料瓶、废电池等）	5.78	1.17	0.72***		
	说服家人、朋友不去使用一次性餐具	5.35	1.26	0.75***		
	捡拾别人随意丢弃的垃圾	4.94	1.19	0.57***		
公域亲环境行为	鼓励他人实施环保行为（如垃圾分类、节约水电等）	5.64	1.11	0.78***	0.52	0.86
	向有关部门检举破坏环境的行为和事件（如乱砍滥伐、乱倒垃圾、排放污水等）	5.14	1.40	0.76***		
	劝告他人不要违反环境法规或告知其行为已违反环境法规	5.38	1.26	0.82***		
	公开表达支持环保的言论（如投票、演讲、接受采访、媒体投稿）	5.29	1.29	0.63***		
	主动与身边的人讨论如何降低碳排放	5.47	1.16	0.76***		
	成为环保公益组织的一员	5.68	1.39	0.52***		

注：***：$p<0.001$。

如表3所示，心理所有权、环境自我认同、绿色效能、支持意向、私域及公域亲环境行为之间均具有显著的相关性（$p<0.001$），且除私域

和公域亲环境的相关系数小于所对应的 AVE 平方根外，其余变量之间在具有一定的相关性的同时，彼此之间又具有较好的区分度。总体来看，量表的区分效度较为理想。

表 3　　　　区分效度

	PO	ESI	GE	SI	PrI	PuI
PO	0.81					
ESI	0.42 ***	0.81				
GE	0.40 ***	0.52 ***	0.82			
SI	0.49 ***	0.42 ***	0.46 ***	0.74		
PrI	0.37 ***	0.43 ***	0.59 ***	0.54 ***	0.65	
PuI	0.37 ***	0.45 ***	0.56 ***	0.51 ***	0.78 ***	0.72

注：对角线为 AVE 值平方根。*** ：$p < 0.001$。PO = 心理所有权，ESI = 环境自我认同，GE = 绿色效能，SI = 支持意向，PrI = 私域亲环境行为，PuI = 公域亲环境行为。

4　实证结果

4.1　基于分组比较的操纵检验

根据表 4 显示，独立样本 t 检验结果表明，高绿组选择绿色能量收集行为的数量显著高于低绿组，说明操控是成功的。然而，两组在其他变量上没有显著差异，这表明不同的操控条件没有直接影响心理所有权、环境自我认同、绿色效能以及支持意向、私域及公域亲环境行为意向，这与 Lauren 等（2019）的研究结果完全一致。Lauren 等人将其描述为一种抑制效应，即对于绿色能量收集行为较少的被试，这种提醒反而降低了他们的环境自我认同和自我效能，故不会产生积极的溢出效应。

表 4　　　　不同条件下关键变量的描述性统计（按实验条件分组）

	低绿组 *M*（SD）（n = 150）	高绿组 *M*（SD）（n = 154）	t	p	d
行为选择数量	6.68（2.91）	8.91（2.63）	-7.00	0.00	0.80
心理所有权	4.79（1.34）	4.96（1.34）	-1.12	0.26	0.12

续表

	低绿组 *M*（SD） （$n=150$）	高绿组 *M*（SD） （$n=154$）	*t*	*p*	*d*
环境自我认同	5.51（0.98）	5.50（1.04）	0.10	0.93	0.01
绿色效能感	5.74（0.91）	5.75（0.85）	-0.10	0.95	0.01
支持意向	5.00（1.14）	5.22（1.20）	-1.62	0.11	0.18
私域亲环境行为	5.68（0.78）	5.64（0.88）	0.40	0.69	0.05
公域亲环境行为	5.38（0.94）	5.49（1.00）	-1.03	0.30	0.11

经过深入分析，发现对于某些被试，预设的实验条件（高绿 vs 低绿）和其实际绿色能量收集行为不一致。也就是说，在高绿组中，某些被试反而意识到自己平时的绿色能量收集行为很少，从而产生负面影响；反过来，在低绿组中，某些被试意识到自己平时做了很多绿色能量收集行为，从而产生积极的影响，导致总效应上相互抵消。因此，本研究不局限于预设的实验条件，而是以用户在被提醒后实际选择的绿色能量收集行为作为依据。首先，区分选择了较多和较少绿色能量收集行为的个体，然后针对其他变量进行分组比较，以检验不同程度的绿色能量收集行为是否对后续行为产生差异化的影响。具体而言，以所有人绿色能量收集行为选择数量的均值（M = 7.78）作为分组标准，将行为数量大于均值的被试视为高绿组，行为数量小于均值的用户视为低绿组，然后重新进行均值比较。如表 5 所示，重新分组后的高绿组比低绿组报告了显著更高的心理所有权、环境自我认同、绿色效能、支持意向、私域及公域亲环境行为意愿。这说明在实施提醒干预之后，那些选择了更多绿色能量收集行为的个体确实表现出了一种积极的行为溢出。因此，假设 H_1 成立。

如表 6 所示，相关性分析表明操控与行为选择数量显著正相关，但与其他变量无显著相关性。行为选择数量则与其他变量正相关，表明选择更多的绿色能量收集行为会体验更强的心理所有权、环境自我认同和绿色效能。实际上，这与之前的均值比较结果是一致的。

表 5　　不同条件下关键变量的描述性统计（按均值分组）

	低绿组 M（SD）（$n=138$）	高绿组 M（SD）（$n=166$）	t	p	d
行为选择数量	5.14（1.71）	9.98（1.81）	-23.80	0.00	2.75
心理所有权	4.58（1.30）	5.12（1.32）	-3.60	0.00	0.41
环境自我认同	5.37（0.98）	5.63（1.01）	-2.23	0.03	0.26
绿色效能	5.51（0.94）	5.83（0.78）	-4.22	0.00	0.37
支持意向	4.88（1.24）	5.31（1.08）	-3.27	0.00	0.37
私域亲环境行为	5.48（0.91）	5.81（0.73）	-3.52	0.00	0.40
公域亲环境行为	5.19（1.05）	5.64（0.85）	-4.02	0.00	0.47

表 6　　相关性分析

	1	2	3	4	5	6	7	8
行为操控	—							
行为选择得分	0.37***	—						
心理所有权	0.06	0.26***	—					
环境自我认同	-0.05	0.17**	0.42***	—				
绿色效能	0.04	0.29***	0.40***	0.52***	—			
支持意愿	0.09	0.24***	0.49***	0.42***	0.46***	—		
私域亲环境行为	-0.02	0.24***	0.37***	0.43***	0.59***	0.54***	—	
公域亲环境行为	0.06	0.27***	0.37***	0.45***	0.56***	0.51***	0.78***	—

注：行为操控编码（高绿 =1；低绿 =0），**：$p<0.01$。

4.2　基于结构方程模型的假设检验

在提醒干预后，被试选择的绿色能量收集行为的数量构成一个连续变量，因此可以进一步估计结构方程模型并检验中介效应。本研究采用 PROCESS 插件中的 Model 4 对模型进行估计，结构方程模型如图 2 所示，标准化的间接效应见表 7。结果显示，被试选择的绿色能量收集行为数量通过提高心理所有权增加了对蚂蚁森林的支持意愿。此外，绿色能量收集行为数量还通过环境自我认同和绿色效能增强了蚂蚁森林的支持意愿，以及私域和公域亲环境行为意愿，这些结果反映了积极的行为溢出效应，

进一步支持了假设 H_1。

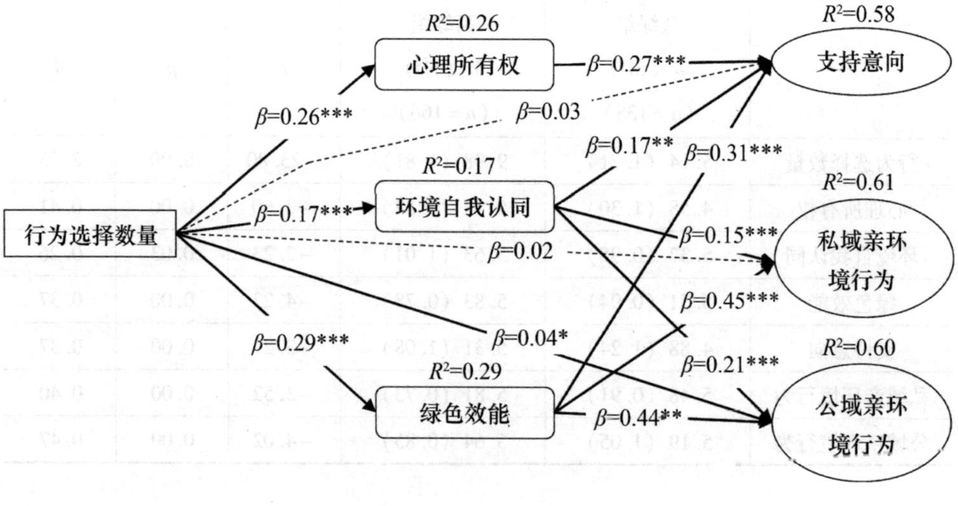

图 2　假设模型检验图

注：*** ：$p<0.001$；** ：$p<0.01$；* ：$p<0.05$。β 为标准化系数，虚线表示路径不显著，实线表示路径显著。

如表 7 所示，间接效应检验结果支持了关于中介变量的假设 H3 和 H4，所有心理变量的中介效应检验都通过。其中，心理所有权中介了行为选择数量和蚂蚁森林支持意愿之间的正向关系，环境自我认同和绿色效能共同中介了行为选择数量和蚂蚁森林支持意愿、公私域亲环境行为意愿之间的正向关系。

表 7　假设模型的标准化间接效应

路径	*IE*	*SE*	95% *CI*
行为选择数量→心理所有权→支持意愿	0.082	0.024	[0.040, 0.134]
行为选择数量→环境自我认同→支持意愿	0.025	0.014	[0.002, 0.057]
行为选择数量→绿色效能→支持意愿	0.068	0.025	[0.025, 0.122]
行为选择数量→环境自我认同→私域亲环境行为	0.030	0.017	[0.006, 0.072]
行为选择数量→绿色效能→私域亲环境行为	0.138	0.032	[0.075, 0.202]
行为选择数量→环境自我认同→公域亲环境行为	0.037	0.016	[0.010, 0.073]
行为选择数量→绿色效能→公域亲环境行为	0.119	0.027	[0.068, 0.173]

注：*IE* 为间接效应量；*SE* 为标准差；*CI* 为置信区间。

5 结论与讨论

5.1 研究结论

本研究在蚂蚁森林情境下验证了数字化绿色行为溢出模型。研究结果阐明，提醒过去参与绿色能量收集行为可以激活积极的环境自我感知，进而增加了其他亲环境行为的意愿。此外，个体意识到自己的投入后，提高了蚂蚁森林的心理所有权程度，进而更愿意继续支持蚂蚁森林相关的其他项目，包括绿色产品购买和生态旅行。同时，本研究验证了环境自我认同和绿色效能作为自我感知机制的关键心理因素，共同中介了绿色能量收集行为对蚂蚁森林支持意愿和其他亲环境行为意愿的正向影响。本研究结果表明，环境自我认同是促进直接和间接的亲环境行为的重要动机因素，突出个体的环境自我认同会使个体更有可能做出与其身份认同一致的行为。这也印证了现有相关研究结论（van der Werff et al.，2014a，2014b；Truelove et al.，2016；Lauren et al.，2019）。

从影响路径的系数大小来看，绿色效能对其他亲环境行为意愿的影响程度最大。这与过去基于相关性证据的研究结果一致，如自我效能与捡拾垃圾或修整河岸（Lauren et al.，2016）以及使用环保购物袋（Lam，2006）等亲环境行为意愿正相关。但是在 Lauren 等（2019）关于家庭亲环境行为溢出的实验研究中并没有验证绿色效能的中介作用，这可能是因为该研究中测量的是一般性的环境自我效能。因此，本研究为绿色效能在溢出效应中的中介作用补充了新的证据。在过去几十年，很多学者都在关注亲环境行为的溢出效应，但是不管在实证研究中还是在现实世界中，都没有稳定和一致的结论，这可能是因为，过去的行为并不一定会产生行为信号效应或者暗示自我感知（Lauren et al.，2019）。本研究的结论意味着过去的绿色行为只有在产生足够强烈的自我感知时才能起到对进一步亲环境行为的催化作用（van der Werff et al.，2014a；Lacasse，2016；Lauren et al.，2019）。

本研究发现，数字化绿色行为的溢出效应在那些已经在现实中采取了许多绿色能量收集行为的个体中最为明显。然而，对于那些没有或较少参与绿色能量收集的个体来说，仅仅通过提醒过去的绿色行为是无法激发其自我感知的。事实上，这种提醒可能会让被试意识到自己的“环保少作为”，从而抑制积极的自我感知和心理所有权。本研究借鉴了 Lauren 等（2019）的研究设计，但是 Lauren 等（2019）的研究重点是进行相关性分析，而我们更进一步地挖掘了数据，即根据被试在绿色能量收集行为方面的数量重新分组，通过均值比较发现高绿组和低绿组之间在环境自我感知、心理所有权以及后续亲环境行为意愿上存在显著差异。

在绿色能量收集行为对蚂蚁森林支持意愿的溢出过程中，除了自我感知机制，心理所有权也发挥了明显的中介作用。这说明当个体意识到自己投入了更多时，就会对蚂蚁森林产生更强烈的心理所有权，从而更有动机选择进一步的支持行为。因此，本研究从一个新的角度揭示了心理所有权对于推动环境保护的积极作用。例如，过去的研究发现，对公园、湖泊、地球、自然保护区等的心理所有权提升了个体对目标对象的保护意愿，使其更愿意采取清理垃圾、进行捐款、购买绿色产品和进行垃圾回收等亲环境行为（Felix & Almaguer, 2019；Peck et al.，2021）。本研究证明，在蚂蚁森林情境下，提醒用户过去所做的绿色能量收集行为，既能促进其心理所有权程度提升，也会对其后续亲环境行为产生积极的影响。

5.2 主要贡献

本研究的主要贡献表现为以下几个方面。

首先，本研究探讨了现实世界中的亲环境行为和数字化绿色行为之间的动态关系，并揭示了蚂蚁森林绿色能量收集行为在虚拟空间中及向现实世界的溢出效应。这为绿色化和数字化的深度融合提供了实证依据，并为推进更广泛的绿色生活方式变革提供了新的视角。本研究丰富了学术界对数字化绿色行为的理解，同时也为利用数字化绿色行为的溢出效应促进亲环境行为提供了新的研究视野。

其次，本研究采用了自我感知和心理所有权的双重视角，并在一个统一的情境中同时检验了环境自我认同、绿色效能和心理所有权在行为溢出过程中的平行中介作用。这一研究视角的创新使我们能够更全面地了解亲环境行为溢出的机制，并丰富了对亲环境行为溢出机理的认识。

再次，本研究关注了数字化绿色行为的溢出效应，拓宽了亲环境行为溢出研究的领域。过去的研究主要集中于线下的亲环境行为溢出效应，而对于数字化绿色行为的影响机理了解较少。本研究的重点是探究线上绿色能量收集行为对一般亲环境行为的影响，从而填补了现有研究的空白，并为亲环境行为溢出提供了中国的实证证据。

最后，本研究扩展了现有的方法，采用一种新颖的行为提醒策略，并通过因果性和相关性证据验证了行为溢出效应及其机理。这为未来的研究提供了一个有效的方法框架，同时也为理解和应用亲环境行为溢出效应提供了有力支持。

5.3 实践意义

本研究的实践意义在于提供了指导人们如何利用已经付出的环保努力来助推更加广泛的亲环境行为的方法。研究结论表明，使用行为清单来提示自我感知功能及增强心理所有权是有用的，这为实践工作者设计行为改变干预策略提供了有价值的信息。例如，通过使用绿色能量收集行为清单来提示心理所有权、环境自我认同和绿色效能，可以鼓励特定的亲环境行为。对于蚂蚁森林运营企业来说，除了让用户持续使用该应用程序来量化日常的绿色低碳行为外，还可以考虑如何将用户对蚂蚁森林的投入延伸到真实的蚂蚁森林。根据本研究的结论，可以在小程序内适时地让用户回忆过去所做的绿色能量收集行为，以增强其对森林或保护地的心理所有权，进而更加愿意用行动继续支持蚂蚁森林。此外，企业可以推出与蚂蚁森林相关的周边产品，以及组织蚂蚁森林所在地寻访研学等旅游活动，既满足了用户的消费需求，也为蚂蚁森林的保护带来更多的资金和社会资源。对于环保社会组织来说，可以通过凸显蚂蚁森林用户所做的贡献来提升其环境自我认同和绿色效能感，促进其做出更加广泛的环保行为。由于蚂蚁森林用户数以亿计，是一个庞大的群体，因此在设计某些环保公益活动时，可以将高活跃度的蚂蚁森林用户作为目标群体，将他们对蚂蚁森林的投入及激发的自我感知的积极影响扩展到其他环保领域。

5.4 研究局限与未来展望

研究局限性主要包括以下几点：首先，本研究采用了亲环境行为意愿来代替实际的亲环境行为，虽然这是亲环境行为溢出研究的常见方法，但是实际行为和意愿之间存在一定的差距。未来的研究可以改进结果变量的测量方法，例如通过签署在线请愿书、从事在线环保任务或在线捐赠等方式进行实际行为的测量。此外，可以通过开展现场实验来验证数字化绿色行为的溢出效应。

其次，本研究采用了在校大学生作为样本，虽然当代大学生是互联网时代的原住民，也是现在和将来参与蚂蚁森林绿色能量收集的主力军，但是基于该样本所得的结论需要谨慎推广到其他群体。未来的研究可以通过更广泛的社会调查来提高本研究的生态效度。

再次，抑制效应表明，利用过去的绿色行为来激发积极自我感知的方法可能不适合那些低环境参与的个体，因为这些个体缺乏可用于提醒他们的实际行为。因此，未来的研究需要探讨如何通过干预来激发这个群体的环境自我感知，并实现积极的溢出效应。

最后，本研究的主要目的是解释数字化绿色行为的溢出效应及其过程机制，并未涉及溢出效应的边界条件。因此，未来的研究需要探讨在什么条件下数字化绿色行为溢出及其中介机制能够发挥更强的影响，或者在什么条件下失去作用，以加深对数字化绿色行为溢出效应的理解。

参考文献

杜松华、徐嘉泓、张德鹏等，（2022），《游戏化如何驱动电商用户绿色消费行为——基于蚂蚁森林的网络民族志研究》，《南开管理评论》，25（2），191—202。

郭国庆、刘仁杰、王建国，（2023），《蚂蚁森林用户转向线下绿色消费的内在机制研究——基于行为推理理论视角》，《管理学刊》，36（1），56—69。

寇燕、高敏、诸彦含等，（2018），《顾客心理所有权研究综述与展望》，《外国经济与管理》，40（2），105—122。

凌卯亮、徐林，（2021），《环保领域行为公共政策溢出效应的影响因素——一个实验类研究的元分析》，《公共管理学报》，18（2），95—104，171。

秦川申、田园，（2021），《将环境保护游戏化——环保型游戏能够改变公众的环保行为吗?》，《公共管理评论》，3（2），5—25。

孙岩，（2006），《居民环境行为及其影响因素研究》，大连理工大学，博士学位论文。

王建明、赵婧，（2022），《数字时代信息嵌入式监管工具对线上绿色消费行为的推进效应——绿色购买场景模拟和监管工具设计实验》，《管理世界》，38（4），142—158。

徐嘉祺、佘升翔、田云章等，（2020），《回收努力对绿色消费的溢出效应及其影响机理》，《南京工业大学学报》（社会科学版），19（3），94—103。

颜烨、周昀茜、陈岩，（2020），《支付宝“蚂蚁森林”对用户环保意识和行为的影响调查研究》，《中国林业经济》，（5），7—10。

张昆贤、武常岐、陈晓蓉等，（2022），《“寓教于乐”：公众参与环保型游戏是否有助于地区绿色发展?》，《公共管理评论》，4（3），70—98。

Ashford, S., Edmunds, J., & French, D. P. (2010). What is the best way to change self-efficacy to promote lifestyle and recreational physical activity? A systematic review with meta-analysis. *British Journal of Health Psychology*, 15 (2), 265 - 288.

Bem, D. J. (1972). Self-perception theory. *Advances in Experimental Social Psychology*, 6, 1 - 62.

Carrico, A. R., Raimi, K. T., Truelove, H. B., & Eby, B. (2018). Putting your money where your mouth is: An experimental test of pro-environmental spillover from reducing meat consumption to monetary donations. *Environment and Behavior*, 50 (7), 723 - 748.

De Young, R. (2000). New ways to promote proenvironmental behavior: Expanding and evaluating motives for environmentally responsible behavior. *Journal of Social Issues*, 56 (3), 509 - 526.

Dolan, P., & Galizzi, M. M. (2015). Like ripples on a pond: Behavioral spillovers and their implications for research and policy. *Journal of Economic Psychology*, 47, 1 - 16.

Du, H. S., Ke, X. B., & Wagner, C. (2020). Inducing individuals to engage in a gamified platform for environmental conservation. *Industrial Management & Data Systems*, 120 (4), 692 - 713.

Felix, R., & Almaguer, J. (2019). Nourish what you own: Psychological ownership, materialism and pro-environmental behavioral intentions. *Journal of Consumer Marketing*, 36 (1), 82 - 91.

Fielding, K. S., McDonald, R., & Louis, W. R. (2008). Theory of planned behaviour, identity and intentions to engage in environmental activism. *Journal of Environmental Psychology*, 28 (4), 318 - 326.

Fuchs, C., Prandelli, E., & Schreier, M. (2010). The psychological effects of empowerment strategies on consumers' product demand. *Journal of Marketing*, 74 (1),

65 – 79.

Galizzi, M. M., & Whitmarsh, L. (2019). How to measure behavioral spillovers: A methodological review and checklist. *Frontiers in Psychology*, 10, 342.

Huang, H. P. (2016). Media use, environmental beliefs, self-efficacy, and pro-environmental behavior. *Journal of Business Research*, 69 (6), 2206 – 2212.

Johe, M. H., & Bhullar, N. (2016). To buy or not to buy: The roles of self-identity, attitudes, perceived behavioral control and norms in organic consumerism. *Ecological Economics*, 128, 99 – 105.

Lacasse, K. (2016). Don't be satisfied, identify! Strengthening positive spillover by connecting pro-environmental behaviors to an "environmentalist" label. *Journal of Environmental Psychology*, 48, 149 – 158.

Lam, S. P. (2006). Predicting intention to save water: Theory of planned behavior, response efficacy, vulnerability, and perceived efficiency of alternative solutions. *Journal of Applied Social Psychology*, 36 (11), 2803 – 2824.

Lanzini, P., & Thøgersen, J. (2014). Behavioural spillover in the environmental domain: An intervention study. *Journal of Environmental Psychology*, 40, 381 – 390.

Lauren, N., Fielding, K. S., Smith, L., & Louis, W. R. (2016). You did, so you can and you will: Self-efficacy as a mediator of spillover from easy to more difficult pro-environmental behaviour. *Journal of Environmental Psychology*, 48, 191 – 199.

Lauren, N., Smith, L. D. G., Louis, W. R., & Dean, A. J. (2019). Promoting spillover: How past behaviors increase environmental intentions by cueing self-perceptions. *Environment and Behavior*, 51 (3), 235 – 258.

Mi, L. Y., Xu, T. Sun, Y. H., Wang, Y., & Li, G. (2021). Playing Ant Forest to promote online green behavior: A new perspective on uses and gratifications. *Journal of Environmental Management*, 278, Article 111544.

Peck, J., Kirk, C. P., Luangrath, A. W., & Shu, S. B. (2021). Caring for the commons: Using psychological ownership to enhance stewardship behavior for public goods. *Journal of Marketing*, 85 (2), 33 – 49.

Peck, J., & Shu, S. B. (2009). The effect of mere touch on perceived ownership. *Journal of Consumer Research*, 36 (3), 434 – 447.

Peck, J., & Shu, S. B. (2018). *Psychological ownership and consumer behavior*. Springer.

Pierce, J. L., Kostova, T., & Dirks, K. T. (2003). The state of psychological ownership: Integrating and extending a century of research. *Review of General Psychology*, 7 (1), 84 - 107.

Preston, S. D., & Gelman, S. A. (2020). This land is my land: Psychological ownership increases willingness to protect the natural world more than legal ownership. *Journal of Environmental Psychology*, 70, Article 101443.

Rabinovich, A., Morton, T. A., Postmes, T., & Verplanken, B. (2009). Think global, act local: The effect of goal and mindset specificity on willingness to donate to an environmental organization. *Journal of Environmental Psychology*, 29 (4), 391 - 399.

Silver, W. S., Mitchell, T. R., & Gist, M. E. (1995). Responses to successful and unsuccessful performance: The moderating effect of self-efficacy on the relationship between performance and attributions. *Organizational Behavior and Human Decision Processes*, 62 (3), 286 - 299.

Steinhorst, J., Klöckner, C. A., & Matthies, E. (2015). Saving electricity—For the money or the environment? Risks of limiting pro-environmental spillover when using monetary framing. *Journal of Environmental Psychology*, 43, 125 - 135.

Steinhorst, J., & Matthies, E. (2016). Monetary or environmental appeals for saving electricity? Potentials for spillover on low carbon policy acceptability. *Energy Policy*, 93, 335 - 344.

Stern, P. C. (2000). New environmental theories: Toward a coherent theory of environmentally significant behavior. *Journal of Social Issues*, 56 (3), 407 - 424.

Süssenbach, S., & Kamleitner, B. (2018). Psychological ownership as a facilitator of sustainable behaviors. In J. Peck & S. B. Shu (eds.), *Psychological ownership and consumer behavior* (pp. 237 - 254). Springer.

Tabernero, C., & Hernández, B. (2011). Self-efficacy and intrinsic motivation guiding environmental behavior. *Environment and Behavior*, 43 (5), 658 - 675.

Thøgersen, J. (1999). Spillover processes in the development of a sustainable consumption pattern. *Journal of Economic Psychology*, 20 (1), 53 - 81.

Thøgersen, J., & Crompton, T. (2009). Simple and painless? The limitations of spillover in environmental campaigning. *Journal of Consumer Policy*, 32 (2), 141 - 163.

Thøgersen, J., & Ölander, F. (2003). Spillover of environment-friendly consumer behaviour. *Journal of Environmental Psychology*, 23 (3), 225 - 236.

Truelove, H. B., Carrico, A. R., Weber, E. U., & Toner, K. (2014). Positive and negative spillover of pro-environmental behavior: An integrative review and theoretical framework. *Global Environmental Change*, 29, 127 – 138.

Truelove, H. B., Yeung, K. L., Carrico, A. R., Gillis, A. J., & Raimi, K. T. (2016). From plastic bottle recycling to policy support: An experimental test of pro-environmental spillover. *Journal of Environmental Psychology*, 46, 55 – 66.

van der Werff, E., Steg, L., & Keizer, K. (2014a). Follow the signal: When past pro-environmental actions signal who you are. *Journal of Environmental Psychology*, 40, 273 – 282.

van der Werff, E., Steg, L., & Keizer, K. (2014b). I am what I am, by looking past the present: The influence of biospheric values and past behavior on environmental self-identity. *Environment and Behavior*, 46 (5), 626 – 657.

van Dyne, L., & Pierce, J. L. (2004). Psychological ownership and feelings of possession: Three field studies predicting employee attitudes and organizational citizenship behavior. *Journal of Organizational Behavior*, 25 (4), 439 – 459.

Venhoeven, L. A., Bolderdijk, J. W., & Steg, L. (2013). Explaining the paradox: How pro-environmental behaviour can both thwart and foster well-being. *Sustainability*, 5 (4), 1372 – 1386.

Wang, H. L., Ma, Y., Yang, S. X., Li, R., & Gong, L. (2020). The spillover influence of household waste sorting on green consumption behavior by mediation of environmental concern: Evidence from rural China. *International Journal of Environmental Research and Public Health*, 17 (23), Article 9110.

Wei, S., Xu, J. Q., She, S. X., & Zhao, X. (2021). Are recycling people also saving? Costliness matters. *Frontiers in Psychology*, 11, Article 609371.

Whitmarsh, L., & O'Neill, S. (2010). Green identity, green living? The role of pro-environmental self-identity in determining consistency across diverse pro-environmental behaviours. *Journal of Environmental Psychology*, 30 (3), 305 – 314.

Wood, R., & Bandura, A. (1989). Impact of conceptions of ability on self-regulatory mechanisms and complex decision making. *Journal of Personality and Social Psychology*, 56 (3), 407 – 415.

Xie, X. H., Lu, Y., & Gou, Z. H. (2017). Green building pro-environment behaviors: Are green users also green buyers? *Sustainability*, 9 (10), Article 1703.

Yang, Z. J., Kong, X. C., Sun, J., & Zhang, Y. (2018). Switching to green lifestyles: Behavior change of ant forest users. *International Journal of Environmental Research and Public Health*, 15 (9), Article 1819.

Zhang, Y. X. , Xiao, S. Q. , & Zhou, G. H. (2020). User continuance of a green behavior mobile application in China: An empirical study of ant forest. *Journal of Cleaner Production*, 242, Article 118497.

通讯作者简介

佘升翔，本硕博毕业于湖南大学，哈工大博士后，现为广州工商学院教授、中国高校市场学会“绿色消费与绿色营销”专委会副主任、中国心理学会“决策心理学”专委会委员、中国服务贸易协会常务理事。研究方向为绿色营销、消费者行为学，已发表论文 80 多篇。主持在研一项国家社科基金后期资助项目，主持完成 3 项国家自科基金项目和中国博士后科学基金一等资助项目。电子邮箱：sheshengxiang@ gzgs. edu. cn。

目标与承诺耦合干预对群体用户节能行为作用效果的纵向实验*

芈凌云　杨　阳　李　乐　贾田雯　吕　涛

中国矿业大学经济管理学院　江苏徐州　221116

摘　要：为了激励缺乏财务动机的公共领域群体用能者主动节能，我们开展了一项为期14周的现场对照实验。实验将两种难度目标（节电15% vs 节电5%）和两种目标承诺方式（公开承诺vs私下承诺）进行耦合，形成4个实验组和1个对照组，以电力系统真实用电量为依据，运用双重差分法评估节电效果。结果显示：3种“目标+承诺”的耦合干预能显著促进群体用户主动节电。其中，“高目标+公开承诺”组的节电效果最好，比对照组节电25.22%，其次是“低目标+公开承诺”组（节电20.51%）和“高目标+私下承诺”组（节电17.82%）。而“低目标+私下承诺”组节电效果不显著。析因分析进一步发现：目标难度与承诺方式之间交互效应不显著，耦合策略中主要是承诺方式发挥作用，且公开承诺优于私下承诺。这为如何利用非财务干预促进群体节能行为提供了依据。

关键词：非财务干预　群体用户　节能行为　现场对照实验　双重差分法

---

* 本文原载于《中国人口·资源与环境》2022年第7期。

基金项目：国家社会科学基金项目“公众生活方式低碳化的多重社会心理路径及其作用机制研究”（批准号：19FGLB058）；国家自然科学基金项目“消纳保障机制下考虑波动性可再生能源整合的电源规划模型及应用”（批准号：72074212）；中国矿业大学双一流建设专项“碳中和与能源战略（智库）”（批准号：2021WHCC01）。

应对气候变化的《巴黎协定》代表了全球绿色低碳转型的大方向。中国要实现“3060”宏伟目标面临着诸多挑战。截至2020年底，中国63.2%的电力仍依赖高碳型的燃煤发电，且短期内以煤电为主的电力供给结构还难以根本改变，这成为中国实现碳减排目标的一个重要制约因素（张小丽等，2020）。2021年，中国居民生活用电量达11743 TW·h，同比增长7.3%，其增长量占全社会用电增长总量的10.2%，成为拉动电力消费增长的一个重要驱动力。因此，促进消费侧节电成为中国当前实现“双碳”目标的重要途径之一。

建筑内的用户行为对于消费侧的低碳节能具有重大影响（Rouleau et al.，2019；Mi et al.，2021）。因此，关于促进中国家庭住户节能行为的文献越来越多（Lillemo，2014；Mi et al.，2019）。其中，财务策略（如电力价格、节能补贴、优惠奖励等）被证实对家庭节能有显著效果（郭琪、樊丽明，2007；Bourgeois et al.，2021）。然而，对于缺乏财务动机的群体用能者而言，如何促进其节能还缺乏关注。与家庭住户不同，群体用能者的能耗成本被群体成员均摊或所在单位承担。因此，这些群体用能者对能耗的财务成本感受性不足。如果个人实施节能行为，就需要付出自我约束（例如减少空调使用、减少电器待机等），而由此获得的节能收益和环保收益却是外部共享的。为此，如何通过非财务策略促进公共建筑群体用能者主动节能变得更加重要。

在通过非财务策略促进家庭节能的研究中，设置目标被认为有利于促进节能（Abrahamse et al.，2007；Loock et al.，2013）。研究者们认为：目标设置通过激发居民的内在动机而促进节能行为（Harding & Hsiaw，2014；Karlin et al.，2015）。另外，关于家庭节能的实验研究证实多种方式耦合干预策略的节能效果优于单一的干预策略（芈凌云等，2020）。考虑到群体用能者与家庭住户相比，是否节能具有更强的非财务属性，并且当个体处在群体中时，其行为方式也会与在家庭等私人领域不同。因此，面对难度不同的节能目标，群体用能者会如何反应？关于目标管理的研究认为：人们对目标的承诺是目标管理成功的关键要素之一（Bentein et al.，2005）。那么，群体用能者对节能目标的承诺方式是否也会导致其实现目标的努力产生显著差异？这些问题在已有研究中尚未得到回答。此外，以往关于中国居民节能行为的研究大多采用问卷调查法

（Xu et al.，2021；相楠、徐峰，2017），现场实验十分稀少。问卷调查法以被试自我报告的方式评估其节能行为，难以避免“自我报告偏见”的影响。为了填补上述研究缺口，该研究开展了一项为期 14 周的现场对照实验，评估不同节能目标（高目标、低目标）和承诺方式（公开承诺、私下承诺）耦合的干预策略对促进群体用能者主动节电的有效性，以期为促进公共建筑的节能减排提供理论依据。

1 理论基础与研究假设

1.1 节能目标难度的高低

Locke 和 Latham（2006）的目标设置理论指出：合理的目标设定具有显著的激励作用，它能把个体的需要转变为动机，使个体行为朝一定的方向持续努力。在个人对结果有一定控制权的诸多领域，目标设置理论都体现出良好的有效性，因此也受到节能研究者的关注。Karlin 等（2015）对于居民节能的元分析显示：目标设置在改善个人的节能行为方面具有显著促进作用。Mccalley 和 Midden（2002）在荷兰埃因霍温开展的一项洗衣实验也发现：无论是指定的节能目标还是自我设置的节能目标，设置目标的参与者都明显比未设置目标的参与者节约了更多的能源。

然而，目标设置对激励节能的作用会受到目标难度的影响。在完成目标的过程中，个体会根据目标难度来调整自己的努力程度（Locke & Latham，2006）。具有不同难度的目标对家庭节能的激励作用存在显著差异。怎样的目标难度更能激励节能，已有研究尚存争议。Becker（1978）最早开展目标与节能关系研究，他在实验中为参与家庭分别设置了节电 20% 和节电 2% 的两种难度的目标。结果显示：设定较高难度目标（节电 20%）的家庭实现了节电 13%—15.1%，而设置节电 2% 的简单目标组的节能效果不显著。后来，Harding 和 Hsiaw（2014）在美国进行的一项让消费者自主选择节能目标的实验研究发现：73% 的消费者选择了相对现实而积极的目标（节电 0—50%），12% 的参与者选择了一个不现实的高目标（大于 50%），15% 的消费者选择了不节电。结果显示：选择相对现实而积极目标的消费者实现了 11% 左右的节电效果，而选择不现实的高目标或者很低目标的消费者并没有实际的节电效果。Abrahamse 等

(2007) 在荷兰开展的一项家庭节能实验显示，设定5%的节电目标，并提供量身定制的信息反馈的家庭，在五个月内节约了5.3%的电力。Xu等（2021）在新加坡开展的一项家庭节能实验中，将节能目标分别设定为5%和10%时，结果发现分别带来8.18%和12.56%的节电效果。从上述研究可以看出，在私人领域，5%左右的节电目标是一个相对轻松可以达到的目标，而10%—20%的节电目标是需要通过较大努力才能达到的一个具有挑战性的目标。2019年，Mi等（2019）在中国开展的一项为期18周的家庭节电实验研究，结果发现，给居民设置一个具有挑战性的较高目标（节电15%）与邻里对比反馈的耦合可以有效地促进家庭节电14.45%和11.86%。但是，在撤销反馈之后，目标本身的节电效果不可持续。这是由于没有区分目标难度，只设置了单一具有挑战性的较高节能目标，还是由于参与者只是私下承诺节能目标这种方式？还需要进一步的研究来回答。

与私人领域的家庭用能不同，群体用能者实施节能的财务收益和环境收益都是外部性的。个体付出自我约束的节能行动，并不能给个人带来直接收益，而且，个人的节能努力也可能会因为其他共同用能者的不节约而被抵消。因此，对于公领域的群体用能者而言，节能目标的设置，是否会成为激励群体节能的动力？哪种难度的节能目标具有更好的节能效果？值得进一步探索。然而，在公领域，关于目标设置与公领域节能的现场实验研究还没有受到关注。2018年，Bull等（2018）对欧洲5个国家的17所大学宿舍（这些宿舍都参与了2014—2016年的SAVES项目——Students Achieving Valuable Energy-Savings）进行节能水平调查，结果发现，在2014—2015学年，这17所大学的宿舍实现节电5.26%，并在2015—2016学年实现节电8.76%。因此，参考私人领域家庭节电目标的难度设置与Bull等人的节能调查结果，该研究将群体节能的目标难度设置为高目标（节电15%）和低目标（节电5%）两种目标难度开展实验研究。

此外，已有的通过设置不同难度目标来促进节能的实验研究大多在西方国家进行，并且针对的主要是私人领域的家庭用户，缺乏对群体水平用能者的关注。关于目标设置理论的研究证实：目标对个体行为的激励作用受到国家之间文化差异的影响（Ma et al.，2017）。与西方文化不同，中国文化更强调集体主义价值观，希望个人利益服从于集体利益。因此，在这一文化背景下，对于群体用能者而言，是否设置难度高一点的节能目标更能促进群体用能者主动节能？为此，提出假设 H_1。

H_1：目标设置能够显著促进群体水平的节电行为，且高目标的节电效果优于低目标。

1.2 对目标的承诺是否公开

承诺是促进积极行为的有效手段。Lokhorst 等（2013）关于承诺的一项元分析认为，无论是公开承诺还是私下承诺，对于亲环境行为都有显著的积极影响。例如，当承诺节能后，更多的人会选择乘坐公共汽车（Bachman et al.，1982），家庭对报纸的回收利用也显著提高（Pardini et al.，1983）。Werner 等（1995）还认为承诺提高了人们对回收活动的参与程度并维持长期的后续行动。

Cialdini 和 James（2009）认为承诺之所以有效，是因为当人们承诺并坚持一种行为时，他们会努力使自我概念与实际行为保持一致。Werff 等（2019）的研究指出：私下承诺是通过强化个人规范来使人们认为自己在道义上更有义务去完成他们所承诺的行为。同时，当人们做出的是私下承诺时，由于其他人并不知道，因此不太可能通过他人对自己的期望约束来改变行为。这就有可能导致私下承诺对个体行为的影响作用不如预期。相比私下承诺，公开承诺对提高人们行为和所表达态度的一致性的影响力更大，更能促使人们行为的改变（Pallak et al.，1980）。Pallak 和 Cummings（1976）的研究证实，与私下承诺相比，选择公开承诺节能的那些人明显节约了更多的能源。Mccalley 和 Midden（2002）关于回收易拉罐的实验也发现，公开承诺的回收效果明显大于私下承诺。

考虑到中国是一个集体主义文化国家，兼顾他人利益的行为更符合全社会倡导的行为规范。在这种文化背景下，人们的能源消费行为更容易受到社会规范和他人行为的影响（Mi et al.，2019）。另外，面子意识对人们消费行为决策的影响根深蒂固。“爱面子”作为重要的心理动机对公开承诺的履行具有不可忽视的促进作用。事实也证明，当存在外部监督时，人们更倾向于维持自己的承诺（陶厚永等，2019）。一项关于企业亲环境行为的研究也发现：公开承诺是优于私下承诺的激励手段（张浩、朱佩枫，2019）。然而，考虑到群体用能者的节能收益具有外部性特征，群体成员对节电目标的承诺方式不同是否也会导致其节电行为上存在显著差异仍需探究。为此，提出假设 H_2。

H_2：对目标进行承诺能够显著促进群体水平的节电行为，且公开承诺的节电效果优于私下承诺。

1.3 耦合干预

耦合干预是通过两种干预方式组合，共同对微观主体行为施加影响的策略。在家庭节能领域，耦合干预措施被认为是更加有效的。Karlin 等（2015）采用元分析的方法综合分析了 42 篇实验文献后认为，信息反馈耦合其他干预措施的节能效果比单独的信息反馈能更有效地激励家庭节能；芈凌云等（2020）对家庭住户开展的一项为期 16 周的随机对照现场实验，对比了信息宣传框架和信息反馈框架分别在单独干预和耦合干预情境下的节能效果，结果发现：相比于单独干预，只有耦合干预能持续有效地激励中国城市家庭主动节电。并且，对目标设置而言，接收者总是会存在某一种承诺方式来接受目标。因此，探究不同目标难度与不同承诺方式耦合干预的节能效果，对现实的节能管理也更为重要。

与家庭用户不同，考虑到群体内每个人对节能的贡献无法衡量，节能带来的收益由他人或外部共享，这导致群体中的个体缺乏强烈的财务动机去主动节能。目标设置与承诺等非财务措施的耦合干预似乎更加重要。因此，为了检验目标设置难度的高低与承诺方式公开与否的耦合干预策略能否有助于促进群体用能者主动节能，哪一种耦合干预策略的节能效果更好，该研究设置了一个 2 ×2 的现场对照实验，用于检验两种节能目标的难度（高目标、低目标）与对目标的两种承诺方式（公开承诺、私下承诺）耦合的四种非财务干预策略在于促进群体用能者节能的有效性，并提出假设 H_3。

H_3：目标难度与承诺方式耦合的干预策略能够显著促进群体水平的节电行为，且不同的耦合方式的作用效果存在显著差异。

2 实验方法与过程

2.1 实验对象

一般而言，公共建筑的群体用能者主要包括工作场所的员工、集体住宿的学生群体等。由于群体中个人用能的财务成本是所在的工作单位或学校承担，或被群体成员均摊，所以他们对个体用能的财务成本和节能的财务收益的直接感受并不清晰。因此，非财务干预就变得非常重要。由于工作场所的群体用能行为受到的外部干扰因素复杂，不同部门和工作群体所在的物理环境差异大，相同环境中群体规模、人员结构、用能设备等复杂多变，且工作群体能耗的测量与跟踪困难，不利于现场对照实验的开展。而大学生集体宿舍的环境可控性较高，容易排除外部干扰，厘清实验干预的净效果。例如建筑的围护结构、室内面积、居住人数等是影响用户电力消耗的重要因素。因此，考虑到实验的可靠性和干扰因素的可控性，选择集体住宿的大学生群体作为群体用能者的代表，在大学的本科生宿舍开展群体节电行为的跟踪实验。由于实验组和对照组是来自同一群体，在有效控制干扰因素的情况下，可以准确地评估干预策略的真实节电效果。而且，中国每年有900万的大学新生进入大学集体住宿，同时，几乎同样数量的大学生毕业离开校园，进入职场。因此，对大学生群体的主动节能习惯的培养，不仅有助于直接减少大学校园的能耗，而且有助于推动工作场所和社区形成主动节能的风气。

该次实验选择在教育部直属的一所重点综合大学的本科生宿舍进行。该大学共有19栋本科生宿舍楼，每栋楼有217间宿舍，每栋楼的建筑设计、围护结构、宿舍的房间布局和居住面积均相同，有效地控制了建筑热性能等较为重要的外生因素。并且每个独立宿舍固定有8名学生共同居住。每个宿舍内的主要耗能电器由学校统一配备，包括6盏照明灯、2台风扇、集中供暖系统、空调系统、热水系统、一台饮水机等，每个学生除了自备的台灯、手机、电脑、iPad等之外，其他电器的使用均受到严格限制。这些为现场实验提供了良好的控制环境，不仅能容易地将节能效果归因于居住者用能行为的改变，还有利于保证现场实验的外部效度。

考虑到三年级、四年级学生因实习等情况造成住宿时间不连贯，所以本次实验对象选择以一年级、二年级学生及其宿舍为主，采用随机抽样的方式选取样本。在该大学中男生占比约为 68.1%，女生占比约为 31.9%。因此，抽样时考虑了学校的男女性别比例。经过 1 周的招募与筛选，在剔除实际稳定居住人数不满 8 人的宿舍后，共有来自 74 个学生宿舍的 592 名本科生参与实验。其中，男生宿舍占 68.92%，女生宿舍占 31.08%。样本的性别比例、学生宿舍的分布特征与该大学的学生性别结构基本一致（见表 1）。

表 1　　参与者的描述性统计分析

变量	类别	数量/名	百分比/%
性别	男	51	68.92
	女	23	31.08
年级	1	30	40.54
	2	44	59.46
楼层	1	2	2.70
	2	20	27.03
	3	14	18.92
	4	16	21.62
	5	10	13.51
	6	6	8.11
	7	6	8.11

2.2　实验设计

该实验采用 2（目标难度：高目标、低目标）×2（承诺方式：公开、私下）的被试间析因设计来检验目标难度和承诺方式对群体用能者节电效果的影响。因此，设置了 4 个实验组和 1 个对照组。采取这种实验设计的原因是：（1）析因设计不仅可以评估和比较四种耦合干预策略的节能效果，还可以考察单一因子的作用效果，能够提供更多的实验信息。

并且，采用两因素析因设计更加符合现实情境。（2）由于实验时间从春季到夏季的跨度较长，天气逐渐变热，各宿舍的用电量都会增加。但由于无干预对照组的设置，与实验组在相同的气温条件下，可以排除天气因素对实验结果的干扰。

目标设置理论证明，当允许人们自主选择目标时，人们对目标的认同程度更高，实现目标的可能性更大（Locke & Latham，2006）。因此，该研究由参与实验的宿舍自主选择节能目标的难度和对目标的承诺方式。首先邀请参加实验的74个宿舍自主选择各自的节能目标，其中38个宿舍选择节电5%的低目标，24个宿舍选择节电15%的高目标，12个宿舍选择不确定。目标选择结束后，进一步进行对目标承诺方式的选择。选择低目标组的38个宿舍中有21个选择私下承诺，17个宿舍选择公开承诺；选择高目标的24个宿舍中12个选择公开承诺，12个选择私下承诺。由此形成4个实验干预组，不确定节能目标的12个宿舍被作为对照组，最终形成了5个不同的条件组，分别为：无干预对照组（$n=12$）、实验组1（低目标+私下承诺）（$n=21$）、实验组2（低目标+公开承诺）（$n=17$）、实验组3（高目标+公开承诺）（$n=12$）、实验组4（高目标+私下承诺）（$n=12$）。为了保证实验功效，使用G * Power软件对实验各组的样本数是否达标进行了检验，结果显示：当效应值为0.6，α为0.1，统计功效（$1-\beta$）为0.8时，所需实验组与对照组的样本之和至少为19。在该研究中对照组与实验组的样本量和均达到统计要求。实验设计及分组情况详见表2。

表2　实验设计及分组

组别	拜访期	基线期		实验期		
	获取	干预方式	获取	高目标/低目标	公开承诺/私人承诺	获取
对照组（$n=12$）	调查问卷	无干预	电力数据	无	无	电力数据
实验组1（$n=21$）	调查问卷	无干预	电力数据	低目标	私下	电力数据
实验组2（$n=17$）	调查问卷	无干预	电力数据	低目标	公开	电力数据
实验组3（$n=12$）	调查问卷	无干预	电力数据	高目标	公开	电力数据
实验组4（$n=12$）	调查问卷	无干预	电力数据	高目标	私下	电力数据

实验包含 1 周拜访期、6 周基线期和 8 周实验期三个阶段，如图 1 所示。

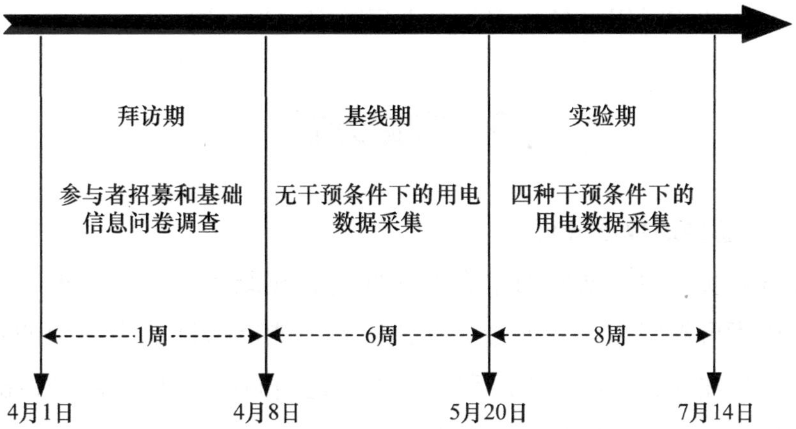

图1　实验流程图

拜访期是为了征集实验参与者宿舍，该研究参与者对本科生宿舍进行入户拜访。只有当宿舍的 8 位共同居住成员实验期间都住在学校，并且全部同意参与实验才能成为样本宿舍。在成为志愿者宿舍后，宿舍成员需要填写一份基本信息调查问卷。

基线期是设置在拜访期之后，实验正式开始之前的一段无干预观察期。在此期间参加实验的所有宿舍均不受任何干预，我们仅从学校电力系统内采集各宿舍的实际用电量及其变化数据。设置基线期主要有三个作用：第一，有利于消除拜访期征集实验参与宿舍可能产生的“霍桑效应”。上门拜访可能会使参与实验的宿舍成员在知道自己被关注后短期内有意识地节能，从而对实验结果造成干扰。第二，判断实验分组的有效性。只有各个实验组和对照组在基线期用电量不存在显著的组间差异，才表明分组是有效的，并将之后实验期的组间用能量的差异归因于干预措施。第三，排除参与者已有用电习惯的影响。基线期的用电数据可以显示参与宿舍的已有用电习惯，通过对基线期所代表的用电习惯是否会影响实验时段的用电行为进行检验，可以排除已有用电习惯对实验效果的干扰。

实验期是基线期结束后开始实验干预的阶段。根据实验分组，我们将选择公开承诺的两个实验组的节能目标在所有参与实验的宿舍大群里公开，并点对点提醒选择私下承诺的两个实验组的节能目标。对照组的12个宿舍在实验期间不受任何干预。实验期间，统一在每周日早上10点采集各宿舍的实时用电量，实验组干预频率均为一周一次。

3 数据分析

3.1 基线期数据分析

在现场实验中，某些因素会对实验的真实结果产生一定的干扰，这些干扰因素可被统称为协变量。在该实验中能够保证每个宿舍的建筑围护结构、居住人数、房屋布局和面积等均是相同的，所以主要控制性别、楼层及年级等可以影响实验净效果的协变量。这些协变量的影响可以通过均衡的组间分配将其消除。即各个实验组与对照组的协变量之间不存在显著差异。因此，首先对实验组与对照组基线期特征进行比较分析以判断分组的有效性（见表3）。

表3 实验组与对照组基线期特征比较

变量	对照组	实验组1	实验组2	实验组3	实验组4	与对照组之间的差异			
						实验组1	实验组2	实验组3	实验组4
基线期平均用电量	23.67	21.47	22.69	20.22	21.77	-2.20	-0.98	-3.45	-1.90
	(6.32)	(7.04)	(7.00)	(5.32)	(7.04)	(0.378)	(0.700)	(0.162)	(0.493)
性别	1.33	1.19	1.41	1.33	1.33	-0.14	0.08	0.00	0.00
	(0.49)	(0.40)	(0.51)	(0.49)	(0.49)	(0.373)	(0.681)	(1.000)	(1.000)
年级	1.50	1.62	1.71	1.50	1.75	0.12	0.21	0.00	0.25
	(0.52)	(0.59)	(0.47)	(0.52)	(0.45)	(0.566)	(0.277)	(1.000)	(0.223)
楼层	3.92	3.48	4.35	3.00	3.83	-0.44	0.43	-0.92	-0.09
	(1.73)	(1.40)	(1.97)	(1.13)	(1.70)	(0.431)	(0.542)	(0.138)	(0.906)

注：第二到六列括号内表示均值标准差，最后四列括号内表示 p 值。其中 $p<0.05$ 显著，$p>0.05$ 不显著。

由表3可见：4个实验组与对照组之间的协变量以及基线期电力消耗均不存在显著差异。因此，可以说明在4个实验组和对照组之间，协变量得到了很好的平衡，分组有效。这可以确保实验组和对照组之间在实验开始前没有系统性的差异。

3.2 平行趋势检验

该研究采用双重差分法（Differences-in-Differences，DID）进行实验效果的检验。在双重差分应用之前需要对实验数据进行平行趋势检验，即要求实验组和对照组在干预措施实施前具有相同的发展趋势。该研究中即为判断各实验组在实验干预之前与对照组基线期的用电量走势是否类似，若用电量的走势相似则应用双重差分计算方法得到的实验干预结果是可靠的。运用STATA16.0对整体实验组与对照组、实验组1与对照组、实验组2与对照组、实验组3与对照组、实验组4与对照组分别进行平行趋势检验，结果见表4。

表4　　平行趋势假设检验

变量	整体数据	实验组1	实验组2	实验组3	实验组4
干预前5周	-0.78	-1.77	-0.87	0.76	-0.46
(pre5)	(-0.37)	(-0.45)	(-0.21)	(0.20)	(-0.09)
干预前4周	-1.99	-3.63	-2.61	0.87	-1.08
(pre4)	(-0.93)	(-0.92)	(-0.61)	(0.25)	(-0.21)
干预前3周	-2.62	-5.70	-0.80	0.98	-3.40
(pre3)	(-1.15)	(-1.29)	(-0.19)	(0.30)	(-0.61)
干预前2周	2.57	3.36	0.65	3.81	2.70
(pre2)	(0.96)	(0.60)	(0.14)	(0.94)	(0.42)
干预前1周	-1.82	0.79	-3.39	-4.27	-1.72
(pre1)	(0.85)	(0.21)	(-0.77)	(-1.43)	(-0.33)
干预开始周	-64.96***	-61.75***	-69.34***	-65.95***	-63.39***
(current)	(-8.57)	(-7.54)	(-8.09)	(-8.25)	(-6.99)

续表

变量	整体数据	实验组 1	实验组 2	实验组 3	实验组 4
干预后 1 周	−62.14***	−59.65***	−65.93***	−63.15***	−60.10***
(post1)	(−8.19)	(−7.24)	(−7.67)	(−7.96)	(−6.53)
干预后 2 周	−59.54***	−55.58***	−62.63***	−62.28***	−59.34***
(post2)	(−7.77)	(−6.54)	(−6.94)	(−7.72)	(−6.50)
干预后 3 周	−54.03***	−48.56***	−53.94***	−60.27***	−57.46***
(post3)	(−6.80)	(−5.06)	(−5.35)	(−7.09)	(−6.31)
干预后 4 周	−12.76	0.92	−15.09	−19.45	−26.71*
(post4)	(−1.39)	(0.07)	(−1.24)	(−1.48)	(−1.97)
干预后 5 周	70.00***	82.93***	57.16***	64.12**	71.46***
(post5)	(6.54)	(4.72)	(3.95)	(3.46)	(4.02)
干预后 6 周	21.67**	35.24**	16.62	5.34	21.39
(post6)	(2.28)	(2.73)	(1.26)	(0.35)	(1.40)
干预后 7 周	20.29**	36.50**	15.13	−2.43	21.97
(post7)	(2.09)	(2.72)	(1.17)	(−0.14)	(1.39)
_cons	38.27***	38.27***	38.27***	38.27***	38.27***
	(30.44)	(30.14)	(30.07)	(29.94)	(29.94)
R^2	0.59	0.52	0.46	0.42	0.42
N	1 036	462	406	336	336

注：*：$p<0.10$；**：$p<0.05$；***：$p<0.01$；_cons 为截距项；括号内数字为 t 值。

由表 4 可见，无论是整体实验组与对照组相比，还是单个实验组与对照组相比，在实验干预开始前的基线期的系数均在 0 附近波动，且都不显著。而从实验干预开始的第一周以后，系数变得显著。因此，可以说明各实验组与对照组在接受实验干预之前具有相同的发展趋势，即满足了平行趋势假设。这在图 2 至图 5 中可以直观地显示。

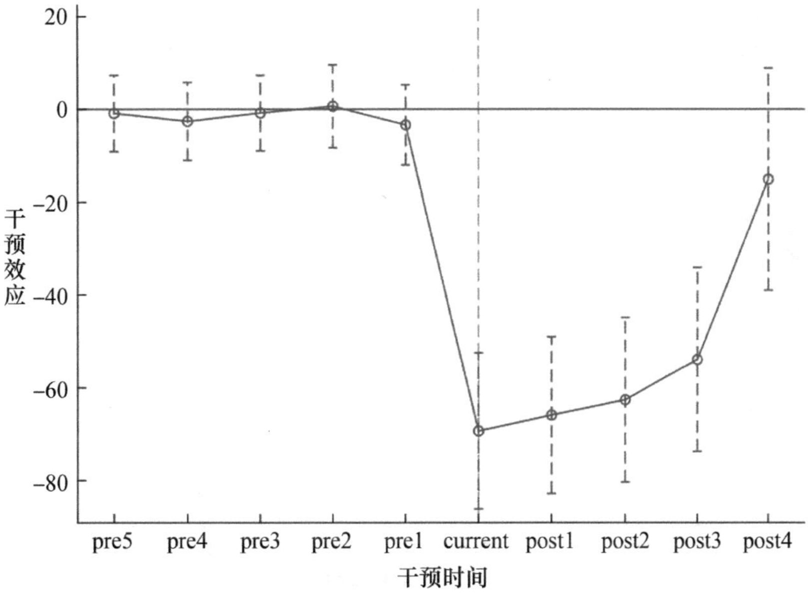

图 2　实验组 1 平行趋势假设检验

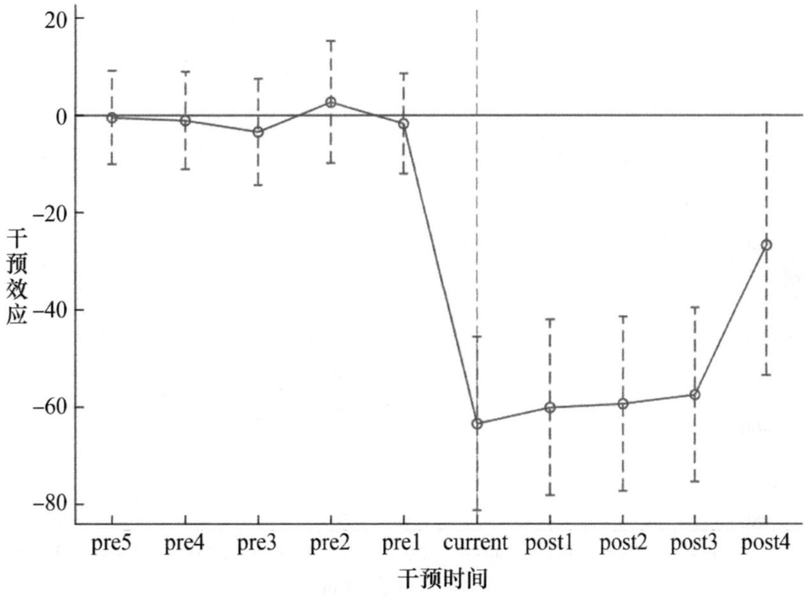

图 3　实验组 2 平行趋势假设检验

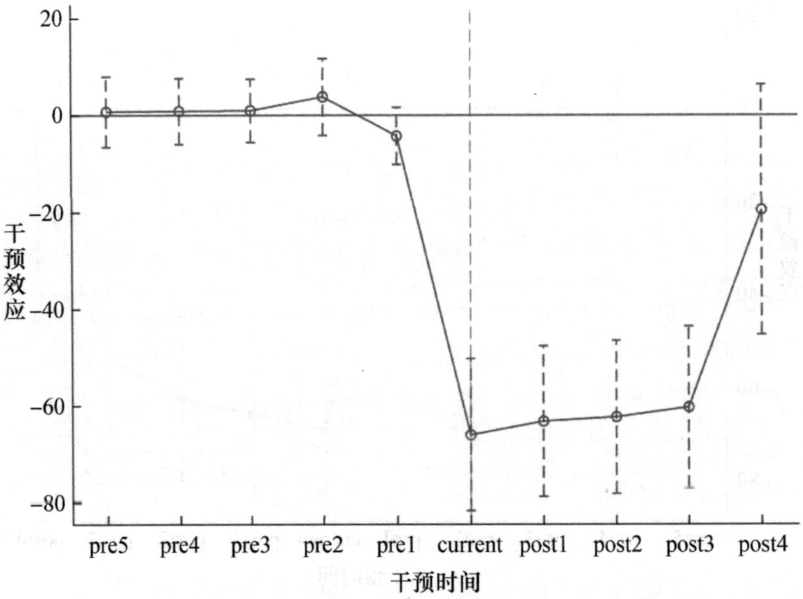

图4　实验组3平行趋势假设检验

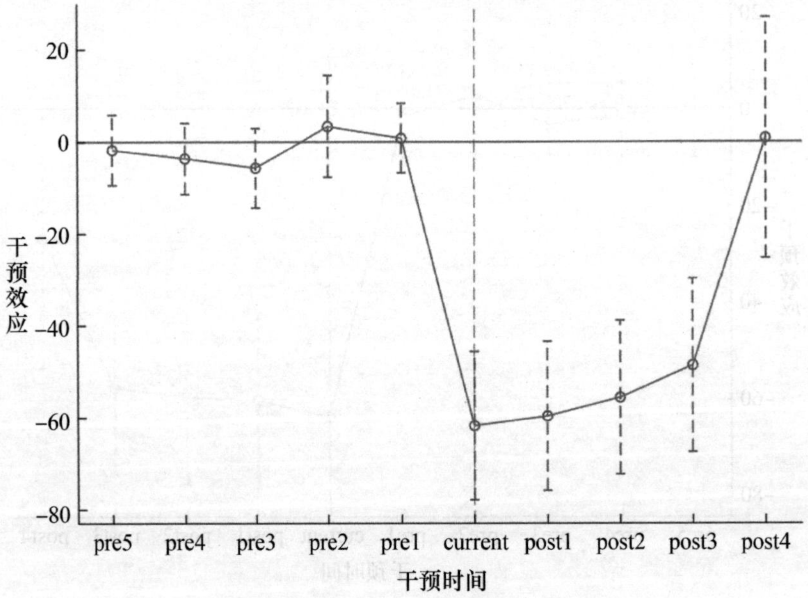

图5　实验组4平行趋势假设检验

3.3 双重差分估计结果

为了精确地评估4种耦合的非财务干预策略对促进群体节能的效果，采用双重差分法进行实验数据分析。双重差分法通过比较实验组干预前后与对照组在实验开始前后用电量之间的差异，消除了随着时间变化的干扰因素（如天气、电价）和不随时间变化的一些固有属性（如居住面积、人口特征）等的干扰，从而得到实验干预的净效果。双重差分的核心是构造双重差分估计量，而双重差分的估计量可以通过回归方程（1）得到：

$$Y_{it} = \beta_0 + \beta_1 D_{it} + \beta_2 T_{it} + \beta_3 (D_{it} \times T_{it}) + \beta_4 X_{it} + \varepsilon_{it} + \mu_i + \lambda_t \quad (1)$$

其中：Y_{it}为宿舍i在第t周的用电量。由于该用电量数据已进行了归一化处理（将宿舍用电量除以实验期间对照组的平均耗电量并乘以100%），因此可以将回归系数直接解释为用电量变化的百分比。β_1、β_2、β_3、β_4为回归系数，X_{it}为控制变量性别、年级和楼层的合集，β_0为截距项，ε_{it}为随机误差项，D_{it}为是分组虚拟变量，若宿舍成员受到干预策略的影响（该宿舍属于实验组），对应的D_{it}取值为1，否则取值为0；T_{it}是时间虚拟变量，若时间处于实验期，T_{it}取值为1，否则取值为0。其中，分组虚拟变量和时间虚拟变量的交互项$D_{it} \times T_{it}$的回归系数β_3为双重差分的估计量，μ_i为个体效应，λ_t为时间效应。通过方程（1）对宿舍实际用电量进行分析得到的目标高低与是否公开承诺的回归结果见表5。

表5　　节能目标高低与目标承诺是否公开的回归结果

变量	实验组1	实验组2	实验组3	实验组4
T	106.58***	101.94***	96.18***	105.10***
	(14.81)	(15.09)	(12.03)	(14.19)
D	-29.20	-61.49**	-118.63**	-99.07**
	(-1.00)	(-3.47)	(-2.14)	(-2.48)
T×*D*	-7.06	-20.51***	-25.22***	-17.82***
	(-1.40)	(-4.34)	(-4.47)	(-3.41)
gender	120.87*	67.48**	83.29**	39.99
	(1.75)	(2.59)	(1.99)	(1.50)

续表

变量	实验组 1	实验组 2	实验组 3	实验组 4
grade	-52.81^{*}	-62.01	-36.40^{**}	46.72^{**}
	(−1.82)	(−1.64)	(−3.77)	(3.03)
floor	-25.03^{*}	-27.51^{**}	-31.00^{**}	-25.95^{**}
	(−1.83)	(−2.25)	(−2.29)	(−2.07)
_cons	129.38^{**}	206.88^{**}	185.69^{***}	116.05^{**}
	(3.01)	(2.36)	(4.13)	(2.79)
id_fixed	Yes	Yes	Yes	Yes
week_fixed	Yes	Yes	Yes	Yes
N	462	406	336	336
R^2	0.83	0.84	0.81	0.84

注：*：$p<0.10$，**：$p<0.05$，***：$p<0.01$；括号内数值是标准误。*T* 为时间变量，*D* 为分组变量，$D\times T$ 为时间变量和分组变量的交互项，*gender* 为性别，*grade* 为年级，*floor* 为楼层，*id_fixed* 表示个体固定效应，*week_fixed* 表示时间固定效应，*_cons* 为截距项。

表 5 的结果显示：实验组 1（低目标 + 私下承诺）节约了 7.06% 的电力，但未达到显著性水平（$t=-1.40$，$p=0.163$）；实验组 2（低目标 + 公开承诺）（$t=-4.34$，$p=0.000$）、实验组 3（高目标 + 公开承诺）（$t=-4.47$，$p=0.000$）和实验组 4（高目标 + 私下承诺）（$t=-3.41$，$p=0.001$）均在 1% 的水平下具有显著节能效果。与对照组相比，实验组 3 的节电效果最好，节电比例为 25.22%；其次是实验组 2（节电比例为 20.51%），最后是实验组 4（节电比例为 17.82%）。因此，假设 H_3 得到验证。

3.4 目标难度与承诺方式的析因分析

分析显示，在目标难度和承诺方式耦合的四种干预策略中，除了低目标与私下承诺的耦合干预策略节电效果不显著之外，其他三种耦合干预的节电效果都是显著的。但是，究竟是目标设置的效果更大？还是承诺方式的效果更好？析因分析将回答此问题。

首先，进行方差齐性检验。该研究以实验期的周平均用电量为因变量，干预方式为自变量进行方差齐性检验。方差齐性检验（$F=0.40$，

$p=0.753$）结果不显著，检验通过，可以继续进行单变量方差分析。

单变量方差分析目的是判断目标设置的高低和承诺方式的公开与否之间是否存在交互效应。单变量方差分析结果见表6。由表6可知，节电目标设置的高低与承诺方式公开与否的交互作用不显著（$F=0.35$，$p=0.554$），故两种干预方式对于节电效果的影响是相对独立的，这表明一种干预方式水平有所改变时不影响另一种干预方式的效应，因此继续进行主效应检验。

表6　　主体间效应检验

源	III型平方和	*df*	均方	*F*	*Sig.*	*Partial eta square*
校正模型	5502.13[a]	4	1375.53	6.82	0.000	0.324
截距	2323.30	1	2323.30	11.51	0.001	0.168
基线平均	4214.17	1	4214.17	20.88	0.000	0.268
承诺方式	609.62	1	609.62	3.02	0.088	0.050
目标难度	297.99	1	297.99	1.48	0.229	0.025
承诺方式×目标难度	71.52	1	71.52	0.35	0.554	0.006
误差	11505.36	57	201.85			
总计	167978.52	62				
校正后总计	17007.49	61				

注：$R^2=0.32$（调整后 $R^2=0.28$）。根据 Cohen（1988），*Partial eta square* > =0.14 代表具有较大效果，0.14 > *Partial eta square* ≥0.06 具有中型效果，0.06 > *Partial eta square* ≥0.01 具有小型效果。

主效应分析是考察单一因素对因变量的影响程度。当交互效应不明显时，可以直接通过其主效应是否显著来评估自变量对因变量的作用大小。主效应检验的结果见表7。令人意外的是，目标设置的高低（$F=1.48$，$p=0.229>0.1$，*Partial eta square* $=0.025$）对节电效果的影响不显著，假设H1不成立。而承诺是否公开（$F=3.02$，$p=0.088<0.1$，*Partial eta square* $=0.050$）对节电的影响效果是显著的。同时，公开承诺（$M=45.33$，$SD=2.68$）的节电效果显著优于私下承诺（$M=51.78$，$SD=2.57$），假设 H_2 得到验证。

表 7　　主效应检验

自变量		F	Sig.	Partial eta square	M	SD	95%置信区间	
							低	高
目标	低目标	1.48	0.229	0.025	50.82	2.32	-2.93	11.98
	高目标				46.29	2.91	-11.98	2.93
承诺	公开	3.02	0.088	0.050	45.33	2.68	-13.89	0.98
	私下				51.78	2.57	-0.98	13.89

4　结论与建议

该研究通过为期 14 周的现场对照实验探究了目标难度与承诺方式耦合的 4 种非财务干预对促进公共建筑群体用能者主动节电的有效性。以持续获取的电力计量系统上群体用户的真实用电量数据为依据，采用双重差分法进行干预效果分析，主要结论如下。

第一，适当的目标难度与承诺方式耦合的非财务干预策略能显著地促进公共建筑群体用能者主动节电。但不同干预策略的节电效果存在显著差异。其中，“高目标 + 公开承诺”的干预策略节电效果最好，与对照组相比，节电 25.22%；其次是“低目标 + 公开承诺”的干预策略（节电 20.51%）和“高目标 + 私下承诺”的干预策略（节电 17.82%）。然而，“低目标 + 私下承诺”的干预策略节电效果不显著。由此可见，在公开承诺下，无论目标高低，节能效果都高达 20% 以上，因此，对目标的承诺方式是通过目标设置促进节能的一个关键因素。尤其是在承诺公开时，会引起他人对自己实现目标的期望，从而形成社会压力，这会导致个体行为趋向于完成他/她所做出的承诺。Barata 等（2017）关于承诺对促进家庭节能和节水的研究也认为，相比于私下承诺，公开承诺使个体在社会规范的压力下更注意维持自身的节约行为。对公共建筑的群体用能者而言，公开承诺对促进群体节电的显著效果，也可能与中国重视面子的文化环境有关。在中国文化中，面子意识是人们对自己的公共形象的看法。在群体中，个体的外在形象更容易被观察和发现，群体成员可能出于“爱面子”和群体认同的需要而努力实现公开承诺的目标。

第二，分析显示，目标难度与承诺方式之间交互效应不显著。节电目标设置的高低对群体用能者节电行为的影响不显著，主要是对目标的承诺方式发挥了作用。先前关于目标设置促进中国家庭节电的纵向跟踪实验也发现，目标设置与邻里对比反馈耦合干预时可以显著促进家庭主动节电，然而，当保持目标设置不变，停止反馈后，节电效果便随之消失，目标本身对家庭节电的激励是不可持续的（Mi et al.，2019）。由此可见，不论是私领域的家庭节电还是公领域的群体用户节电，单独的目标设置都不能对用户的节电行为产生显著激励效果。只有目标设置和承诺或者对比反馈等进行耦合干预时，才会产生显著的节能效果。这与西方学者关于目标设置促进节能的研究结论存在显著的不同。Osbaldiston 和 Schott（2012）对促进亲环境行为的 87 篇文献进行了一项元分析证明，单独设置目标是促进亲环境行为最有效的 4 种单独干预策略之一。分析产生这种差异的原因，可能跟国家之间的文化差异有关。目标设置理论的诸多研究证实：目标对个体行为的激励作用会受到国家之间的文化差异的影响（Erez & Earley，1987）。Osbaldiston 和 Schott（2012）纳入元分析的 87 篇文献中只有 2 篇来自亚洲，其余大都来自北美和欧洲。美国和大部分欧洲国家的社会文化具有个人主义和“低情境文化”的特征（Erez and Earley，1987），人们重视事件发生时所依赖的“内容”而不是“情境”，因此目标设置的激励作用较为显著。而在具有集体主义和“高情境文化”的中国社会中，人们的能源消费行为会受到他人行为和社会对比的影响，因此，单一的目标设置在中国这种“高情境文化”背景下的作用不再显著，需要与承诺或者社会对比反馈等能体现情境的要素相结合才能体现出有效性。

第三，与预期不一致的是，“低目标 + 私下承诺”的耦合干预对促进群体水平的节电效果并不显著。而“高目标 + 私下承诺”的耦合干预却对群体节电有显著的促进。因此，推论：在与私下承诺耦合的条件下，目标的挑战性也是促进群体用能者主动节能的一个重要因素。Hollenbeck 和 Klein（1987）的一项元分析指出：在对目标做出承诺后，目标的难度是决定绩效的重要因素。面对具有一定挑战性的高目标，人们往往愿意投入更多的时间和精力，并在实现目标的过程中感受到成就感；而面对容易达成的低目标时，则会减少努力程度并投入很少的时间和精力。一方面是低目标的完成与否不会带来成就感，另一方面，私下承诺的低目标也不会为他们带来对外的环保形象，因此，放弃一个只有自己知道的低目标似乎更为容易。

这些研究结论对直接促进大学校园的群体节能具有积极意义。首先，每年900多万的大学生成为职场的新生力量，也有助于推动工作场所形成节能风气。其次，随着实施集体住宿的中学越来越多，通过目标与承诺的耦合干预也有助于推动中学的群体节能，帮助这些未成年人从小形成节能的生活习惯。还可以通过学生对家长的反向影响，形成节能的社会风气。最后，对于以团队为单位进行工作设计或工作考核的工作群体来说，该研究结论也将为其节能激励措施提供参考。

根据研究结论，提出以下政策建议：首先，在创建绿色校园、绿色机关、绿色单位的过程中，相关部门和管理者需要在传统的宣传教育的基础上，重视并发挥公开承诺的作用。中国人具有“爱面子”的特征，公开承诺可以促使群体成员出于面子意识而维护自己所在群体的形象，进而尽力完成群体所做出的承诺。因此，这是促进实现群体节能减排目标的一条低成本且有潜力的有效途径。其次，根据中国社会重视集体主义和“高情境文化”的特征，相关部门和管理者在进行节能目标分解、倡导和推动群体用能者主动节能时，需要充分考虑将目标设置在一个具有一定挑战性的合理区间，并与公开承诺、对比反馈等体现“情境”特征的干预措施进行耦合使用。只有这样才可以充分发挥目标管理在促进公领域群体节能中的激励功能。与此同时，由于各地区经济发展水平不一致，各地公共建筑的群体用户的节能空间也存在差异，因此，政府部门和管理机构需要因地制宜设置节能目标。

尽管本次实验得到了一些有益的结论，但仍存在一些局限性。第一，实验对象的局限。由于工作场所和公共场所等领域的群体用能行为受到的外部干扰因素众多且复杂多变，无法满足纵向现场对照实验的控制要求，考虑到实验结果的可靠性和干扰因素的可控性，该研究选择大学生宿舍群体作为群体用能者的代表开展实验，具有一定的局限性。未来的研究可以考虑通过非现场实验的方法，研究目标设置和承诺方式对其他群体用能者的影响效果。第二，受到大学学期安排的时间限制和新学年宿舍调整政策的影响，对同一宿舍无法进行持续的跟踪研究。在以后的工作中，我们将会进一步改进实验设计，并在资源和条件许可的情况下，开展跟踪实验或重复实验，以观察非财务干预的可持续性。在未来还可以尝试通过更多的实验来评估和比较非财务干预对不同工作场所以及在不同情境（电费是均摊的或完全由单位承担的）下的作用效果。第三，受到样本规模的限制，只考察了目标设置与承诺耦合的事前干预策略，没有考虑这些事前干预与事后反馈相结合的组合干预效果，也没有考虑干预频率的变化。未来在样本充足的情况下，可以进一步考虑目标、承诺与反馈组合的节能效果和不同干预频率的影响。第四，除了承诺，社会对比心理也是促进家庭节电的重要方法之一。这一心理与群体凝聚力等群体特征结合是否会对群体节能产生积极的影响也值得进一步探究。

参考文献

郭琪、樊丽明，(2007)，《城市家庭节能措施选择偏好的联合分析——对山东省济南市居民的抽样调查》，《中国人口·资源与环境》，(3)，149—153。

芈凌云、丁超琼、俞学燕等，(2020)，《不同信息框架对城市家庭节电行为干预效果的纵向实验研究》，《管理评论》，32（5），292—304。

陶厚永、章娟、刘艺婷，(2019)，《外部监督、面子需要与企业高管的承诺升级》，《南开管理评论》，22（4），199—211 +224。

相楠、徐峰，(2017)，《城市居民生活用电影响因素和电力消费弹性研究》，《中国人口·资源与环境》，27（S1），207—210。

张浩、朱佩枫，(2019)，《诱导承诺在亲环境行为中的作用机制研究》，《中国环境管理》，11（2），106—112 +93。

张小丽、崔学勤、王克等，(2020)，《中国煤电锁定碳排放及其对减排目标的影响》，《中国人口·资源与环境》，30（8），31—41。

Abrahamse, W., Steg, L., Vlek, C., & Rothengatter, T. (2007). The effect of tailored information, goal setting, and tailored feedback on household energy use, energy-related behaviors, and behavioral antecedents. *Journal of Environmental Psychology*, 27 (4), 265 –276. https://doi.org/10.1016/j.jenvp.2007.08.002.

Bachman, W., & Katzev, R. (1982). The effects of non-contingent free bus tickets and personal commitment on urban bus ridership. *Transportation Research Part A: General*, 16 (2), 103 –108. https://doi.org/10.1016/0191 –2607 (82) 90002 –4.

Barata, R., Castro, P., & Martins-Loução, M. A. (2017). How to promote conservation behaviours: the combined role of environmental education and commitment. *Environmental Education Research*, 23 (9), 1322 – 1334. https://doi.org/10.1080/13504622.2016.1219317.

Becker, L. J. (1978). Joint effect of feedback and goal setting on performance: A field study of residential energy conservation. *Journal of Applied Psychology*, 63 (4), 428 – 433. https://doi.org/10.1037/0021 – 9010.63.4.428.

Bentein, K., Vandenberghe, C., Vandenberg, R., & Stinglhamber, F. (2005). The role of change in the relationship between commitment and turnover: a latent growth modeling approach. *Journal of Applied Psychology*, 90 (3), 468 – 482. https://doi.org/10.1037/0021 – 9010.90.3.468.

Bourgeois, C., Giraudet, L. G., & Quirion, P. (2021). Lump-sum vs. energy-efficiency subsidy recycling of carbon tax revenue in the residential sector: A French assessment. *Ecological Economics*, 184, Article 107006. https://doi.org/10.1016/j.ecolecon.2021.107006.

Bull, R., Romanowicz, J., Jennings, N., Laskari, M., Stuart, G., & Everitt, D. (2018). Competing priorities: lessons in engaging students to achieve energy savings in universities. *International Journal of Sustainability in Higher Education*, 19 (7), 1220 – 1238. https://doi.org/10.1108/ijshe – 09 – 2017 – 0157.

Cialdini, Robert B. (2009). *Influence: Science and Practice*. Boston: Pearson Education.

Erez, M., & Earley, P. C. (1987). Comparative analysis of goal-setting strategies across cultures. *Journal of Applied Psychology*, 72 (4), 658. https://doi.org/10.1037/0021 – 9010.72.4.658.

Harding, M., & Hsiaw, A. (2014). Goal setting and energy conservation. *Journal of Economic Behavior & Organization*, 107, 209 – 227. https://doi.org/10.1016/j.jebo.2014.04.012.

Hollenbeck, J. R., & Klein, H. J. (1987). Goal commitment and the goal-setting process: Problems, prospects, and proposals for future research. *Journal of Applied Psychology*, 72 (2), 212 – 220. https://doi.org/10.1037/0021 – 9010.72.2.212.

Karlin, B., Zinger, J. F., & Ford, R. (2015). The effects of feedback on energy conservation: A meta-analysis. *Psychological Bulletin*, 141 (6), 1205. https://doi.org/10.1037/a0039650.

Lillemo, S. C. (2014). Measuring the effect of procrastination and environmental awareness on households' energy-saving behaviours: An empirical approach. *Energy Policy*,

66, 249 – 256. https: //doi. org/10. 1016/j. enpol. 2013. 10. 077.

Locke, E. A., & Latham, G. P. (2006). New directions in goal-setting theory. *Current Directions in Psychological Science*, 15 (5), 265 – 268. https: //doi. org/10. 1111/j. 1467 – 8721. 2006. 00449. x.

Lokhorst, A. M., Werner, C., Staats, H., van Dijk, E., & Gale, J. L. (2013). Commitment and behavior change: A meta-analysis and critical review of commitment-making strategies in environmental research. *Environment and Behavior*, 45 (1), 3 – 34. https: //doi. org/10. 1177/0013916511411477.

Loock, C. M., Staake, T., & Thiesse, F. (2013). Motivating energy-efficient behavior with green IS: an investigation of goal setting and the role of defaults. *MIS Quarterly*, 37 (4), 1313 – 1332. https: //doi. org/10. 25300/misq/2013/37. 4. 15.

Ma, G., Lin, J., Li, N., & Zhou, J. (2017). Cross-cultural assessment of the effectiveness of eco-feedback in building energy conservation. *Energy and Buildings*, 134, 329 – 338. https: //doi. org/10. 1016/j. enbuild. 2016. 11. 008.

McCalley, L. T., & Midden, C. J. (2002). Energy conservation through product-integrated feedback: The roles of goal-setting and social orientation. *Journal of Economic Psychology*, 23 (5), 589 – 603. https: //doi. org/10. 1016/s0167 – 4870 (02) 00119 – 8.

Mi, L., Ding, C., Yang, J., Yu, X., Cong, J., Zhu, H., & Liu, Q. (2019). Using goal and contrast feedback to motivate Chinese urban families to save electricity actively—A randomized controlled field trial. *Journal of Cleaner Production*, 226, 443 – 453. https: //doi. org/10. 1016/j. jclepro. 2019. 04. 068.

Mi, L., Gan, X., Sun, Y., Lv, T., Qiao, L., & Xu, T. (2021). Effects of monetary and nonmonetary interventions on energy conservation: A meta-analysis of experimental studies. *Renewable and Sustainable Energy Reviews*, 149, Article 111342. https: //doi. org/10. 1016/j. rser. 2021. 111342.

Mi, L., Zhu, H., Yang, J., Gan, X., Xu, T., Qiao, L., & Liu, Q. (2019). A new perspective to promote low-carbon consumption: The influence of reference groups. *Ecological Economics*, 161, 100 – 108. https: //doi. org/10. 1016/j. ecolecon. 2019. 03. 019.

Osbaldiston, R., & Schott, J. P. (2012). Environmental sustainability and behavioral science: Meta-analysis of proenvironmental behavior experiments. *Environment and Behavior*, 44 (2), 257 – 299. https: //doi. org/10. 1177/0013916511402673.

Pallak, M. S., & Cummings, W. (1976). Commitment and voluntary energy conservation. *Personality and Social Psychology Bulletin*, 2 (1), 27 - 30. https://doi.org/10.1177/014616727600200105.

Pallak, M. S., Cook, D. A., & Sullivan, J. J. (1980). Commitment and energy conservation. *Applied Social Psychology Annual*, 1, 235 -253.

Pardini, A. U., & Katzev, R. D. (1983). The effect of strength of commitment on newspaper recycling. *Journal of Environmental Systems*, 13 (3), 245 - 254. https://doi.org/10.2190/6pn9 - mxfp - 3bff-chhb.

Rouleau, J., Gosselin, L., & Blanchet, P. (2019). Robustness of energy consumption and comfort in high-performance residential building with respect to occupant behavior. *Energy*, 188, Article 115978. https://doi.org/10.1016/j.energy.2019.115978.

van der Werff, E., Taufik, D., & Venhoeven, L. (2019). Pull the plug: How private commitment strategies can strengthen personal norms and promote energy-saving in the Netherlands. *Energy Research & Social Science*, 54, 26 - 33. https://doi.org/10.1016/j.erss.2019.03.002.

Werner, C. M., Turner, J., Shipman, K., Twitchell, F. S., Dickson, B. R., Bruschke, G. V., & von Bismarck, W. B. (1995). Commitment, behavior, and attitude change: An analysis of voluntary recycling. *Journal of Environmental Psychology*, 15 (3), 197 -208. https://doi.org/10.1016/0272 -4944 (95) 90003 -9.

Xu, Q., Hwang, B. G., & Lu, Y. (2021). Exploring the influencing paths of behavior-driven household energy-saving intervention-Household Energy Saving Option (HESO). *Sustainable Cities and Society*, 71, Article 102951. https://doi.org/10.1016/j.scs.2021.102951.

Xu, Q., Lu, Y., Hwang, B. G., & Kua, H. W. (2021). Reducing residential energy consumption through a marketized behavioral intervention: The approach of Household Energy Saving Option (HESO). *Energy and Buildings*, 232, Article 110621. https://doi.org/10.1016/j.enbuild.2020.110621.

通讯作者简介

芈凌云，中国矿业大学经济管理学院教授、博士生导师、中国高校市场学研究会“绿色消费与绿色营销”专委会副主任、中国系统工程学会能源资源系统工程专委会常务委员。主要研究方向为资源环境心理与行为管理、低碳消费理论与政策等。主持国家社科基金项目4项、教育部人文社科基金2项、省高校哲社重点项目等10余项。出版专著3部。

在 SSCI/SCI/CSSCI 期刊发表论文 50 余篇，其中 TOP 刊近 30 篇。获江苏省高等教育科研成果奖 3 项、省软科学成果奖 1 项。电子邮箱：milingyun@126.com。

吕涛，中国矿业大学经济管理学院教授、博士生导师、江苏高校国际能源政策研究中心、江苏能源经济管理研究基地主任、中国矿业大学碳中和与能源战略智库主任。主要研究方向为能源与电力系统转型理论与方法、碳中和与企业碳管理等。主持国家级项目 4 项、省部级项目 10 余项、企业委托项目 10 余项。发表论文 100 余篇，被 SCI/SSCI/CSSCI 收录 70 余篇。出版专著 4 部。研究成果获省部级二等奖 1 项、三等奖 3 项。电子邮箱：taocumt@cumt.edu.cn。

目标导向的自身运动控制：视觉策略的选择

陈　静[1,2]　李　黎[1,2]

1　上海纽约大学文理学院　上海　200126

2　华东师范大学—纽约大学脑与认知科学联合研究中心、上海纽约大学　上海　200126

摘　要：目标导向的自身运动控制广泛存在于日常生活中，从步行、骑行到驾驶，几乎所有活动都涉及朝向特定目标的运动。本文聚焦于目标导向的自身运动控制的视觉策略选择，基于作者团队的五个实证研究，从早期探索到最新成果，逐步解答了目标导向的自身运动控制“需要哪些类型的视觉信息”和“如何使用这些信息”两个核心问题。研究从不同视觉信息的独立和整合作用入手，揭示了在不同环境和任务需求下，个体如何动态调整视觉策略，以确保目标导向的自身运动控制的准确度和精确度。这些研究不仅推动了视感知与运动控制领域的理论发展，还为自动驾驶系统和仿生机器人的设计提供了理论参考，并对多信息整合的行为控制研究具有方法学上的借鉴意义。

关键词：自身运动控制　光流　自身参照方向　自身运动方向　注意力

成功的自身运动控制（locomotion control）对人类和其他生物的生存至关重要，而目标导向（goal-oriented）的自身运动控制，例如步行、骑行或驾车朝着特定的目标行进，可以说是日常生活中最普遍的自身运动控制形式，从上班通勤到购物、接送孩子、锻炼以及社交，几乎每项活动都涉及朝着特定的目标行进。如果仔细观察这些活动，我们就会对目标导向的自身运动控制任务的复杂性以及人们完成这些任务时所表现出的精准度和熟练度感到惊讶。为了理解这种自身运动的控制是如何实现的，至少需要回答两个核心问题：（1）朝向目标行进需要哪些类型的视觉信息？（2）如何使用这些信息？

需要说明的是，在朝向目标行进时非视觉信息对自身运动的控制也有贡献，例如，前庭系统信息（vestibular information）提示头部的运动和身体姿势的变化，本体感受信息（proprioceptive information）反映身体各部分的位置和运动状态，而运动控制信息（motor information）则指引肌肉和关节的协调，以确保运动能精确地完成。这些非视觉信息的作用虽然不容忽视，但视觉信息无疑占主导地位，因此本文将关注点放在了视觉信息如何在目标导向的自身运动控制中发挥作用。鉴于外界环境所提供的视觉信息类型多样，因此本文探讨了人们根据什么类型的视觉信息形成了什么样的策略来控制自身朝着目标运动。我们首先对所有可供使用的视觉策略进行了梳理，然后将前述两个核心问题拆解为多个更为具体的小问题，最后通过一系列实证研究逐步揭示这些问题的答案。本文的内容不仅会为仿生机器人和无人驾驶车辆的设计提供有价值的理论和实证参考，还对汽车制造商开发更加智能的驾驶辅助系统、相关机构制定更有针对性的安全管理措施具有启发意义。

需要强调的是，本文并没有对有关目标导向的自身运动控制的研究进行全面的综述，而是聚焦于视觉策略选择这一特定主题，展示了我们的团队在过去十余年中围绕这一主题的探索旅程及其研究成果。通过系统地梳理我们所完成的五个系列的实证研究，从早期的探索到最新的成果，我们逐步展示了这些研究如何循序渐进地解答了“朝向目标行进需要哪些类型的视觉信息”以及“如何使用这些信息”这两个核心问题。这些研究不仅为特定的科学问题提供了答案，更展示了我们在探索大脑如何整合多维度信息以控制自身运动时所遵循的研究思路和方法论。在介绍这些实证研究时，我们重点解析了实验方案的设计以及数据分析背后的逻辑，旨在揭示这些设计如何有效地回答核心问题。通过分享这一系列的实证研究，我们希望本文的内容能够为更广泛的环境心理学研究提供一些有益的借鉴，帮助研究者们探索大脑在不同情境下如何整合多种类型的信息来指导行为的生成与调控。

1 朝向目标行进的备选视觉策略

朝向目标行进时所能依赖的视觉信息主要有两种，一种是光流（optic flow），即自身运动过程中外界环境投射到人们视网膜上的图像变动；另一种是目标在以人们自身为参照系时所处的方向（target egocentric direction），简称目标参照方向。基于这两种不同的视觉信息，人们能够形成不同的视觉策略来控制目标导向的自身运动。即使是同一种视觉信息，根据使用方式的不同，也可以形成不同的视觉策略。

1.1 依赖光流的备选策略

自身运动的方向（heading）以及自身运动的轨迹（路径，path）是描述人们运动状态的两个关键参数。当人们行进的路径是直线时，自身运动的方向与路径一致；而当人们行进的路径是曲线时，自身运动的方向与路径的切线方向一致（见图 1a）。我们以往的研究表明，感知自身运动方向和感知路径是两个不同的信息加工过程（Li & Cheng，2011b）。因此，根据基于自身运动方向还是基于路径有以下三种不同的朝向目标行进的视觉策略可供选择。需要注意的是，这三种视觉策略由于依赖的是跟自身运动有关的参数，因此是在朝向目标的自身运动发起后才可使用的策略。

1.1.1 自身运动方向策略

早在 20 世纪中期，研究者就提出，人们可以依靠光流来感知和控制自身的运动（Gibson，1950，1958）。对于最简单的自身运动，即沿直线路径行进且没有身体、头部或眼球的旋转（仅平移），投射到视网膜上的光流呈现出从一个中心向外辐射扩展的模式，这个扩展中心（FOE）指示着当前的自身运动方向。为了朝着特定的目标行进，人们只需将 FOE 指示的自身运动方向对准目标即可，这便是依赖光流的自身运动方向策略（图 1c，左）。

以往的研究表明，对于最简单的平移运动形式（直线运动且身体各部位无旋转），人们根据光流判断自身运动方向的精确度能达到 1°视角

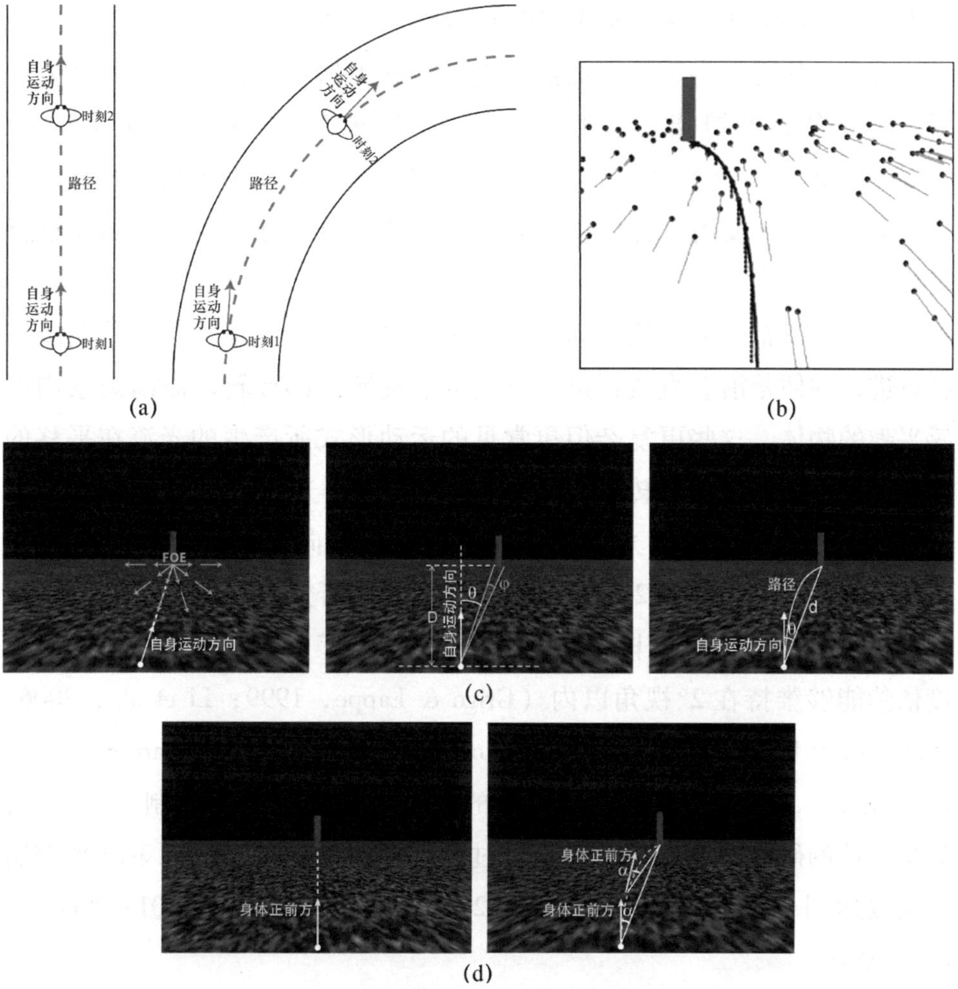

图1　朝向目标行进的视觉策略

注：(a) 自身运动的方向与路径之间关系的示意图（俯视图）。从时刻1到时刻2，当人们沿直线路径行进时（左图），自身运动的方向在每个时刻都与路径一致；当人们沿曲线路径行进时（右图），自身运动的方向在每个时刻都与人们在曲线路径上所处位置的切线方向一致。箭头和虚线分别代表自身运动的方向和路径。(b) 路径策略的示例。人们沿着一条未来会穿过远处灰色柱子的曲线路径（黑色粗实线）前进，圆点代表地面上的物体，这些物体随着人们的自身运动在视网膜上产生光流。与圆点相连的长短不一的线段代表他们的运动轨迹线（flow line）。当人们的视线落在位于路径上的柱子时，所有位于曲线路径上的圆点的运动轨迹线（黑色虚线）都是垂直的，将这些圆点连接起来就得到了人们的曲线路径。此图改编自 Li 和 Cheng (2011b) 的图3d。(c) 依赖光流的备选视觉策略示意图。左图：将光流所指示的自身运动方向与目标对齐；中间图：使目标与自身运动方向之间夹角的归零时间（τ_θ）与通过目标的时间（τ_p）相等；右图：使路径与目标交汇。(d) 依赖目标参照方向的备选视觉策略示意图。左图：将目标置于身体正前方；右图：抵消目标的视觉漂移，使其保持在身体正前方的固定方向（相对于身体正前方保持恒定的目标方位角 α）。

以内（Crowell & Banks，1993；Warren et al.，1988）。为了直观感受1°视角的大小，你可以将手臂在面前伸直并竖起大拇指，就像在夸奖某人一样，此时你的大拇指的宽度大约占据2°视角（Groot et al.，1994；O'Shea，1991），而人们判断自身运动方向的精确度仅为大拇指宽度的一半，由此可见，使用自身运动方向策略支持对目标导向的自身运动进行精确控制。

然而，日常生活中的运动并不仅限于平移，人们经常会沿着曲线路径行进，即便是沿着直线行进，也经常会旋转头部或转动眼睛观察周围感兴趣的物体，这些更复杂但更常见的运动形式所产生的光流在平移的基础上叠加了路径的旋转或视线的旋转，这使得光流的FOE不再指示自身运动的方向，因而从光流中提取自身运动方向的过程变得更加复杂（Regan & Beverley，1982）。尽管如此，以往的研究表明，在这种情况下，只要环境中有足够强且丰富的光流信息，人们感知自身运动方向的精确度依然能够维持在2°视角以内（Grigo & Lappe，1999；Li et al.，2006，2009；Li & Warren，2000，2002；Stone & Perrone，1997；Warren & Hannon，1988），从而确保对目标导向的自身运动进行精确控制。事实上，许多先前的研究已经支持了在步行过程中使用自身运动方向策略来控制行走以达到目标（Harris & Carré，2001；Warren et al.，2001；Wood et al.，2000）。

1.1.2 τ 等化策略

除了自身运动方向策略，另一个依赖光流并涉及自身运动方向的策略为 τ 等化策略。Fajen（2001）提出，朝向目标行进可以通过使两个参数同时变为零来实现（图1c，中），一个参数是目标与自身运动方向之间的夹角（θ），另一个参数是人们与目标之间沿着其自身运动方向的距离（D）。θ 变为零所需的时间 τ_θ 由 $\theta/\dot{\theta}$ 确定（Lee，1974，1976），其中 $\dot{\theta}$ 表示 θ 随时间的变化速率。D 变为零所需的时间（$D/\dot{D}$）又称为自身运动穿过目标的时间 τ_p（Kaiser & Mowafy，1993），由以下公式来确定：

$$\tau_p = \left(\frac{\varphi}{\sin\varphi} + \frac{\dot{\theta}}{\tan\left(\dfrac{\pi}{2} - \theta\right)} \right)^{-1} \quad (1)$$

其中，φ 是目标的轮廓所覆盖的光学角度（Bootsma & Craig，1999）。

通过控制自身运动使 τ_θ和 τ_p相等，意味着当自身运动方向对准目标（$\theta=0°$）的时候人们正好到达目标跟前（$D=0$），这就是 τ 等化策略。虽然 τ 等化策略和自身运动方向策略都要将运动方向与目标之间的夹角 θ 变为 0，但 τ 等化策略将 θ 变为 0 是一个逐渐的过程，这个过程的长短取决于人们自身与目标之间的距离以及自身运动的速度，而自身运动方向策略只要直接调整运动方向对准目标即可。

在已知目标位置和行驶速度恒定的条件下，使用 τ 等化策略控制的车辆将沿着一条曲率逐渐减小的曲线行驶并最终到达目标。曲率代表路径的弯曲程度，曲率越大，路径越弯曲，直线路径的曲率为 0。Fajen（2001）让受试者朝环境中的固定目标行驶，并比较了整个驾驶过程中路径曲率的增减随着 τ_θ和 τ_p之间差异的变化，结果发现路径曲率的变化与 τ 等化策略的定性预测一致，因而推测受试者使用了 τ 等化策略来朝向目标行驶。

1.1.3 路径策略

人们不仅能从光流中估计出自身当前的运动方向，还能够感知当前运动会产生什么样的路径。有研究者提出，通过在空间或时间上整合光流信息，人们能够直接推算出当前运动所对应的路径（Kim & Turvey，1999；Lee & Lishman，1977；Wann & Swapp，2000）。从数学角度来看，当人们沿着曲线路径行进时，如果视线正好落在未来路径上的某一点，那么路径上的所有物体投射到视网膜上的图像在空间和时间上整合后所形成的运动轨迹线（flow line）都是垂直的（图 1b，Kim & Turvey，1999；Wann & Swapp，2000）。利用这一点，人们就可以通过注视着目标，然后根据视网膜上物体的运动轨迹线是否包含垂直线来判断目标是否位于当前路径上（当前的路径是否会在未来穿过目标）。如果当前的路径转弯不足或过度转弯而在未来错过目标，人们可以通过不断调整自身运动来改变运动轨迹线的形状，直至其垂直，从而使当前的路径最终达到与目标交汇所需的曲率（Wann & Land，2000；Wann & Swapp，2000），这就是路径策略。理论上，能在未来与目标交汇的路径所需达到的曲率（k_{req}）由以下公式给出（图 1c，右）：

$$k_{req}=\frac{2\sin\theta}{d} \tag{2}$$

其中 θ 是目标与自身运动方向之间的夹角，d 是人们与目标之间的距离。

提出路径策略的研究者们认为，在更复杂但更常见的运动形式下（平移叠加旋转），判断自身运动方向的难度较大（Kim & Turvey，1999；Lee & Lishman，1977；Wann & Swapp，2000），并对这种判断的精确度是否能够支持现实世界中的自身运动控制表示怀疑（Wann & Land，2000），因而，他们明确指出，路径策略虽然也依赖光流信息，但不需要从光流中估计出当前的自身运动方向。

虽然路径策略从数学上来讲是可能的，但支持人们使用这一策略的实证研究并不多。首先，仅就人们在沿着曲线路径行进时注视点是否落在未来路径上这一点，现有的研究结果就未达成一致。虽然 Wilkie 等人（2008，2010）发现，受试者在操纵驾驶模拟器进行转弯时，大部分时间将视线集中在 1—2 秒后的未来路径上，表明他们可能在使用路径策略进行自身运动控制，但这一发现与使用真实驾驶任务的研究结果并不一致。例如，Land 和 Lee（1994）的研究发现，在实际驾驶中转弯时，驾驶员的注视点并不在未来路径上，他们更倾向于注视道路内侧边缘的切点；后续 Kandil 等人（2009，2010）的真实驾驶任务进一步表明，当要求驾驶员注视道路内侧边缘的切点时，他们的驾驶准确度和转向稳定性都得到了提高。其次，我们研究小组（Li & Cheng，2011b）对独立于自身运动方向感知的路径策略是否足以支持精确的自身运动控制提出了质疑，因为我们发现，注视未来路径上的某一点并不能帮助人们从光流中准确地感知路径，实际上，对路径的准确判断离不开对自身运动方向的感知，人们是通过使用光流中的平移和旋转成分来估计路径曲率，并使用感知到的自身运动方向作为锚定参考方向来完成对路径的准确估计。还有一点非常重要，在更复杂但更常见的运动形式下（平移叠加旋转），如果混淆了旋转的来源（到底是源自身体、头部或眼睛的转动还是源自弯曲的路径），人们就会误判行进的路径，但对自身运动方向的感知却不会受到影响，这意味着自身运动方向比路径提供了更为稳健的信息来源。因此，我们认为，在实际驾驶中，精确的自身运动控制依赖于对自身运动方向而非对路径的估计。

1.2 依赖目标参照方向的备选策略

目标参照方向是目标在人们以自身为参照中心的坐标系空间中所处的方向，一般来讲，人们会以身体正前方作为参照来计算目标参照方向。与光流不同，目标参照方向并非由运动而产生的信息，因而在人们还未开始运动时就能被使用（Crowell et al.，1990；Hooge et al.，1999；Li & Niehorster，2014；Rushton et al.，1998；Warren et al.，2001），是人们启动朝向目标行进时最初可使用的信息。如同依赖光流信息能形成不同的视觉策略一样，依赖目标参照方向也不止一种策略可供选择。

1.2.1 目标居中策略

有研究提出，人们可以利用目标相对于他们身体正前方的方向信息来朝向目标行进，而不需要依赖光流信息（Rushton et al.，1998；Warren，1998）。例如，为了到达一个期望的目标，人们在行进时可以将目标置于身体的中线上，使其直接位于正前方。使用这种策略将产生一条通向目标的直线路径（Rushton & Harris，2004；Warren，1998）（图1d，左）。

1.2.2 抵消目标的视觉漂移策略

假设你想走到远处的一根柱子处，柱子位于你身体的右侧，相对于你身体正前方的方位角为 α（图1d，右），如果你朝着身体的正前方（也就是柱子的左侧）走一步，那么 α 就会变大，相应的，柱子在你视网膜上的投影就会产生一个向右的漂移，如果这时候你还沿着相同的方向走下去，那么你最终将会离柱子越来越远。但如果你调整方向，朝着抵消刚才柱子的视觉漂移的方向走下去，即你向右走使柱子向左漂移相同的幅度，那么此时柱子相对你身体正前方的方位角 α 就又回到了初始值。如果你继续采用这种抵消柱子视觉漂移的策略，将柱子保持在身体正前方的 α 角度一直走下去，最终你会到达柱子所在的位置。在朝向目标行进时这一策略的使用得到了一项早期研究的支持（Llewellyn，1971）。

抵消目标的视觉漂移策略和目标居中策略一样，都是利用目标参照方向信息的策略。目标居中策略可以看作抵消目标的视觉漂移策略的特例，即 α 被置为 $0°$。从数学上讲，采用抵消目标的视觉漂移策略会产生沿等角螺旋线的行进路径（Lee，1998；Rushton et al.，2002；Rushton &

Harris，2004），这些等角螺旋线路径随着 α 的减小而趋向于直线，直到 α 为 $0°$（目标居中策略），此时行进路径将变为直线。

1.3 核心问题的分解与细化

以上五种基于两类不同视觉信息的策略从数学角度是可以实现的，在特定的实验设计下也分别得到了一些定性或定量的研究支持（Harris & Carré，2001；Llewellyn，1971；Rushton et al.，1998；Warren，1998；Warren et al.，2001；Wilkie et al.，2008，2010；Wood et al.，2000），然而，将这些不同视觉策略在统一的研究框架内进行直接对比的研究较为缺乏，因此，无论是关于如何在同类信息的多种备选策略中做出选择，还是关于如何在多种类型的信息间进行权衡并选择不同策略，研究者们都缺乏系统的认识，无法达成共识。

为此，我们的研究团队开展了一系列的实证研究（Chen et al.，2018；Chen & Li，2022；Li & Cheng，2011a，2013；Li & Niehorster，2014），将朝向目标行进所需的视觉信息类型及其使用方式这一核心问题，细化为以下具体问题并逐一进行解答。

（1）当只有光流信息可用时，人们会选择哪种备选视觉策略？

（2）当只有目标参照方向信息可用时，人们会选择哪种备选视觉策略？

（3）当光流和目标参照方向信息同时可用时，人们如何在单一信息策略与多信息整合策略之间做出选择？如果选择了后者，那么不同策略的权重是否会随着环境和任务的变化而动态调整？

（4）在光流和目标参照方向信息同时可用的情况下，哪种信息在复杂环境下表现得更为稳健？

（5）依赖光流的视觉策略和依赖目标参照方向的视觉策略是会互相影响，还是相对独立地发挥作用？

在下一节中，我们将逐一介绍这些研究。通过解析实验方案的设计与数据分析的逻辑，我们将展示这些研究是如何围绕上述具体问题进行构建的，我们希望借此帮助读者梳理在探索大脑如何整合多维度信息以生成和调控行为时所采用的一般研究思路。

2 朝向目标行进的视觉策略选择：实证研究

由于这些研究的关注点是朝向目标行进的视觉策略，为了排除非视觉信息（如前庭信息、感觉本体信息和运动指令信息）的影响，确保受试者只能依赖视觉信息朝向目标行进，研究中受试者并未真正步行、骑行或驾驶车辆，而是静坐在屏幕前，观看通过虚拟现实技术模拟的步行、骑行或驾驶车辆朝向目标行进的场景，并使用高精度操纵杆来控制虚拟场景中自身的运动。

为了尽可能还原现实生活中的自身运动体验，我们在虚拟现实呈现方式上进行了两项设置：一是将场景呈现在视野范围广的大屏幕上（水平视角≥109°，垂直视角≥89°），二是让受试者仅用单眼（优势眼：通常指在视觉任务中更被依赖的那只眼睛）观看虚拟场景。后者旨在避免双眼观看时，由于屏幕本身缺乏真实深度而引发的深度线索冲突——双眼视差和会聚所提供的深度信息与虚拟场景营造的深度感之间的不一致。这种不一致可能削弱沉浸感，进而影响受试者控制自身运动的反应以及研究结果的有效性。

2.1 研究 1：依赖光流的策略选择

2.1.1 研究的目的和方案

研究 1（Li & Cheng，2011a）旨在回答两个问题：（1）当只有光流信息可用时，人们如何在自身运动方向策略、τ 等化策略，以及路径策略之间进行选择；（2）人们选择的视觉策略是否足以实现精确且迅速的自身运动控制。

本研究的虚拟场景构建方案有两点：（1）为确保受试者只能依赖基于光流的视觉策略，必须排除目标参照方向信息的作用。虽然目标需始终呈现在视野中，无法完全移除该信息，但可通过设计使其不可用于控制。具体而言，虚拟场景中目标相对于受试者的方位角 α（图 1d，右）被设置为在整个实验过程中保持恒定，这样一来，目标不会产生视觉漂移，而受试者无论如何移动操纵杆也不会改变目标相对于他们的方位，因而无法将目标置于他们的正前方。因此，尽管目标参照方向信息仍然存在，但无法用于控制自身运动，只能为受试者提供是否到达目标的反馈信息。(2) 为评估只依赖光流信息是否足够达成准确的自身运动控制，需设定虚拟现实场景所提供的光流信息质量（例如强度和密集度）。光流信息的强度受自身运动速度的影响，例如步行（约 2 米/秒）、骑行（约 8 米/秒）和城市驾驶（约 15 米/秒）产生的光流强度递增。而光流信息的密集度受所处环境的影响，如白天晴朗天气相比夜间或低能见度环境能提供更密集和丰富的信息。本研究聚焦于日常步行情境，测试稀疏与密集两种常见光流条件是否足以支持受试者准确且及时地完成自身运动控制任务。

数据分析方面，由于每个视觉策略所控制的自身运动参数不同，例如，自身运动方向策略控制的是目标与自身运动方向的夹角 θ，τ 等化策略控制是将该夹角变为零的时间（τ_θ）以及自身运动穿过目标的时间（τ_p），而路径策略控制的是路径曲率。因此，使用不同的视觉策略就会在这些自身运动参数上展现出独特的模式。通过将受试者的实际表现与各策略的理论预测进行对比，可推断其采用的视觉策略：与哪种策略的预测最吻合，即表明其采用了该策略。

2.1.2 研究内容

虚拟现实场景模拟受试者以 2 米/秒的速度步行，远处设有一根红色柱子作为目标（图 2a）。受试者坐在与屏幕中心对齐的位置，通过高精度操纵杆控制自身在虚拟场景中的运动以到达目标。操纵杆调节路径曲率，左右移动幅度与曲率成正比，控制方式类似汽车方向盘。

受试者需要完成多次测试，每次测试（又称为试次）持续 10 秒。试次开始时，目标位于 25 米外，受试者的初始运动方向与身体正前方（屏幕中心）偏离，并分别位于目标的两侧（图 2a）。具体而言，目标相对于受试者的初始自身运动方向偏离 20°（θ 的初始值），相对于受试者的正前方偏离 10°（α）。为使 α 在整个试次中保持不变，受试者的模拟视线方向（构建虚拟现实场景的计算机程序中“摄像机”的方向）在整个试次中始终对准目标。这样，目标就像汽车前挡风玻璃上的一个污点，无论驾驶员如何转动方向盘，这个污点相对于驾驶员的方位角都不会变化。也就是说，在整个试次中，无论受试者如何移动操纵杆，都无法将目标调整到身体的正前方或是造成目标的视觉漂移，因此，目标参照方向信息不能被用来控制自身运动，受试者使用操纵杆所能改变的只有路径的曲率和自身运动的方向（通过改变曲率来实现），因此自身运动方向策略和路径策略是可以被使用的。此外，随着受试者接近目标，目标的尺寸会自然地扩张（变粗变高），其扩张速率有助于受试者评估目标距离自己的远近，以便使用 τ 等化策略。

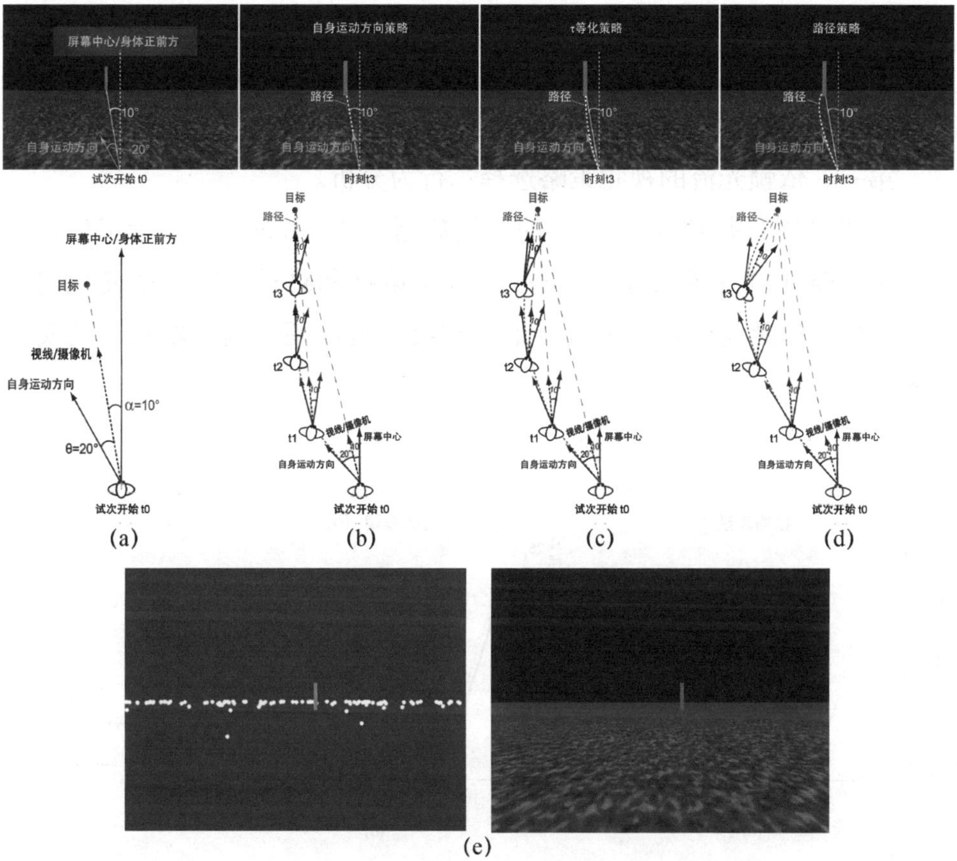

图 2 研究 1 的虚拟现实场景构建方案

注：(a) 实验试次刚开始时（t0 时刻）受试者所看到的虚拟场景（上图，正视图）以及实验参数设置（下图，俯视图）。图（b—d）为受试者使用不同视觉策略所看到的虚拟现实场景（t3 时刻，上面一行图，正视图）以及使用这些策略所产生的路径示意图（t0—t3 时刻，下面一行图，俯视图）。(e) 研究 1 中提供不同程度光流信息的虚拟现实场景示例。左图为随机点地面，提供稀疏的光流信息；右图为纹理地面，提供较为密集的光流信息。

本研究构建了两种虚拟现实场景：（1）随机点地面（图 2e，左），在地面上均匀随机分布100个白点，模拟夜间、恶劣天气或视野中物体稀少（如沙漠、雪地）等条件下的稀疏光流；（2）纹理地面（图2e，右），地面覆盖功率谱符合1/f的绿草状纹理（最大亮度对比度 >99%），类似自然界地面，提供具有高度生态效应的密集光流。

对于每个试次，本研究记录了受试者在虚拟场景中的位置随时间的变化，并据此计算其自身运动参数，包括目标与自身运动方向的夹角（θ），该夹角变为零的时间（τ_θ），自身运动穿过目标的时间（τ_p），以及路径曲率。每位受试者的这些参数均在所有试次中取平均值以用于分析。

2.1.3 研究结果与结论

第一，依赖光流的视觉策略选择：行为分析。

本研究共采集12名受试者的有效数据。图3（a—f）展示了使用三种视觉策略（自身运动方向策略、τ 等化策略和路径策略）的简化定性预期表现，以及受试者在随机点地面与纹理地面两种虚拟场景中的实际表现。

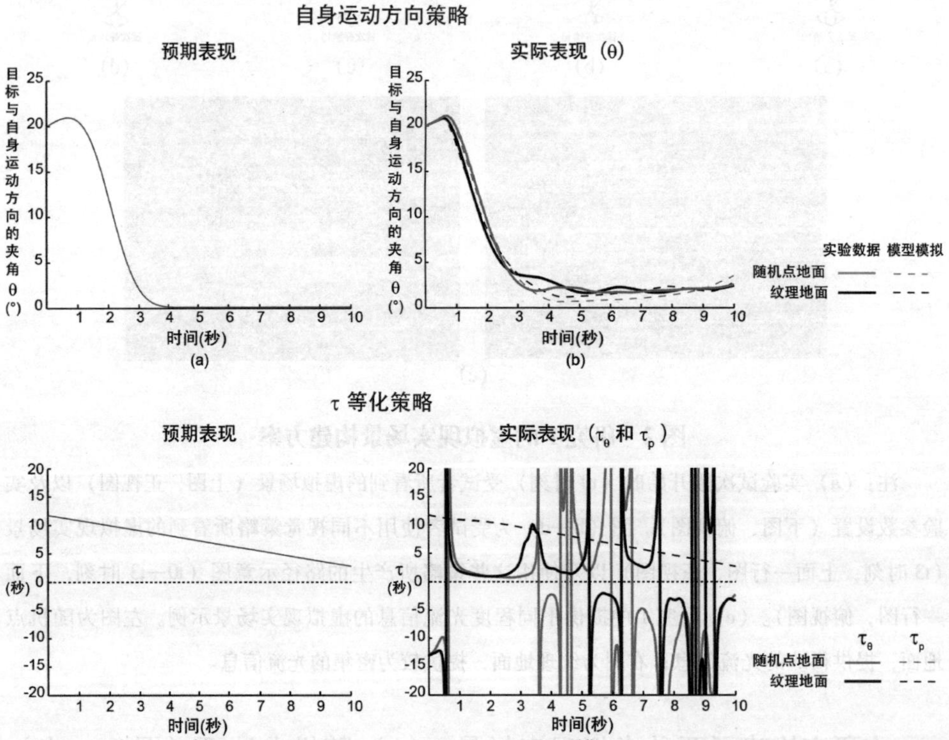

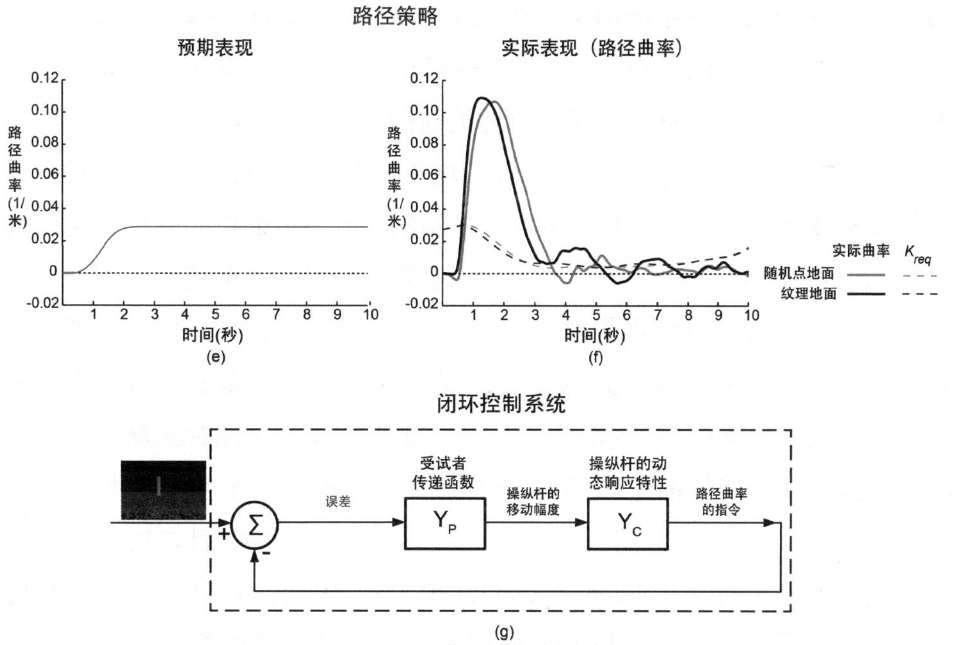

图3　研究1的实验结果：基于光流的不同视觉策略在朝目标快速步行任务中的预期表现与实际表现

注：(a) 使用自身运动方向策略在目标与自身运动方向的夹角 θ 上的预期值以及 (b) 受试者在随机点地面和纹理地面两种虚拟场景中 θ 的实际测量值；(c) 使用 τ 等化策略在 θ 变为零的时间 τ_θ 和自身运动穿过目标的时间 τ_p 上的预期值以及 (d) 受试者在随机点地面和纹理地面两种虚拟场景中 τ_θ 和 τ_p 的实际测量值；(e) 使用路径策略在路径曲率上的预期值以及 (f) 受试者在随机点地面和纹理地面两种虚拟场景中路径曲率的实际测量值。所有实际测量值为12名受试者的平均值。(g) 使用操纵杆控制自身运动朝向目标（柱子）行进的闭环控制系统示意图。

在试次刚开始的时候，受试者还来不及做出反应，但虚拟的运动已开始，因此，在这段没有反应的时间内，目标与自身运动方向的夹角 (θ) 会在初始值20°的基础上继续增加，而自身运动的路径保持直线，曲率为0。一旦受试者启动反应：(1) 如果使用自身运动方向策略，他们将通过操纵杆增加路径的曲率，使原本的直线路径迅速朝着目标弯曲，以便能让 θ 尽快降到0，使自身运动方向最终对准目标。因此，θ 随时间变化的模式应该是先短暂上升，一旦受试者开始移动操纵杆就迅速下降至零并维持不变（图3a）。相应的，自身运动的路径随时间变化的模式应该是先保持直线，然后迅速弯曲直到自身运动方向对准目标，之后再次变为直线（曲率从零迅速增加又迅速减小为零）（图 2b）。（2）如果使用的是 τ 等化策略，受试者将尽可能地协调目标与自身运动方向的夹角消失的时间（τ_θ）以及自身运动穿过目标的时间（τ_p），使它们同步变小（图 3c）。为此，受试者将使用操纵杆逐步增加路径的曲率，使 θ 按着目标靠近的节奏逐渐变小。相比自身运动方向策略，τ 等化策略的曲率变化较为缓慢[①]，此外，随着 θ 逐渐变小，所需的路径曲率也逐渐变小。因此，自身运动的路径随时间变化的模式应该是：开始时为直线，当受试者移动操纵杆后路径逐渐开始弯曲，弯曲达到一定程度后又逐渐开始变直（曲率从零缓慢增加又减小）（图 2c）。（3）如果使用的是路径策略，受试者将使用操纵杆尽快把曲率增加到一个能够使路径在未来与目标相交的数值 k_{req}［公式（2）］，并维持这个数值（图 3e）。这种控制方式是最有效的，所需的修正最少（Wann & Land，2000）。因此，自身运动的路径随时间变化的模式应该是：开始时为直线，当受试者移动操纵杆后路径开始弯曲，然后保持这一弯曲程度不变（图 2d）。

图 3b 展示了在随机点地面和纹理地面两种虚拟场景中，目标与自身运动方向的夹角（θ）在整个试次中随时间的变化。如图所示，θ 从略高于初始值 20°开始迅速减小，在 4—5 秒时接近零并保持稳定。进一步分析显示，在 81% 的试次中，受试者在试次进行到一半时（前 5 秒）就已将 θ 减少了 90%。这一表现符合自身运动方向策略的预测（图 3a）。另外，θ 在纹理地面场景中比在随机点地面场景中下降得更早，表明受试者在纹理地面场景中更早地启动了控制。

图 3d 展示了在随机点地面和纹理地面这两种虚拟场景中，目标与自身运动方向的夹角（θ）消失的时间（τ_θ）和自身运动穿过目标的时间（τ_p）在整个试次过程中随时间的变化。正值代表 τ_θ 和 τ_p 正在减少，而负值则代表 τ_θ 和 τ_p 正在增加。如图所示，τ_θ 和 τ_p 的变化并不像图 3c 那样同步。τ_p 从正值开始逐步减少直至试次结束时接近零，表明受试者持续接近目标。相比之下，τ_θ 从负值开始，随后迅速上升并下降形成尖峰，停留在

① 如果自身运动的速度很快或是目标距离受试者很近，使用 τ 等化策略时的曲率增加的速度有可能不比使用自身运动方向策略时更慢。然而，在本研究构建的虚拟现实场景中，自身运动的速度较慢，目标也相对较远，因此不会出现这种情况。

零附近，并在第 3 秒后反复出现类似尖峰。这种不稳定的震荡模式在两种场景下均有出现。τ_p随时间的持续下降与τ_θ随时间的不稳定震荡形成鲜明对比，明显区别于 τ 等化策略所预测的两者同步收敛趋势，反而与自身运动方向策略更为一致。具体而言，$\tau_\theta = \theta/\dot{\theta}$（Lee，1974，1976），$\tau_\theta$ 初始值为负值，反映试次开始时受试者尚未来得及反应时 θ 继续增大，τ_θ 从负值到正值的第一次尖峰表明受试者开始迅速减少 θ，τ_θ在 3 秒后的多次尖峰表明，受试者将 θ 减至接近于 0 后维持直线路径前进时仍对 θ 进行了微调（此时 θ 极小，导致很小的$\dot{\theta}$和τ_θ波动加剧）。

图 3f 展示了在随机点地面和纹理地面两种场景中，路径曲率在整个试次过程中随时间的变化，同时标示了每一时刻可使路径在未来与目标相交所需的曲率（k_{req}）。如图所示，受试者实际的路径曲率并不像图 3e 预期的那样逐渐增加至所需的路径曲率k_{req}，而是迅速上升又迅速下降，直到接近零时（试次开始后大约 3 秒）才和k_{req}趋于一致，这表明受试者没有使用路径策略，但路径曲率的这种变化模式与使用自身运动方向策略的预期相一致，受试者先快速增加曲率以消除目标与自身运动方向的夹角（θ），再迅速将曲率归零，使调整好的自身运动方向对准目标沿直线路径行驶。

第二，依赖光流的视觉策略选择：模型验证。

以上对比表明受试者在 θ，τ_θ，τ_p，以及路径曲率这些指标上的实际表现符合使用自身运动方向策略的预期，为了进一步确认受试者确实使用了自身运动方向策略，研究 1 对他们的行为进行了建模。受试者使用操纵杆控制自身运动可被视为一个闭环控制系统（图 3g），在朝向目标行进时，受试者的大脑根据视觉信息计算自身当前的运动状态与理想状态（到达目标）之间的误差，并据此调整操纵杆，通过改变路径曲率来调整自身运动的状态。更新后的自身运动状态被反馈回大脑，再次计算误差，受试者再根据这一误差继续调整操纵杆，这个过程持续迭代，直到自身运动最终达到目标。在该闭环控制系统中，受试者将误差信号转换为操纵杆的位移，这个转换关系由传递函数（Y_P）来描述，操纵杆的位移进一步转换为路径曲率的变化，这个转换关系由操纵杆的动态响应特性（Y_c）来决定。Y_c通常由操纵杆的物理特性和参数设置来决定，本文只关注Y_P，由以下公式描述：

$$Y_P = \frac{Ke^{-sT}}{s^2/\omega_n^2 + 2s\zeta/\omega_n + 1} \tag{3}$$

通俗地讲，K代表受试者对误差的反应强度，K越大，操纵杆的移动幅度越大。T代表受试者从感知误差到开始调整操纵杆的反应延迟，T越大，受试者启动调整就越迟。ω_n代表受试者调整操纵杆的节奏，ω_n越大，受试者的调整动作就越快。ζ代表受试者调整操纵杆的平稳性，ζ越大，受试者的调整动作就越少波动，操纵越平顺。s是拉普拉斯变换中的复变量。

在这个闭环控制系统中，受试者将描述自身运动状态的什么参数作为误差来纠正取决于他们所采用的视觉策略。若使用自身运动方向策略，那么误差就是目标与自身运动方向的夹角（θ）。因此，如果一个以θ为误差的闭环控制系统中的Y_P能够准确地模拟受试者朝向目标行进的行为，便可推断其采用了自身运动方向策略。鉴于受试者在前5秒内纠正了大部分的θ误差（图3b），本研究使用了前5秒的数据（θ和操纵杆的位移）通过最小二乘法拟合出了Y_P。在模型拟合时，我们假定K，ω_n和ζ在随机点地面和纹理地面的场景中保持一致。随后，我们将拟合出的Y_P对应的θ预测值（虚线）绘制在图3b中，与θ的实际测量值（实线）叠加展示以便进行比较。如图所示，无论是在随机点地面还是纹理地面场景中，模型的预测与受试者的实际表现都十分接近，两者之间的皮尔逊相关系数分别达到0.996和0.995，这表明，以θ为误差的闭环控制系统中的Y_P能够准确地模拟受试者朝向目标行进的行为，证实了受试者使用了自身运动方向策略。此外，拟合出的Y_P中的反应延迟时间T在纹理地面和随机点地面场景中分别为469毫秒和594毫秒，表明光流密集可使受试者更快启动反应（快21%），这一拟合结果与θ的实际测量值在纹理地面场景中比在随机点地面场景中更早下降的现象一致（图3b）。

第三，依赖光流的视觉策略性能评估。

为评估自身运动方向策略的控制准确性，本研究计算了试次结束时的θ值（试次最后一秒内的θ平均值，图4a）。结果显示，即使在光流稀疏的随机点地面场景中，θ在试次结束时也能稳定在2°左右。实际上，在试次进行到第 4 秒时，随着受试者的接近，目标的宽度已经扩展到了 2°，而大部分的 θ 误差在前 5 秒内已被纠正，此后 θ 值基本维持稳定。这表明，即使光流信息有限，受试者仍能迅速将 θ 减小至与目标宽度相当并维持（将自身运动方向对准目标），并在后续维持较高的控制准确性。

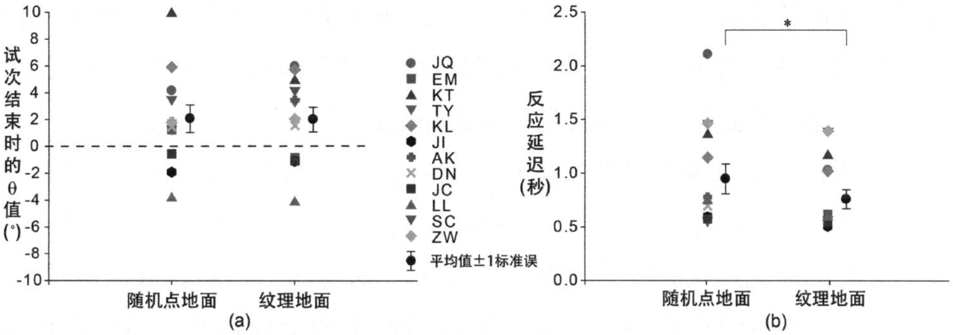

图 4　研究 1 的实验结果：依赖光流的视觉策略性能评估

注：（a）每位受试者在试次结束时的 θ 值，以及（b）目标与自身运动方向的夹角 θ 开始下降的时刻与试次开始时刻之间的时间差（反应延迟）。图中还包括 12 名受试者的平均值和标准误（SE）。* 表示统计检验（配对 t 检验）显著（$p < 0.05$）。图 4a 中的虚线代表完美的自身运动控制表现。

在光流更密集的纹理地面场景中，θ 在试次结束时与光流稀疏条件下的结果十分接近（2°左右），差异无统计学意义。这一结果并不令人意外，因为稀疏的光流已经足以支持将自身运动方向对准目标，增加光流信息难以在准确度上带来显著改进。然而，密集光流缩短了自身运动控制的反应延迟，使受试者更早开始移动操纵杆控制自身运动。图 3b 所示的试次开始不久后 θ 的峰值所对应的时刻（受试者开始移动操纵杆导致 θ 开始下降的时刻）与试次开始时刻之间的时间差代表反应延迟。图 4b 显示，纹理地面场景的反应延迟（平均值 ± 标准误：760 毫秒 ± 90 毫秒）比随机点地面场景的反应延迟（950 毫秒 ± 140 毫秒）缩短了 20%，这一结果与模型拟合的反应延迟时间 T 高度一致，表明更密集的光流信息促使受试者更早启动对自身运动的控制。

综上结果表明，当只有光流信息可用时，人们采用自身运动方向策略朝向目标行进，哪怕光流较为稀疏也足以确保准确到达目标，如果光流信息更密集，那么人们就能更迅速地启动对自身运动的控制。

2.2 研究 2：依赖目标参照方向的策略选择及光流加入后的策略选择

2.2.1 研究的目的和方案

研究 2（Li & Cheng，2013）旨在探讨以下两个问题：（1）当只有目标参照方向信息可用时，人们如何在目标居中策略和抵消目标的视觉漂移策略之间进行选择。（2）当光流和目标参照方向信息同时可用时，人们如何在单一信息策略与多信息整合策略之间做出选择？

本研究的虚拟场景构建方案有三点：（1）为排除光流影响，使受试者只能依赖基于目标参照方向的策略，采用了空旷地面场景（图 5a），即在研究 1 的随机点地面场景（图 2d）基础上移除所有白点，仅保留目标。由于光流是由场景中各物体的相对运动所产生的全局信息，因此随机点的移除消除了全局光流。（2）为探讨光流与目标参照方向信息同时可用时的策略选择，沿用研究 1 中提供密集光流的纹理地面场景（图 5b）。（3）在两类信息同时可用的条件下，需要区分受试者所使用的具体视觉策略。然而，在日常生活中，自身运动方向通常与身体正前方一致，这导致目标与自身运动方向之间的夹角（θ）以及目标与身体正前方之间的夹角（α）始终相同。在这种情况下，无法判断受试者到底是采用“自身运动方向策略”（使 θ 变为 0），还是“目标居中策略”（使 α 变为 0），因为两者是同步发生的，无法区分。为了解决这一问题，本研究在虚拟场景中人为地将自身运动方向与身体正前方分离，具体做法是将自身运动方向固定在屏幕的一侧，使其偏离屏幕中心（身体正前方），而目标的位置则随受试者操作操纵杆而在屏幕上发生变化。在此设置下，不同的策略将导致 θ 的变化趋势不同，可据此来推断其采用的策略类型。

本研究通过不同的指令操控受试者使用特定视觉策略：中性指令“朝目标行进”不偏向任何特定策略，用于测量自然行为；“将目标放在身体正前方”引导使用目标居中策略；“最小化目标在屏幕上的晃动”则引导使用抵消目标视觉漂移策略。数据分析的方案如下。

（1）在仅有目标参照方向信息可用的条件下（空旷地面场景），进行两项对比以推断策略选择。第一，将中性指令下的实际 θ 值与不同策略的

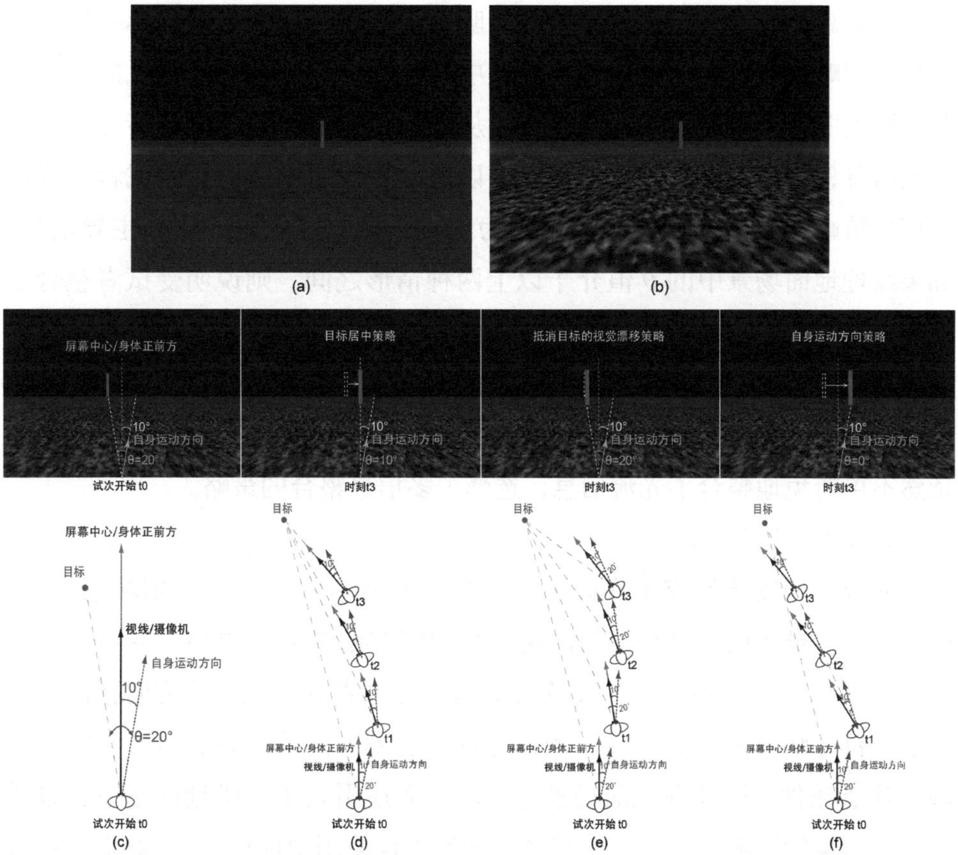

图5 研究2的虚拟现实场景构建方案：提供不同程度光流信息的虚拟现实场景示例

注：(a) 空旷地面，不存在物体之间相对运动所产生的光流信息；(b) 纹理地面，提供较为密集的光流信息。(c) 实验试次刚开始时（t0 时刻）受试者所看到的虚拟场景（上图，正视图）以及实验参数设置（下图，俯视图）。图（b—d）为受试者使用不同视觉策略所看到的虚拟现实场景（t3 时刻，上面一行图，正视图）以及使用这些策略所产生的路径示意图（t0—t3 时刻，下面一行图，俯视图）。

预期 θ 值进行比较，判断其更接近哪种策略；第二，将中性指令下的实际 θ 值与其余两种指令下的实际 θ 值进行比较，中性指令下的 θ 值更接近哪种指令对应的策略，即表明受试者倾向使用该策略。这两项对比结果可相互印证。

（2）在光流与目标参照方向信息同时可用的条件下（纹理地面场景），同样进行了两项对比。第一，比较中性指令下，受试者在空旷地面与纹理

地面场景中的 θ 值：若两者无显著差异，说明光流信息未被采纳，目标参照方向信息是主导信息；若 θ 值在空旷地面场景中符合依赖目标参照方向信息的策略预测，到了纹理地面场景中转变为符合依赖光流信息的策略预测，则表明光流信息的加入使受试者从依赖目标参照方向信息转变为依赖光流信息，即光流信息是主导信息。以上两种情形都表明，受试者选择单一信息策略，或者以目标参照方向为主导信息，或者以光流为主导信息。如果纹理地面场景中的 θ 值介于以上两种情形之间，则说明受试者整合了两种信息。第二，在目标居中策略和抵消视觉漂移策略的指令下，比较两种场景中 θ 值的变化。若在加入光流信息后，θ 值更接近自身运动方向策略的预测值，则表明即使要求受试者使用目标参照方向这一单一信息，他们依然不可避免地整合了光流信息，选择了多信息整合的策略。

2.2.2 研究内容

研究 2 相较于研究 1 在以下三个方面有所不同。（1）虚拟场景设置：受试者的自身运动方向在整个试次中都固定在偏离屏幕中心（受试者的身体正前方）10°的方向上。在试次开始时，受试者的模拟视线方向指向屏幕中心，目标则位于屏幕的另一侧，与自身运动方向的夹角为 20°（图 5c）。（2）实验条件：除纹理地面场景外，研究 2 还引入了空旷地面场景，以排除光流信息的影响。（3）指令设置：研究 1 仅使用中性指令（“朝向目标行进”），而研究 2 将受试者分为三组，分别给以中性指令、引导使用目标居中策略的指令，以及引导使用抵消目标视觉漂移策略的指令。

2.2.3 研究结果与结论

本研究一共采集了 22 名受试者的有效数据。其中 8 名接受中性指令，7 名被要求使用目标居中策略，另有 7 名被要求使用抵消目标的视觉漂移策略。

若受试者采用单一信息策略，例如仅依赖目标参照方向，则可能通过将目标置于身体正前方，使目标与自身运动方向的夹角（θ）从试次开始时的 20°减至 10°（目标居中策略，图 5d），或通过最小化目标在屏幕上的漂移，使 θ 维持在初始值 20°（抵消漂移策略，图 5e）。若仅依赖光流信息，则应将自身运动方向对准目标，使 θ 从试次开始时的 20°降至 0°（自身运动方向策略，图 5f）。图 6a 展示了使用上述单一策略时 θ 在整个试次中的预期变化。需要注意的是，试次开始时受试者尚未来得及反应，

θ 通常会短暂高于初始值。若受试者使用多信息整合策略，θ 将从 20°减为一个在 0°和 10°之间的值（目标居中 + 自身运动方向策略），或是一个在 0°和 20°之间的值（抵消漂移 + 自身运动方向策略）。

图 6b—d 分别展示了受试者在中性指令、使用目标居中策略的指令，以及使用抵消目标的视觉漂移策略的指令下的实际 θ 值在整个 10 秒的试次中的变化。在空旷地面场景中，目标居中组与抵消漂移组的实际 θ 与各自策略预期基本一致①，表明受试者遵循指令行进；中性指令组的实际 θ 值也与目标居中策略的 θ 值（包括预期值和实际值）一致，说明在缺乏光流信息时，受试者自发采用目标居中策略。在纹理地面场景中，中性指令组的实际 θ 值比其在空旷地面场景中的实际 θ 值更靠近 0°（自身运动方向策略的预期），是一个在 0°和 10°之间的值，表明受试者自发地使用多信息整合策略（目标居中策略 + 自身运动方向策略）。此外，目标居中组和抵消漂移组的实际 θ 值都比其在空旷地面场景中的实际 θ 值更靠近 0°，表明即使明确要求受试者只使用目标参照方向信息，他们依然不可避免地整合了光流信息，选择了多信息整合的策略。

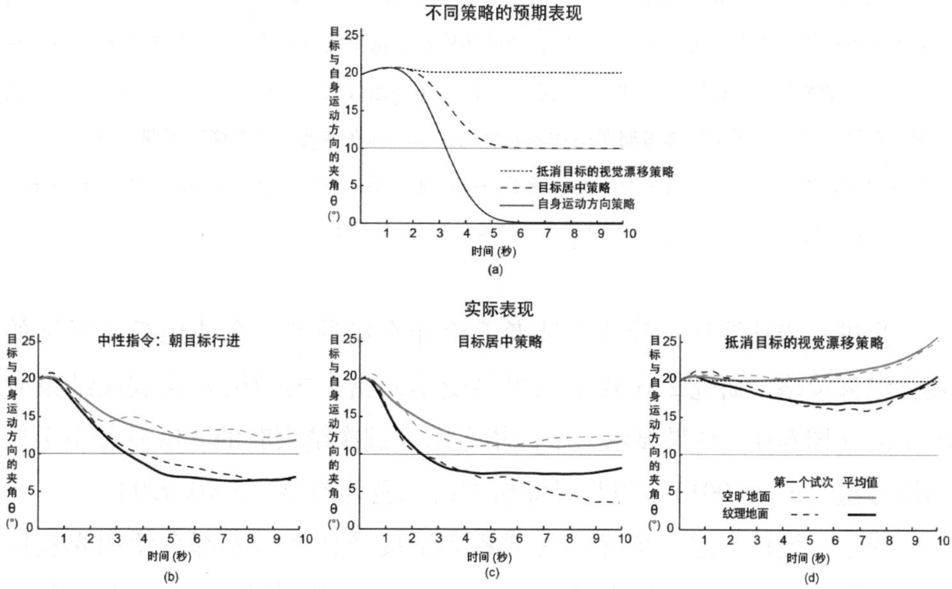

① 抵消目标的视觉漂移策略组的实际 θ 值在试次的后半段增加，这是由于目标越靠近受试者，它的视觉漂移速度就越大，由于操纵杆控制模式的限制，受试者在试次的后半段很难完全抵消目标的视觉漂移。

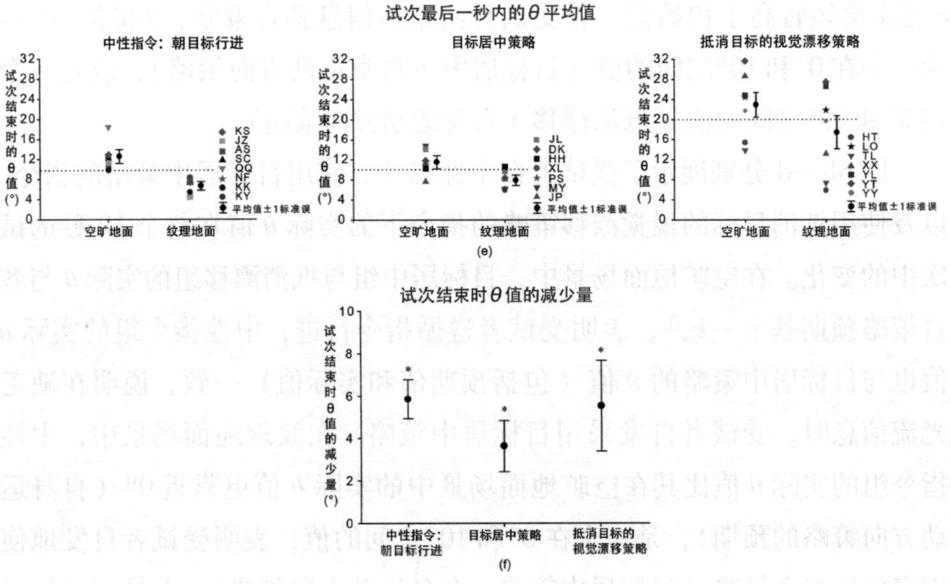

图6　研究2的实验结果

注：(a) 使用三种视觉策略的预期 θ 值在整个试次中的变化，以及 (b) 中性指令组，(c) 目标居中策略组和 (d) 抵消目标的视觉漂移策略组在空旷地面和纹理地面场景下的实际 θ 值在整个试次中的变化，包括第一个试次的 θ 值（虚线）以及多个试次的 θ 平均值（实线）。图中的黑色水平细实线代表 θ 值为10°的参考线。(e) 在两种不同的虚拟现实场景中，三个不同指令组中的每位受试者在试次结束时的 θ 值，图中还展示了每个指令组的所有受试者的平均值和标准误。图中的黑色水平虚线在中性指令组和目标居中策略组代表将目标完美地置于身体正前方的表现，在抵消目标的视觉漂移策略组中代表完全地去除目标在屏幕上的漂移的表现。(f) 三个不同指令组在试次结束时的 θ 值从空旷地面场景到纹理地面场景的减少量（每组所有受试者的平均值±1标准误）。* 表示统计检验（单样本 t 检验）显著（$p<0.05$）。

为进一步从统计上验证受试者无论什么场景都不会使用抵消目标的视觉漂移策略，研究2比较了三组接受不同指令的受试者在试次结束时的 θ 值（图6e）。结果显示，中性指令组在试次结束时的 θ 值显著小于抵消漂移组（$p<0.001$），但与目标居中组无显著差异（$p=0.999$）。

为了从统计上进一步确认受试者无论接受什么指令都会使用光流信息，研究2分析了试次结束时的 θ 值从空旷地面场景到纹理地面场景的减少量（图6f）。结果表明，无论哪个指令组，θ 值的减少量都显著大于0°（$p<0.05$）。此外 θ 值的减少量在不同指令组并没有统计上的差别（$p=0.48$）。

综上结果表明：（1）当只有目标参照方向信息可用时，人们采用目标居中策略朝向目标行进。（2）当光流和目标参照方向信息同时可用时，人们使用多信息整合策略（目标居中策略 + 自身运动方向策略），即使在被明确要求只使用目标参照方向信息时也是如此。

2.3 研究3：行进速度对视觉策略选择的影响

2.3.1 研究的目的和方案

研究1发现，当只有光流信息可用时，人们采用自身运动方向策略。研究2发现，当只有目标参照方向信息可用时，人们采用目标居中策略。当光流和目标参照方向都可用时，人们会整合这两种信息。这些结论均基于低速行进情境（步行，2米/秒）。然而，在现实生活中，人们常以更高速度出行（如骑行或驾驶），上述策略是否仍适用尚不明确。

以往研究提出，在高速行进时（如驾驶车辆），人们倾向使用路径策略。这是因为汽车方向盘直接控制车辆的行驶方向，使得人们更有可能通过转动方向盘来调整路径曲率（路径曲率与车辆行驶方向改变的速率成正比），使路径在未来与目标相交（Wann & Wilkie，2004）。此外，另一项研究（Wilkie & Wann，2003）还表明，经训练后，个体确实能够有效控制路径曲率，并随着接近目标，其实际曲率逐渐趋近于到达目标所需的路径曲率k_{req}［见公式（2）］。

尽管上述研究表明路径策略在高速行进时具有可行性，但在自然状态下个体是否主动使用该策略仍未可知。此外，不同任务类型（步行、骑行、驾车）下策略的选择是否会随速度改变？对光流与目标参照方向的依赖是否会动态调整？研究3（Chen et al.，2018）对此进行了探讨，旨在回答以下三个问题：（1）在仅有光流信息可用时，行进速度是否影响个体在自身运动方向策略与路径策略之间的选择？（2）在光流与目标参照方向信息同时可用时，速度是否影响这两类策略之间的选择？（3）在光流与目标参照方向信息同时可用的条件下，速度是否改变对两类信息的依赖程度？

研究3的虚拟场景构建方案包括四点：（1）设置三种行进速度：2米/秒（步行，低速，沿用研究1与研究2设置）、8米/秒（骑行，中速）、15米/秒（城市驾驶，高速）；（2）采用研究1中的方案构建仅提供光流信息的场景（图 2a）；（3）采用研究 2 中的方案构建同时提供光流与目标参照方向信息的场景（图 5c）；（4）光流可用的场景使用纹理地面以提供密集光流（图2e 右，图5b）。研究3 的数据分析方案与研究1 和研究 2 类似。

2.3.2 研究内容

研究3 采用两类虚拟现实场景：在单信息场景中（图 2a），目标相对于受试者的方位角 α 在整个试次中保持恒定，受试者无法将其置于身体正前方，因此目标参照方向信息不可用于控制，自身运动完全依赖光流信息；在多信息场景中（图 5c），自身运动方向实证固定在屏幕一侧，目标位置随操纵杆操作而变动，光流与目标参照方向信息同时可用。不同视觉策略依赖的信息来源不同，因而在控制表现（如反应延迟、目标与自身运动方向夹角 θ）上也存在系统差异，可据此推断所使用的策略类型。

在上述两类场景中，受试者分别以步行（2 米/秒）、骑行（8 米/秒）与驾驶（15 米/秒）速度，在纹理地面上朝目标行进。为保持三种速度条件下的测试时长相近，并确保试次结束时目标在屏幕上的视角大小一致，目标初始位置分别设为25 米、85 米与155 米。所有受试者均接受中性指令（朝向目标行进）。

2.3.3 研究结果与结论

本研究共采集 16 名受试者的有效数据。图 7 对比了路径策略的预期表现和受试者的实际表现。图 7a 和图 7d 显示，无论行进速度（步行、骑行或驾驶），亦无论场景类型（单信息或多信息），受试者的实际路径曲率在大多数时间均明显偏离与目标交汇所需的理论曲率（k_{req}），除了在少数随机时刻例外。对自身运动方向变化的速率（=路径曲率×行进速度）的考察也显示了类似情形（图 7b 和图 7e），未能持续匹配与目标交汇所需的理论速率（r_{req}）。图 7c 和图 7f 进一步绘制了路径曲率的相对误差（$\frac{k_{req}-\text{实际路径曲率}}{\text{实际路径曲率}}$）在整个试次中随时间的变化，如图可知，即便在试次后期路径曲率较小时，误差依然显著，表明受试者的控制始终未收敛于路径策略的预期表现。结果表明，无论行进速度快慢或信息类型如何（仅光流 vs 光流+目标参照方向），受试者均未采用路径策略作为朝向目标行进的控制方式。

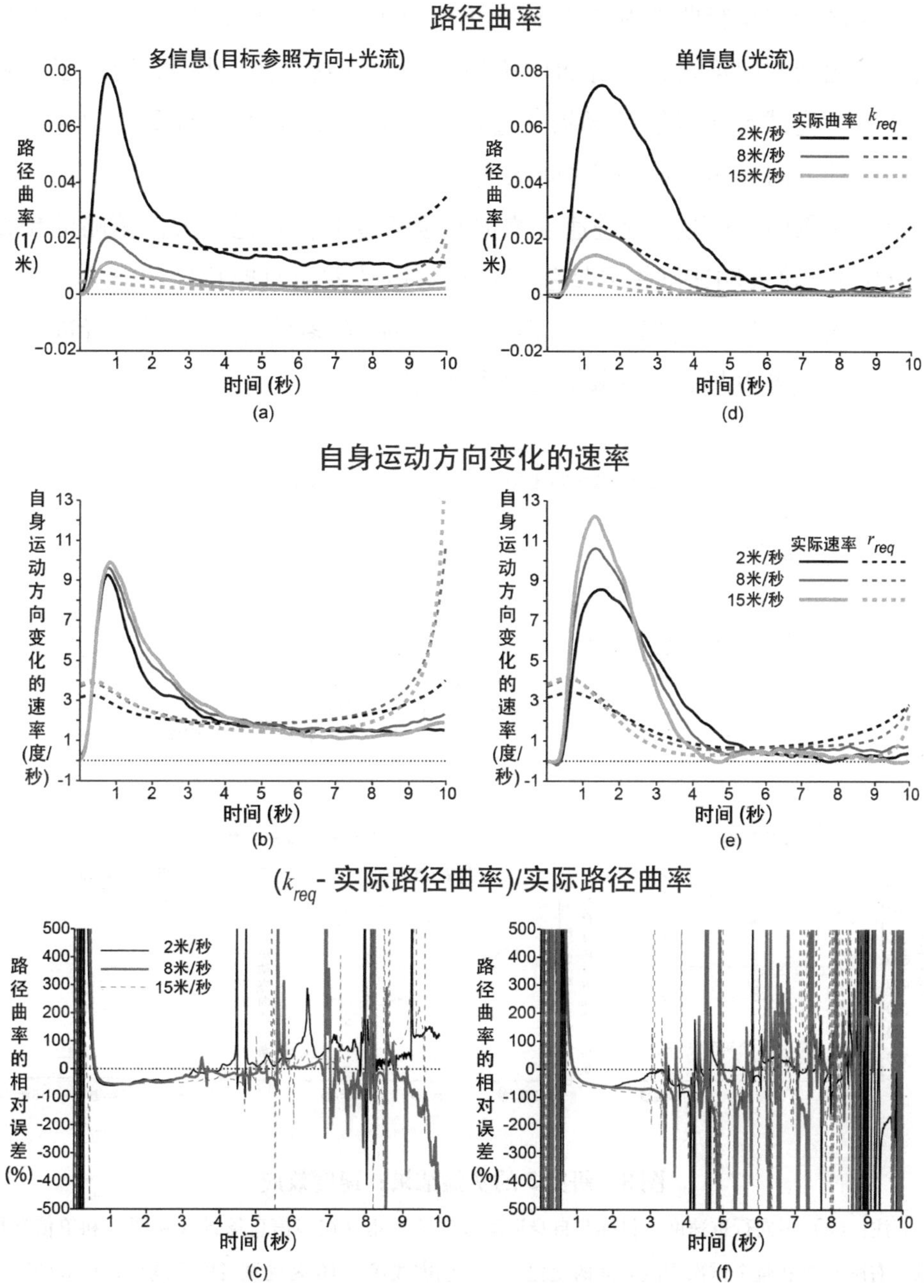

图7　研究3的实验结果：视觉策略的选择

注：在多信息场景（左列图，a—c）和单信息场景（右列图，d—f）中，路径曲率（实际路径曲率vs与目标交会的路径所需达到的曲率k_{req}）、自身运动方向变化的速率（实际速率vs与k_{req}对应的自身运动方向变化所需达到的速率r_{req}），以及路径曲率的相对误差（$\frac{k_{req}-\text{实际路径曲率}}{\text{实际路径曲率}}$）在整个10秒的试次中随时间的变化。实际值为16名受试者的平均值，用实线表示，所需达到的值用虚线表示。路径曲率的相对误差只截取了±500%以内的值，以便于可视化。

受试者在路径曲率和自身运动方向变化速率上的表现，可能源于使用自身运动方向策略或目标居中策略。为验证这一点，图 8a 展示了三种速度下，受试者在多信息场景（左图）与单信息场景（右图）中目标与自身运动方向夹角（θ）随时间的变化。结果显示，无论是在多信息还是单信息场景中，θ 均随行进速度增加而逐渐接近自身运动方向策略的预期值（0°）。这表明速度提升增强了将自身运动方向对准目标的能力，从而提升对光流信息的依赖程度。换言之，即便在多信息条件下，行进速度越快，受试者也越倾向依赖光流进行控制。

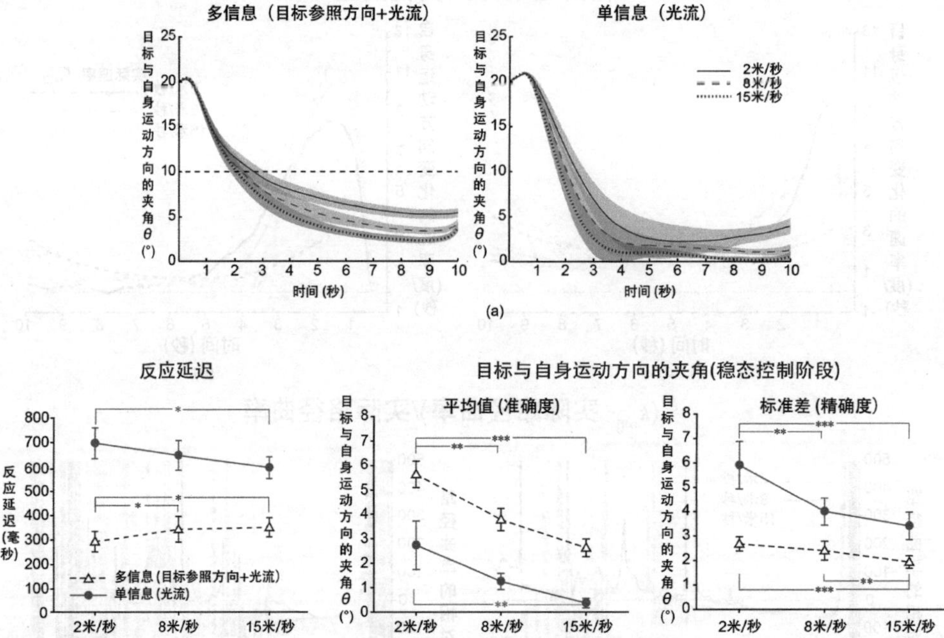

图8　研究3的实验结果：速度效应

注：(a) 不同行进速度下目标与自身运动方向的夹角 θ 在多信息场景（左图）和单信息场景（右图）中在整个试次中随时间的变化。实线或虚线代表 16 名受试者的平均值，相应的阴影部分代表 ±1 标准误。使用目标居中策略将产生 10° 的 θ 值（黑色水平虚线），使用自身运动方向策略则会产生 0° 的 θ 值。(b) 朝向目标行进的反应延迟（左图）以及稳态控制阶段目标与自身运动方向的夹角 θ 的平均值（中间图）和标准差（右图）。每个数据点代表 16 名受试者的平均值 ±1 标准误。统计检验显著用 * 表示（* 代表 $p < 0.05$，** 代表 $p < 0.01$，*** 代表 $p < 0.001$）。

为进一步量化不同行进速度下的控制行为，图8b（左）展示了受试者朝向目标行进的反应延迟（图8a中 θ 的峰值所对应的时间减去试次起始时间）。结果显示，多信息场景下的反应延迟（平均值 ± 标准误：330 ±26 毫秒）显著短于单信息场景（653 ±33 毫秒），缩短幅度达49%。这可归因于目标参照方向信息在试次开始时即刻可用，而从光流提取自身运动方向通常需300—430 毫秒的处理时间（Crowell et al.，1990；Hooge et al.，1999；Layton & Fajen，2016）。此外，图中还显示，反应延迟在多信息场景中随行进速度增加而上升，而在单信息场景中则随速度上升而下降。这一差异反映了速度对信息依赖模式的调节：在多信息条件下，速度提升增强了对光流的依赖，进而延长了启动控制的时间（从光流中提取自身运动方向需要额外的时间）；而在仅有光流可用的条件下，速度提升增强了光流信号强度，从而加速了使用自身运动方向策略的启动过程。

图8b进一步展示了稳态控制阶段（整个10秒试次中的6—9.5秒间隔，此阶段对朝向目标行进的控制已进入稳定状态）目标与自身运动方向的夹角（θ）的平均值（中间图）和标准差（右图）。θ 的平均值反映了受试者将自身运动方向与目标对齐的准确度，而 θ 的标准差则反映精确度。图8b（中间图）显示，无论行进速度的快慢，稳态控制阶段的 θ 值在多信息场景中都大于单信息场景，更接近使用目标参照方向策略的预期值（10°），这表明无论行进的速度如何，只要目标参照方向是可用的，人们一定会依赖这个信息。图8b（中间图）还显示，无论是在多信息还是单信息场景中，随着行进速度的增加，稳态控制阶段的 θ 值逐渐接近使用自身运动方向策略的预期值（0°），这与图8a的结论一致，即当光流和目标参照方向信息都可用时，行进速度的提升会增强人们对光流信息的依赖。

图8b还显示，在稳态控制阶段，无论行进速度如何，单信息场景下 θ 值的标准差始终大于多信息场景，反映出在缺乏目标参照方向信息时，个体对朝向目标行进的控制精确度下降。此外，随着速度提升，θ 的标准差在两类场景中均显著下降，表明行进速度的增加提高了使用自身运动方向策略的控制精度，进一步支持提升速度会增强对光流信息依赖的结论。

综上结果可得出两点结论：（1）无论行进速度或可用信息类型如何，个体均未采用路径策略；（2）当光流与目标参照方向信息同时可用时，行进速度越快，对基于光流信息的自身运动方向策略的依赖就越强。这可能源于速度提升所带来的更高光流信噪比，使其指示的自身运动方向更加清晰可辨。

2.4 研究4：视觉策略的独立性分析

2.4.1 研究的目的和方案

研究2与研究3表明，在光流与目标参照方向信息同时可用时，个体既依赖目标居中策略，也使用自身运动方向策略。然而，在日常生活中，由于身体正前方通常与自身运动方向一致，两种策略的使用难以区分。为解决该问题，研究2和研究3通过虚拟现实场景人为引入10°的偏差（图5c），使身体正前方与光流指示的自身运动方向不一致，从而使不同策略对应不同的θ值（图6a），成功实现了两种策略的区分。

研究2和研究3未能解决的问题在于，这两种策略在实际使用时是否真正独立发挥作用？虽然自身运动方向策略依赖光流，而目标居中策略依赖对身体正前方的感知，但当身体正前方与光流指示的自身运动方向持续不一致时（研究2和研究3的设置），人们对身体正前方的感知会向自身运动的方向偏移（图9a）。这一现象已在真实行走和模拟运动的研究

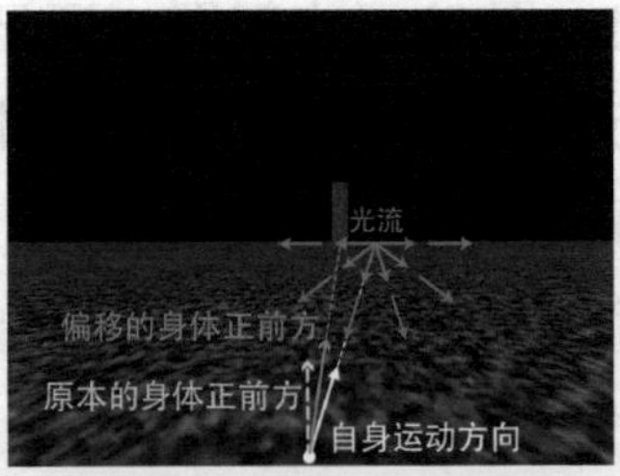

(a)

(b)

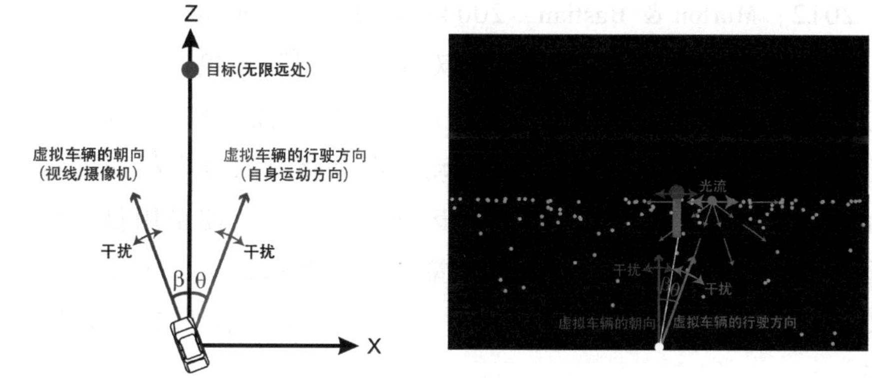

(c)

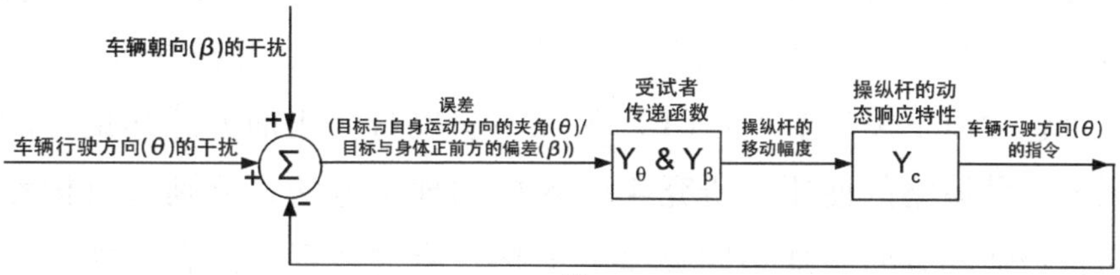

(d)

图9　研究4的虚拟现实场景构建方案

注：(a) 当光流信息所指示的自身运动方向偏离身体正前方时，人们对身体正前方的感知会向自身运动的方向偏移。(b) 研究4中提供不同程度光流信息的虚拟现实场景示例：左图为稀疏随机点地面；中间图为包含近处运动信息的稀疏随机点地面；右图为包含近处运动信息的密集随机点地面。目标是顶部有一个圆球的灰色柱子。(c) 研究4的虚拟现实场景实验参数设置。左图为俯视图。目标位于Z轴上的无限远处。虚拟车辆的行驶方向（受试者的自身运动方向）以及虚拟车辆的车头朝向（受试者的虚拟视线或摄像机的方向）相对于世界坐标系Z轴的角度分别为θ和β。两个相互独立的干扰分别施加在虚拟车辆的行驶方向和朝向上。右图为受试者看到的虚拟场景（正视图）。施加在车辆行驶方向上的干扰会导致目标与自身运动方向的夹角（θ）时刻变动，由于目标被放置在无限远处，所以行驶方向的干扰并不会导致目标在屏幕上位置的变动。而施加在车辆朝向上的干扰会导致目标在屏幕上的位置时刻变动，但不会改变目标与自身运动方向的夹角（θ）。(d) 驾驶任务的控制系统示意图。在控制虚拟车辆朝向目标行进时，受试者的大脑根据视觉信息计算出自身运动的当前状态与理想状态（到达目标）之间的误差，然后移动操纵杆来减小误差。如果受试者采用自身运动方向策略，那么误差就是目标与自身运动方向的夹角（θ），如果采用目标参照方向策略，那么误差就是目标与身体正前方的夹角（β）。然而，移动操纵杆只能发出控制虚拟车辆行驶方向的指令（闭环控制），无法改变虚拟车辆的朝向（开环控制）。

中得到证实（Held & Bossom，1961；Herlihey & Rushton，2012；Li et al.，2012；Morton & Bastian，2004；Redding & Wallace，1985）。因此，研究 2 和研究 3 中观察到的“双策略并用”现象，实际上可能反映的是目标居中策略的应用，而非两种策略的独立作用。换句话说，人们并非通过光流直接感知自身运动方向并将其对准目标而前进，而是由于感知到的身体正前方朝自身运动方向偏移，使采用目标居中策略看起来像是在使用自身运动方向策略。在此情形下，个体实际仍采用基于目标参照方向的策略，而光流仅在知觉层面起到了间接调节作用。

研究 4（Chen et al.，2018）针对研究 2 与研究 3 未能解决的问题，进一步探讨目标居中策略与自身运动方向策略是否能够独立发挥作用。实验设计包含以下关键要点：（1）为在不引发身体正前方感知偏移的前提下区分两种策略的使用，研究 4 引入控制理论方法，分别对目标参照方向与自身运动方向施加不同类型的干扰。通过观察受试者在朝向目标行进过程中抵消何种干扰来判断其使用的视觉策略，若抵消自身运动方向上的干扰，则表明采用自身运动方向策略；若抵消目标参照方向上的干扰，则表明采用目标居中策略；若同时抵消两者，则表明两种策略被整合使用。（2）为验证目标居中策略的使用不依赖光流信息，需要证明受试者在抵消目标参照方向上的干扰时，控制行为不会受到光流信息的影响。为了测试这一点，研究 4 设计了一系列包含从稀疏到密集光流信息的虚拟现实场景。（3）为验证光流起的不是间接调节作用，需要证明受试者在抵消自身运动方向上的干扰时确实从光流信息中提取了自身运动方向。为此，实验 4 设计了与朝向目标行进的自身运动控制任务相匹配的自身运动方向判断任务，以测量个体是否能够基于光流准确知觉自身运动方向。

2.4.2 研究内容

第一，驾驶任务。

虚拟现实场景模拟受试者以 5 米/秒的速度驾驶虚拟车辆在三种地面条件下缓慢前行，这些地面在光流信息的丰富程度上有所差异。（1）稀疏随机点地面（图 9b，左）：与研究 1 所用场景相同（图 2e，左），地面均匀随机分布 100 个白点。透视投影导致多数点集中在地平线附近，近处几乎无点，缺乏近距离运动信息，生成的光流较为稀疏。（2）包含近处运动信息的稀疏随机点地面（图9b，中）：同样包含100个白点，但其分布经过调整，确保透视投影下各深度范围内点数均匀，从而在保持总点数不变的前提下，增加了近处运动信息。（3）包含近处运动信息的密集随机点地面（图9b，右）：白点总数增至300个，分布方式与（2）一致，进一步提升了光流的密度与丰富度。目标在世界坐标系中位于Z轴的无限远处（图9c，左）。

在整个试次中，两个不同的随机干扰分别施加在虚拟车辆的行驶方向（受试者的自身运动方向）和朝向（受试者的模拟视线方向或摄像机方向）上，每个干扰（I）由7个相互独立的正弦波叠加构成：

$$I(t) = D\sum_{i=1}^{7} a_i \sin(2\pi\,\omega_i t + \rho_i) \tag{3}$$

其中干扰增益（D）分别设置为4.6°和1.7°，用于车辆行驶方向和朝向的干扰。表1列出了组成干扰的每个正弦波的幅度（a_i）和频率（ω_i）。每个正弦波的相位偏移（ρ_i）在不同试次中随机变化，范围从$-\pi$到π。每个试次持续95秒，以确保组成两个干扰的所有频率完成整数个周期。

表1　　组成干扰的7个独立正弦波的幅度（a_i）和频率（ω_i）

		虚拟车辆的行驶方向	虚拟车辆的朝向
i	a_i	ω_i（赫兹）	ω_i（赫兹）
1	2	0.1	0.11
2	2	0.14	0.16
3	2	0.24	0.27
4	0.2	0.41	0.42
5	0.2	0.74	0.77
6	0.2	1.28	1.31
7	0.2	2.19	2.21

施加在车辆行驶方向上的干扰使得目标与自身运动方向的夹角（θ）在整个试次中随机变化（图 9c，右）。若受试者采用自身运动方向策略，他们将持续调整行驶方向以抵消干扰，使行驶方向（自身运动方向）指向目标。由于目标位于无限远处，因此行驶方向干扰并不会改变目标在屏幕上的位置，且受试者身体的正前方永远与屏幕的中心对齐，因此行驶方向干扰不会改变目标参照方向。若受试者使用目标居中策略，则不会对行驶方向干扰做出任何反应。此外，虽然这样的设置使得受试者的身体正前方与自身运动的方向不一致，但这种不一致并不像研究 2 和研究 3 那样持续不变（保持 10°，图 5c），而是实时的迅速随机改变幅度和方向，因此不会造成身体正前方朝自身运动方向的偏移。

施加于车辆朝向的干扰则使虚拟场景中所有物体在屏幕上的位置随机波动，但不改变物体间的相对关系。因此，该干扰会改变目标在屏幕上的位置，但不会改变目标与自身运动方向的夹角（图 9c，右）。若受试者采用目标居中策略，他们将不断调整目标相对于身体正前方的位置，以抵消干扰并维持目标在身体正前方（屏幕中央）；反之，若采用自身运动方向策略，则不会对该类干扰产生反应。

若受试者同时采用目标居中策略与自身运动方向策略，则将对两类干扰均产生抵消反应。由于车辆行驶方向与朝向的干扰分别由两组互不重叠的正弦波构成，因此可通过频率域分析区分由各类干扰引起的行为响应，从而推断受试者所采用的视觉策略。与研究 1—3 相同，受试者通过操纵杆调节的是虚拟车辆的行驶方向，因此对行驶方向的调整构成闭环控制；而目标参照方向则无法通过操纵杆直接影响，属于开环控制（图 9d）。尽管控制模式不同，但均不影响基于频率分析识别策略使用的可行性。

第二，自身运动方向判断任务。

在驾驶任务中，车辆朝向干扰导致受试者在直线行驶的同时产生视线旋转。为与该任务相匹配，自身运动方向判断任务的虚拟现实场景模拟受试者以 5 米/秒的速度沿图 9b 所示的地面直线前进，同时注视位于一侧、与眼睛齐平的目标，从而在视觉输入中同时包含前进运动与视线旋转两个分量。自身运动方向判断任务持续 1 秒，目标位置以及虚拟车辆的初始行驶方向经过精心设计，使模拟的视线旋转速率覆盖驾驶任务中90%的视线旋转速率范围，确保视觉输入高度匹配驾驶任务。每个试次结束后，受试者使用鼠标指示其感知的自身运动方向，该方向与真实运动方向之间的角度差被定义为自身运动方向误差。

2.4.3 研究结果与结论

第一，驾驶任务。

驾驶任务共采集7名受试者的有效数据。图10a展示了对目标与自身运动方向的夹角（θ）的总体控制表现，包括控制准确度（θ在整个试次的平均值，左图）和控制精确度（θ在整个试次的均方根值，右图）。图10a（左）显示，θ的平均值稳定在0°附近，统计分析表明其与0°无显著差异（$p > 0.32$），表明受试者成功抵消了行驶方向上的干扰，总体上能够使自身运动的方向与目标对齐。不同光流场景间的控制准确度无显著差异，说明光流丰富程度未影响该指标。然而，图10a（右）显示，控制精确度随光流信息的增加而提升，表明更丰富的光流有助于减少控制过程中的波动。

总体控制表现反映了控制的整体误差，包括抵消行驶方向干扰所产生的控制误差以及与干扰无关的控制误差。为更具体评估受试者对行驶方向干扰的响应，图10b绘制了受试者传递函数Y_θ的增益与相位，该函数被定义为操纵杆位移（输出）与θ（输入）之间的傅里叶变换比值（见图9d），其增益表示响应强度（调整行驶方向的幅度），相位表示反应延迟。若受试者未对干扰作出响应，则所有7个干扰频率对应的增益应接近0（换算为$-\infty$ dB）。图10b（左）显示，在所有场景中，Y_θ的增益与相位都随干扰频率而变化，表明受试者对干扰做出了系统性响应，从而证实了自身运动方向策略的使用。此外，增益的光流调节效应主要集中在高频成分（最高的三个频率）上，表明光流信息主要增强了对快速干扰的响应能力。图10b（右）进一步显示了7个频率上的平均增益与平均相位。统计分析表明，光流信息越丰富，增益越高、反应延迟越短，说明密集光流增强了对行驶方向的调控能力并加快了控制启动时间。

为了更好地评估由车辆朝向干扰引发的控制反应，图10c绘制了受试

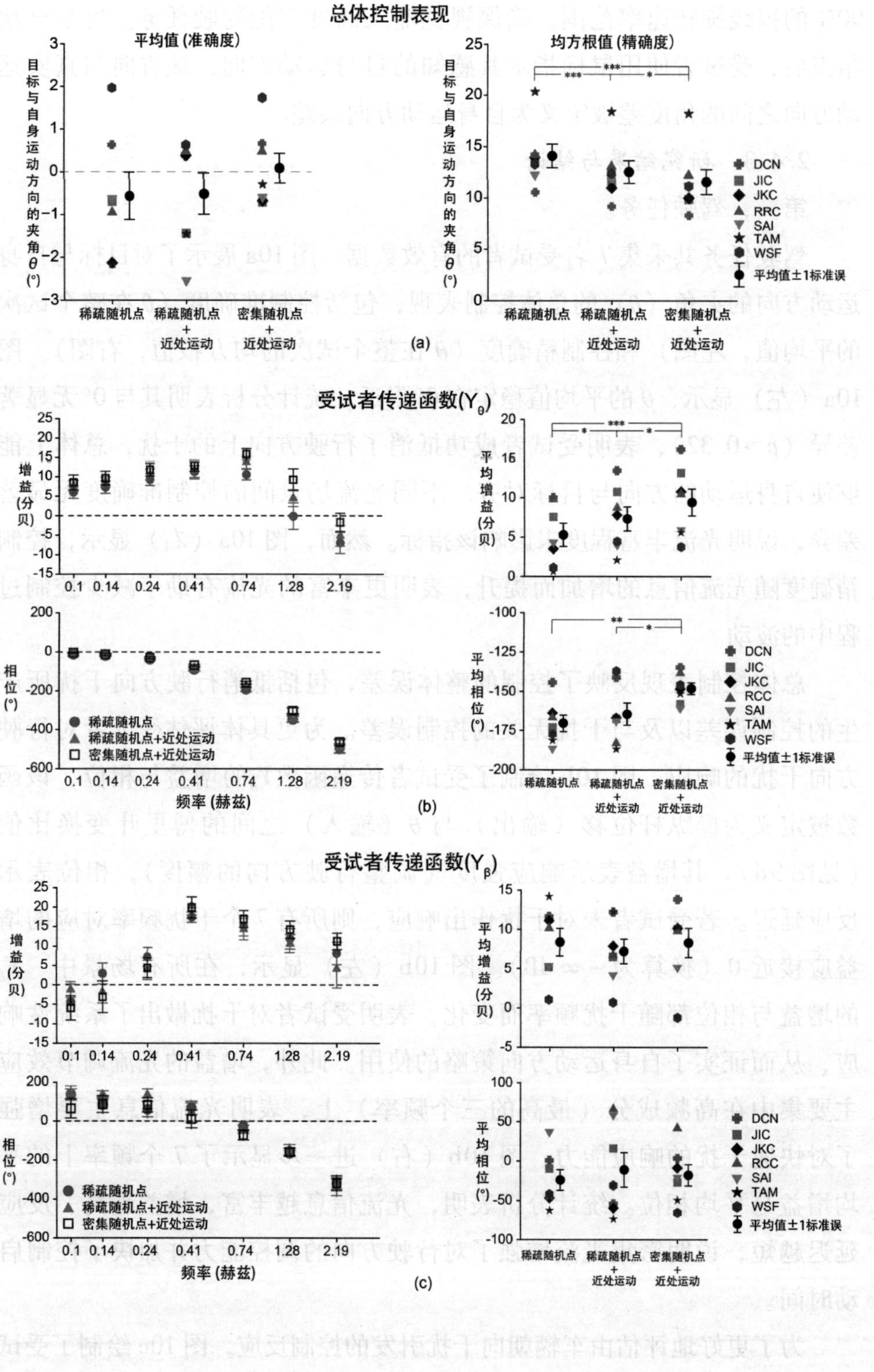

总体控制表现
平均值 (准确度)
均方根值 (精确度)
目标与自身运动方向的夹角 θ (°)
稀疏随机点
稀疏随机点 + 近处运动
密集随机点 + 近处运动
DCN
JIC
JKC
RRC
SAI
TAM
WSF
平均值±1标准误
(a)
受试者传递函数(Y_θ)
增益 (分贝)
平均增益 (分贝)
相位 (°)
平均相位 (°)
0.1
0.14
0.24
0.41
0.74
1.28
2.19
频率 (赫兹)
稀疏随机点
稀疏随机点+近处运动
密集随机点+近处运动
DCN
JIC
JKC
RCC
SAI
TAM
WSF
平均值±1标准误
(b)
受试者传递函数(Y_β)
增益 (分贝)
平均增益 (分贝)
相位 (°)
平均相位 (°)
频率 (赫兹)
稀疏随机点
稀疏随机点+近处运动
密集随机点+近处运动
DCN
JIC
JKC
RCC
SAI
TAM
WSF
平均值±1标准误
(c)

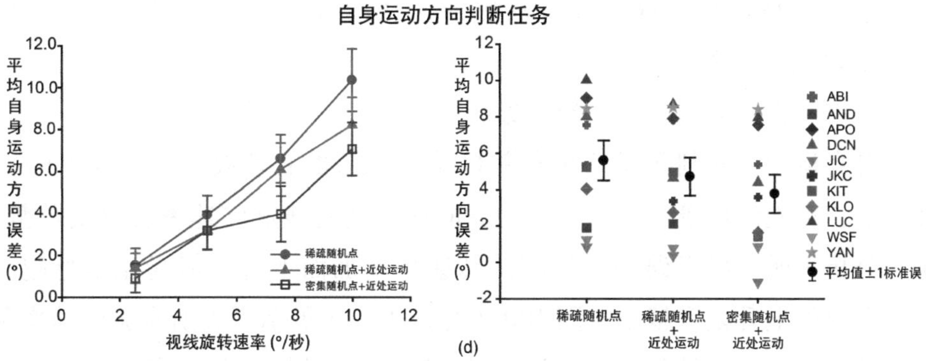

图 10 研究 4 的实验结果

注：(a) 在提供不同光流信息的虚拟现实场景中，每位受试者在驾驶任务上的总体控制表现。左图：总体控制准确度，由 θ 在整个试次中的平均值测量。右图：总体控制精确度，由 θ 在整个试次中的均方根值（RMS）测量。图中还包括 7 名受试者的平均值和标准误。(b) 在提供不同光流信息的虚拟现实场景中受试者传递函数Y_θ的频率分析图和（c）受试者传递函数Y_β的频率分析图。图 10b 和 10c 中的左列图为所有受试者的平均增益（左上图）和平均相位（左下图）随干扰频率上升的变化。图 10b 和 10c 中的右列图为每个受试者在所有干扰频率下的平均增益（右上图）和平均相位（右下图），图中还包括 7 名受试者的平均值和标准误。统计检验显著用 * 表示（ * 代表 $p<0.05$， ** 代表 $p<0.01$， *** 代表 $p<0.001$）。(d) 在提供不同光流信息的虚拟现实场景中受试者在自身运动方向判断任务中的表现。左图为所有受试者的平均自身运动方向误差与视线旋转速率的关系。每个数据点代表 11 名受试者的平均值 ±1 标准误。右图为每位受试者的自身运动方向误差在所有视线旋转速率条件下的平均值，图中还包括 11 名受试者的平均值和标准误。

者传递函数Y_β的增益与相位，该函数定义为操纵杆位移（输出）与相对于身体正前方的目标参照方向（输入）的傅里叶变换之比（见图 9d），其增益代表受试者对朝向干扰的反应强度（调整目标参照方向的程度），相位代表反应延迟。若受试者未对朝向干扰做出反应，则所有 7 个干扰频率对应的增益应接近 0（换算为 $-\infty$ 分贝）。图 10c（左）显示，在所有场景中，Y_β的增益和相位均随干扰频率而变化，表明受试者确实对车辆朝向的干扰做出了反应，从而证明了目标居中策略的使用。不同光流信息场景对增益的影响在不同干扰频率上似乎不同，但这种影响并没有规律。图 10c（右）进一步显示了七个频率上的平均增益与平均相位，统计分析显示，场景中添加的光流信息对

Y_β的增益和相位都没有影响，这表明受试者执行目标居中策略时，并未依赖光流调节对身体正前方的感知，从而排除了光流间接驱动目标居中策略的可能性。

第二，自身运动方向判断任务。

自身运动方向判断任务共采集11名受试者的有效数据。图10d（左）展示了三类光流场景下，自身运动方向误差随视线旋转速率变化的趋势。统计分析表明，尽管误差整体随旋转速率增加而上升，但光流信息越丰富，误差的上升幅度越小。图10d（右）进一步展示了在所有旋转速率条件下的平均误差。结果显示，随着光流信息的增加，受试者对自身运动方向的判断准确度显著提升。这一结果表明：光流信息越丰富，自身运动方向的知觉越准确，这与驾驶任务中观察到的控制表现改善（控制增益上升、反应延迟缩短）相一致。换言之，两个任务中受试者的表现随光流信息增强而同步改善，支持了这样一个结论：在驾驶任务中，个体确实通过光流提取了自身运动方向，并据此调整车辆行驶方向以对准目标。

综上结果表明：在光流信息与目标参照方向信息同时可用的条件下，个体同时采用了目标居中策略与自身运动方向策略，且两种策略各自独立发挥作用。

2.5 研究5：视觉策略的稳健性评估

2.5.1 研究的目的和方案

研究2—4已明确：个体不仅会同时使用自身运动方向策略和目标居中策略，且两种策略能够独立发挥作用。一个紧接着的问题是：在控制朝向目标行进的过程中，哪种策略更具稳健性而在多源信息条件下起到主导作用？相较于光流，目标参照方向信息在自身运动开始前就可被使用（Crowell et al.，1990；Hooge et al.，1999；Li & Niehorster，2014；Rushton et al.，1998；Warren et al.，2001），因此，有研究者提出，目标参照方向可能是主导信息，基于该信息的控制策略无须刻意努力，不易受到注意力分散的干扰（Harris & Rogers，1999），然而，这一观点缺乏系统的实证支持。研究5（Chen & Li，2022）的目的正是为了解决这一问题，通过操控注意力分散程度，评估目标居中策略与自身运动方向策略在朝向目标行进中的稳健性。

研究 5 的虚拟场景构建方案有两点：（1）沿用研究 2 与研究 3 的多信息场景（图 5c）来同时提供光流与目标参照方向信息；（2）通过双任务范式模拟注意力分散，即在目标顶端添加一个红色圆圈，圈内呈现多个随机运动的圆点（图 11），要求受试者在完成朝向目标行进任务的同时，用眼睛追踪圆圈内的运动点。该设计模拟了现实情境中个体在行进时需要密切留意环境中其他物体（例如行人、车辆）运动的情景。通过操控被追踪点的数量，可系统调节注意力分散程度。

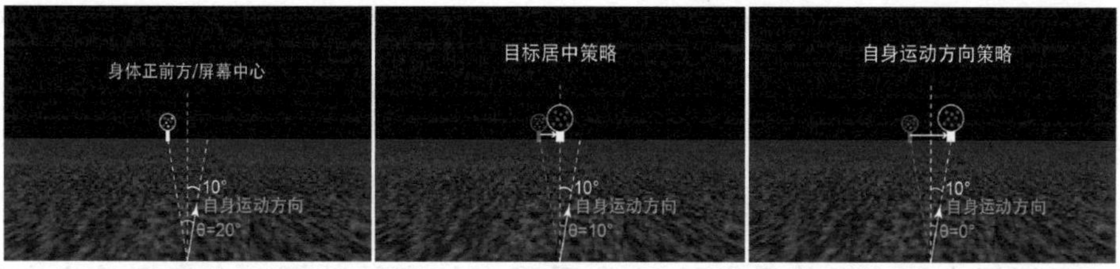

图 11　研究 5 的虚拟现实场景构建方案图

注：（a）虚拟现实场景的实验参数设置。（b）使用目标居中策略和（c）使用自身运动方向策略所产生的目标与自身运动方向的夹角（θ）。目标柱上的圆圈内包含八个随机移动的圆点，在模拟的自身运动开始前圆圈内的某些圆点会变色然后又恢复原来的颜色，受试者需要在模拟的自身运动开始后一边朝向目标行进，一边用眼睛追踪之前变色的圆点的运动。

2.5.2　研究内容

研究 5 的虚拟现实场景与研究 2 和研究 3 的多信息场景（图 5c）基本相同，但研究 5 在目标顶端附加了一个包含八个随机运动圆点的圆圈（图 11）。研究 5 一共包含三个条件，在单任务条件下，受试者只需执行朝向目标行进的任务，而在双任务低注意力负荷和双任务高注意力负荷条件下，受试者在朝向目标行进的同时还需要执行一个额外的随机点追踪任务，即用眼睛追踪圆圈内八个随机移动点中的一个（低注意力负荷）或三个（高注意力负荷）。受试者被告知朝向目标行进任务和随机点追踪任务同等重要，他们应尽最大努力完成这两个任务。在单任务条件下，受试者专注于朝向目标行进，注意力不会被随机点追踪任务分散，受试者在这个条件下朝向目标行进的表现将作为基线与其他两种注意力分散的条件进行比较。

在随机点追踪任务中，在模拟自身运动开始前，需要追踪的随机点会变色（图11a），并持续两秒，提示受试者需要追踪的点。当模拟的自身运动开始时，需要追踪的点会变回原来的颜色，使圆圈内的所有八个点在视觉上不可区分（图11b和图11c）。随后，所有点以3°/秒的恒定速度随机运动。在每个10秒的试次结束时，圆圈内的其中一个点会变为白色，受试者需移动操纵杆向左（表示“是”）或向右（表示“否”），指示白色点是否为之前追踪的点。在50%的情况下，白色点即为受试者需要追踪的点。

研究5测试了两种行进速度：低速（2米/秒）和高速（15米/秒）。与研究2一样，研究5通过不同的指令来控制受试者使用的视觉策略：“将目标放在身体正前方”要求受试者使用目标居中策略，“将自身运动的方向对准目标”则要求受试者使用自身运动方向策略。

2.5.3 研究结果与结论

目标居中策略组共采集了18名受试者的有效数据。自身运动方向策略组共采集了19名受试者的有效数据。为了系统地评估目标居中策略和自身运动方向策略的稳健性，研究5将朝向目标行进的过程分为两个阶段分别进行了考察：早期控制阶段（整个10秒试次中的前4秒间隔，此阶段为朝向目标行进的初始阶段）和稳态控制阶段（整个10秒试次中的6—9.5秒间隔，此阶段对朝向目标行进的控制已进入稳定状态）。在每个阶段中，受试者的目标与自身运动方向之间的夹角（θ）的平均值用于衡量朝向目标行进的准确度，标准差则用于衡量精确度。图12分别展示了两个策略组在早期控制阶段和稳态控制阶段θ的平均值以及标准差。图12表明，无论使用目标居中策略还是自身运动方向策略，分散注意力都会降低早期控制阶段的准确度和稳态控制阶段的精确度。然而，在使用自身运动方向策略时，分散注意力还会额外降低稳态控制阶段的准确度。这表明使用目标居中策略更少受到注意力分散的影响，相比自身运动方向策略更稳健。

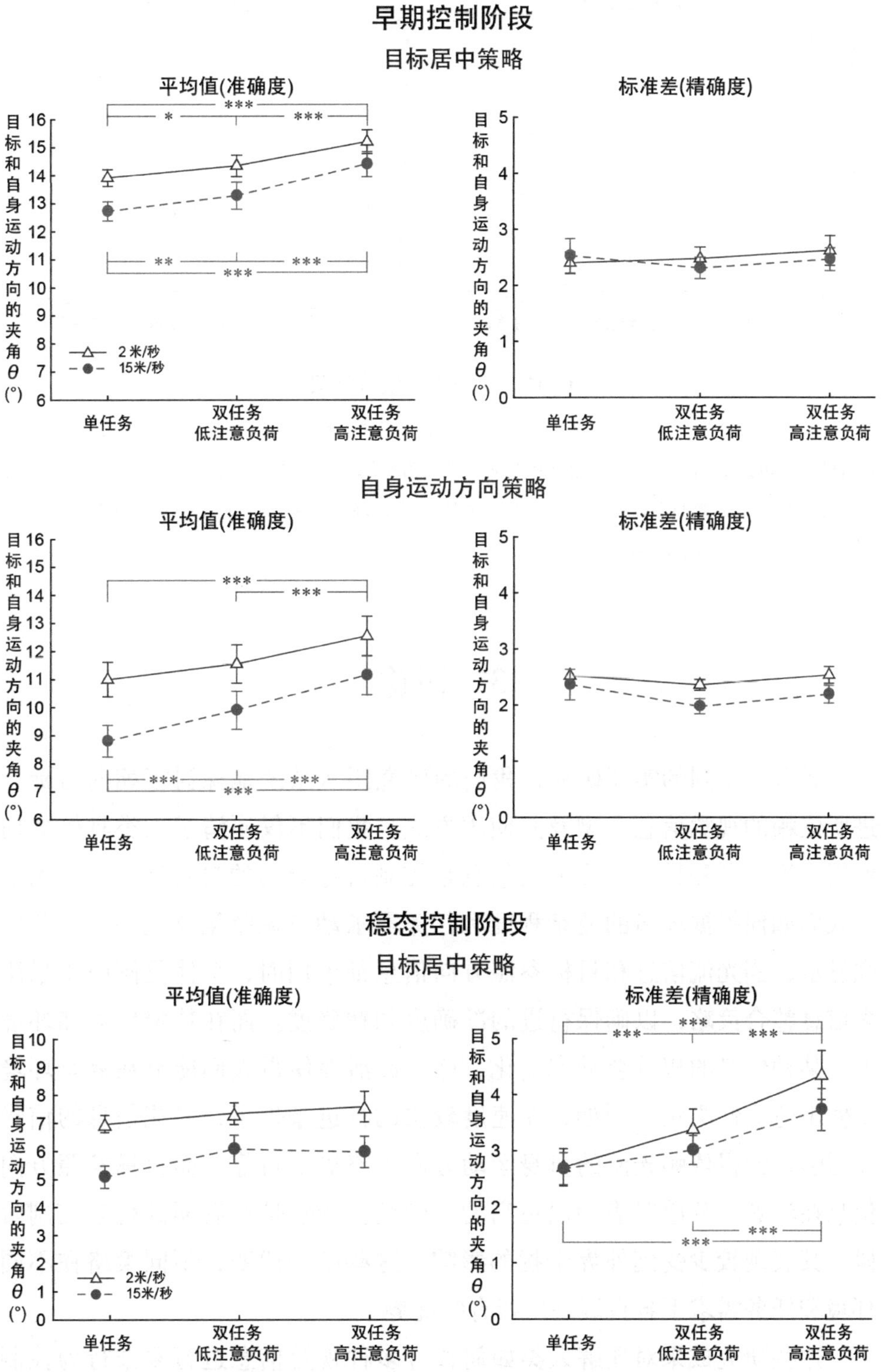
早期控制阶段
目标居中策略
平均值(准确度)
标准差(精确度)
自身运动方向策略
平均值(准确度)
标准差(精确度)
稳态控制阶段
目标居中策略
平均值(准确度)
标准差(精确度)
目标和自身运动方向的夹角θ(°)
2米/秒
15米/秒
单任务
双任务 低注意负荷
双任务 高注意负荷
*
**
***

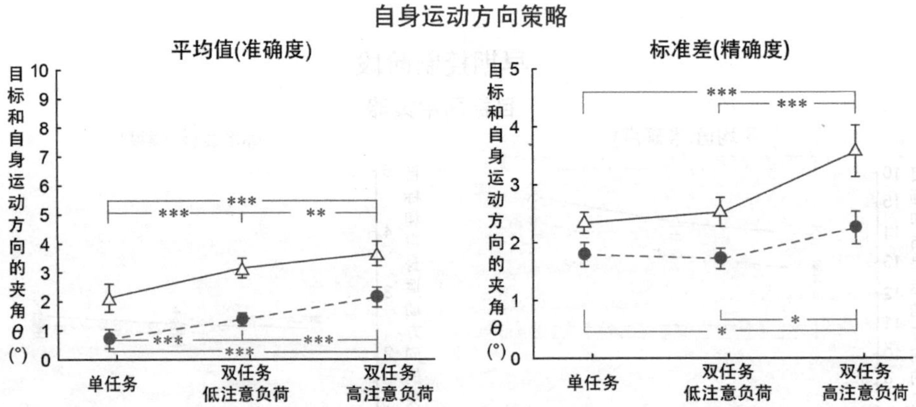

图 12　研究 5 的实验结果

注：在三种注意力负荷条件和两种行进速度下，采用目标居中策略与自身运动方向策略时，朝向目标行进的早期控制阶段与稳态控制阶段的 θ 值平均数（左图）和标准差（右图）。每个数据点代表所有受试者的平均值 ±1 标准误。统计检验显著用 * 表示（ * 代表 $p<0.05$， ** 代表 $p<0.01$， *** 代表 $p<0.001$）。

3　讨论

通过一系列的实证研究，我们的研究团队系统地探讨了朝向目标行进所依赖的视觉信息类型及其使用方式。我们不仅厘清了人类具体如何使用光流信息和目标参照方向信息来控制目标导向的自身运动，还揭示了人们如何根据环境的复杂程度和任务需求动态调整策略选择。这些研究显示，当光流信息和目标参照方向信息都可用时，个体更倾向于采用多信息整合策略，以确保行进的准确度和精确度。而在特定任务和环境下，某种信息的权重会动态变化，这一灵活性使得人们能够在复杂环境中做出适应性决策。例如，在速度较快的行进条件下，光流信息的信噪比增强，使得依赖光流的自身运动方向策略更加可靠。而目标参照方向信息在注意力分散时表现出更高的稳健性，特别是在后期的稳态控制阶段，其表现较少受到外界干扰的影响。这些结果说明，不同策略在不同环境和任务需求下各自展现出特有的优势。

这些研究成果对理解人类如何整合多种视觉信息进行复杂行为控制具有重要意义，不仅为视觉感知和运动控制提供了理论框架，还为现实世界的应用提供了实践依据。例如，仿生机器人和自动驾驶技术可以从这些策略整合机制中获益，通过模拟人类的视觉信息使用模式，确定最优导航和目标导向的行进方式。此外，针对注意力负荷的研究也有助于驾驶辅助系统的开发，特别是在高压力或高复杂度的驾驶环境中，帮助驾驶者选择最适合的策略以确保安全。

展望未来，仍有许多问题值得进一步探讨。首先，不同类型的视觉信息在更加复杂的环境中如何交互仍是未解之谜。例如，在人流或者车流混杂环境中，视觉信息的处理和感知是否会因为移动物体或者噪声干扰而发生变化？其次，不同个体在使用视觉策略时是否会表现出稳定的个体差异？这些问题将进一步推动我们对大脑如何整合感知信息以生成和调节行为的理解。我们相信随着技术的发展，虚拟现实和模拟技术的进步将为未来的研究提供更多的可能性。通过更加逼真的环境模拟，可以更精确地测量和分析人类如何在动态、多任务情境下做出视觉策略选择。这不仅能深化我们对视觉策略整合机制的理解，还将为优化复杂行为控制提供新的思路和方法。

致谢

本工作获得以下资助支持：中国国家自然科学基金（项目编号：32071041，32161133009）、中国教育部（华东师范大学“111 计划”，基地编号：B1601），以及纽约大学上海分校（重点项目启动基金与提升基金）。

参考文献

Bootsma, R., & Craig, C. (1999). *Information for movement and information in movement*. Paper presented at the 10th International Conference on Perception and Action (ICPA). 13 – 13.

Chen, R., & Li, L. (2022). Effects of divided attention on visual control of steering toward a goal. *Journal of Experimental Psychology: Human Perception and Performance*, 48 (6), Article 6. https://doi.org/10.1037/xhp0001010.

Chen, R., Niehorster, D. C., & Li, L. (2018). Effect of travel speed on the visual control of steering toward a goal. *Journal of Experimental Psychology: Human Perception and Performance*, 44, 452 – 467. https: //doi. org/10. 1037/xhp0000477.

Crowell, J. A. , & Banks, M. S. (1993) . Perceiving heading with different retinal regions and types of optic flow. *Perception & Psychophysics*, 53 (3), Article 3. https: //doi. org/10. 3758/BF03205187.

Crowell, J. A. , Royden, C. S. , Banks, M. S. , Swenson, K. H. , Sekuler, A. B. , Crowell, J. A. , Royden, C. S. , Banks, M. S. , Swenson, K. H. , & Sekuler, A. B. (1990) . Optic flow and heading judgments. *IOVS Investigative Ophthalmology and Visual Science*, 31 (4), Article 4.

Fajen, B. R. (2001) . Steering toward a goal by equalizingtaus. *Journal of Experimental Psychology: Human Perception and Performance*, 27 (4), 953 – 968. https: //doi. org/10. 1037/0096 – 1523. 27. 4. 953.

Cibson, J. J. (1950) . *The perception of the visual world* (pp. xii, 242) . Houghton Mifflin.

Gibson, J. J. (1958) . Visually Controlled Locomotion and Visual Orientation in Animals. *British Journal of Psychology*, 49 (3), Article 3. https: //doi. org/10. 1111/j. 2044 – 8295. 1958. tb00656. x.

Grigo, A. , & Lappe, M. (1999) . Dynamical use of different sources of information in heading judgments from retinal flow. *Journal of the Optical Society of America A*, 16 (9), 2079. https: //doi. org/10. 1364/JOSAA. 16. 002079.

Groot, C. , Ortega, F. , & Beltran, F. S. (1994) . Thumb rule of visual angle: A new confirmation. *Perceptual and Motor Skills*, 78 (1), 232 – 234. https: //doi. org/10. 2466/pms. 1994. 78. 1. 232.

Harris, J. M. , & Rogers, B. J. (1999) . Going against the flow. *Trends in Cognitive Sciences*, 3 (12), 449 – 450. https: //doi. org/10. 1016/S1364 – 6613 (99) 01411 – 4.

Harris, M. G. , & Carré, G. (2001) . Is Optic Flow Used to Guide Walking While Wearing a Displacing Prism? *Perception*, 30 (7), 811 – 818. https: //doi. org/10. 1068/p3160.

Held, R. , & Bossom, J. (1961) . Neonatal deprivation and adult rearrangement: Complementary techniques for analyzing plastic sensory-motorcoordinations. *Journal of Comparative and Physiological Psychology*, 54 (1), 33 – 37. https: //doi. org/10. 1037/h0046207.

Herlihey, T. A. , & Rushton, S. K. (2012) . The role of discrepant retinal motion during walking in the realignment of egocentric space. *Journal of Vision*, 12 (3),

4. https：//doi. org/10. 1167/12. 3. 4.

Hooge，I. Th. C.，Beintema，J. A.，& van Den Berg，A. V.（1999）. Visual search of heading direction. *Experimental Brain Research*，129（4），Article 4. https：//doi. org/10. 1007/s002210050931.

Kaiser，M. K.，& Mowafy，L.（1993）. Optical specification of time-to-passage：Observers' sensitivity to global tau. *Journal of Experimental Psychology：Human Perception and Performance*，19（5），1028 – 1040. https：//doi. org/10. 1037/0096 – 1523. 19. 5. 1028.

Kandil，F. I.（2010）. Car drivers attend to different gaze targets when negotiating closed vs. Open bends. *Journal of Vision*，10（4），1 – 11. https：//doi. org/10. 1167/10. 4. 24.

Kandil，F. I.，Rotter，A.，& Lappe，M.（2009）. Driving is smoother and more stable when using the tangent point. *Journal of Vision*，9（1），11 – 11. https：//doi. org/10. 1167/9. 1. 11.

Kim，N. – G.，& Turvey，M. T.（1999）. Eye Movements and a Rule for Perceiving Direction of Heading. *Ecological Psychology*，11（3），233 – 248. https：//doi. org/10. 1207/s15326969eco1103_ 3.

Land，M. F.，& Lee，D. N.（1994）. Where we look when we steer. *Nature*，369（6483），742 – 744. https：//doi. org/10. 1038/369742a0.

Layton，O. W.，& Fajen，B. R.（2016）. The temporal dynamics of heading perception in the presence of moving objects. *Journal of Neurophysiology*，115（1），Article 1. https：//doi. org/10. 1152/jn. 00866. 2015.

Lee，D. N.（1974）. Visual information during locomotion. In *Perception：Essays in honor of James J. Gibson*（pp. 317 – 317）. Cornell University Press.

Lee，D. N.（1976）. A Theory of Visual Control of Braking Based on Information about Time-to-Collision. *Perception*，5（4），437 – 459. https：//doi. org/10. 1068/p050437.

Lee，D. N.（1998）. Guiding Movement by CouplingTaus. *Ecological Psychology*，10（3 – 4），221 – 250. https：//doi. org/10. 1080/10407413. 1998. 9652683.

Lee，D. N.，& Lishman，R.（1977）. Visual control of locomotion. *Scandinavian Journal of Psychology*，18（1），224 – 230. https：//doi. org/10. 1111/j. 1467 – 9450. 1977. tb00281. x.

Li，L.，Chen，J.，& Peng，X.（2009）. Influence of visual path information on human heading perception during rotation. *Journal of Vision*，9（3），29 – 29. https：//

doi. org/10. 1167/9. 3. 29.

Li, L. , & Cheng, J. C. K. (2011a) . Heading but not path or the tau-equalization strategy is used in the visual control of steering toward a goal. *Journal of Vision*, 11 (12), 20 – 20. https: //doi. org/10. 1167/11. 12. 20.

Li, L. , & Cheng, J. C. K. (2011b) . Perceiving path from optic flow. *Journal of Vision*, 11 (1), 22 – 22. https: //doi. org/10. 1167/11. 1. 22.

Li, L. , & Cheng, J. C. K. (2013) . Visual strategies for the control of steering toward a goal. *Displays*, 34 (2), Article 2. https: //doi. org/10. 1016/j. displa. 2012. 10. 005.

Li, L. , Cheng, J. , & Zhang, L. (2012) . Optic flow has an immediate and an enduring effect on the perceived straight ahead in the visual control of steering toward a goal. *Journal of Vision*, 12 (9), 187 – 187. https: //doi. org/10. 1167/12. 9. 187.

Li, L. , & Niehorster, D. C. (2014) . Influence of optic flow on the control of heading and target egocentric direction during steering toward a goal. *Journal of Neurophysiology*, 112 (4), 766 – 777. https: //doi. org/10. 1152/jn. 00697. 2013.

Li, L. , Sweet, B. T. , & Stone, L. S. (2006) . Humans can perceive heading without visual path information. *Journal of Vision*, 6 (9), 2. https: //doi. org/10. 1167/6. 9. 2.

Li, L. , & Warren, W. H. (2000) . Perception of heading during rotation: Sufficiency of dense motion parallax and reference objects. *Vision Research*, 40 (28), Article 28. https: //doi. org/10. 1016/S0042 – 6989 (00) 00196 – 6.

Li, L. , & Warren, W. H. (2002) . Retinal Flow Is Sufficient for Steering During Observer Rotation. *Psychological Science*, 13 (5), 485 – 490. https: //doi. org/10. 1111/1467 – 9280. 00486.

Llewellyn, K. R. (1971) . Visual guidance of locomotion. *Journal of Experimental Psychology*, 91 (2), 245 – 261. https: //doi. org/10. 1037/h0031788.

Morton, S. M. , & Bastian, A. J. (2004) . Cerebellar control of balance and locomotion. *The Neuroscientist: A Review Journal Bringing Neurobiology, Neurology and Psychiatry*, 10 (3), 247 – 259. https: //doi. org/10. 1177/1073858404263517.

O'Shea, R. P. (1991) . Thumb's rule tested: Visual angle of thumb's width is about 2 deg. *Perception*, 20 (3), 415 – 418. https: //doi. org/10. 1068/p200415.

Redding, G. M. , & Wallace, B. (1985) . Cognitive interference in prism adaptation. *Perception & Psychophysics*, 37 (3), 225 – 230. https: //doi. org/10. 3758/BF03207568.

Regan, D., & Beverley, K. I. (1982). How Do We Avoid Confounding the Direction We Are Looking and the Direction We Are Moving? *Science*, 215 (4529), 194-196. https://doi.org/10.1126/science.7053572.

Rushton, S. K., & Harris, J. M. (2004). The Utility of not Changing Direction and the Visual Guidance of Locomotion. In L. M. Vaina, S. A. Beardsley, & S. K. Rushton (eds.), *Optic Flow and Beyond* (pp. 363-381). Springer Netherlands. https://doi.org/10.1007/978-1-4020-2092-6_16.

Rushton, S. K., Harris, J. M., Lloyd, M. R., & Wann, J. P. (1998). Guidance of locomotion on foot uses perceived target location rather than optic flow. *Current Biology*, 8 (21), Article 21. https://doi.org/10.1016/S0960-9822(07)00492-7.

Rushton, S. K., Wen, J., & Allison, R. S. (2002). Egocentric Direction and the Visual Guidance of Robot Locomotion Background, Theory and Implementation. In H. H. Bülthoff, C. Wallraven, S.-W. Lee, & T. A. Poggio (eds.), *Biologically Motivated Computer Vision* (Vol. 2525, pp. 576-591). Springer Berlin Heidelberg. https://doi.org/10.1007/3-540-36181-2_58.

Stone, L. S., & Perrone, J. A. (1997). Human Heading Estimation During Visually Simulated Curvilinear Motion. *Vision Research*, 37 (5), 573-590. https://doi.org/10.1016/S0042-6989(96)00204-0.

Wann, J. P., & Land, M. (2000). Steering with or without the flow: Is the retrieval of heading necessary? *Trends in Cognitive Sciences*, 4 (8), Article 8. https://doi.org/10.1016/S1364-6613(00)01513-8.

Wann, J. P., & Swapp, D. K. (2000). Why you should look where you are going. *Nature Neuroscience*, 3 (7), 647-648. https://doi.org/10.1038/76602.

Wann, J. P., & Wilkie, R. M. (2004). How Do We Control High Speed Steering? In L. M. Vaina, S. A. Beardsley, & S. K. Rushton (eds.), *Optic Flow and Beyond* (pp. 401-419). Springer Netherlands. https://doi.org/10.1007/978-1-4020-2092-6_18.

Warren, W. H. (1998). Visually Controlled Locomotion: 40 years Later. *Ecological Psychology*, 10 (3-4), 177-219. https://doi.org/10.1080/10407413.1998.9652682.

Warren, W. H., & Hannon, D. J. (1988). Direction of self-motion is perceived from optical flow. *Nature*, 336 (6195), Article 6195.

Warren, W. H., Kay, B. A., Zosh, W. D., Duchon, A. P., & Sahuc, S. (2001). Optic flow is used to control human walking. *Nature Neuroscience*, 4 (2), Article

2. https：//doi. org/10. 1038/84054.

Warren，W. H.，Morris，M. W.，& Kalish，M.（1988）. Perception of translational heading from optical flow. *Journal of Experimental Psychology*：*Human Perception and Performance*，14（4），Article 4.

Wilkie，R. M.，Kountouriotis，G. K.，Merat，N.，& Wann，J. P.（2010）. Using vision to control locomotion：Looking where you want to go. *Experimental Brain Research*，204（4），539 – 547. https：//doi. org/10. 1007/s00221 – 010 – 2321 – 4.

Wilkie，R. M.，& Wann，J. P.（2003）. Controlling steering and judging heading：Retinal flow，visual direction，and extraretinal information. *Journal of Experimental Psychology*：*Human Perception and Performance*，29（2），363 – 378. https：//doi. org/10. 1037/0096 – 1523. 29. 2. 363.

Wilkie，R. M.，Wann，J. P.，& Allison，R. S.（2008）. Active gaze，visual look-ahead，and locomotor control. *Journal of Experimental Psychology*：*Human Perception and Performance*，34（5），1150 – 1164. https：//doi. org/10. 1037/0096 – 1523. 34. 5. 1150.

Wood，R. M.，Harvey，M. A.，Young，C. E.，Beedie，A.，& Wilson，T.（2000）. Weighting to go with the flow? *Current Biology*，10（15），R545 – R546. https：//doi. org/10. 1016/S0960 – 9822（00）00606 – 0.

通讯作者简介

陈静，香港大学博士，现任上海纽约大学神经科学与心理学青年研究员，主持或参与多项国家自然科学基金，研究领域主要为视觉感知与运动控制，以及与之相关的大脑发育机制，研究工作主要围绕三个群体展开——儿童、健康成年人以及由于大脑老化而患有神经退行性疾病（例如帕金森病、睡眠障碍）的老年人。电子邮箱：jc7720@ nyu. edu。

李黎，美国布朗大学认知科学博士，曾任中国香港大学心理学副教授，现任上海纽约大学神经科学与心理学教授，纽约大学全球特聘教授，为上海纽约大学神经科学学科带头人。主持多项国家自然科学基金，主要致力于以多学科（心理物理学、认知神经科学、计算机科学、工程学等）的方法来研究人类视觉感知和运动控制及其相关的潜在神经机制。现任多家心理学和神经科学国际权威期刊副主编 、学科主编。电子邮箱：ll114@ nyu. edu。

城市开放空间的声舒适及多感知交互的影响*

任欣欣

大连理工大学建筑与艺术学院建筑系　辽宁大连　116024

摘　要：舒适的声环境是高质量开放空间建设与更新的重要目标，然而，鲜有研究开展多样化城市开放空间的声舒适现况体检及探究多感知交互作用对声舒适的影响。基于问卷调查与测量的田野调查方法，考察旅游者游观上海、南京、苏州三个城市的四种典型城市开放空间的主导声源、语言交流感知及多感官环境评价。结果发现，主观响度、嗅感舒适分别是显著影响声舒适的重要听觉与非听觉因素，语言清晰度，光、热舒适，视觉审美质量均显著影响声舒适，旅游者居住地与到访开放空间类型等社会、行为因素也在一定程度上决定声舒适水平。该项研究为声舒适理论研究提供实证依据，并为考量公众声舒适的城市开放空间提质更新与设计提供参考。

关键词：城市开放空间　声舒适　多感官环境　社会　行为

1　引言

城市开放空间为公众提供休闲活动、审美享受、文化体验等多种景观服务，是人们美好生活获得感的重要场域。同时，多样化的开放空间也是城市结构的重要组成部分，令人舒适的建成环境通常是城市开放空

---

* 本文原载于 *Landscape and Urban Planning*, Vol. 232, 2023。感谢辽宁省哲学社会科学规划基金项目“健康中国背景下推进城市环境健康舒适水平对策研究”（L21BGL012）对此项研究的支持。

间必要的提供，如考虑阳光、气温、眩光、风，而声音常是被忽略的品质（Marcus & Francis，1998）。尽管如此，人类的听感直接而纯粹，大脑对声响的反应比对光的反应快，且声音无处不在；相对于味觉、嗅觉、触觉等感官功能，听觉的“认识”能力极高，在驱动人们的情感反应、环境评价、行为决策等方面往往起到不可替代的作用，因此，舒适的声环境越来越成为高品质城市开放空间建设与更新的重要目标。

声舒适（acoustic comfort）最初的概念与室内空间有关，用于描述“不存在不必要的声音或没有打扰他人的声音活动”（Rindel，1999；Vardaxis et al.，2018）。当声舒适用于衡量室外空间的声环境品质及人们对声环境的感受时显然更加复杂。在影响城市开放空间声舒适的因素中，已发现环境声级，即 L_{eq}（指在规定时间内声级的能量平均值，即等效 A 声级）或 L_{dn}（昼夜声压级）与声舒适感的关联；但降低声级不一定能带来更好的声舒适体验（Ruiter，2004；Yang & Kang，2005）。值得注意的是，近 20 年来，声景（soundscape，2014 年国际标准化组织 ISO 将“声景”定义为“个体、群体或社区在给定场景下感知体验的声环境”）（ISO 12913－1，2014）研究领域的兴起和发展使声环境感知的议题得到多学科的广泛关注，声舒适作为声景质量的评价参量，在有关科研探索中得到进一步推动，越来越多的研究证实非声学因素与声舒适的关联。人类感知环境是通过人体感官接收的信息建立起来的，大脑会毫不费力地将这些单独的信息整合成综合感受（Spence，2004）。大量实验研究也表明，室外开放空间声舒适如何受到视觉场景的影响。例如，声音和视觉景观要素之间的和谐配置关系可提高声舒适评价（Ren & Kang，2015；任欣欣等，2015）。此外，由于声舒适反映公众的主观认知，社会人口和行为因素的影响也被广泛提及。研究表明，年龄、受教育水平、收入以及与声音有关的行为活动都可能促使声舒适评价发生规律性改变（Kang & Zhang，2010）；也有研究发现，这些社会属性对当地居民和外来游客的声舒适影响不同（Ren et al.，2022）。以往研究充分证实，无论构成特定声环境的声源有多复杂，听感明显的主导声源往往对声舒适评价起到重要作用，如自然声和音乐声通常是积极的，而交通噪声和建筑施工声则产生消极影响（Liu et al. 2019；Perez-Martínez et al.，2018；Ren et al.，2018a）。在到访人数较多的城市开放空间中，旅游活动产生的声音具有主导性，其中，人群嘈杂声往往成为影响声舒适的主要声源之一。虽然促进社会交往是城市开放空间应具备的基本属性，但当城市开放空间充斥着道路交通、广告宣传、人群嘈杂等噪声时，则有可能造成对人与人交流的干扰。已有研究通过模拟实验研究噪声对城市开放空间中语言交流的影响，结果表明，在吵闹的城市开放空间中，语言清晰度得分是一个相对合适的评价指标（Lee & Jeon，2011）。在实地调查方面，已有研究检验了人群密度（人/平方米）与能听到谈话声的人群比例以及与声舒适评价的关系（Meng & Kang，2015）。尽管如此，与其他声源（如机械声、自然声等）以及室内空间（如教室、会议室等）相比，探讨城市开放空间语言交流因素对声舒适评价影响的研究仍非常少见。

人类感知具有多感官协同的特性（Cassidy，1997），并受到物理环境（包括颜色、光线、温度、声音、气味等）交互作用的调节（Maffei，2012）。听感和其他感知之间的交互作用是影响城市开放空间声舒适的重要因素（Mudri & Lenard，2000）；其中，视听交互在城市开放空间中的探讨较多。在各种感知中，视（知）觉的穿透力最强，感觉最敏锐，所获得的信息量远大于其他知觉，与创作设计的关系最为密切。视听感官在接受信息方面的主导性、视听信息的易测得性，以及听觉能够很好地起到视觉的辅助作用均使得视听感知往往最能影响人们对空间环境的认知（任欣欣，2025）。近年来，国际范围内包含视听交互作用的声环境研究呈逐年上升趋势，如已有研究发现，在交通噪声主导的城市街道中，交通噪声评价会因声屏障视觉设计而异（Echevarria Sanchez et al.，2017），相同交通噪声的声舒适也受到街景视觉感知因素的显著影响（任欣欣等，2022）。在具有一定美学质量的风景中，恒常视觉的景观对象、亲水距离、人与动物的出现均对声舒适产生一定影响（Ren & Kang，2015），城市绿地、公园、农业用地等视觉审美质量和自然度较高的景观环境通常对听感评价起到积极作用（Jeon & Jo，2020；Ren et al.，2018a；Ren et al.，2022；Wang & Zhao，2019）。在嗅听交互方面，研究表明，气味具有调节噪声干扰的潜力（Jiang et al.，2016），如对话或交通声的声舒适会随着植物或食物气味浓度的增加而上升（Ba & Kang，2019）。在声热感知交互作用方面，最近在城市广场进行的问卷调查发现，冬季低温和夏季高温使人们对相同水平的交通噪声感到更大程度的不适（Jin et al.，2020）。在各种物理条件中，人们在使用开放空间时最关心的是光照条件（Marcus & Francis，1998），但目前尚缺乏声舒适与光照舒适感的交互研究。总的来说，人类通过各种感知及其交互作用来认知空间，但考察多种城市开放空间的声舒适以及多感知交互作用对声舒适评价的影响研究仍较欠缺。

为此，本研究主要立足公众感知体验的视角，通过田野调查对城市开放空间的声舒适评价进行现状体检，并进一步探究主导声源类型、语言交流感知及多感官环境质量对城市开放空间声舒适评价的影响。考虑到景观感知包括风景景观和居住地景观的内涵，本研究主要将城市开放空间作为具有休闲、文旅、康养吸引力的代表性风景景观进行研究，进而以外地游客而不是当地居民为主要调查对象，前者的感知评价可能更多与环境场景客体有关，反映景观本身的审美质量以及建成环境的设计品质，由于后者与调查地点具有较深厚的聚居情感联系则不作为本次研究的调查对象（Schulte-Fortkamp & Fiebig，2006）。

2 调查研究

2.1 研究地点

随着经济社会发展和居民消费升级，人们对休闲体验、审美享受、环境康养的需求提高，使得旅游活动成为日常生活中必不可少的组成部分。长江三角洲城市群地处中国东部沿海与长江流域形成的T形交汇处，地理条件得天独厚，是中国经济基础最强、对外开放程度最高的地区之一。在《长江三角洲城市群发展规划》26市组成的城市群当中，上海、南京、苏州属于旅游枢纽城市，位居上海至合肥的旅游廊道，旅游资源、吸引力和辐射强度处于长三角地市前列（喻琦等，2018）。通过全面建设，三个城市的各类型城市开放空间已经成为热门的旅游打卡地点，其中包括具有中国古典园林特色的著名风景园林、富有历史建筑和文化展馆的历史街区、以购物和餐饮为特色的休闲商业街以及以现代建筑、自然山水为背景的滨水绿道。进而，选择以上三个城市的多种开放空间为调查地点，如表1所示。一方面它们吸纳了大量外来游客，增加了公众到访与感知评价样本的代表性；另一方面，作为极受欢迎的旅游城市，其历史和现代文脉相结合的城市开放空间在促进公众身心健康、文旅经济效益等方面具有典型性（Edwards et al.，2008；Grilli et al.，2020；McCormack，2010；Renne & Listokin，2019）。

表1　　城市开放空间调查地点及其景观要素构成特征

城市开放空间	描述	地点	景观特征的组合							
			1	2	3	4	5	6	7	8
著名风景园林	中国古典园林游赏景园，私家园林人工山水相互环绕，亭台楼阁修筑精致，花草树木繁茂，景观布局讲究，使空间小中见大；皇家园林依据自然地势建造，处处有山有水，宫殿、厅堂、亭台等建筑点缀其间	拙政园	○	○	○		○	○	○	○
		豫园	○	○	○		○	○	○	○
		玄武湖公园	○	○	○		○	○	○	○
历史文化风貌街区	保存完好的历史街区以原生态的空间结构、具有鲜明时代特征和艺术价值的历史建筑和街景，呈现一段历史的缩影；独特的街景使建筑成为风景线，历史街区基本保持原有布局，展现了丰富的历史遗迹和人文景观	平江街区		○	○			○	○	○
		山塘街区		○	○			○	○	○
		颐和路			○				○	○
		百子亭街区			○					○
		思南路			○				○	○
		武康路			○	○				○
休闲商业街	以文化创意产业为核心的休闲购物街区，由代表当地文化的新旧建筑群组成，汇集了特色商铺、艺术创作、艺术展览、健身美容、特色餐饮等功能，是以时尚、娱乐和艺术氛围为代表的具有地方影响力的商业街	观前街			○	○		○		○
		夫子庙商业街		○	○	○		○	○	○
		1912 街区			○	○		○	○	○
		张家浜休闲街		○		○		○		○
		田子坊商业街			○			○	○	○
		新天地商业街			○	○		○	○	○
现代滨水绿道	城市中心的公共绿道，一般为建在主要水体旁的景观步行道；邻水的建筑展示了城市的现代建设和文化特色，构成城市象征性地标；不同风格的典型建筑与水景相结合，展现了现代化和文化底蕴相结合的城市特色	金鸡湖绿道		○		○	○	○	○	○
		秦淮河风光带	○	○	○			○	○	○
		上海外滩		○	○	○		○		○

注：景观特征包括：1. 山、假山；2. 水体；3. 传统建筑；4. 现代建筑；5. 微地形；6. 景观小品；7. 各类绿化；8. 树木。

2.2 问卷设计

2.2.1 开放空间类型和受访者基本信息

根据上述具有旅游吸引力的城市开放空间代表性特征，研究选取四种典型城市开放空间：著名风景园林、历史文化风貌街区、休闲商业街和现代滨水绿道。调查问卷首先标记调查地点，并记录被调查者的社会人口信息，包括年龄、受教育水平、性别、职业和居住地所在区域（中国华北、东北、华东、华中、华南、西南、西北地区）。在进行正式问卷调查之前，随机邀请被调查者进行简短访谈，研究人员对调查内容进行介绍；随后，请符合调查条件的城市开放空间使用者参与问卷调查，即调查对象为外来旅游者，此外，考虑到感知体验的准确性，在城市开放空间现场停留达到半小时的外来游客被作为正式受访者给出评价反馈。

2.2.2 问题与量表

问卷调查主要采取结构式访谈的方法，被调查的到访旅游者在提供基本个人信息的同时，回答包括主导声源识别、语言交流以及多感官环境评价维度的12个问题，这些问题被相应划分成3个部分。已有研究指出，对特定声环境的评价需要识别声源组成（Jeon et al.，2011；Szeremeta & Zannin，2009），并提出主导声源识别是改善声环境质量的前提（Axelsson et al.，2010；Davies et al.，2013；Matsinos et al.，2008）。故问卷主体的第一部分包括声源的识别以及它们的主导性如何（ISO 12913－2，2018）。被调查者需要提出声环境中三种不同的声音类型，根据感知体验，将其识别确定为第一、第二和第三主导声源。问卷的第二部分主要与语言交流有关。对话交流是一个综合性的声学感知，与诸多因素有关，如背景环境声级、其他声音干扰（交通噪声、人群活动声、音响声等）以及感知到的语言清晰度等。因此，基于三个方面感知情况来评估：环境声级大小，即主观响度（与测量的环境声级 L_{eq} 有很强的线性相关性的指标）（Kang，2007）、声音干扰情况（WHO，2000）、感知到的语言清晰度（Lee & Jeon，2011）。被调查者根据李克特五点量表对四项相应指标进行回答，包括主观响度（5个等级从1“很安静”到5“很吵闹”）、周围语言声对受访者与同伴交流的影响（5个等级从1“完全没有”到5

"完全有")、其他噪声对受访者与同伴交流的影响（5个等级从1"完全没有"到5"完全有"），以及被调查者与同伴交流的语言清晰度（5个等级从1"很清晰"到5"很不清晰"）。问卷第三部分用于收集城市开放空间的多感官环境评价，来源于声音、气味刺激，视觉、热觉等感觉途径。这些评价反馈包括声、味、光、热环境的舒适度，以及视觉审美质量（visual aesthetic quality）等与环境体验密切相关的指标（Spence，2004；Ren，2019），根据李克特五点量表对五项指标进行评价，包括声舒适度、嗅觉舒适度、热舒适度、光照舒适度（5个等级从1"很不舒适"到5"很舒适"）、视觉审美质量（5个等级从1"很丑"到5"很美"）。

2.3 调查实施

此次田野调查主要包括实地问卷调查和物理环境测量，由大学生组成的10个调查小组连续7天在上海、南京、苏州实施。在各城市调查时，针对4种类型的城市开放空间各选取1—3个具有代表性的旅游目的地，为每组调查人员随机分配地点开展调查。在每个地点，调查小组首先进行声漫步，包括按照预定路线在声景特征节点录制360度视频并测量环境声级。其次在固定时间内，各小组在声漫步筛选的各个声景节点开展结构式访谈问卷调查；约每隔10分钟对定点旅游者进行采访，以确保抽样的随机性，每个地点均获得有效问卷30余份，共计收集880份有效问卷。以往对声舒适与环境声级的关联研究表明，当城市开放空间的声级低于73dBA时，环境声级（L_{eq}）和主观响度之间有强相关性（Kang，2007），因此，研究筛选适当声级阈值以使主观响度能够在较大程度上反映测得的环境声级大小；所选取的有效问卷对应的环境声级测量值为53.9—67.1dBA，位于探讨城市开放空间声舒适评价的典型声级阈值内（Kang & Zhang，2010；Ren & Kang，2015）。如表2所示，统计各类空间被调查者的基本信息表明，旅游者性别大致相当；40岁以下年轻人占多数，20—29岁的人数最多（52%—76%）；多达80%为大学及以上受教育水平；在职业方面，大多数旅游者为学生（40%—59%），其次职员居多（11%—18%）；从居住地区来看，来自东部地区的比率略高（25%—30%）。

表 2　　被调查者的社会人口特征统计

社会人口特征		综合	著名风景园林	历史文化风貌街区	休闲商业街	现代滨水绿道
		$N=880$	$n=111$	$n=285$	$n=218$	$n=266$
性别	男	48%	61%	45%	46%	47%
	女	52%	39%	55%	54%	53%
年龄	20—29 岁	69%	52%	73%	65%	76%
	30—39 岁	18%	30%	13%	23%	15%
	40—49 岁	10%	14%	10%	9%	7%
	50—60 岁	3%	4%	4%	3%	2%
教育水平	小学及以下	1%	2%	1%	1%	1%
	初中	4%	4%	4%	3%	3%
	高中	15%	22%	14%	18%	9%
	大学及以上	80%	72%	81%	78%	87%
职业	学生	52%	40%	59%	44%	57%
	技术人员	6%	8%	4%	6%	7%
	行政人员	8%	14%	7%	9%	8%
	公司员工	13%	18%	11%	13%	12%
	服务人员	3%	2%	1%	6%	3%
	教师	4%	6%	4%	6%	3%
	自由职业	5%	2%	3%	7%	5%
	家庭主妇	9%	10%	11%	9%	5%
居住地区	华北	17%	19%	18%	15%	16%
	东北	18%	13%	24%	11%	19%
	华东	27%	27%	25%	28%	30%
	华南	12%	17%	8%	15%	11%
	西北	3%	5%	3%	5%	1%
	华中	15%	14%	12%	17%	17%
	西南	8%	5%	10%	9%	6%

2.4 数据分析

在进行数据分析之前，检验分量表与总量表的可信程度。所得信度系数在 0.69—0.81，表明问卷结果的稳定性、一致性较好（Rogge et al.，2007）。此外，问卷调查的 KMO 检验结果为 0.70— 0.78，对应的

Bartlett's 球形检验结果为 $p < 0.001$，满足结果的有效性，说明目前相关的测量项目无须剔除，问卷调查的测评结果能够达到调查目的（Palmer & Hoffman，2001；Zhang et al.，2012）。基于研究目的，数据分析的重点是了解不同类型城市开放空间的声舒适现状，以及探索主导声源类型、语言交流感知、多感知交互作用对各类型及综合类型公共开放空间声舒适的影响方式和程度；主要使用 SPSS Statistics 22.0 进行社会学统计分析，逐步获得公众体感的城市开放空间声舒适特性表现。

3 结果

3.1 城市开放空间的声舒适及主导声源的影响

声源识别百分比表明各声源类型在听感中的主导程度，为同时了解各声源被明显听到时的声环境舒适度，图 2 对应第一主导声源计算了对应的声舒适评价情况。城市开放空间声环境基本由 10 种声源组成，其中语言声占比最高，在各开放空间识别率超过 90%。道路交通声（休闲商业街和滨水绿道中被识别率为 46%—62%）或蝉鸣、鸟鸣等自然声（著名风景公园和历史街区中被识别率为 54%—63%）的主导性其次。从第一主导声源对应的声舒适可以看出，虽然广播信息、商贩、广告声占主导声源的比例较低（平均占 5%—18%），而当这些声音成为第一主导声源时，平均声舒适最低（3.22—3.24）。与道路交通噪声类似，最常被识别的交谈声主导的声环境也不受欢迎，声舒适较低（3.25）。但自然声作为第一主导声源明显出现时，声舒适较高。特别是流水声使声舒适达到"舒适"水平（4.00）；而其他自然声（如鸟鸣声和风吹树叶声）为主导声源时，声舒适相对较低（3.58—3.63），从百分比来看，这些声音识别率高于流水声，但使声舒适处于"一般"至"舒适"之间，在各类开放空间之间波动幅度较大。

当一种声音成为主导声源时，通常与声舒适评价具有相关性。为了验证这一假设，对第一主导声源类型及其识别比率、该声源总计识别比率、声舒适评价进行相关分析。在进行相关分析之前，按图 1 横坐标标注的声源类型，根据机械、人为和自然声源顺序定义声音序列。分析结果表明，第一主导声源类型与声舒适评价呈正相关关系，与第一主导声源识别百分比呈负相关关系，证实主导声源类型显著影响声舒适，且当第一主导声源从机械声、活动声向自然声类型转变时，声舒适逐渐提高；但按照该声源类型变化的主导声源感知比率显著降低。

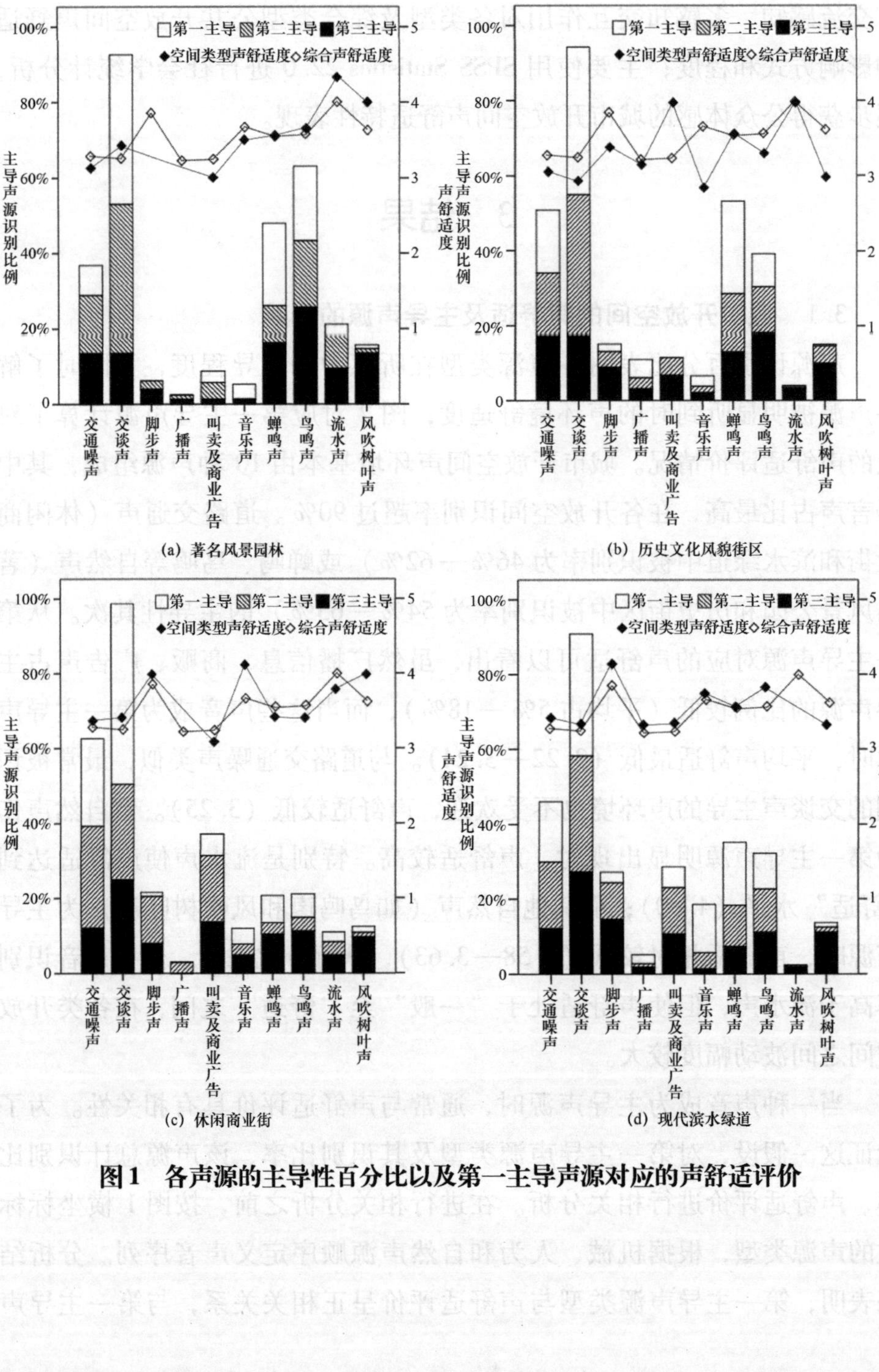

图1　各声源的主导性百分比以及第一主导声源对应的声舒适评价

3.2 城市开放空间的声舒适及语言交流感知的影响

语言声是各类城市开放空间的主导声源，往往成为游客首先感知到的声源类型。为了解各类城市开放空间的声舒适以及语言交流感知的异同，通过单因素方差分析及事后多重比较可知，除了周围语言声的影响这一指标，一系列语言交流感知指标在各类开放空间之间均表现出显著差异。如图 2 所示，历史文化风貌街区比其他类型空间声舒适显著降低，评价水平为“一般”（3.20），比其他空间类型低 0.28—0.34。对比语言交流感知各维度指标，历史街区的评价也低于其他空间类型：主观响度为“一般”（3.05），对交流的影响程度为“有点”（2.16），语言清晰度为“清晰”（2.21）。而当现代滨水绿道的这些感知指标趋向更积极（1.90—2.57）时，声舒适也随之在 4 类开放空间中提升至最高水平——“舒适”（3.51）。尽管在著名风景园林中语言交流感知指标多比休闲商业街、现代滨水绿道更好，但主观响度更吵闹，且感知反馈的变动较大（2.81，最大标准差为 0.40），这可能加深人们对这类园林场景更嘈杂的听感印象，导致其声舒适未显示出比休闲商业街、现代滨水绿道更明显的优势。

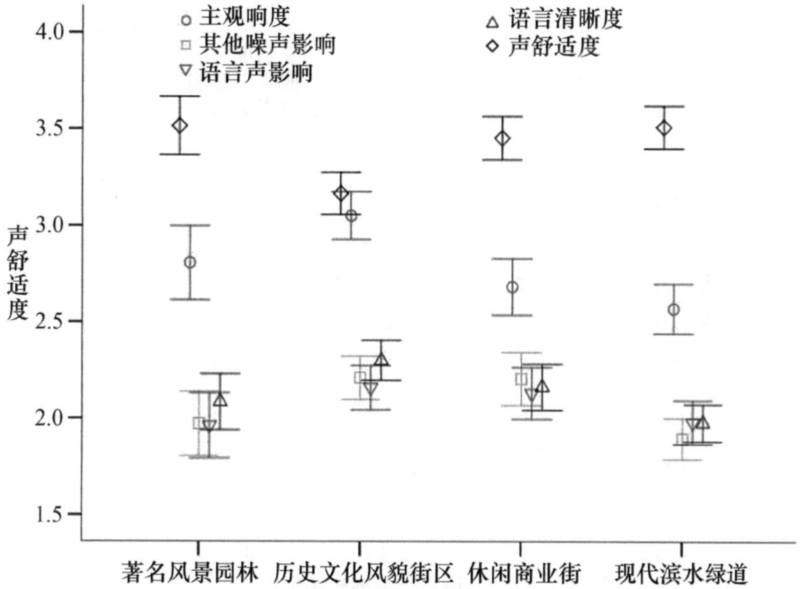

图 2 不同类型城市开放空间之间语言交流感知指标和声舒适的评价比较

为了更确切地发现对声舒适具有统计意义的语言交流感知影响因素，通过多因素回归分析探究了语言交流指标对声舒适的影响。结果表明，主观响度和语言清晰度是影响各类型开放空间声舒适度的关键因子，即随着主观响度趋向安静，语言清晰度提高，声舒适评价则越高。也要注意到，对于现代滨水绿道声舒适来说，其他噪声也是不可忽略的显著性影响因子，表明其他噪声的影响与主观响度、语言清晰度指标共同作用于城市亲自然环境品质，影响亲水性声环境舒适品质的体验。将四类开放空间统合考虑时，分析结果表明，主观响度、语言清晰度和其他噪声的影响是预测声舒适评价的关键因子，即在综合各类城市开放空间的声舒适研究及其品质提升当中，其他噪声的影响（除主导性语言声之外，如道路交通噪声，见图1）也应连同环境声级、语言清晰度一并重点统筹关注。

语言交流感知对城市开放空间声舒适的影响程度如何？图 3 基于单因素方差分析结果，分析了声舒适度随着各个评价指标变化的均值分布。随着语言交流感知指标从等级 1 至等级 5，声舒适度呈现下降趋势，从高于“舒适”（4.40）下降到“不舒适”（2.18）。从变动幅度可以看出，

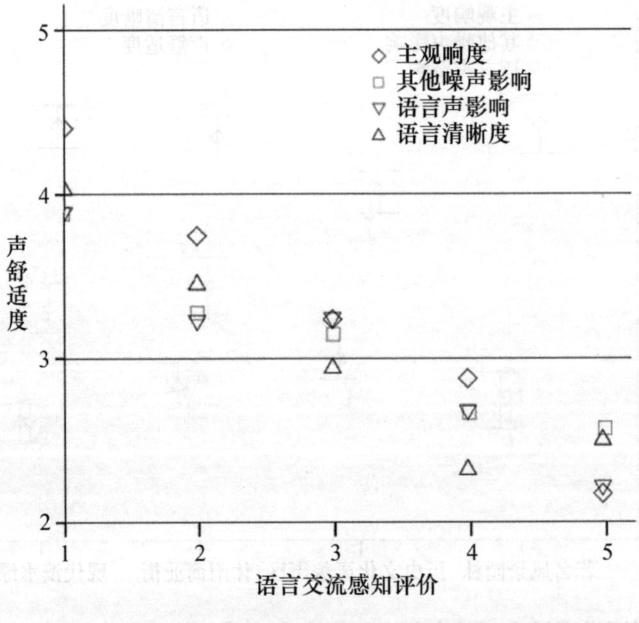

图3　语言交流感知指标影响下的声舒适评价比较

声舒适的最大变化范围与主观响度指标相对应，即主观响度指标对声舒适度的影响幅度最大。此外，在语言交流指标1—4范围内，当以主观响度而不是其他噪声影响、周围语言声影响和语言清晰度作为指标参照时，声舒适更高。表明在相同语言交流指标范围内，主观响度比其他指标更能高效提升声舒适品质；同样值得注意的是，当语言清晰度位于3等级和4等级时，即感知为“一般”或“不清晰”时，声舒适最低。因此，公众在认知城市开放空间的声舒适时，似乎更能容忍较吵闹的声环境，而往往要求提供更优质的对话环境，从而获得较高的语言清晰度。

3.3 城市开放空间的声舒适及多感知交互作用的影响

多感官环境评价包括声、味、光、热环境的舒适度，以及视觉审美质量，通过单因素方差分析及事后多重比较，可检验各开放空间多感官环境评价的异同。与声舒适度类似，不同空间类型的光、热舒适度和视觉审美质量评价也存在显著差异。在审美质量方面，著名风景园林在各游观地点之中最受欢迎，视觉审美质量比其他类型城市开放空间高0.31—0.40。图4比较了不同类型城市开放空间的多感官环境评价情况。总的来看，审美质量评价处于最高水平（3.79—4.20），达到公众认知的

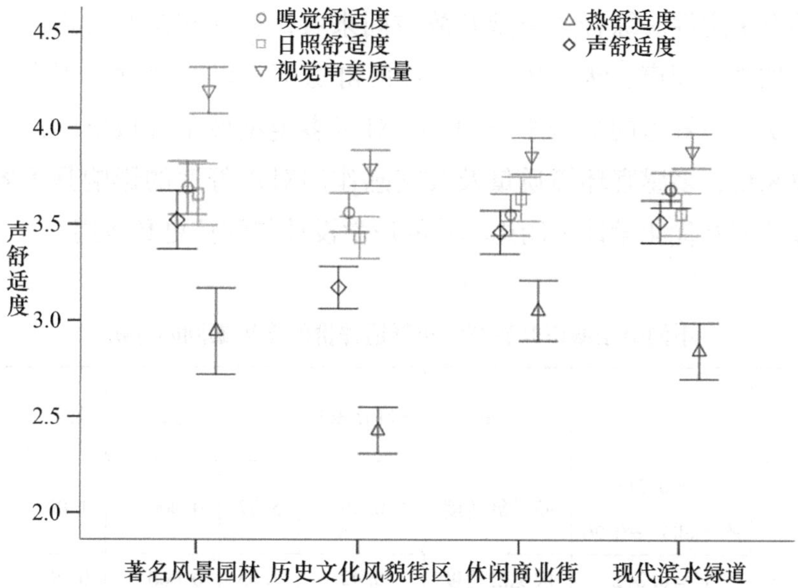

图4 不同类型城市开放空间之间多感官感知指标和声舒适的评价比较

“美”景水平；在声、味、光照方面，评价下降到3.17—3.68，即中间水平，评价倾向于“一般”；而热舒适感处于最低水平，评价接近“不舒适”，同时，热舒适感在各开放空间之间差别较大，波动于2.44—3.05之间。与以上对语言交流感知维度的分析结果类似，历史文化风貌街区的评价最差，特别是其热舒适急剧下降，低于其他开放空间热舒适评价值0.42—0.63。另外，多感官环境评价表现出优势的城市开放空间并未像评价值较低的空间类型那样确定，即视觉审美质量评价最高的著名风景园林在声、味、光、热环境的舒适方面并没有获得突出的体感品质。这些结果表明，城市开放空间的多感官环境体验还未具备综合优势。

其他感官环境评价是否对声舒适具有显著影响，表3通过多因素回归分析确定了影响声舒适的主要因素。有趣的是，统计分析结果表明，通常被忽略的嗅觉感知是各类城市开放空间声舒评价的关键因子，表明嗅听交互的显著作用；此外，人们对温度的体感以及视觉感知也是声舒适的决定因素，对声舒适度表现出正向影响。其中视觉指标包括光舒适、视觉审美质量，显著影响休闲商业街和现代滨水绿道的声舒适，表明视听交互作用在游观休闲场景中表现出更突出的影响。这可能源于许多到访休闲商业街和现代滨水绿道的人群期待从日常生活的压力和紧张中寻求健康体验，这些场景中的疗愈、放松、审美等和谐舒适的视听环境因此更具有决定性。综合各类型开放空间来看，多感知交互对声舒适的作用有所加强，即声、味、光、热环境的舒适度，以及视觉景观审美质量均被证实为声舒适的显著影响因子。对于多类型城市开放空间声环境体感品质来说，多感官环境质量及其交感作用对声舒适的影响是不容忽视的，多感交互优化设计可能比单独的声学设计与管控更具效用。

表3　　不同类型城市开放空间声舒适评价的多因素回归分析

		变量	标准化系数	t	重要性	公差	方差膨胀因子
著名风景园林	$r^2=0.21$；r^2（adj）$=0.20$	嗅觉舒适度	0.46	5.37	0.000**	1.00	1.00
历史文化风貌街区	$r^2=0.24$；r^2（adj）$=0.24$	嗅觉舒适度	0.42	7.83	0.000**	0.96	1.04
		热舒适度	0.19	3.51	0.001**	0.96	1.04

续表

		变量	标准化系数	t	重要性	公差	方差膨胀因子
休闲商业街	$r^2=0.37$; r^2（adj）$=0.36$	嗅觉舒适度	−0.39	−6.73	0.001**	0.82	1.23
		热舒适度	−0.38	−6.47	0.001**	0.82	1.23
		视觉审美质量	0.17	2.92	0.004**	0.87	1.15
现代滨水绿道	$r^2=0.33$; r^2（adj）$=0.32$	嗅觉舒适度	0.42	7.42	0.001**	0.83	1.21
		光照舒适度	0.20	3.69	0.001**	0.88	1.14
		视觉审美质量	0.13	2.27	0.024*	0.85	1.18
综合城市开放空间	$r^2=0.30$; r^2（adj）$=0.30$	嗅觉舒适度	0.38	11.83	0.001**	0.78	1.28
		热舒适度	0.15	4.54	0.000**	0.78	1.29
		视觉审美质量	0.10	3.31	0.001**	0.83	1.21
		光照舒适度	0.11	3.16	0.002**	0.68	1.47

注：**：$p<0.01$；*p：<0.05。

依据单因素方差分析结果，图 5 进一步直观呈现出多感知交互作用对声舒适评价的影响程度。可以看出，随着其他多感官环境评价由 1 “很不舒适”（或“很丑”）提高到“很舒适”（或“很美”），声舒适呈现出上升趋势，从“不舒适”（2.20）提高到“舒适”（4.40）。其中，嗅感对声舒适的贡献显著，在多感知交互中引起声舒适最大幅度的变化。同时，与同一水平的其他感知评价指标相比，积极的嗅感（5，很舒适）将声舒适提升到更高水平，从声舒适评价对应值可见。然而，在嗅感低水平内，即“1，很不舒适”和“2，不舒适”的负面嗅觉体验将导致声舒适在相同水平的多感知指标影响下降至最低。相反，当负面的热舒适（“很不舒适”和“不舒适”）作为指标参照时，声舒适明显高于其他负面水平感知指标影响下的评价值。结果似乎说明，在公众认知声舒适时，对不舒适的温度比不舒适的嗅觉刺激、光照和视觉审美质量的容忍度更高，而嗅感提高到“很舒适”的水平可更有效地提高声舒适品质。

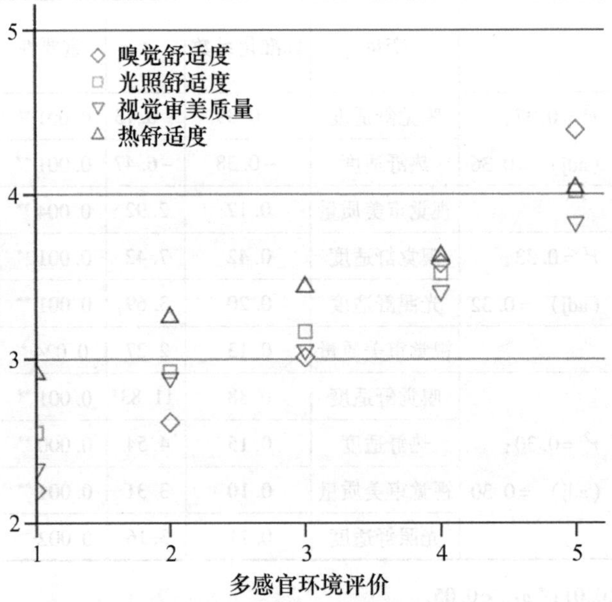

图5　多感官感知指标影响下的声舒适评价比较

3.4　主导声源、语言交流、感知交互维度对城市开放空间声舒适的综合影响

为更进一步认识声舒适的环境心理机制，了解听觉和非听觉感知因素对声舒适的综合影响，提供声舒适品质提升的方法路径，采用最优尺度回归分析方法建立城市开放空间声舒适的预测模型。如表4所示，回归结果揭示声舒适与多感知指标的复杂关联。可以看出，主观响度、语言清晰度、嗅觉舒适度、光照舒适度、热舒适度和视觉审美质量是预测城市开放空间声舒适评价的关键因子；其中主观响度，语言清晰度、嗅觉舒适度、热舒适度、视觉审美质量是重要参照指标 $p<0.001$，容差值均大于0.1，方差膨胀因子（VIF）的范围在0—5之间，表明预测因子避免共线性偏差，一系列感知指标具有独立的统计意义；预测模型 $r^2=0.59$，表明近60%的总方差由预测因子解释，该数值高于语言交流维度（$0.40\leqslant r^2\leqslant 0.44$，见3.2节）以及多感官环境评价维度（$0.21\leqslant r^2\leqslant 0.37$，见3.3节）对声舒适的预测模型解释率。相比之下，根据预测模型的重要性指数数值，主观响度的重要性最高，这意味着环境压级（L_{eq}）

仍是声舒适的重要影响因素。此外，与3.2节和3.3节所得结果类似，语言清晰度被证实是城市开放空间声舒适的耦合预测因子。同样值得注意的是，影响声舒适体感的多感官环境因素应更加平衡地给予考量，即多感知交互指标均被纳入决定声舒适的关键因子；特别是嗅觉舒适度的重要性甚至高于语言清晰度。这一结果表明，物理环境特性在影响城市开放空间声舒适品质中起着非常重要的作用，人们对物理环境刺激的多感交互作用可能比听觉感知本身对声舒适更有促进意义。

表4　主导声源、语言交流和多感知交互作用对城市开放空间声舒适评价的综合影响预测模型 [$r^2=0.59$, r^2 (adj) $=0.57$]

变量	标准化系数		自由度	F	p	重要性	容忍度	
	Beta 系数	标准误差					前	后
主导声源	0.05	0.05	3	0.96	0.412	0.01	0.96	0.94
主观响度	-0.31	0.04	4	62.40	0.000**	0.32	0.65	0.64
人语声影响	-0.07	0.07	2	1.0	0.369	0.05	0.56	0.45
其他噪声影响	-0.04	0.06	3	0.49	0.691	0.03	0.59	0.46
语言清晰度	-0.17	0.04	4	20.72	0.000**	0.14	0.70	0.68
嗅觉舒适度	0.31	0.05	4	34.59	0.000**	0.30	0.69	0.74
光照舒适度	0.09	0.05	3	3.66	0.012*	0.06	0.75	0.69
热舒适度	0.09	0.03	4	8.40	0.000**	0.06	0.84	0.73
视觉审美质量	0.08	0.03	3	6.23	0.000**	0.04	0.83	0.84

注：**：$p<0.01$；*：$p<0.05$。

除了物理环境因素，以往研究发现，社会人口特征和景观类型通常对公众感知产生直接影响（Kalivoda et al.，2014；Ren，2019），因此，此次调查将旅游人群社会人口特征和到访城市开放空间类型指标也纳入分析范围，通过CATREG模型的建立分析主导声源、语言交流、感知交互、公众社会人口特征、游访公共空间类型对声舒适认知评价的综合影响。表5中的结果表明，性别、年龄、受教育水平和职业等社会人口因素对城市开放空间声舒适并无显著影响，即多样化旅游人群的声舒适认知评价普遍一致。尽管如此，综合影响模型也发现，除了语言交流、感知交互的显著影响，旅游者的居住地域和到访的开放空间类型也被证实为决定声舒适的关键因子。这表明，到访开放空间类型和其中多感知交互作用下的声舒适是否符合公众基于其居住地的旅游预期体验，可能是声舒适行为、社会属性当中的重要方面。总体而言，综合社会、行为因素对声舒适评价的进一步探索，几乎未改变以上仅考量物理环境感知因素预测模型的准确性，即 CATREG 预测模型 $r^2=0.60$，预测因子对总方差的解释率仍为60%左右，但旅游者的居住地和到访公共空间景观类型对于声舒适的解释率确切增加了1%的准确性。因此，对公众声舒适认知的精准理解仍应考量社会人口、行为特征因素，应当在精细化的声环境品质提升当中关注目标人群的居住地信息，并加强有关跨文化感知体验的比较研究。

表5　主导声源、语言交流、多感知交互、社会、行为因素对城市开放空间声舒适评价的综合影响预测模型

$[r^2=0.60,\ r^2\ (adj)\ =0.57]$

维度	变量	模型摘要						容忍度	
		标准化系数		自由度	F	p	重要性	前	后
		Beta 系数	标准误差						
感官因素	主导声源	0.05	0.05	3	0.96	0.412	0.01	0.96	0.94
	主观响度	−0.31	0.04	4	62.40	0.000**	0.32	0.65	0.64
	人语声影响	−0.07	0.07	2	1.00	0.369	0.05	0.56	0.45
	其他噪声影响	−0.04	0.06	3	0.49	0.691	0.03	0.59	0.46
	语言清晰度	−0.17	0.04	4	20.72	0.000**	0.14	0.70	0.68
	嗅觉舒适度	0.31	0.05	4	34.59	0.000**	0.30	0.69	0.74
	光照舒适度	0.09	0.05	3	3.66	0.012*	0.06	0.75	0.69
	热舒适度	0.09	0.03	4	8.40	0.000**	0.06	0.84	0.73
	视觉审美质量	0.08	0.03	3	6.23	0.000**	0.04	0.83	0.84
社会与行为因素	性别	0.05	0.02	1	3.83	0.051	0.00	0.97	0.96
	年龄	0.03	0.06	3	0.32	0.808	0.00	0.78	0.65
	受教育程度	0.03	0.05	2	0.29	0.745	0.00	0.83	0.84
	职业	−0.04	0.06	1	0.37	0.545	0.00	0.81	0.68
	居住地点	0.05	0.02	6	7.16	0.000**	0.01	0.97	0.98
	到访空间类型	0.04	0.02	3	3.43	0.017*	0.01	0.92	0.93

注：**：$p<0.01$；*：$p<0.05$。

4 讨论

根据四种城市开放空间之间差异性结果，鉴于历史文化风貌街区声舒适评价显著低于其他空间类型（见3.2节），在城市更新阶段需重点优化其声环境，可根据历史街区中主观响度和语言清晰度这两个声舒适预测指标，考虑降低环境声级的声环境管控，以及促进社会交流过程中语言清晰度的规划设计。此外，应根据历史文化风貌街区多感知交互作用考虑提升其嗅感环境品质和热舒适（见3.3节），特别是历史文化风貌街区热舒适评价明显低于其他空间类型，有必要采取优化措施。在视觉审美质量较高的城市开放空间，如著名风景园林，除了审美质量外，其他感官体验并没有表现出明显优势，因此，亟需促进声舒适及其他感官环境质量提升，凸显我国古典园林的多维美学意境。基于视觉感知在休闲商业街、现代滨水绿道中的关键作用，在现代滨水绿道和休闲商业街中，可更多地运用视听交感效应，提高游观环境心理体验。此外，在现代滨水绿道中，其他噪声的影响是声舒适的一个特定关键影响因素，即道路交通声等（见图2），故该类具有典型恢复性特征的开放空间更新应精细化开展交通噪声的控制、管理以及多感知协同规划设计。

根据研究发现的适用于四种城市开放空间声舒适评价的共同指标可知，在各类型城市开放空间中，主观响度均是声舒适的重要预测因子（见3.2节）。以往研究表明，主观响度与环境声级（L_{eq}）具有较强的线性关系（$0.373 \leqslant r \leqslant 0.830$）（Kang，2007；Kang & Zhang，2010），从逻辑上讲，环境声级量值 L_{eq} 仍是开放空间声舒适的一个不可或缺的指标。这与以往一些研究（Jin et al.，2020；Kang，2007）观点一致，支持声级在预测声舒适方面的重要性，但应注意到，此次调查研究结果为以往研究提供了基于广泛田野调查的重要依据，即发现语言清晰度也是一个具有统计意义的重要听感参量（见表4和表5）。因此，除了传统的降噪措施，还应管理可能掩蔽语言清晰感知的声源（如广播声、商贩声、人群嘈杂声，见图2），以避免声舒适下降，并对提供社会交流功能的开放空间声景进行针对性更新设计。

少有室外空间设计考虑更高品质的嗅觉、视觉、热觉感知对声舒适品质的贡献。以往针对特定类型开放空间的二元感知交互研究表明视、嗅以及热感知与声舒适之间的关联，此次基于更全面城市开放空间类型，以及更多公众多感官环境评价样本的研究，进一步发现嗅感对开放空间声舒适的重要性，并强调多感知交互作用因城市开放空间类型而异。总体来看，人体工程学理论可以解释本研究关于公众声舒适认知的研究结果，该理论认为声舒适与生理、生物力学和美学因素有关（Zhang et al.，1996）。因此，基于研究结果，人们感知气味和视觉内容的体验不仅包括感觉本身，还包括改善声舒适所导向的更好的情绪反应（与之相关的生理和美学因素），而另一个关键指标热舒适的效果则反映了人体的生物性需求。在该理论的基础上，本研究根据多感知交互作用的综合效应（见表4和表5），发现嗅感反应的生理、心理知觉可能比热舒适体现的生物性需求方面对声舒适产生更重要的影响。此外，本项研究涉及的综合指标解释了城市开放空间声舒适评价总体方差约60%，即预测模型的 r^2 = 0.59和0.60，与之前城市开放空间听感质量研究所得比率相当（Kang & Zhang，2010；Liu et al.，2019；Ren et al.，2018b），这可能源于研究未将可能与声舒适密切相关的客观物理环境量值视作影响指标，环境声级等物理量值的纳入可能在主观感知和客观参数之间实现更好的平衡，提高预测模型的解释率。另外，本研究侧重各类开放空间的在场声舒适评价，因此从更全面的游观视野分类了开放空间，未考虑具体的空间设计特征，如景观构成要素的影响。未来可通过开展实验研究，并结合量化的物理环境刺激来推进细化这些问题，进一步深化研究结果。这将有助于使用客观参数导控来实现开放空间声舒适品质的精细预测与提升。

5 结论

本文以旅游者对多类型城市开放空间声舒适品质的感觉、知觉、认知为声环境心理探究依据，在分析研究结果的同时逐步揭示听觉等多感官环境因素，社会、行为因素及其交互作用对声舒适的影响表征，为声舒适理论研究与应用提供实证依据，同时为考量公众体感、具身智能的城市开放空间建成环境体检、更新以及设计质量提升提供参考。

（1）在著名风景园林、历史文化风貌街区、休闲商业街、现代滨水绿道等各类城市开放空间当中，语言声是公众感知的主要声源；随着城市开放空间声环境当中主导声源类型从机械声、人为声向自然声类型转变，声源识别率逐渐下降，而声舒适评价显著提高；各类城市开放空间声舒适评价现状高于“一般”而未达到“舒适”水平。

（2）主观响度和语言清晰度是公众在各类开放空间认知评价声舒适的重要影响因素，主观响度的变化驱动声舒适评价最大幅度提升；公众认知评价声舒适品质时，能够容忍主观响度较嘈杂，但对语言清晰度的要求较高。

（3）视觉、嗅觉、热感等非听感因素也显著影响声舒适品质，嗅感舒适度的提高对声舒适评价贡献最大，“很舒适”水平的嗅觉感知比相同水平的其他多感官环境对声舒适的提升幅度更大，对于低水平的多感官环境影响来说，公众对不适的热环境更能容忍，而对嗅觉舒适度、光舒适度和视觉审美质量的要求较高。

（4）综合听觉与非听觉的多感知交互指标能够更精确地预测公众体感的声舒适品质，主观响度、嗅觉舒适度、语言清晰度、日照舒适度、热舒适度、视觉审美质量依次是影响声舒适的关键因素；此外，公众居住地以及到访的开放空间类型也在一定程度上决定声舒适水平，是影响声舒适的重要社会、行为因素。

参考文献

任欣欣、孙玉芩、李琦等，(2022)，《居住区街道近人空间感知及其对道路交通声舒适度的影响研究》，《建筑科学》，38（6），70—78。

任欣欣、康健、刘晓光，(2015)，《生态水体景观视觉影响下道路交通声评价的实验研究》，《声学学报》，40（3），361—369。

喻琦、马仁锋、叶持跃等，(2018)，《长三角城市群旅游空间结构分析》，《统计与决策》，13，113—116。

任欣欣，(2025)，《视听感知与声景研究》，中国建筑工业出版社。

Axelsson, O., Nilsson, M. E., & Berglund, B. (2010). A principal components model of soundscape perception. *The Journal of the Acoustical Society of America*, 128 (5), 2836 – 2846.

Ba, M., & Kang, J. (2019). A laboratory study of the sound-odour interaction in urban environments. *Building and Environment*, 147, 314 – 326.

Cassidy, T. (1997). *Environmental Psychology: Behaviour and Experience in Context.* Psychology Press, New York.

Davies, W. J., Adams, M. D., Bruce, N. S., Cain, R., Carlyle, A., Cusack, P., et al. (2013). Perception of soundscapes: An interdisciplinary approach. *Applied Acoustics*, 74 (2), 224 – 231.

Edwards, D., Griffin, T., & Hayllar, B. (2008). Urban tourism research: Developing an agenda. *Annals of tourism research*, 10, 1032 – 1052.

Echevarria Sanchez, G. M., Van Renterghem, T., Sun, K., De Coensel, B., & Botteldooren, D. (2017). Using Virtual Reality for assessing the role of noise in the audio-visual design of an urban public space. *Landscape and Urban Planning*, 167, 98 – 107.

Grilli, G., Mohan, G., & Curtis, J. (2020). Public park attributes, park visits, and associated health status. *Landscape and Urban Planning*, 199, Article 103814.

ISO. (2014). ISO 12913 – 1: 2014 Acoustics—Soundscape—Part 1: Definition and Conceptual Framework. Geneva: *International Organization for Standardization.*

ISO. (2018). ISO 12913 – 2: 2018 Acoustics-Soundscape-Part 2: Data Collection and Reporting Requirements (p. 2018). Geneva, Switzerland: *International Organization for Standardization.*

Jeon, J. Y., & Jo, H. I. (2020). Effects of audio-visual interactions on soundscape and landscape perception and their influence on satisfaction with the urban environment. *Building and Environment*, 45, Article 106544.

Jiang, L., Masullo, M., & Maffei, L. (2016). Effect of odour on multisensory environmental evaluations of road traffic. *Environmental Impact Assessment Review*, 60, 126 – 133.

Jin, Y., Jin, H., & Kang, J. (2020). Combined effects of the thermal-acoustic environment on subjective evaluations in urban squares. *Building and Environment*, 168, 106517.

Jeon, J. Y., Lee, P. J., Hong, J. Y., & Cabrera, D. (2011). Non-auditory factors affecting urban soundscape evaluation. *The Journal of the Acoustical Society of America* 130 (6), 3761 – 3770.

Kang, J. (2007). *Urban sound environment.* London: Taylor and Francis Press.

Kalivoda, O., Vojar, J., Skrivanová, Z., Zahradník, D. (2014). Consensus in landscape preference judgments: Three effects of landscape visual aesthetic quality and respondents' characteristics. *Journal of Environmental Management*. 137, 36 – 44.

Kang, J., & Zhang, M. (2010). Semantic differential analysis of the soundscape in urban open public spaces. *Building and Environment*, 45, 150 – 157.

Liu, J., Yang, L., Xiong, Y., & Yang, Y. (2019). Effects of soundscape perception on visiting experience in a renovated historical block. *Building and Environment*, 165, Article 106375.

Lee, P. J., & Jeon, J. Y. (2011). Evaluation of speech transmission in open public spaces affected by combined noises. *The Journal of the Acoustical Society of America*, 130 (1), 219 – 227.

Meng, Q., & Kang, J. (2015). The influence of crowd density on the sound environment of commercial pedestrian streets. *Science the Total Environment*, 511, 249 – 258.

Maffei, L. (2012). Immersive virtual reality for acoustics applications: more than a tool. 5th Congress of Alps-Adria Acoustics Association 12 – 14 September 2012, Petrčane, Croatia.

Mudri, L., & Lenard, J. D. (2000). Comfortable and/or pleasant ambience: conflicting issues? *Proceeding of PLEA*, Cambridge, UK.

McCormack, G. R., Rock, M., Toohey, A. M., & Hignell, D. (2010). Characteristics of urban parks associated with park use and physical activity: A review of qualitative research. *Health & Place*, 16 (4), 712 – 726.

Marcus, C. C., & Francis, C. (1998). *People places: design guidelines for urban open space*. New York: John Wiley & Sons.

Matsinos, Y. G., Mazaris, A. D., Papadimitriou, K. D., Mniestris, A., Hatzigiannidis, G., Maioglou, D., & Pantis, J. D. (2008). Spatio-temporal variability in human and natural sounds in a rural landscape. *Landscape Ecology*, 23 (8), 945 – 959.

Pérez-Martínez, G., Torija, A. J., & Ruiz, D. P. (2018). Soundscape assessment of a monumental place: A methodology based on the perception of dominant sounds. *Landscape and Urban Planning*, 169, 12 – 21.

Palmer, F. J., & Hoffman, R. E. (2001). Rating reliability and representation validity in scenic landscape assessment. *Landscape and Urban Planning*, 54, 149 – 161.

Rindel, J. H. (1999). Acoustic quality and sound insulation between dwellings. *Building Acoustics*, 5, 291 – 301.

Ruiter, E. (2004). Reclaiming land from urban traffic noise impact zones-the great canyon. PhD dissertation. *Technical University of Delft*, The Netherlands.

Ren, X., & Kang, J. (2015). Effects of visual landscape factors of ecological waterscape on acoustic comfort. *Applied Acoustics*, 96, 171 - 179.

Ren, X., Tang, J., & Cai, J. (2022). A comfortable soundscape perspective in acoustic environmental planning and management: A case study based on local resident audio-visual perceptions. *Journal of Environmental Management*, 65 (9), 1753 - 1780.

Ren, X., Kang, J., Zhu, P. S., & Wang, S. Y. (2018a). Effects of soundscape on rural landscape evaluations. *Environmental Impact Assessment Review*, 70, 45 - 56.

Ren, X., Kang, J., Zhu, P. S., & Wang, S. Y. (2018b). Soundscape expectation of rural tourism: A comparison between Chinese and English potential tourists. *The Journal of the Acoustical Society of America*, 143, 373 - 377.

Renne, J. L., & Listokin, D. (2019). The opportunities and tensions of historic preservation and transit oriented development (TOD). *Cities*, 90, 249 - 262.

Ren, X. (2019). Consensus in factors affecting landscape preference: A case study based on a cross-cultural comparison. *Journal of Environmental Management*, 252, Article 109622.

Rogge, E., Nevens, F., & Gulinck, H. (2007). Perception of rural landscapes in Flankers: Looking beyond aesthetics. *Landscape and Urban Planning*, 82, 159 - 174.

Spence, C. (2004). *The handbook of multisensory processes*. The Handbook of Multisensory Processes, MIT Press.

Schulte-Fortkamp, B., & Fiebig, A. (2006). Soundscape analysis in a residental area: an evaluation of noise and people's mind. *Acta Acustica United with Acustica*, 92 (6), 875 - 880.

Szeremeta, B., & Zannin, P. H. T. (2009). Analysis and evaluation of soundscapes in public parks through interviews and measurement of noise. *Science of the Total Environment*, 407 (24), 6143 - 6149.

Vardaxis, N. G., Bard, D., & Waye, K. P. (2018). Review of acoustic comfort evaluation in dwellings—Part I: Associations of acoustic field data to subjective responses from building surveys. *Building Acoustics*, 25 (2), 151 - 170.

Wang, R. H., & Zhao, J. W. (2019). A good sound in the right place: Exploring the effects of auditory-visual combinations on aesthetic preference. *Urban Forestry & Urban Greening*, 43, Article 126356.

WHO, *Guidelines for Community Noise*, edited by B. Berglund, T. Lindvall, D. Schwela, and K. T. Goh (World Health Organization, Geneva, 2000).

Yang, W. , & Kang, J. (2005) . Acoustic comfort evaluation in urban open public spaces. *Applied Acoustics*, 66, 211 –229.

Zhang, H. , Zhang, J. , Cheng, S. , Lu, S. , & Shi, C. (2012) . Role of constrains in Chinese calligraphic landscape experience: An extension of a leisure constraints model. *Tourism Management*, 33, 1398 –1407.

Zhang, L. , Helander, M. G. , & Drury, C. G. (1996) . Identifying factors of comfort and discomfort in sitting. *Human Factors*, 38 (3) .

通讯作者简介

任欣欣，哈尔滨工业大学工学博士，国家公派英国谢菲尔德大学建筑环境声学方向联合培养，现为大连理工大学建筑与艺术学院副教授，博士研究生导师，中国心理学会环境心理专业委员会委员，中国建筑学会园林景观分会理事、环境行为专业委员会委员，中国风景园林学会园林康养与园艺疗法专业委员会委员。主持国家级、交通运输部、教育部、辽宁省级等相关科研项目，研究成果获辽宁省青年社科优秀成果一等奖、辽宁省哲学社会科学奖三等奖等。电子邮箱：renxinxin@ dlut. edu. cn。

浅析 J. J. Gibson 的知觉 - 动作理论：以行进控制为例

潘　静　张慧远

中山大学心理学系　广东广州　510006

摘　要：本文基于J. J. Gibson 的生态知觉理论，探讨行进控制中知觉 - 动作耦合。吉布森（Gibson）认为知觉和动作是一体两面的：知觉的目的是引导动作，知觉的客体是动作可能性（可供性）；运动造成的光的变化标示了观察者和环境之间的关系，是知觉利用的信息。本文首先梳理了 Gibson 的生态光学理论，解释了光流、可供性、控制率等核心概念，然后以行进中的前进、转向、避障任务为例，解释了观察者如何分解不同光流从而感知行进的方向、区分直线/曲线路径以及回避行进路线上的障碍物。虽然这些行进研究中的科学问题、实验方法以及主要结论各有侧重，但它们都强调观察者实时提取光学信息，知觉与动作相关的物体的属性，展示了知觉 - 动作耦合的本质，体现了 Gibson 理论的核心思想。

关键词：生态心理学　动作控制　光流　知觉 - 动作耦合　行进任务

1　引言

行进（locomotion）指个体通过行走、奔跑、游泳、飞行、驾驶等方式从一个地点移动到另一个地点的活动。这种活动是采集食物、逃避灾害、追击敌人、捕捉猎物、躲避捕食者、寻找同伴等行为的基础，对人类和动物的生存、繁衍和进化具有重要意义。本文将人类、动物以及自动机器人这些行进的主体统称为动作者（agent），探讨动作者如何利用视觉信息控制身体的移动从而完成行进任务。在这一过程中，我们特别强调知觉与动作的耦合（coupling），耦合是实现实时校准、在线控制（on-line control）的关键。

研究行进任务的方法主要分为两大类：传统亥姆霍兹主义的内部模型方法（model-based approach；Loomis & Beall，2004）和生态方法（ecological approach；Gibson，1958；1979/1986）。传统内部模型方法认为，知觉是对客观世界构建一个内部模型（mental model），然后理解并利用这个模型完成相关任务。首先，刺激触发感受器官形成信号，随后信号被传送至中枢神经系统并进行加工，最终形成内部模型或内部表征。动作者通过操控该模型/表征来实现运动控制。然而，知觉加工过程中可能会丢失信息，导致内部模型比真实世界更简单。具体来说，感官接收到的外部刺激在传递和处理过程中会受到如信号噪声、感受器的局限性和中枢神经系统的处理能力等因素的影响。这些限制使得生成的内部模型并非对外界环境的完全再现，而是一个简化的版本。尽管如此，鉴于内部模型和真实世界的结构有密切对应关系，动作者仍能规划和完成动作（Loomis & Beall，2004）。此外，该方法还预设知觉和动作是两个独立的功能，即知觉通过生成内部模型来描述外部世界，而动作则依赖一个独立的内部模型来控制身体运动。这个观点认为知觉（获取的环境信息）在运动控制中的作用是间接的，动作者通过内部模型与环境进行交互，而不是直接感知和响应环境变化；动作控制同样是间接实现的，动作者通过操控内部模型来控制身体的运动方式。

与此相对，心理学家 Gibson 于 1958 年提出了直接知觉理论，强调动作者利用环境中的信息来控制行进，无须内部表征。这一思想发展出了生态心理学学派，研究者通过实验和量化方法模拟信息提取和动作控制过程。生态主义者认为，每个行进任务都依赖特定的控制律（control law），即知觉信息与动作之间的对应关系。这些控制律是描述动作者属性与环境属性关系的数学方程（Warren，2006），例如动作者利用光流信息控制前进、转向、避障和制动等。处理光流信息的计算量低、精确性高，因此在人工智能、机器视觉和无人机巡航等领域被广泛应用。

2　生态知觉理论及研究方法

1958年，Gibson在*British Journal of Psychology*上发表了题为“Visually controlled locomotion and visual orientation in animals”（可译为“动物的视觉控制行进与视觉定向”）的文章，明确拒绝了将心理表征视为知觉和动作基础的传统观念。传统观点将视觉感知划分为两个独立的过程：首先是对光的感知，这是一个生理过程；然后是通过内部表征处理这些感官信息，从而生成理解和应对外界物体的运动指令，这是心理过程。然而，Gibson认为，这种划分忽略了视觉信息在直接指导行为中的关键作用。此外，将知觉理解为大脑创建对外部世界的表征的过程，会产生一系列的问题：如果知觉外部环境的过程是先构建一个表征再理解表征，那么动作者如何与真实物体交互呢？如果个体是通过操纵内部表征实现对物体的操控，那么不同的人甚至不同物种之间形成的内部表征是否需要足够相似才能允许交流和互动？这样看起来人和狗一起玩飞盘是个不可能的任务。

Gibson从根本上推翻了基于表征的知觉理论，并提出视觉感知与行为控制是不可分割的整体，而不是两个独立的过程。视知觉的客体不是光，观察者从光媒介中提取信息，直接知觉环境中的物体特征，如形状、纹理和运动，从而判断物体的特性（如是否可以接触、是否需要避开或警惕），并利用这些知觉到的特征指导动作，如前进行走、避障和捕食等。于是Gibson提出了一套完全不同的知觉理论：动物不依赖复杂的内部表征，而是通过“视动觉感知”（visual kinesthesis）直接指导其行为。具体来说，当动物在环境中移动时，它的视觉系统能够感知光的投射模式及其变化，因为这些模式和变化直接对应环境中表面相对于观察者的变化，所以通过提取光的模式和变化，观察者可以直接知觉环境中物体的相对速度、方向和距离等信息。动物利用这些即时的视觉信息进行当下的动作和行为。Gibson认为，研究者应从行为的功能角度理解视觉信息的作用。例如，什么样的光学结构可以表明自身在移动或者动物在接近物体？动物如何使用视觉信息控制运动的方向？动物如何通过视觉避免碰撞？

“视动觉感知”概念聚焦于视觉系统如何通过动态的光学模式来指导运动和空间定向，为 Gibson 在 1979 年提出的生态知觉理论（参考 *The Ecological Approach to Visual Perception* 一书）奠定了基础。生态知觉理论进一步提出了环境光（ambient light）、光阵（optic array）和光流（optic flow）等核心概念，以解释动物如何利用环境中的视觉信息完成知觉和动作任务。接下来，我们首先解释生态心理学中的关键概念：可供性、视觉信息和动作的控制率，然后详细介绍生态知觉理论对视觉引导的行进行为的解释。

2.1 知觉的对象是动作可能性：可供性

生态学派认为，知觉是用来指导动作的，同时也受到动作的影响。知觉的主要功能是引导生物体持续地探索和适应环境。Gibson（1979）提出，知觉是主动的过程，因为我们可以通过自身的运动制造视觉信息，从而增强知觉。如 Dewey（1896）所述，视知觉不是始于视网膜的激活，而是始于看的动作。运动是知觉的一部分，因为环境和观察者之间的相对运动连续规律地改变光的结构，形成光学信息，观察者一旦获得这种信息，就可以知觉目标物的位置、空间关系等，然后引导完成动作。知觉是观察者主动获取关于客观存在的表面、物体和事件特征的信息，并指导完成动作的过程；而动作是观察者同环境中的表面、物体和事件交互的过程，这一过程需要知觉信息的支持。简而言之，动作为知觉提供了信息，知觉引导动作，二者密不可分，形成一个受信息控制的循环（Richardson et al.，2008）。

Gibson 提出知觉的对象是可供性（affordance；Gibson，1958；Gibson，1979/1986），指与动作相关的环境中真实存在的事件、物体或表面的固有属性。可供性具有真实性、关系性、功能性、可知觉性四个特征（Ji & Pan，2019）。例如，如果人可以穿过一个门框，那么该门框便具有可通过性（passability）。门框可通过性是真实的（real），它既不是主观体验也不是现象，无论有没有人尝试穿行，门框的可供性都存在。此外，可通过性是关系性的（relational），它依赖于环境和动作者身体尺度的适配，例如某个门框对成年人来说可能不具备可通过性，但对小朋友或小动物来说则可以。可供性是功能性的（functional），它与动作直接相关，可以引导动作。可供性是可以被知觉的（perceivable），个体不需要每次做出动作，仅通过看、听、闻等就可以知觉可供性，这对于动物的生存和进化至关重要。例如，Warren 和 Whang（1987）发现，人们利用门框的宽度（A）和自己肩膀宽度（S）之间的比例（A/S）来判断通道的可通过性，并以眼高这一相对恒定的量作为视觉信息，通过观察知觉 A/S 的关系。

可供性是环境中真实存在的物体、表面或事件与动作相关的属性。可供性是知觉的客体（或目的），由知觉信息标示，观察者通过获取信息知觉可供性，这个信息通常是复杂的、高阶的。例如，物体的可投掷性（物体能否被投得远）受物体的大小和重量共同影响。投手通过观察和掂量（触觉）获悉物体大小－重量关系，从而选择能投掷最远距离的物体，而不是分别知觉大小和重量两个独立的物理量，然后做计算（Zhu & Bingham，2008；Chen et al.，2021）。所以，知觉是一个直接获取信息，从而知道物体可供性的过程。

2.2 知觉和动作所用的视觉信息：光流

视知觉和视觉引导的动作利用的信息存在于光介质中，是可被觉察的高阶光学变量，这些变量标示了客观世界中与动作相关的性质，例如表面倾斜度、前进方向、碰撞时间等（Michaels，2000）。生态心理学认为，信息是变化的光结构中的不变量——虽然光结构不断变化，但是有些高阶关系是不变的，这些不变量是信息，确保了知觉的稳定性（perceptual constancy）；信息可以被观察者提取并利用（Fajen et al.，2009）。具体来说，光投射到环境中，环境表面反射光，反射光汇聚到一个观察点（point of observation）形成光阵列（optic array），其中包含物体表面材质（texture）、倾斜度（slant）、空间布局（spatial layout）等静态影像信息。构成静态光阵的各部分表面有着不同的视立体角（visual solid angle），这些视立体角与环境中的物体表面的布局结构一一对应。当观察者行进或环境中物体发生运动时，光阵中的各视立体角也随之发生规律变化，它们或新增，或消失，或放大，或缩小，形成光流（Gibson，1979/1986），见图 1。

光流可以分为全局光流和局部光流，其中全局光流可呈现径向外流

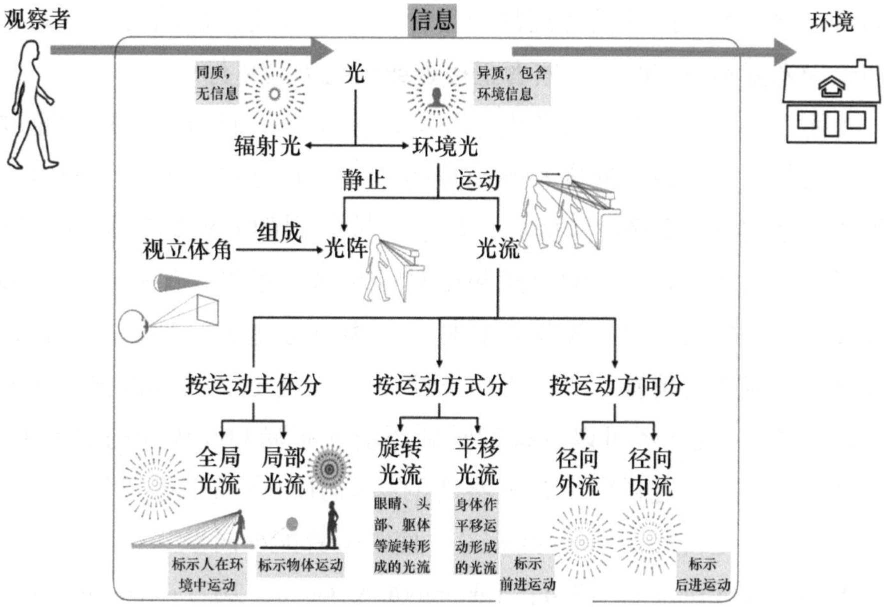

图1　生态光学理论概述。在与环境的互动中，观察者接收动、静视觉信息来执行知觉和动作任务

图片来源：潘静等（2020）。

（radial outflow）和径向内流（radial inflow）两种形态，各自对应着观察者不同的运动（见图1）。观测点在静止的环境里运动，形成全局光流。在观测点（如人眼、机器人的传感器等）相对于环境作连续运动的过程中，投射到观测点上的光阵也会随运动发生变化。若该变换是环境光沿经线方向膨胀的状态，那么它标示着观察者正朝前运动，这种光流方式被称为径向外流，此时的光流速度向量场是一个带有中心不动点的径向向外的放射形，该不动点是膨胀中心（Focus of Expansion，FOE）。若该变换是环境光收缩，或光流向内流动的状态，则标示着观测点正在向后退行，这一径向向内汇聚的光流被称为径向内流，其中心被称为收缩中心（Focus of Contraction，FOC）。

除全局光流外，还有局部光流，也就是当观察者和环境相对静止时，环境中某物体运动而产生的光流模式。在此情况下，只有运动物体的可视表面发生环境光变化。环境光膨胀表示物体正接近观察者，相反，环境光收缩表示物体正远离观察者。局部光流通常嵌套在全局光流内。例如，当观察者接收到某表面的局部光流的状态、方向和速度同全局光流相同时，观察者正接近或远离静止目标；当局部光流的状态、方向、速度和全局光流不一致时，观察者正接近或远离运动目标。

总而言之，光流由运动产生，与运动模式一一对应；观察者通过察觉光流的状态、方向、速度和不动点的位置，知觉自身或环境物体的运动模式（潘静等，2020）。例如，观察者接收到的光流速度与目标物位置、目标物与观察者之间的距离和相对运动速度相关（Nakayama & Loomis，1974）。当观察者匀速接近目标时，离目标越近光流速度越快，距目标越远光流速度越慢［见图2和公式（1）］。通过光流速度梯度（而非影像或表征），观察者可以直接知觉到环境的布局和物体间的深度关系。如前文所述，在行进任务中，观察者的移动引起全局光流变化，这种变化构成了视动觉（visual kinesthesis），使观察者能即时获悉运动方向和速度（Monen & Brenner，1994；Takamuku & Gomi，2021；Warren et al.，1988；Li & Warren，2000；Riddell et al.，2019；Li et al.，2018；Todd，1983）。

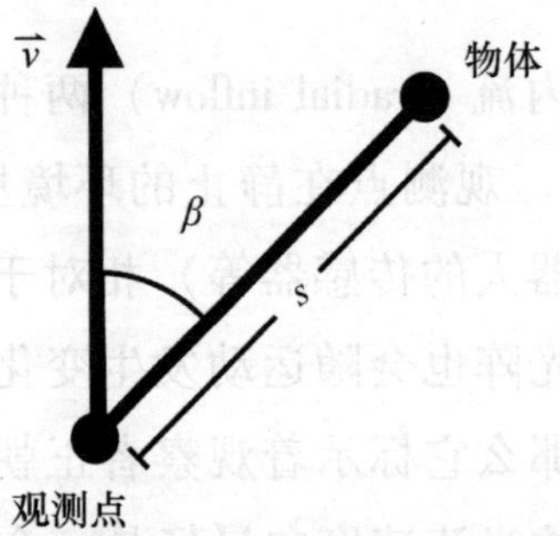

图2　物体在视野中的变化与相对速度、距离及方向角的关系

观测点在环境中相对运动时，物体在视野中的变化同物体和观测点的相对运动速度（$\vec{v}$）、相隔距离（S）和相对方向（β）成一确定关系，见公式（1）。

$$\beta = \frac{|\vec{v}|\sin\beta}{S} \tag{1}$$

总之，环境中物体表面对应某一个观测点形成唯一的光阵，而观测点或物体的运动形成唯一的光流。这种一一对应关系是由自然法则所决定的。换而言之，环境中表面投射到某一观测点形成光阵是由几何规律所约束的，不是随机的；运动产生的连续的光流则由动力学和运动学规律约束，也不是随机的。这种规律性使观察者能够准确到知觉环境的结构和性质。这种知觉不依赖信息和环境的相似性、内部模型或心理表征，而是通过直接察觉环境中的光学信息，准确地知觉客观世界。生态心理学认为，在进化和个体发展过程中，生物逐渐掌握了处理光流场并从中提取知觉信息的能力，视觉系统就像尺子一样测量光流场，从中读取知觉信息（Runeson，1977）。

2.3 视觉引导动作的过程：控制律

动作者在环境中活动，产生特定的光流模式，检测光流中的信息引导动作的控制过程被称为基于信息的控制模型（information-based control model）。与依赖通用视觉线索的内部模型控制方法不同，基于信息的控制模型中的光学变量（optical variables）具备任务特异性，每个任务由特殊的光学变量引导，不同任务所使用的光学变量也各不相同（Warren & Fajen，2004）。生态学派的研究目的之一是寻找标示可供性的信息，并系统性地描述基于信息的知觉—动作的过程。他们使用控制律来描述动作者、信息和环境之间的关系。控制律是一组用于引导知觉－动作的定律，这些定律不是心理活动的产物，而是观察者与其环境交互过程的结果。Gibson（1958）最早提出了这一概念，而Warren将其命名为“控制律”（control law）（Warren，1998a）。

控制律通常由一系列数学方程组成，描述了动作与知觉的关联，以及动作者特性和环境特性之间的关系。这些方程通常包含知觉项，如标示可供性的知觉信息；身体动力项（内部动力），如肌肉和关节的动力特征；情境的动力项或运动项（外部动力），如运动的速度和加速度（有关控制律的例子，详见Bingham，2001；Warren，1988）。由于不同的动作任务涉及不同的知觉信息、可供性和运动动力学，针对不同动作任务的控制律自然也是不同的（Fajen，2005）。

数学上，控制律有三种形式：运动学（kinematic form）、运动力学（kinetic form）和动力学（dynamical form）。运动学形式的控制律通常表达为 $a' = f(i)$，其中 a 是动作者（*agent*）的状态，a' 是动作者（*agent*）的状态变化，i 是信息变量。这意味着运动学变量是信息变量的函数。例如，一个人的奔跑速度（运动变量）受$\dot{\tau}$的影响（τ是物体视角大小与视角变化速率的比例，是一种视知觉信息变量），因为通过$\dot{\tau}$，奔跑者知道他与障碍物的碰撞时间，从而调整奔跑速度。在运动力学形式中，$F = f\ (i)$，其中效应器产生的运动是信息的函数，即奔跑者的力量和动量受知觉信息$\dot{\tau}$的影响。动力学形式则表示为$a' = \psi\ (a,\ i)$，其中动作者的状态变化是动作者的当前状态和信息的函数，例如奔跑者的状态姿势受知觉信息$\dot{\tau}$的影响。无论控制律的具体形式如何，它们都不依赖心理表征，而是基于环境中的知觉信息，体现了知觉和运动不可分割的关系。

William H. Warren 作为知觉-运动领域的著名学者，发现了许多行进任务中用于引导和调整动作的知觉信息和控制律，这些任务包括前进、避障、在凹凸不平的地面上奔跑、多人行走等。在他的综述中，总结了 Gibson 的主要学说，将其转化为可检验的假设并进行了实证研究，实践了 Gibson 的原创思想。他的突出贡献在于研究光流及其所包含的用以标示可供性的特定环境光模式（信息）在控制行进行为中的作用，并通过模型拟合不同的行进行为，如出发和停止、目标追踪、巡线、避障、制动、追逐和逃逸等。至今，这些研究仍是行进行为研究的核心课题。

作为对 Gibson 思想的扩展，Warren 认为控制律同时涉及信息和动力作用。在研究人类行为时，除了考虑环境中产生的信息，还需要考虑环境中的动力作用（dynamics）。复杂的动作者——环境系统的行为无法仅通过研究各组成部分来理解，这类似于模拟漩涡中的涡流时，无法只通过分析局部水分子间的相互作用来重构整个涡流系统的状态（Beek & Bingham, 1991）。因此，针对具体任务的控制律是从整个动作者——环境系统中提取出的规律法则。特定行为可被描述为一个涉及动作者——环境及知觉-动作的动力系统，运动者基于当前系统状态和实时从环境中提取的知觉信息对接下来的动作进行控制和调整，逐步形成稳定的行为。这些稳定的行为被视为动力系统中的吸引子（attractor）。因此，控制问题实际上是观察者“如何知觉并利用信息将动力系统的状态拉向吸引子的过程”（Warren, 1998a）。这一动力学描述后来发展为知觉-动作动力理论［The dynamics of perception and action，见 Warren（2006）］。

例如，Warren 等（1986）研究了人如何在不规则地面进行奔跑。比如，当人们穿越一条小溪时，他们通常在露出水面的石头上跳跃前进。

此时，人必须控制自己的动作，确保能连续地踩到下一块石块。Warren 认为，为了在奔跑过程中实现跳跃和着地的连贯动作，人必须产生一个跳跃冲量（impulse），这个冲量与人的体重、重力加速度和碰撞时间（time-to-contact，TTC）相关，其函数表达式为 $I = mg\Delta\tau$。其中，m 和 g 是奔跑者和环境的稳定特征，跳跃者对此已熟悉。因此，只有碰撞时间需要实时获取。碰撞时间可以通过视觉获得，其光学标示为 τ，在数字上等于像的大小和像膨胀速度的比值（Lee，1976）。观察者不需进行复杂计算，而是通过光流觉察到 τ（Todd，1981；Regan & Hamstra，1993）。这一控制律表明，一个复杂的动作可以用相对简单的关系来描述，知觉和动作构成的系统具有动态性和具身性。

2.4 小结

总的来说，Gibson 为理解知觉和动作提出了创新性的理论框架。他从人和环境的互动出发，重点关注光媒中的变化（光流），揭示了观察者如何通过接触连续、变化且有规律的客观世界来完成知觉和动作任务。他彻底拒绝了心理表征理论，并引入了光阵、光流、可供性、控制律等系统而完整的新概念，对知觉和动作的研究理论和模型构建产生了深远的影响。

在 2.1 节中，我们介绍了 Gibson 对知觉对象的定义，他认为知觉到客体是可供性，并指出，知觉的主要功能是引导行为，知觉是观察者获取标示环境中物体、表面和事件可供性的信息的过程。可供性具有真实性、关系性、功能性和可知觉性，这些特性允许观察者在特定环境中感知到与个体和动作相关的直接信息，而不依赖于复杂的内部表征或心理模型。

在 2.2 节中，我们讨论了视觉信息在知觉和动作中的关键角色，尤其是光流的概念。光流是由观察者和物体的移动所产生的连续的、动态的、光模式的变化，反映了环境中的物体特性和物体之间的位置关系。通过感知光流的状态、方向和速度，观察者能够直接知觉到自身或环境物体的运动模式，从而有效地引导行为。

2.3 节介绍了控制律的概念，控制律通过一组微分方程描述了动作者、信息和环境之间的动态关系。控制律依赖知觉信息，而非心理表征，体现了知觉和动作不可分割的关系。Warren 等学者进一步发展了控制律的理论，发现了不同光学信息在控制具体行为中的作用，并通过模型拟合不同的行进控制方法，如出发、停止、目标追踪、避障等。

总之，Gibson 的生态知觉理论大致可以概括为：个体 - 环境的相互性（agent-environment mutuality）、知觉 - 动作的一体性（perception-action unity）。动作者与环境的相对运动产生了规律性的光学变化，观察者通过监测这些变化直接知觉环境的可供性，从而引导动作。知觉 - 动作系统是一个统一、连续且嵌套的系统，这些系统变化可以通过控制律来描述。这些原理构成了生态理论框架下研究视觉引导行为的核心。

3 视觉引导行进任务研究进展：以前进、转向、避障为例

自 Gibson 创立生态理论以来的60 年间，研究者们逐渐发展了这一理论，并在行进行为控制的研究中取得了显著进展。尤其是在 Warren 提出具体假设和分析工具后的 20 年里，研究重点转向了实证研究和模型构建。本章将以行进中的前进、转向和避障任务为例，详细探讨如何利用视觉信息进行控制，重点关注控制律的提出、实证研究和模型构建。

3.1 知觉前进方向

前进方向（direction of heading）是指个体的实际运动方向，这一方向可能与身体、头部或眼睛的朝向不一致，如观察者可以一边朝前走一边扭头看路边的树木。运动者在行进时，会产生一种光流，这种光流呈径向放射状，从膨胀中心（focus of expansion，FOE）向外发散，并汇聚到收缩中心（focus of contraction，FOC）。光流向量的方向仅依赖于运动者的运动方向，而其强度则取决于观察点与膨胀中心的距离、视角大小和运动速度（Nakayama & Loomis，1974；Warren，2008）。光流是三维视空间中的运动模式，光流在视网膜上的投影称为网膜流。在实际环境中，由于平移运动常伴随眼睛或头部的旋转运动，使光流在视网膜上形成包含平移成分和旋转成分的网膜流（retinal flow，如图 3 所示），两种成分混在一起难以分割。其中，只有平移成分能够标示纵深维度的运动。那

么，人是如何提取平移成分，完成对行进的控制呢？这便引出了旋转问题（the rotation problem）和路线问题（the path problem）。

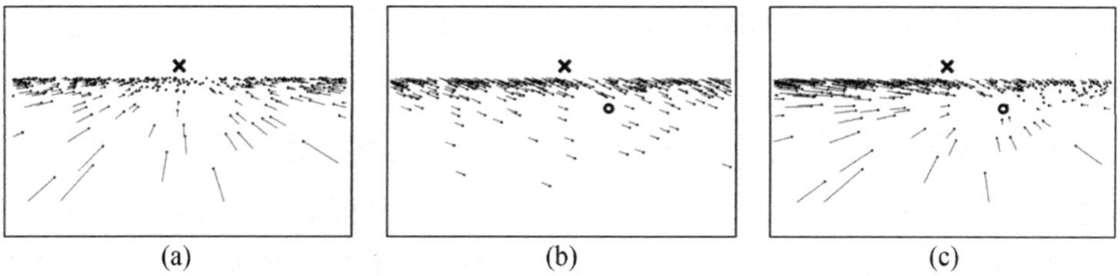

图3 观察者在地平面上行进而形成的网膜流速度向量场

注：（a）因朝向目标 x 平移运动而产生的网膜流，包含平移成分；（b）因视线沿对角运动而产生的眼球旋转运动所对应的网膜流，包含旋转成分；（c）平移朝前运动的同时发生眼球旋转而形成的网膜流，它是图（a）与图（b）中网膜流的向量和［图片重制自 Warren（2008）］。

旋转问题指的是如何从包含旋转和平移成分的网膜流中分离出平移成分，以正确知觉前进方向。解决这一问题的方法包括网膜外理论和网膜流理论。网膜外理论认为，通过使用网膜外信号（extra-retinal signals，例如来自眼球、头部转动的动觉信息）来估计旋转成分，从而从网膜流中减去旋转成分，得到平移成分并知觉前进方向。网膜流理论则主张，网膜流中包含的信息本身足以解决旋转问题，即仅靠视觉捕捉到的信息也能识别前进方向。为了测试这两种理论，Warren 和 Hannon（1990）在其实验 2 中利用屏幕模拟了三维空间和观察者在地面行进时产生的光流。实验设置了两个条件：一个条件下的旋转成分由真实眼动产生，而另一个条件下的旋转成分由计算机模拟生成。结果显示，在有深度差异的情况下（如模拟观察者在陆地上行进），观察者在真实旋转和模拟旋转条件下都能准确判断前进方向，表明网膜流信息足以提供解决旋转问题的线索。然而，Royden 等（1994）质疑 Warren 和 Hannon 的实验，因为他们设定的旋转速度范围较窄（0. 2—0. 7 度每秒），不完全反映行进时的实际情况。Royden 团队将旋转速度范围扩大到 0—5 度每秒，发现当旋转速度较快时，真实旋转条件下知觉前进方向更准确，表明网膜外信息在快速旋转下的重要性。这些研究表明，在存在显著深度差异的场景中，视觉系统可以主要依赖网膜流信息来解决旋转问题。然而，在深度信息不足或场景复杂的情况下（如观察者走向墙面，所有的网膜流向量呈现在额平面上），网膜外信息显得尤为关键。此外，旋转速度对前进方向的判断也有影响。在高速旋转情况下，准确感知前进方向需要结合网膜流信息和网膜外信息。这说明视觉系统在不同条件下会灵活使用网膜流和网膜外信息。

虽然这些研究为旋转问题提供了大量的见解，但仍存在几个问题：信息冲突、信息歧义以及信息简化。例如，在模拟旋转实验中，网膜外信息提示观察者眼睛没有移动，而网膜流信息则显示有旋转成分，这种信息冲突在自然行进状态下并不存在。另一个问题是模拟旋转实验中的刺激可能存在歧义，导致观察者报告自身沿着曲线运动，而非直线。这种情况下，参与者可能是报告了未来路线上的一个点，而不是当下的前进方向。最后，大多数研究使用简单的随机点显示，这种方式缺乏连续表面、动态遮挡和参照物信息，这限制了对真实场景的模拟，高速旋转条件下的前进方向估计误差可能受到这种显示方式的限制（Banks et al.，1996；Stone & Perrone，1997）。Li 和 Warren（2000）随后的研究表明，当不使用随机点显示而采用致密的运动视差和场景中有参照物时，即使在高速旋转和信息冲突的条件下，观察者也能仅靠网膜流信息准确识别前进方向。然而，Royden 等（2006）未能重现这些结果，提示需要更多实验来进一步验证这些发现。

路线问题是指观察者如何判断自己是在沿直线还是曲线路径运动。解决方案之一是通过感知加速度来区分直线或曲线运动，但 Warren 认为人类视觉系统对加速度的敏感度不足。另一种方案是通过网膜外信号，排除眼动和头动的旋转成分后，如果剩余网膜流仍有旋转成分，则表明观察者正沿曲线路线运动（Warren，2008）。第三种方案由 Li 和 Warren（2000）提出，认为通过整合瞬时前进方向和参照物产生的运动视差信息可以识别运动路线。为了验证这一点，他们设计了一项实验，设置了四种不同的显示条件：（1）随机光点的地平面，提供有限的深度信息；（2）布满纹理的地平面，增加运动视差的细节；（3）带有不遮挡柱子的布满纹理的地平面，引入参照物；（4）布满纹理且有石碑的地平面，模拟边缘运动视差。实验结果表明，随着显示条件的复杂度增加，尤其是加入参照物后，观察者的路线判断误差显著减少，即使在旋转速度较高且网膜外信息存在冲突的情况下，参照物仍有助于观察者判断自身的运动路线。尽管 Li 和 Warren（2000）强调了参照物和运动视差在判断路线中的重要性，但关于如何整合各时间点的瞬时前进方向以准确识别路线弯曲程度的问题仍未解决。Royden 等人（2006）检验了视野大小、显示时长、纹理种类和事先信息等因素对路线问题解决的影响。他们发现，事先知道路线类型显著影响了路线曲度的知觉，但他们未能完全复制 Li 和 Warren（2000）的结果，表明参照物和纹理场景在不同条件下的作用可能有所不同。未来的研究需要进一步探索视觉系统如何在复杂动态环境中整合多种信息，以提高对路线弯曲程度的判断精度。

3.2 转向控制

转向控制（steering）涉及动作者如何调整其前进方向以朝向目标。现有研究提出了三种主要的解决方案。(1) 目标对齐法：Rushton 等人（1998）提出，通过身体转动将自身前进方向（heading）与目标对齐即可完成转向，这一过程只需要匹配静态影像信息；(2) 光流法：Li 和 Warren 等人（Li & Warren, 2000, 2002; Li, Sweet & Stone, 2006）认为，通过光流感知前进方向，通过控制前进方向完成转向。(3) 网膜流法：Wann 等人（Wann & Land, 2000; Wann & Wilkie, 2004; Wilkie & Wann, 2006）认为，通过单纯利用网膜流即可实现转向控制，无须知觉前进方向。

首先，Rushton 等人（1998）通过佩戴棱镜的实验研究了目标对齐法的有效性。实验中，被试佩戴棱镜行走，棱镜改变了视觉方向，但不会改变行走者和环境物体之间的位置关系，也就是说不影响光流结构。所以如果行走者依靠方向信息转动身体朝目标走，由于棱镜造成该信息偏差，行走者必须每走一步就调整身体朝向，从而与目标对齐，最终观察者的行走路线是曲线。但是，如果行走者依靠光流走向目标物，光流不受棱镜影响，所以行走者会持续转向走出直线。实验结果表明，被试的行走路线是曲线，而不是直线，表明观察者主要依赖目标方向信息而非光流信息来调整转向。这一发现支持了目标对齐法，即转向控制主要依赖于将身体朝向目标方向。

为挑战 Rushton 等人提出的“转向依赖以自我为中心的目标方向”的

结论，Warren 及其同事（2001）通过虚拟环境实验检验了光流信息在转向控制中的核心作用。在该实验中，观察者在虚拟现实环境中走向目标物体。他们不仅操纵光流信息的丰富程度（如改变视野中地面和墙面的纹理密度），还改变了光流所标示的前进方向和目标相对于被试的视觉方向的差异。结果发现，当视野中全无可见纹理产生的可觉察的光流，仅呈现目标物体时，观察者走的是弯曲路线。当视野中存在光流信息并逐渐丰富时，观察者越发依赖光流信息，行走路线也更直。基于这一结果，Warren 等人认为，光流信息和视觉方向都被用于转向控制。光流信息更丰富，其起主导作用的趋势更明显。此外，光流信息在路径判断任务中也起到关键作用（Li & Warren，2000）。在实验中，他们设置了两种典型场景：稀疏随机点地面（仅含分散移动点）与密集纹理地面 + 固定参考柱（含连续地面纹理与参考物体）。结果显示，在模拟高速旋转（如 5°/s）时，稀疏点场景的路径误差高达 15°，而密集纹理场景误差降至 4°以下；若进一步添加立柱或墓碑（强化运动视差与遮挡线索），误差可接近真实运动条件（约 2°）。这表明，光流信息的结构丰富性（如密集运动视差与参考物体）是路径判断的关键。

Wann 及其同事（Wann & Land，2000；Wilkie & Wann，2006）提出人类转向控制无须依赖前进方向知觉，仅通过原始视网膜流（raw retinal flow）即可实现精准转向。这种基于未分解网膜流的控制系统，其核心在于通过视网膜流的几何特征，如流线曲率（flow curvature）和径向对称性（radial symmetry），直接编码路径方向信息，从而进行空间定位。具体而言，该机制有两种模式：（1）当注视点锁定在预期路径上的某点时（如目标门或弯道切点），视网膜流线（retinal flow lines）从注视点向两侧均匀发散，无显著曲率（图 4b）。此时，地面纹理形成以路径中线为对称轴的双侧发散流线，零交叉点（流线从左向右或从右向左运动的分界点，通常对应视网膜上的垂直运动区域）严格居中，表明路径正确。（2）当观察者注视目标门，但该注视点（gaze fixation）偏离未来预期路径时，视网膜流线将呈现弯曲特征（radial flow pattern），其曲率方向直接指示转向误差的类型（见图 4b 与 4c）。例如，转向不足（图 4a）：若注视点位于预期路径之外，地面纹理的视网膜流线从注视点向外侧发散，形成明显的“喇叭形”弯曲，零交叉点偏向路径外侧，提示需向内修正转向；

过度转向（图 4c）：若轨迹超过目标路径，流线从注视点向内侧发散，形成“凹陷形”弯曲。零交叉点偏向路径内侧，提示需向外修正转向。支持网膜流法理论框架的实验证据包括：（1）虚拟曲径（curved path in virtual environment）跟踪实验发现，参与者对未来路径点的判断精度高于朝向判断，且在曲径中无法准确估计朝向变化率（rate of change of heading），证实转向控制不依赖于前进方向感知（heading perception），而依赖于视网膜流提示的路径信息（Wilkie & Wann, 2006）；（2）静态与动态场景对比提出“流速均衡策略”（the flow equalization strategy）——通过平衡两侧光流速度实现转向（如车道居中），无须前进方向判断（Duchon & Warren, 2002）。

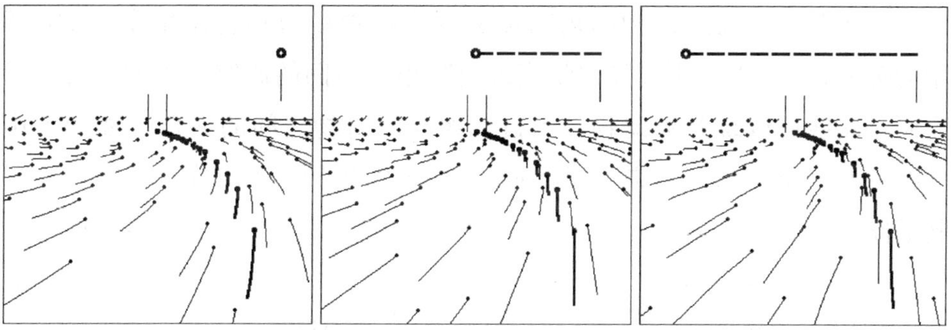

(a)　　　　(b)　　　　(c)

图 4　不同转向行为的网膜流模式

注：注视点固定于地面上的双垂直标杆（目标门，双垂直细黑线），初始前进方向由地平线上方单垂直细黑线标示，水平虚线反映实际转向导致的航向偏移。（a）观察者注视目标入口，同时转向不足的条件产生的网膜流，此时视网膜流线（粗黑线）从注视点向外侧发散。（b）观察者注视目标入口，入口位置处于将来路线的条件。此时，网膜流流线是笔直的。（c）观察者注视目标入口，同时转向过渡条件产生的网膜流，此时网膜流流线从注视点向内侧发散［图片来自 Wann 和 Wilkie（2004）］。

总而言之，尽管现有研究提出了目标对齐法、光流法和网膜流法三种转向控制策略，但关于它们各自的独立性和综合应用仍存在争议。例如，Wilkie 和 Wann（2003a）就报告了网膜流信息、目标的视觉方向信息和网膜外信息共同作用于转向控制和前进方向判断的结论。未来的研究需要继续探索这些信息如何在复杂环境中被整合使用，以更好地理解转向控制的机制。

3.3 躲避障碍

在行进任务中，个体需要实时应对两类关键物体：需躲避的障碍物和需拦截的目标物。这些物体的静止/运动特性直接影响行进路线的选择。下面以静态障碍物和目标物为例，说明对躲避障碍、走向目标这个任务的研究和动力学建模方法。

Fajen 和 Warren（2003）研究了人类在行进过程中如何避开静态障碍物并到达目标位置。他们发现，当目标靠近行走者或目标与行走者之间的角度（如图 5 中的$\psi_g-\varphi$）较大时，行走者的转向速度更快。行走者的转向角加速度随着目标角度增加而增加，随着目标距离减小而减小。遇到障碍物时，转离障碍物的角的加速度会随着障碍物初始角度（如图 5 中的$\psi_o-\varphi$）增大或距离障碍物变远而减小。他们的研究还表明，行走者有两条路线可以绕开障碍物，当目标物与障碍物之间的夹角（如图 5 中的$\psi_g-\psi_o$）减小时，行走者更倾向于选择内侧路线（切分目标物和障碍物的路线）。

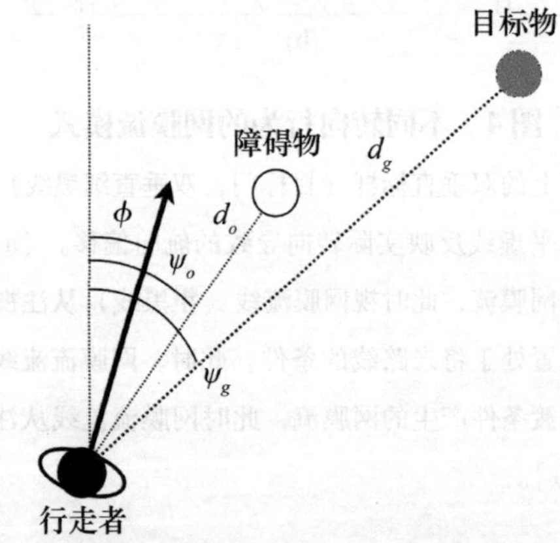

图 5　行走者在存有障碍物和目标物的环境中行进

注：垂直虚线是外部参考线，φ 是运动方向，ψ_g 和ψ_o分别是目标物和障碍物的朝向，d_g和d_o分别是观察者到目标和障碍物的距离。图片重制自 Fajen 和 Warren（2003）。

基于这些行为研究的发现，他们构建了行为动力学模型，将行进目标视为吸引子，障碍物视为排斥子，用二阶质量弹簧模型模拟避障行为。为了准确描述行走者避开障碍物和朝向目标的行为，研究者分两步构建了模型。首先，模型仅考虑行走者相对于目标的运动，表示为：

$$\varphi'' = -b\varphi' - k_g (\varphi - \psi_g)(e^{-c_1 d_g} + c_2) \tag{2}$$

在这个基本模型中，阻尼项 $-b\varphi'$ 是角向运动受到的阻力。劲度项 $-k_g(\varphi - \psi_g)$ 和距离项（$e^{-c_1 d_g} + c_2$）描述了角加速度如何随目标角度和距离的变化而变化。

接着，加入了障碍物的影响，形成最终的模型：

$$\varphi'' = -b\varphi' - k_g (\varphi - \psi_g)(e^{-c_1 d_g} + c_2) + k_o (\varphi - \psi_o)(e^{-c_3 |\varphi - \psi_o|})(e^{-c_4 d_o}) \tag{3}$$

在最终模型中，新增的部分包括 $k_o(\varphi - \psi_o)(e^{-c_3|\varphi - \psi_o|})$ 和（$e^{-c_4 d_o}$），反映了角加速度与障碍物角度和距离的关系。

Fajen 和 Warren 的模型成功地再现了人类转向目标和避开障碍物的行为，模型拟合的路线与人类行为数据高度吻合。模型还通过动力学分析显示，当障碍物位于行走者和目标物之间时，系统存在双稳态，路线选择依赖于初始条件。这支持了行走者通过实时信息获取而非内部模型控制转向的理论。

3.4 小结

知觉前进方向需要观察者从视网膜流中分离出平移成分，以准确判断个体的运动方向。研究发现，光流信息在有深度差异的情况下能有效地提供前进方向的线索，而网膜外信息在复杂或深度信息不足的场景中更加重要。然而，这一领域仍存在信息冲突、歧义和信息简化等问题。

在转向控制方面，已有研究提出了目标对齐法、网膜流法和光流法三种策略。目标对齐法依赖于调整身体朝向目标，而网膜流法则强调通过网膜流信息控制转向，无须知觉前进方向。光流法结合光流信息来感知并调整前进方向。尽管这些方法提供了不同的视角，但如何整合这些信息以优化转向控制，尤其是在复杂环境中，仍是未来研究的重点。

在避障方面，Fajen 和 Warren（2003）探讨了人类如何在行进中避开静态障碍物并到达目标。研究表明，行走者的转向速度和角加速度受目标和障碍物的距离和角度影响。目标靠近或角度较大时，转向速度加快；遇到障碍物时，转向的角加速度则会随着障碍物初始角度增大或距离变远而减小。研究通过行为动力学模型重现了这些现象，揭示了系统的双稳态性质和路线选择的依赖性，强调了行走者在复杂环境中实时获取信息的重要性。

4 结语

本文探讨了生态心理学研究视觉引导的行进任务的方法，阐述了理论的形成和发展、核心概念和当前研究进展。首先，Gibson 的生态心理学方法提出了知觉与动作的统一性，这一观点彻底改变了传统亥姆霍兹主义的内部模型理论。Gibson 强调，动作者无须依赖内部表征，直接利用环境中的光学信息进行行进控制，这一理论奠定了生态心理学的基础。

在第 2 章中，我们深入分析了 Gibson 生态理论的核心概念，包括可供性、光流和控制律。这些概念强调知觉信息在引导动作中的直接作用，指出知觉是主动过程，通过对环境中信息的直接感知来实现动作控制。这一理论框架不仅适用于人类和动物的行进，还广泛应用于计算视觉、无人机巡航和自动驾驶等领域。

第 3 章详细介绍了视觉引导下的行进行为的研究进展，特别是前进方向、转向控制和避障行为的研究。前进方向的感知主要涉及从网膜流中提取平移信息，而转向控制则包括目标对齐法、网膜流法和光流法的不同策略。避障行为的研究揭示了系统的双稳态性质和路线选择的依赖性，强调了在复杂环境中实时获取信息的重要性。

在本文中我们选择的研究从多方面体现了 Gibson 的生态思想，我们将其归纳为四方面。第一，知觉是直接的，不经由心理表征和内部模型中介。本文介绍的实证研究从多方面用多种方法支持了观察者从环境光中直接、实时地提取信息，将其用于引导自身行进，即便缺乏静态影像信息，也能行进并到达指定目的地。由于环境中的信息足以引导动作者的行进，因此没有必要引入心理表征。第二，知觉 - 动作是一个动态系统。该系统随着时间展开，知觉引导动作，动作又产生新的知觉信息，循环往复。例如，前文提及跳到石头上过河的例子中，动态模型 $I = mg\Delta\tau$

中的 $\Delta\tau$ 随时间而演变。第三，知觉和动作控制是具身的，对动作的控制不局限于脑与神经系统，视知觉信息也不仅限于通过眼睛接收到的信息，如网膜外信息对准确知觉前进方向和运动路线同样非常重要。第四，观察者与其环境的互动关系影响了知觉。环境的丰富性（例如，实验中采用随机点平面、有纹理的地平面，或额外呈现了参照物等），视野大小和观看时长（两者改变了对环境的采样）都影响了视觉引导下的行进。因此，视觉引导下的行进行为是一系列嵌套的复杂活动，信息来源涉及了视网膜、眼睛、头部和躯体，并受环境影响。

在知觉引导的行进行为研究领域，Gibson（1958）提出了革新性理论框架，Warren（1998a）提出了具体的科学问题，它们中的许多尚未被解决，却又派生出很多新的问题。过去几十年间，研究者努力探索这些问题，但是尚未获得公认的解决方案。因此，要真正理解知觉信息如何引导控制行进行为，形成理论、定律，并应用在工业、军事等方面，我们还有大量的研究工作亟待完成。

参考文献

潘静、张慧远、陈东濠等，2020，《动、静态视觉信息在真实世界视觉搜索中的作用》，《心理科学进展》，28（8），1219—1231。

Banks, M. S., Ehrlich, S. M., Backus, B. T., & Crowell, J. A. (1996). Estimating heading during real and simulated eye movements. *Vision Research*, 36, 431–443.

Beek, P. J., & Bingham, G. P. (1991). Task-specific dynamics and the study of perception and action: A reaction to von Hofsten (1989). *Ecological Psychology*, 3 (1), 35–54.

Bingham, G. P. (2001). A perceptually driven dynamical model of rhythmic limb movement and bimanual coordination. In *Proceedings of the 23rd Annual Conference of the Cognitive Science Society* (pp. 75–79).

Chen, D., Bingham, G. P., & Pan, J. S. (2021). Does Perceiving Throwabiliy Require a Task Specific Device? *Ecological Psychology*, 33, 236–256.

Dewey, J. (1896). The reflex arc concept in psychology. *Psyc Review*, 3, 357–370.

Duchon, A. P., & Warren, W. H., Jr. (2002). A visual equalization strategy for locomotor control: Of honeybees, robots, and humans. *Psychological Science*, 13, 272–278.

Fajen, B. R. (2005). Perceiving possibilities for action: On the necessity of calibration and perceptual learning for the visual guidance of action. *Perception*, 34 (6), 717 - 740.

Fajen, B. R., Riley, M. A., & Turvey, M. T. (2009). Information, affordances, and the control of action in sport. *international Journal of sport psychology*, 40 (1), 79.

Fajen, B. R., & Warren, W. H. (2003). Behavioral dynamics of steering, obstable avoidance, and route selection. *Journal of Experimental Psychology: Human Perception and Performance*, 29 (2), 343.

Gibson, J. J. (1958). Visually controlled locomotion and visual orientation in animals. *British journal of psychology*, 49 (3), 182 - 194.

Lee, D. N. (1976). A theory of visual control of braking based on information about time-to-collision. *Perception*, 5, 437 - 459.

Gibson, J. J. (1986). *The ecological approach to visual perception.* Hillsdale, NJ: Lawrence Erlbaum Associates, Inc. (Original work published 1979)

Ji, H., & Pan, J. S. (2019). Can I choose a throwable object for you? Perceiving affordances for other individuals. *Frontiers in Psychology*, 10, 2205.

Li, L., Ni, L., Lappe, M., Niehorster, D. C., & Sun, Q. (2018). No special treatment of independent object motion for heading perception. *Journal of Vision*, 18 (4), 19.

Li, L., Sweet, B. T., & Stone, L. S. (2006). Humans can perceive heading without visual path information. *Journal of Vision*, 6 (9), 2 + 874 - 881.

Li, L., & Warren, W. H. (2000). Perception of heading during rotation: Sufficiency of dense motion parallax and reference objects. *Vision Research*, 40, 3873 - 3894.

Li, L., & Warren, W. H. (2002). Retinal flow is sufficient for steering during observer rotation. *Psychological Science*, 13, 485 - 491.

Loomis, J. M., & Beall, A. C. (2004). Model-based control of perception/action. In L. M. Vaina, S. A. Beardsley, & S. K. Rushton (eds.), *Optic flow and beyond* (pp. 421 - 441). Dordrecht, the Netherlands: Kluwer.

Michaels, C. F. (2000). Information, perception, and action: What should ecological psychologists learn from Milner and Goodale (1995)? *Ecological Psychology*, 12 (3), 241 - 258.

Monen, J., & Brenner, E. (1994). Detecting changes in one's own velocity from the optic flow. *Perception*, 23 (6), 681 - 690.

Nakayama, K., & Loomis, J. M. (1974). Optical velocity patterns: velocity-sensitive neurons and space perception. *Perception*, 3, 63 – 80.

Regan, D., & Hamstra, S. J. (1993). Dissociation of discrimination thresholds for time to contact and for rate of angular expansion. *Vision Research*, 33 (4), 447 – 462.

Richardson, M. J., Shockley, K., Fajen, B. R., Riley, M. A., & Turvey, M. T. (2008). Ecological psychology: Six principles for an embodied-embedded approach to behavior. In *Handbook of Cognitive Science* (pp. 159 – 187). Elsevier.

Riddell, H., Li, L., & Lappe, M. (2019). Heading perception from optic flow in the presence of biological motion. *Journal of Vision*, 19 (14), 25.

Royden, C. S., Cahill, J. M., & Conti, D. M. (2006). Factors affecting curved versus straight path heading perception. *Perception & Psychophysics*, 68 (2), 184 – 193.

Royden, C. S., Crowell, J. A., & Banks, M. S. (1994). Estimating heading during eye movements. *Vision Research*, 34, 3197 – 3214.

Runeson, S. (1977). On the possibility of "smart" perceptual mechanisms. *Scandinavian Journal of Psychology*, 18 (1), 172 – 179.

Rushton, S. K., Harris, J. M., Lloyd, M. R., & Wann, J. P. 1998. Guidance of locomotion on foot uses perceived target location rather than optic flow. *Current Biology*, 8, 1191 – 1194.

Stone, L. S., & Perrone, J. A. (1997). Human heading estimation during visually simulated curvilinear motion. *Vision Research*, 37 (5), 573 – 590.

Takamuku, S., & Gomi, H. (2021). Vision-based speedometer regulates human walking. *iScience*, 24 (12), 103390.

Todd, J. T. (1981). Visual information about moving objects. *Journal of Experimental Psychology: Human Perception and Performance*, 7 (4), 795 – 810.

Todd, J. T. (1983). Perception of gait. *Journal of Experimental Psychology: Human Perception and Performance*, 9 (1), 31.

Wann, J. P., & Land, M. (2000). Steering with or without the flow: Is the retrieval of heading necessary? *Trends in Cognitive Sciences*, 4, 319 – 324.

Wann, J. P., & Wilkie, R. M. (2004). How do we control high speed steering? In L. M. Vaina, S. A. Beardsley, & S. K. Rushton (eds.), *Optic Flow and Beyond* (pp. 371 – 383). Boston: Kluwer Academic.

Warren, W. H. (1998a). Visually controlled locomotion: 40 years later. *Ecological Psychology*, 10 (3 – 4), 177 – 219.

Warren, W. H. (2006). The dynamics of perception and action. *Psychological Review*, 113 (2), 358.

Warren, W. H. (2008). Optic flow. In A. I. Basbaum, A. Kaneko, G. M. Shepherd, & G. Westheimer (eds.). *The Senses: A Comprehensive Reference* (Vol. 2, pp. 219 – 230). San Diego: Academic Press.

Warren, W. H., & Fajen, B. R. (2004). From optic flow to laws of control. In L. M. Vaina, S. A. Beardsley, & S. K. Rushton (eds.), *Optic Flow and Beyond* (pp. 307 – 337). Boston: Kluwer Academic.

Warren, W. H., Jr. & Hannon, D. J. (1990). Eye movements and optical flow. *Journal of the Optical Society of America A*, 7, 160 – 169.

Warren, W. H., Kay, B. A., Zosh, W. D., Duchon, A. P. & Sahuc, S. (2001). Optic flow is used to control human walking. *Nature Neuroscience*, 4, 213 – 216.

Warren, W. H., Morris, M. W., & Kalish, M. (1988). Perception of translational heading from optical flow. *Journal of Experimental Psychology: Human Perception and Performance*, 14 (4), 646.

Warren, W. H., & Whang, S. (1987). Visual guidance of walking through apertures: body-scaled information for affordances. *Journal of Experimental Psychology: Human Perception and Performance*, 13 (3), 371.

Warren, W. H., Young, D. S., & Lee, D. N. (1986). Visual control of step length during running over irregular terrain. *Journal of Experimental Psychology: Human Perception and Performance*, 12 (3), 259.

Wilkie, R., & Wann, J. (2003a). Controlling steering and judging heading: Retinal flow, visual direction, and extraretinal information. *Journal of Experimental Psychology: Human Perception and Performance*, 29, 363 – 378.

Wilkie, R. M., & Wann, J. P. (2006). Judgments of path, not heading, guide locomotion. *Journal of Experimental Psychology: Human Perception and Performance*, 32, 88 – 96.

Zhu, Q., & Bingham, G. P. (2008). Is hefting to perceive the affordance for throwing a smart perceptual mechanism? *Journal of Experimental Psychology: Human Perception and Performance*, 34 (4), 929.

通讯作者简介

潘静，中山大学心理学系教授、博士生导师，主要从事生态心理学尤其是事件知觉、知觉和动作控制等方面的基础及应用研究，主持国家自然科学基金面上项目 2 项及广东省自然科学基金面上项目 2 项，在 *Journal of Experimental Psychology*、*Journal of Vision* 等期刊发表多篇论文，是国家级一流课程"认知心理学"的课程负责人。毕业于美国印第安纳大学心理学专业，指导老师为生态心理学方向著名学者 Geoffrey P. Bingham。电子邮箱：panj27@ mail. sysu. edu. cn。

Contents

Abstract

Progress and Development Suggestions for Psychological Research on Climate Change

SUN Yan[1,2] *CHEN Xuefeng*[1,2] *GONG Yuanchao*[1,2] *TIAN Jianchi*[1,2]
JI Zeyu[1,2] *LI Yang*[3] *GUO Hongyan*[4] *HAN Jin*[5] *ZHANG Linxiu*[6,7]

1 State Key Laboratory of Cognitive Science and Mental Health, Institute of Psychology, Chinese Academy of Sciences, Beijing 100101, China

2 Department of Psychology, University of Chinese Academy of Sciences, Beijing 101408, China

3 Business School, Beijing Technology and Business University, Beijing 100048, China

4 Policy Research Center for Environment and Economy, Ministry of Ecology and Environment of the People's Republic of China, Beijing 100029, China

5 China Meteorological Administration Training Centre, Beijing 100081, China

6 Key Laboratory of Ecosystem Network Observation and Modeling, Institute of Geographic Sciences and Natural Resources Research, Chinese Academy of Sciences, Beijing 100101, China

7 United Nations Environment Programme-International Ecosystem Management Partnership, Beijing 100101, China

Abstract: The public's psychological reactions to climate change, including cognition, attitude, emotions and affects, are important psychological antecedents to their participation in the mitigation of and adaptation to climate change crisis. As a result, tracking, monitoring, and learning about these individuals' psychological reactions to climate change would lay the foundation for climate change education, mass media communication, and successful implementation of climate policies. The current paper systematically summarizes the multi-dimensional factors influencing individuals' psychological reactions to climate change, and proposes suggestions for the development of psychological research on climate change and for climate actions. Hopefully, this study would raise the awareness of psychologists, climate scientists, and the governments on the application of public psychological reactions and the discipline of psychology to climate practices, facilitating the construction of a climate-resilient society where everybody contributes.

Key words: climate change; psychology; mental health; mitigation and adaptation; climate policy

Differences in Visual Attraction between Historical Garden and Urban Park Walking Scenes

LI Chang HUANG Xiaohui YANG Hongyu

Department of Landscape Architecture, School of Architecture and Urban Planning, Suzhou University of Science and Technology, Suzhou Jiangsu 215000, China

Abstract: This study systematically compares the differences in visual attraction between walking scenes in historical gardens and urban parks, based on eye-tracking experiments and visual perception assessments. The results show that: (1) The fluctuation in participants' fixation duration on landscape elements in historical gardens is smoother than in urban parks, and their perception scores in the dimensions of attractiveness, coherence, complexity, and mystery are significantly higher; (2) Scenes in historical gardens induce a more balanced exploration of the peripheral vision (upper, lower, left, and right areas), while urban parks exhibit a significant central vision aggregation feature; (3) The core of visual attraction in historical gardens is associated with the foreground and middle ground layers, whereas urban parks rely on the synergy between the middle ground and background. The study reveals the unique spatial configuration and visual experience advantages of historical gardens, providing quantitative evidence for differentiated green space landscape design and the protection of the visual value of historical gardens.

Key words: eye-tracking; historical gardens; visual attention; urban parks; spatial configuration; visual perception

The Curtain of Material Desires: Influence of Materialism on Pro-Environmental Behaviors

JIANG Jiang[1] *GU Dian*[2] *WANG Luxiao*[3] *SUN Ying*[4] *ZHANG Yue*[5]

1 Beijing Key Laboratory of Applied Experimental Psychology, Faculty of Psychology, Beijing Normal University, No. 19 Xinjiekouwai Street, Beijing, 100875, China

2 Key Laboratory of Applied Psychology, Chongqing Normal University, Chongqing, 400047, China

3 Department of Psychology, Renmin University of China, Beijing, 100872, China

4 Zhengzhou Normal University, Zhengzhou Henan 450044, China

5 School of Economics and Management, North China Electric Power University, Beijing, 102206, China

Abstract: This paper provides a comprehensive review of existing research on the relationship between materialism and pro-environmental tendencies. The findings indicate that materialism consistently and negatively predicts individuals' pro-environmental attitudes, public-sphere pro-environmental behaviors, as well as recycling and conservation behaviors in the private sphere. However, findings related to green consumption, which is a special aspect of private-sphere pro-environmental behavior, appears to vary between developed and developing countries. Drawing on the circular model of values and the Value-Belief-Norm (VBN) theory, materialism can influence both pro-environmental attitudes and behaviors directly, and also exert indirect effects on behavior through its impact on attitudes. Future research should aim to further clarify the causal relationships and underlying psychological mechanisms linking materialism with pro-environmental attitudes and behaviors, while also enhancing the practical applicability and policy relevance of existing findings.

Key words: materialism; pro-environmental attitudes; public sphere pro-environmental behaviors; private sphere pro-environmental behaviors

Examination of the Wording Effect in the New Ecological Paradigm Scale in China: A Bi-Factor Modeling Approach

TIAN Hao　TANG Changjiang　YANG Borui

Department of Psychology, School of Humanities and Social Sciences, Beijing Forestry University, Beijing 100083, China

Abstract: The New Ecological Paradigm (NEP) scale is the most commonly used environmental attitude measure around the world but is still plagued by its confusing dimensional structures. The same has existed in China for more than 10 years, and there are still significant problems with the improvement solutions available. From a psychometric perspective, the wording effect arising from mixed wording directions is considered the leading cause. Based on a Chinese national-level data set, our study examined this effect in the NEP scale using an emerging bi-factor modeling approach. The results indicate that all items can be loaded on a general NEP factor while negatively worded items need to be additionally loaded on a method factor. The absence of this method factor can lead to biased results. Overall, the optimal way to use the NEP scale is to retain all items and control the wording effect through a bi-factor model before further analysis.

Key words: NEP scale; wording effect; bi-factor model; environmental attitudes

The Influence of Plant Communities on Emotional Recovery Based on Audiovisual Perception

ZHANG Xing[1] *GAO Fei*[1,2] *FU Wenjun*[1] *XU Yutong*[1]

1 School of Architecture and Urban Planning, Suzhou University of Science and Technology, Suzhou Jiangsu 215129, China

2 Institute of Nature and Ecology, Heilongjiang Academy of Science, Harbin Heilongjiang 150040, China

Abstract: Against the societal backdrop of increasing attention to mental health, this study explores the differences in the emotional restoration effects of various plant community types under audiovisual and visual-only perceptions, aiming to provide evidence-based planning and design recommendations for green space perception. From the perspectives of audiovisual and visual-only perceptions, four plant communities (single-layer grassland, single-layer woodland, tree-grass composite woodland, and tree-shrub-grass composite woodland) were selected, along with a natural mixed soundscape (birdsong, insect chirping, and rustling leaves). The study employed a combination of electroencephalography (EEG) technology and emotional scales to investigate the impact of plant communities on emotional restoration. Under visual-only perception, all plant communities demonstrated emotional restoration effects, with the tree-shrub-grass composite woodland showing significantly greater reduction in negative emotions compared to the other three plant communities. Under the synergistic effect of audiovisual perception, single-layer woodland exhibited the most significant emotional restoration effect, while the other three plant communities also displayed varying degrees of advantage. The findings provide a scientific basis for the design of plant landscapes in urban parks and offer new perspectives and insights for the construction of emotionally restorative environments.

Key words: plant community; plant configuration; restorative landscape; electroencephalogram (EEG); positive emotion

The Effect of Different Kinds of Advertising toward Pro-Environmental Awareness

WANG Duming   YAO Jiayi

School of Sciences, Zhejiang Sci-Tech University,

Hangzhou Zhejiang 310018, China

Abstract: This study aimed to explore an effective advertising to improve pro-environmental awareness, inviting 98 participants participated one of three experiments. Experiment 1 examined the effect of advertising appeal toward pro-environmental awareness. Experiment 2 examined the effect of emotional valence in advertising toward pro-environmental awareness. Experiment 3 examined the effect of emotional arousal intensity in advertising toward pro-environmental awareness. The results show that in the experiment 1, the effect of sensitive appeal advertising is significantly better than rational advertising. In the experiment 2, the effect of negative advertising is significantly better than positive advertising. In the experiment 3, the effect of high-intensity negative advertising is significantly better than moderate-intensity and low-intensity negative advertising. Therefore, sensitive with high intensity negative advertising is more effective to improve pro-environmental awareness.

Key words: advertising; advertising appeal; emotional valence; emotional arousal intensity; pro-environmental awareness

Effects of Leaf Texture Characteristics and Color Richness in Indoor Potted Plants on Work Performance Among University Students

LI Kankan　XU Zhiman　YIN Menglei

Northwest A&F University, College of Landscape Architecture and Art, Xianyang Shaanxi 712100, China

Abstract: The beneficial effects of natural elements in indoor environments on improving human physical-mental health and work performance have been widely documented. To examine whether variations in the morphological characteristics of foliage plants differentially impact work concentration, 126 randomly recruited university volunteers underwent work-related stress stimulation, and their work performance levels were assessed before and after observing six distinct plant types. Results indicated that five minutes of plant exposure significantly enhanced working capacity and physiological relaxation in fatigued students. Notably, single green plants with medium leaf area demonstrated superior efficacy in restoring work attention (accuracy rate: $p = 0.029$; response time: $p = 0.047$) and electroencephalogram (EEG) vitality (α - wave: $p = 0.029$; β - wave: $p = 0.001$). Monochromatic foliage plants more effectively improved work efficiency, while both monochromatic and variegated foliage plants positively influenced EEG vitality recovery. These findings suggest that designers can enhance learning space quality through targeted interior plant arrangements to boost learners' academic efficiency.

Key words: Electroencephalogram (EEG); desktop operation tasks; restorative landscapes; learning spaces; interior furnishings

Promotion Strategies and Mechanisms of Digital Green Behavior Spillover: Based on the Ant Forest Context

SHE Shengxiang[1,2] *LI Shicheng*[3] *HOU Zhiping*[1]
WANG Jianguo[4] *LIAO Xia*[1]

1. Business School, Guangzhou College of Technology and Business, Guangzhou 528138, China
2. Western China Green Development Strategy Research Institute, Guizhou University of Finance and Economics, Guiyang 550025, China
3. School of Business Administration, Guizhou University of Finance and Economics, Guiyang 550025, China
4. School of Business Administration, Zhejiang University of Finance and Economics, Hangzhou 310018, China

Abstract: The behavioral spillover theory holds significant implications for promoting the transformation toward a green lifestyle, yet research within digital contexts remains in its nascent stage. Leveraging the Ant Forest platform as a research scenario, this study constructs a model of the spillover effects of digital green behaviors by adopting a dual perspective of psychological ownership and environmental self-perception. It is the first to simultaneously examine three mediating mechanisms in the spillover process: psychological ownership, environmental self-identity, and green efficacy. Utilizing Ant Forest users as the research sample, a behavioral checklist task was designed to manipulate participants' choices in selecting either a higher or lower quantity of green energy collection behaviors. Mean comparison results demonstrate the effectiveness of the green energy collection behavior prompts, with the high-green group exhibiting significantly higher levels of psychological ownership, environmental self-perception, and, consequently, a stronger willingness to engage in pro-environmental behaviors compared to the low-green group. Furthermore, structural equation modeling analysis reveals a positive influence relationship between the number of green energy collection behaviors selected and various other types of pro-environmental behaviors, validating the joint mediating roles of psychological ownership, environmental self-identity, and green efficacy in the spillover process. The study concludes that daily digital green behaviors can serve as catalysts for other pro-environmental behaviors, generating more profound environmental impacts through positive behavioral spillover.

Key words: digital green behavior; pro-environmental behavior spillover; psychological ownership; environmental self-identity; green efficacy

Longitudinal Experiment of the Effects of Coupling Goal Setting with Commitment on Group-Level Energy-Saving Behaviors

MI Lingyun　YANG Yang　LI Le　JIA Tianwen　LYU Tao

School of Economics and Management, China University of Mining and Technology, Xuzhou Jiangsu 221116, China

Abstract: Increasing attention has been paid to individual or household energy conservation in the private spheres. However, for group-level energy users who have no financial motivation in the public spheres, little attention has been paid to the ways of promoting their active energy conservation. To test the energy-saving effect of non-financial strategies that couple goal setting with commitment, a 14-week field experiment was carried out. In this study, four experimental groups were formed by coupling two types of goals (high goal of electricity-saving by 15% vs. low goal of electricity-saving by 5%) with two kinds of commitment to the goals (public commitment vs. private commitment), and one no-intervention control group was set. Then, based on real electricity consumption data recorded by the power system, this study used the difference-in-differences model to analyze the energy-saving effects of different intervention strategies. The results showed that three "coupled intervention strategies" could significantly promote group-level energy users to engage in active energy conservation. Among them, the "high goal + public commitment" group had the best energy-saving effect, which saved 25.22% compared with the control group, followed by the "low goal + public commitment" group (saving electricity by 20.51%) and the "high goal + private commitment" group (saving electricity by 17.82%). The "low goal + private commitment" group had no significant effect on saving electricity. Analysis of variance further showed that there was no interaction effect between goal-achieving difficulties and ways of commitment. In the coupling between goal setting and commitment, the ways of commitment played a role, and public commitment worked better than private commitment. These conclusions provide strong implications for how to use non-financial intervention strategies such as goal setting and commitment to motivate group-level energy conservation at a low cost.

Key words: non-financial interventions; group-level user; energy-saving behavior; field experiment; difference-in-differences

Visual Strategies for Goal-Oriented Locomotion Control

CHEN Jing[1,2], *LI Li*[1,2]

1 Faculty of Arts and Science, New York University Shanghai, Shanghai 200126

2 NYU-ECNU Institute of Brain and Cognitive Science at New York University Shanghai, Shanghai 200126

Abstract: Goal-oriented locomotion—such as walking, cycling, or driving toward a specific target—is involved in a wide range of everyday activities. This chapter focuses on the visual strategies that support such locomotion, drawing on five empirical studies conducted by our research team over the past decade. These studies address two key questions: what types of visual information are necessary to guide goal-oriented locomotion, and how is this information utilized? By comparing performance under conditions in which different types of visual information were presented either separately or in combination, the research demonstrates how individuals flexibly adjust their visual strategies in response to varying environmental contexts and task demands, ensuring accurate and precise control. The findings not only contribute to theoretical advances in the perception and control of locomotion but also provide a theoretical reference for the design of autonomous driving systems and biomimetic mobile robots. Furthermore, this body of work offers methodological references for studying how multiple sources of information are integrated to support flexible behavior.

Key words: locomotion control; optic flow; egocentric direction; heading; attention

Combined Effects of Multisensory Interactions on Acoustic Comfort in Urban Open Spaces

REN Xinxin

School of Architecture & Fine Art, Department of Architecture,

Dalian University of Technology, Dalian Liaoning 116024, China

Abstract: Comfortable acoustic environment is an important goal for the construction and renewal of urban open spaces, however, few studies have conducted to examine the perceived quality of acoustic environment and explore the multisensory interactions in various urban open spaces. A field survey including questionnaires and measurements ($N = 880$) was conducted to examine the dominant sound sources, conversational speech, and multisensory environmental evaluations in the cities of Shanghai, Nanjing, and Suzhou from the perspective of visitors' cognitions. The results show that subjective loudness and olfactory comfort were important factors in terms of auditory and non-auditory aspects that determine acoustic comfort, respectively. Speech intelligibility, light and thermal comfort, and visual aesthetic quality also affected acoustic comfort significantly. Social and behavioral factors such as the visitors' places of residence and the type of open spaces they visited were considerable factors to a certain extent. This study provides empirical evidence for the theoretical development of acoustic comfort, and provides a reference for the high-quality renewal and optimization of urban open spaces considering public feeling of acoustic comfort.

Key words: urban open space; acoustic comfort; multisensory environment; society; behavior

The Gibsonian Approach to an Integrated Perception-Action System: Demonstrated with Locomotion Control Studies

PAN Samantha Jing ZHANG Huiyuan

Department of Psychology, Sun Yat-sen University,

Guangzhou Guangdong 510006, China

Abstract: James J. Gibson (1958) originally raised the ecological paradigm to solve problems in space perception and locomotion control that were otherwise unresolved by the traditional Helmholtzian representation-based approach. He proposed that perception-action are 'two sides of the same coin' in that, on the one hand, the goal of perception is for action and the object of perception is action possibilities (or affordance); on the other hand, it is motion that transforms structures of light, which, as a medium, relates an observer and the environment. Structured light forms information for perception and perception is a direct process entailing detecting and making use of light information.

The first part of this work introduces the key concepts of the Gibsonian paradigm, including optic flow, affordance and control law. The second part applies these theories to solving problems in locomotion control such as perceiving heading direction and path curvature and avoiding obstacles. Although in these examples, the questions, experimental methods and conclusions may vary, they all embraced an embodied point of view that locomotion control requires detecting optical information in real time to know the action-related properties of the target of observation, in relation to the observer, who is situated in an environment. Thus the cited studies demonstrate perception-action mutuality and actor-environment unity, and reinforce the central tenets of the Gibsonian paradigm.

Key words: ecological psychology; action control; optic flow; perception-action coupling; locomotion